suhrkamp taschenbuch 3067

Hauptfigur der *Geister von Manila* ist die Stadt selber, eine der gewalttätigsten der Erde. James Hamilton-Paterson entwirft ein extrem komplexes, materialreiches, bis in Daten und Einzelheiten hinein individualisiertes Porträt dieser postkolonialen Metropole der Dritten Welt.

Amok: das ist es, was der Engländer John Prideaux, ein ehemaliger Dokumentarfilmer, in Manila studieren will: Wie äußert Amok sich unter philippinischen Bedingungen? Mit einem Journalisten beobachtet er die »Entsorgung« von Polizeiopfern. Hört sich einen falschen, aber überzeugenden Armenpriester an. Im Elendsviertel von San Clemente, wo Vampire aufgetaucht sein sollen, schüren Immobilienspekulanten den Geisterschreck, bis bald darauf das Viertel in Flammen steht. Und wenn eine ganze Gesellschaft Amok läuft? Nach dem Brand fliegt Prideaux zurück. Seine Arbeit wird ungeschrieben bleiben. Der Roman aber, der vor Geschichten, Szenen und Bildern fast aus den Nähten platzt, hat sein von langer Hand vorbereitetes Ende gefunden.

»James Hamilton-Patersons raffiniert gebauter, packender Roman ist ein Epos vom Leben und Sterben im bedrohlichen Milieu Manilas, wo skrupellose Verbrechen, latente Brutalität und Korruption, aber auch der Glaube an persönliche Geister zum Alltag gehören.« *Der Spiegel*

»Alles, was an einem Thriller gut sein kann, steckt in diesem Buch, und mehr. James Hamilton-Paterson ist ein ausgezeichneter Reporter. Ihn leitet eine Sehnsucht nach Genauigkeit. Sein Roman stützt die Vermutung, daß sich die zeitgenössische Literatur im literarischen Journalismus erneuern könnte.« *Jamal Tuschick*

James Hamilton-Paterson, geboren 1941, Oxford-Absolvent und Mitglied der Royal Geographical Society, ist nicht nur ein renommierter Journalist und Sachbuch-Autor (im Verlag Klett-Cotta erschienen die Bücher *Seestücke – Das Meer und seine Ufer*; *Wasserspiele*; *Drei Meilen tief*), sondern auch Romancier (*Gerontius*, *Griefwork*, *Ghosts of Manila*). *Die Geister von Manila* ist der erste Roman von ihm, der auf deutsch erscheint.

James Hamilton-Paterson
Die Geister von Manila

Roman

Aus dem Englischen von
Esther Breger und Udo Breger

Suhrkamp

Umschlagfoto: Yves Gellie / Focus

suhrkamp taschenbuch 3067
Erste Auflage 2000

Satz: Wallstein Verlag, Göttingen
Druck: Nomos Verlagsgesellschaft, Baden-Baden
Printed in Germany
Umschlag nach Entwürfen von
Willy Fleckhaus und Rolf Staudt

1 2 3 4 5 6 – 05 04 03 02 01 00

Mein Dank gilt Jun Bautista, Jim Gomez, Sen. Ernesto Herrera, Gene T. Javier, Frank Sionil José, Lynda T. Jumilla, Sen. Orlando Mercado, Elmer Mesina, Wilfredo P. Ronquillo und Armand C. Sebastian und all meinen Freunden in Caganhao. Besonderer Dank gebührt Policarpio R. Mabilangan für die mir gewährten Einblicke in die Arbeit der Polizei von Manila, insbesondere Tony Bergonia für seine Geduld und Hilfe während langer nächtlicher Sitzungen im »Weißt-du-noch?«. Es ist mir ein Vergnügen, die Beharrlichkeit und den Mut zu loben, wodurch sich er und seine Pressekollegen auszeichnen.

Ich muß betonen, daß die Personen in diesem Buch ausschließlich frei erfunden sind und daß sie und auch das »Philippine Heritage Museum« und sein Direktor in keinerlei Beziehung zu tatsächlich existierenden Personen oder Institutionen stehen.

J.H.P.

Wie andere exotische Störungen bedarf Amok keiner einheitlichen Störung, um ihn zu definieren. Sein plötzlicher pathologischer Ausbruch läßt sich normalerweise darauf zurückführen, daß frühere Symptome seelischen Leids keine Beachtung fanden – und eher nicht auf ihr plötzliches Auftreten.

Lee Sechrest (in Caudill & Lin [Hrsg.], *Mental Health Research in Asia and the Pacific*, 1969)

Die Untersuchungen vieler Kommentatoren haben dieses Thema bereits in tiefes Dunkel gehüllt, und es ist wahrscheinlich, daß wir bald überhaupt nichts mehr darüber wissen werden, wenn sie damit fortfahren.

Mark Twain

Kapitel 1 Sobald wir über bestimmten tropischen Metropolen aus der Nacht hinausgleiten, gewahren unsere verklebten Augen das Manhattan-Imitat eines neuen Wirtschaftszentrums, die dicht an dicht gedrängten niedrigen Häuserblocks, durchschnitten von grauen, im morgendlichen Pendlerverkehr anschwellenden Hiway-Arterien, und die zwischen den Dunstschleiern und Federwölkchen des anbrechenden Tages bereits nach oben steigende schwärzlichbraune Schicht abgasgeschwängerter Luft. Die Stunde ist unwirklich, der Ort weder eindeutig Ziel noch Zwischenstation. Während die Lautsprecheranlage an Bord überflüssige Ratschläge und Äußerungen anbiedernden Goodwills bingt und bongt, werden flüchtig Tümpel und Felder sichtbar, die die Stadtlandschaft tüpfeln. Sie sind die letzten Spuren eines ländlichen Geschwürs, mit dessen Abstoßung sich der Körper der in ihrer massigen Trägheit lethargischen Stadt Zeit läßt. Bis wir festen Boden erreicht und uns in ein Taxi haben sinken lassen, sind diese grünen und ockerfarbenen Flecken längst vergessen. Und wieder geht der Blick auf rußverschmierte Straßen voller flaumiger, laut knatternd ausgestoßener Auspuffgase hinaus, auf luftiges Kabelgewirr, das Shops und Schuppen und Baustellen zusammengestrickt hat. Dieses Bild paßt zu genau in die Erinnerung an frühere Besuche und wird schnell als Teil des zu absolvierenden Spießrutenlaufs abgetan, bevor Hotel, kalte Dusche und Bett winken. Daß hinter genau diesen Straßen – dort wo Seitenstraßen in schlammige Gassen ausfransen und nacheinander über Fußpfade aus improvisierten Laufbrettern durch den unaufhörlichen Morast der Squattergebiete führen – jene Gefilde liegen müssen, die genaugenommen weder Felder noch brachliegende Parzellen sind und aus der Luft für einen Augenblick wie unwahrscheinliche Tupfen richtiger Landschaft wirkten, das machen wir uns niemals bewußt. Zu ebener Erde verbergen sie sich mit der Heimlichkeit von Friedhöfen.

Solche Orte werden immer nur überflogen, nie besucht. Sie haben etwas von einem Niemandsland und sind aus einem Stoff, der sich den Blicken besonders leicht entzieht, ähnlich den sich selbst überlassenen Dreiecken, die heutzutage überall zwischen Autobahnkreuzen und Überführungen unterhalb der höheren Ebenen liegen, auf denen sich das Leben abspielt. Auf diese Weise können am hellichten Tag ganze Terrains aus dem Blickfeld verschwinden. Trotzdem könnte sich ein in diese ferne Stadt Reisender in dieses verborgene Land vorkämpfen, vorausgesetzt, er ist bereit, das richtungslose Durcheinander der Slums zu Fuß zu bewältigen, wacklige Brücken über giftig schwarzem Brackwasser unbeirrt zu überqueren und unheilvolle, mit rostenden Fahrzeugwracks gesäumte Wegstrecken hinter sich zu bringen. Sowohl im akustischen als auch territorialen Sinn existiert zwischen dem Tumult des Molochs Stadt und dem periodisch auftretenden Donnergetöse des Flughafens eine Pufferzone vergleichsweiser Ruhe. Man hört, wie Hühner scharren und ihre Funde kommentieren. Auf einem frischbewässerten Feld mit Taropflanzen paddeln Enten. Unter einem Mangobaum, der vermutlich schon alt war, als das erste Flugzeug abhob, steht ein angepflockter Wasserbüffel und leckt sich mit klebriger Zunge die Fliegen von der Nase. In weiter Ferne, zwischen giftpilzförmigen Wassertürmen und der Rückseite von Plakatwänden schiebt sich manchmal ein hohes Stück Primärfarbe wie das Segel eines Lastkahns auf einem unsichtbaren Kanal über den Horizont. Es ist die Heckflosse einer Verkehrsmaschine, die am Ende einer Rollbahn wendet oder den äußeren Rollweg entlangrumpelt. Von den Turbinen werden sengende Kerosinschwaden übers Land geblasen.

Flugzeugbenzin ist nicht das einzige, was man riecht. Von irgendwoher breitet sich der säuerliche Gestank eines schwelenden Abfallhaufens aus: geschmolzenes Plastik, verbrannte Eierschalen, angesengte Blätter; die verschiedenen, hie und da verstreuten Schuppen sind höchstwahrscheinlich Familienbetriebe und haben alle einen beißenden Eigengeruch. In einem Schuppen werden Autobatterien auseinandergenommen und wiederverwertbare Teile nach draußen auf einen Haufen geworfen. Es gibt einen Hügel aus Kunststoffgehäusen, einen aus Elektroden, Kartons mit gebrauchten Steckern und anderem bleihaltigen Altmaterial, von dem einiges an Ort und Stelle in einem Tiegel über Gasflammen ausgeschmolzen wird. In weitem Umkreis ist der Boden kahl und ausgeblichen und von Schwefelsäure durchtränkt. Ganz in der Nähe verteilt ein Mann mit kegelförmigem Strohhut Schweinemist auf seinen bescheidenen Acker. Seine Hütte hat die Form eines Parallelogramms und neigt sich vom Flughafen weg, als sei sie regelmäßig der Schubkraft der Düsentriebwerke ausgesetzt. Was recht unlogisch erscheint; aber in genau diesem Augenblick sackt eine gigantische Boeing in der letzten Phase ihres Landeanflugs herab, trotz hellichtem Tag mit gleißenden Scheinwerfern und so niedrig, daß man die einzelnen Nietenreihen erkennen kann; das ganze Ungeheuer ist ausgefranst und hat ausgefahrene Brems- und Landeklappen und herunterhängende Fahrwerkstüren. Obwohl es in kaum dreihundert Fuß Höhe über die Hütte rauscht, verursacht es keine nennenswerte Druckwelle, sondern nur den vertrauten Geruch von brennendem Jet A-1 und Schallvibrationen, die die Luft erschüttern und auf die Erde einhämmern. Es ist einfach nur das Getöse, das die Hütte des Bauern zur Schieflage veranlaßt. Er selbst schaut nie nach oben, sondern hebt und wirft, hebt und verteilt eine Gabelvoll stinkender Klümpchen nach der anderen.

Noch näher am Flughafen, in einem hohen Schilf- oder auch Zuckerrohrgürtel, steht ein Gebäude, kaum größer als eine Doppelgarage: eine solide Werkstatt aus Betonelementen mit Blechdach. Hin und wieder entströmt ihr der aromatische Duft von Kochdünsten. An solch einem Ort gibt es natürlich häufig aasfressende Hunde, die in das Schilfdickicht streunen und wieder heraus und mit fanatischem Blick die Luft beschnuppern. Es würde nicht wundern, wäre vor dem Gebäude ein Lieferwagen geparkt, auf dem in chinesischer Schrift unter anderem *siopao* oder *dimsum* stünde, oder zumindest etwas, das kleine *bonnes-bouches* aus Schweinefleisch enthielte. Tatsächlich steht ein Lieferwagen davor, aber der gehört der Polizei, die gerade einen ihrer regelmäßigen Besuche abstattet. Während in der Ferne die Boeing ihre Räder soeben auf die gummiverschmierte Landebahn drückt, tragen zwei Männer ein gelbes Bündel aus dem Lieferwagen in die Werkstatt. Beinahe umgehend kommen sie mit einer zusammengefalteten ockerfarbenen Plane wieder heraus, steigen ein und holpern über eine Piste davon, die durch eine Schilfwand zu einer stacheldrahtumzäunten Einfriedung mit in gleichem Winkel angeordneten Lampenreihen führt, die die anfliegenden Piloten einweisen sollen. Der Lieferwagen wird immer kleiner und macht einen Bogen drumherum und verschwindet in Richtung Flughafenzubringer, auf dem in einem höher gelegenen Abschnitt das farbige Blinken des Verkehrs zu sehen ist.

Hinter den geschlossenen Werkstattüren ertönt Madonnas »La Isla Bonita« aus dem Radio, und vier Chinesen sind in ihre Arbeit vertieft. Sie sind mit ärmellosen Baumwolltrikots, Shorts und Gummisandalen bekleidet, denn die Luft ist trotz der beiden leistungsstarken Ventilatoren heiß und stickig. Außerdem tragen sie lange, durchsichtige Plastikschürzen und Chirurgenhandschuhe. Es hat zwischen ihnen schon Diskussionen gegeben, ob sie nicht durchgehende Schutzanzüge mit Masken tragen sollten, sind doch die wildesten Gerüchte über Aids zu ihnen gedrungen; eine Krankheit, von der es einerseits hieß, sie sei weniger ansteckend als

Tb, dann wieder wurde ihre Toxizität mit der des Plutoniums verglichen und daß ein einziger Krankheitskeim sein Ziel im Umkreis von hundert Metern unfehlbar ansteuern und das Todesurteil fällen kann. Aber eigentlich ist Aids eine Ausländerkrankheit, und die soeben von der Polizei hereingetragene Leiche war unverkennbar ein Einheimischer, ein junger Mann um die Zwanzig und mit der Andeutung eines Oberlippenbarts. Er hat zwei Stichwunden, eine in der Brust und eine im Rücken. Auf jeden Fall keine Zeit verlieren: Herz, Lunge und Leber! Woher er kam, wer er war, weiß niemand hier im Schuppen und will auch niemand wissen. Aller Wahrscheinlichkeit nach (denn es ist ein frischer Leichnam) ist er ein Polizeiopfer; Straßengesindel, professionell und mit untrüglichem Blick fürs Geschäft ins Jenseits befördert, denn abgesehen von den beiden Wunden ist der magere Körper ungezeichnet – es sei denn, man zählt das auf den Hintern tätowierte Bandenlogo mit.

In den Anfangstagen dieses Zweigs der Heimindustrie waren die Leichen für gewöhnlich nichtidentifizierbare Überreste, entweder an die Küste angeschwemmt oder im fortgeschrittenen Verwesungsstadium begriffen und mit aufgequollenen, aber noch gefesselten Händen in Abwasserrohe oder Fässer gepfercht. Fehlende Gliedmaßen, bei Schießereien zertrümmerte oder durch Unterernährung deformierte Knochen hatten die Arbeit der Männer erschwert. Solche Skelette mußte man vollständig auseinandernehmen und bewahrte die Knochen in beschrifteten Eiskrembehältern aus Polyäthylen auf. Das waren die sogenannten »Ersatzteile«, die später, bei eventuellem »Kombimix«, nützlich sein konnten. Die Männer trugen mit billigem Kölnischwasser getränkte Gazemasken, die selbst mit dem Lysol und den unter den Füßen knirschenden Alaunkristallen kaum zur Versüßung der Arbeit beitrugen. Es war eher ihr Galgenhumor, der sie bei Laune hielt, oder eben Madonna. Wären sie Lehrlinge und dreißig Jahre jünger gewesen, hätten sie in den Mittagspausen bestimmt Madenrennen veranstaltet. Ironischerweise schien ausgerechnet jetzt, da ihr Gewerbe gut etabliert war und sie es sich leisten konnten, fast ausschließlich frische Leichen in einigermaßen gutem Zustand zu verarbeiten, das Ende ihrer Branche gekommen. Offensichtlich waren die guten alten Materialien nicht mehr gut genug. Heutzutage war alles nur Imitat, unecht, Ersatz. Plastik war angesagt und – wie beim Zahnersatz – in aller Munde. Plastik statt Bargeld. Plastik statt Knochen.

Das Gebäude ist den Produktionsphasen entsprechend in vier Bereiche unterteilt und jeder scherzhaft bezeichnet wie in einer auf die Restaurierung alter Autos spezialisierten Werkstatt. Der Reihenfolge nach gibt es den »Chassis-Shop«, die »Dampfreinigung«, die »Trockenpuste«, die »Spritzerei« und »Remontage« (die Abteilung, in der gelegentlich die »Kombimix-Künste« gefragt sind. Wegen zunehmender Aktivitäten japanischer Gangs, beispielsweise, kommen immer wieder Yakuza-Mitglieder, denen der Seitenspiegel der linken Hand fehlt: das Endglied des kleinen Fingers. Das wird dann aus dem Fundus ersetzt). Eine lange, stark verfärbte Kupferwanne mit 450 Litern Fassungsvermögen wird von einem stählernen Hängegerüst über drei Gasbrennern gehalten. Sie ist mit einem Blech zugedeckt und sieht durch den seitlich entweichenden Dampf wie ein gigantischer Fischkessel aus. Einer der Männer tritt heran und hebt das Blech ein wenig mit einer Zange an. Das Wasser brodelt heftig, also drosselt er die Gaszufuhr, bis es nur noch auf kleiner Flamme siedet. Der Kessel ist schon so lange im Gebrauch, daß der entweichende Dampf den Geruch von verdorbenem Sud angenommen hat, der sich unangenehm mit dem karbolartigen Gestank des Lysols aus dem Chassis-Shop vermischt. Jetzt nehmen zwei der Männer Fleischermesser von einem Magnethalter. Währenddessen dröhnt schon wieder eine Verkehrsmaschine im Tiefflug über sie hinweg, übertönt das Radio und rüttelt am Dach. Das beachten sie nicht groß, sondern machen eine flüchtige Bekreuzigungsgeste; abgesehen von außer einem Kruzifix mit der Inschrift »Segne dieses Haus« einziges Zeichen ihres Aberglaubens. Tatsächlich sind alle vier Chinesen Katholiken. Einer nimmt sich den oberen Teil der Leiche vor, der andere den unteren. Mit geübten Griffen trennen sie Arme und Beine ab. Den Rumpf lassen sie auf dem rostfreien Edelstahltisch mit Abflußrinnen liegen, die Gliedmaßen landen auf Fleischerbrettern aus Polyäthylen; dann ziehen sie mit flinken Bewegungen soviel Muskeln und Fleisch ab wie möglich, ohne den Knochen zu beschädigen. Das Fleisch landet in einem orangefarbenen Kübel. Die beiden Männer arbeiten konzentriert, die Gesichter sind Gedanken oder Gerüchen gegenüber verschlossen. Keines der Gesichter sind nicht abweisend. Beide mögen im Laufe der Zeit die tiefgefurchten Züge ihrer älteren Kollegen annehmen, die ihnen jenen Ausdruck verleihen, den als kummervoll zu bezeichnen höchstens der allersentimentalste Abendländer wagen würde. Schon nimmt einer der Männer die Gliedmaßen, mittlerweile schartige rosa und weiße Äste, mit nach wie vor funktionierenden Gelenken, wirft sie in den Kessel und dreht das Gas auf. Inzwischen ist der Kopf vom obersten Halswirbel gelöst. So läßt sich das Rückgrat am Stück weiterverarbeiten, und die Knorpelscheiben bleiben an ihrem Platz, so daß sie später sterilisiert und getrocknet werden können und Farbe und Konsistenz von Hundekauknochen annehmen. Heutzutage können die Bandscheiben zwar, im Einklang mit der allgemeinen Plastifizierung des Lebens, durch Silikon ersetzt werden, aber die Männer arbeiten lieber so, wie sie immer gearbeitet haben. Keiner von ihnen ist jung, und wenn man sieht, wie geschickt und tüchtig sie vorgehen, könnte man meinen, sie seien Handwerker.

Nun, da der Kopf vom Körper getrennt ist, kann einer der Chinesen sich leicht von unterhalb des Kinns nach oben arbeiten und Zunge und Gaumen entfernen. Dann schlitzt er vom Nacken bis zur Schädeldecke und von der Stirn bis zur Nasenwurzel die Kopfhaut auf. Er nimmt ein kleineres Messer und trennt die Kopfhaut vom Schädel, indem er jede Seite als grobe Rolle aus Haut und Haaren abzieht. Die Augen des Opfers sind halb geschlossen, und die getrockneten Augäpfel glänzen matt zwischen seinen Lidern. Mit seinem Haar, vermutlich erst vor wenigen Tagen geschnitten – sein definitiv letzter Haarschnitt –, das jetzt wie eine Halskrause um seine Ohren liegt, und dem sich daraus erhebenden freigeschälten weißen Schädelgewölbe beginnt der Junge plötzlich verstümmelt auszusehen, wohingegen er vorher noch wie ein gerade zergliederter Körper aussah. Dies also sind die Lippen (die augenblicklich vom Zahnfleisch abgetrennt werden), denen seine Mutter die Brust gab; sie, die, wo auch immer, noch mehr Kinder haben mag; dies die Wangen, die sie gegen Hitzeausschlag puderte; dies das Gesicht ihres Sohnes (soeben in zwei Hälften geteilt und in den orangefarbenen Kübel geworfen), ihres Kindes, der Hoffnung der Zukunft, der Verzweiflung der Gegenwart. Dieses Gesicht, das nur ihm gehörte, das gestern nachmittag noch Freunde und Feinde auf der Straße erkannt, das Geliebte betrachtet haben, neben dem sie eingeschlafen sind, wird auf den Müll geworfen. Was übrigbleibt, sind gebleckte Zähne, hervorquellende Augen und, wenig dazu passend, eine breite intakte Nase dazwischen. Eine Minute später ist auch sie und die Augen dahin, und der breiige Sitz der Gedanken wird mit einem langstieligen Löffel durch die Öffnung in der Unterseite seines Schädels entfernt. Dies ist die Technik, bei der die alten Ägypter Pionierarbeit leisteten, nur daß sie das Gehirn, dieses nutzlose Füllmaterial, durch die Nase entfernten und, um die Verwesung zu verhindern, empfehlenswerterweise durch Stoffetzen und Sägemehl ersetzten. Der Kopf dieses Opfers ist vergleichsweise rasch geleert. Groll, Erinnerungen, der Gesichtsausdruck seiner Mutter bei der Grundschul-Abschlußfeier, der Geruch trocknender Kopra an einem Septembermorgen in irgendeiner Provinz, der Sound von Madonna persönlich – all das schmilzt zu einem verrührten weißlichen Haufen zusammen. Der leere Schädel wird in eine Holzkiste gelegt und in kurzen Stößen mit einem Hochdruckschlauch gereinigt, um sich hinterher zu Torso und Gliedmaßen im Kupferkessel zu gesellen. Über ihnen setzt eine weitere Boeing zur Landung an. Hundertachtzig Fuß über dem orangefarbenen Kübel, in dem sich unter anderem ein flaumiger Schnurrbart befindet, stellen Geschäftsleute ihre Uhren um. Das Dach hat aufgehört zu rappeln, der Kübel wird mit einem Deckel verschlossen, im Kessel brodelt es, und die Männer reinigen den Chassis-Shop mit dem Wasserschlauch. Die gesamte Operation hat siebenundzwanzig Minuten gedauert. Die beiden Ventilatoren surren, und draußen im Gestrüpp heben die Köter ihre Nasen.

Sofern die Zergliederung des Opfers reibungslos verlief, ist seine Wiederherstellung ein Kinderspiel. Nach mehrstündigem Kochen verlassen die Knochen, die jegliches Mark verloren haben, die »Dampfreinigung« in Richtung »Trockenanlage«: ein geräumiger, mit Heizelement und Gebläse eines handelsüblichen Wäschetrockners geschickt konstruierter Trockenschrank. Anschließend werden sie auf einem Tisch ausgebreitet und auf Knorpelreste und dergleichen untersucht. Danach werden sie in einer formaldehydhaltigen Naßpräparatlösung ein zweites Mal zum Kochen gebracht und zum Durchtränken und Abkühlen vierundzwanzig Stunden stehengelassen. Während dieser Prozedur dringt das Desinfektionsmittel in Bereiche feinster Knochensegmente wie etwa die Nebenhöhlen ein. Am nächsten

Tag werden die Knochen nochmals getrocknet, und dann wird das auseinandergenommene Chassis des jungen Mannes in der Abteilung »Remontage« auf einem langen Tisch ausgebreitet und gewissenhaft mit vorgefertigten Messingösen verschiedenster Größe versehen. Diese werden in kleine, mit einem handlichen druckluftbetriebenen Hobby-Kraft-Bohrer gebohrte Löcher eingeführt und mit klartrocknendem Kunstharzkleber fixiert. Zehenglied um Zehenglied, Mittelfußknochen um Mittelfußknochen wächst so das Skelett zusammen. In die Schädeldecke wird ein etwas größerer Messingring eingelassen. In zwei Tagen ist die letzte Phase erreicht, und das Skelett wird, nach einem weiteren Trockengang, in die Spritzkammer gehängt und mit Klarlack behandelt. Bei Sonderbestellungen sind manchmal die Rippen vor dem Lackieren mit Zeichentusche zu numerieren. Normalerweise kommt das Skelett unmarkiert heraus, weiß glänzend, das solide Gerippe eines Mannes, der noch vor vier Tagen in der Stadt herumspazierte, Witze riß und Fehler beging, wie beispielsweise in einen Streifenwagen der Polizei zu geraten. So, Ecce-Homo: ein Skelett von Exportqualität für den Gebrauch von medizinischen Fakultäten, Museen und makaber veranlagten Studenten, Tausende von Meilen von seiner Heimat entfernt.

Die vier Männer betreiben ein spezialisiertes, zwischen Familienbetrieb und Kleinindustrie angesiedeltes Gewerbe und haben als solche eine legal eingetragene Handelsfirma. Zum Beweis verfügen sie über verschiedene Zertifikate und Inspektionsnachweise, und im großen und ganzen halten sie sich an die Bestimmungen. Eine davon untersagt den Verkauf von Abfallmaterial, egal ob als Düngemittel oder Tierfutter. Der orangefarbene Kübel wird täglich per Handwagen zu einer umzäunten Abfallgrube im Schilf gekarrt und zusammen mit der Kesselbrühe geleert (vorher allerdings auf einzelne Zähne, Kugeln und Mittelohrknochen durchsiebt). Das Ganze wird mit einer Schicht aus Löschkalk und Erde abgedeckt. An einen der Zaunpfosten ist ein Kruzifix genagelt. Hierher kommt außer den Männern nie eine Menschenseele. Höchstens die Hunde, die die Witterung aufgenommen haben und sich unterwürfig und zitternd vor Gier heranpirschen. Das Schilfrohr flüstert in der leichten, kerosingeschwängerten Brise. Von oben blinzeln verschlafene Passagiere herab und sehen vielleicht ein paar Bauern, die immer noch unbeirrt an ihrer armseligen Landparzelle am Stadtrand und den zeitlosen Ritualen von Aussaat und Ernte festhalten. In dem Augenblick, da die Räder mit dumpfem Geräusch auf die Landepiste aufsetzen, ist dieses Bild aus der Erinnerung getilgt, aus dem hinteren Teil der Economy-Class erklingt sporadischer Applaus, und der Adrenalinspiegel der Passagiere steigt in ängstlicher Erwartung der Ankunft steil an.

Bald schon gesellen sich die Knochen des jungen Mannes zu denen eines Dutzends anderer, die bereits in Kleiderhüllen aus Kunststoff im Lagerraum auf einer Stange hängen; zwei Kinder sind auch dabei. Der Käufer, ebenfalls ein Chinese, wird sie in ein oder zwei Tagen abholen; doch obwohl der Preis für echte Ware leicht angezogen hat, werden seine Besuche seltener, da der Markt langsam austrocknet. Seltenheitswert, vermuten die Männer. Soweit sie informiert sind, haben etliche Industrienationen den Import echter Skelette eingestellt und sind zu Plastik übergegangen. Es wäre aber auch denkbar, daß ein Land wie Indien, bis Mitte der achtziger Jahre Hauptlieferant des britischen Marktes, den Export ihrer Ex-Bürger untersagt hat. Illegale Emigranten sollten fortan aus Fleisch und Blut sein. Insgesamt ist es vielleicht doch eine zu ungemütliche Branche, mit einem zu starken Ruch von Burke and Hare und ruhelosen Gräbern.

Burke and Hare: zwei Verbrecher, die zu Beginn des 19. Jahrhunderts zahlreiche Menschen erwürgten, um ihre Leichen an die Anatomie zu verkaufen

Zu Düsenmaschinen- und Popsongklängen machen die Chinesen klar Schiff und brauchen beim Wischen und Schrubben eine Menge Wasser, das unter den Türen hindurch abläuft. Die Hunde erwarten die Rinnsale mit Lysolgeschmack und streiten um kaum sichtbare Gallertstücke. Ein ausgesprochener Fachberuf steht vor dem Aus. Zwei der Männer, die im Abendlicht recht alt aussehen, könnten sich bald zur Ruhe setzen. Die anderen zwei – alle sind einander durch Blut oder Schwüre verbunden – könnten im Geschäft bleiben und Sonderaufträge erledigen. Man kann nie wissen, aus welcher Ecke eine Anfrage kommt. Erst letzten Monat stand ein angehender Buddhist mit den sterblichen Überresten seines Meisters vor der Tür, dessen letzter Wunsch es gewesen war, seine Knochen sollten in Zukunft seinen Anhängern bei der Meditation dienen. Mit Plastik ließe sich zwar ein Memento mori darstellen, es wäre aber als Talisman längst nicht so geeignet wie des Meisters Knochen. Niemand nahm daran Anstoß, auch nicht die Polizei, die keinen Grund sah, gegen religiöse Vorlieben einzuschreiten. Sie hatte ihren Anteil kassiert und war ihrer Wege gegangen. Das war ein verdammt guter Auftrag gewesen: Die beiden im »Chassis-Shop« hatten vergessen sich zu bekreuzigen und bei der Arbeit gepfiffen. Es gab eben Jobs, wo alles stimmte.

Kapitel 2 Wer kann sich an 199... erinnern? Präsidentische Faxen, marode Monarchien. Stetig steigende, sich immer weiter hinaufschraubende Obdach- und Arbeitslosenzahlen, als wollten sie die klassischen Säulen der Parlamentsgebäude reihenweise unter sich begraben, eine am Marmor der Regierungssitze nagende demotische Umweltverschmutzung von unten. Kriege, Hungersnöte, unverbrauchte Wunderkinder des internationalen Terrorismus. Kurzum, das gewohnte Mobiliar der Weltereignisse wurde im selben alten Zimmer umgeräumt, derweil von draußen das Grollen des vertrauten Vulkans oder Erdbebens oder des verheerenden Taifuns hereindrang. All dies im besagten Jahr und nicht zuletzt, natürlich, ein spektakulärer Vampirismus-Ausbruch in einem von Manilas Elendsvierteln. Auch das eine schon mal dagewesene Geschichte und bestimmt nicht geheimnisvoller als Weizentermingeschäfte.

Es war das Jahr, in dem John Prideaux als Dissertation eine eher unkonventionelle Schrift einreichte, da er zu dem Ergebnis gekommem war, daß es für eine Niederschrift keine andere Möglichkeit gab. Wenn sie sich als fiktiver Bericht präsentierte, so war sie doch den herkömmlicheren, in Textverarbeitungslatein verfaßten Schwarten, die als Anthropologie durchgingen, in puncto Lesbarkeit klar überlegen. Schließlich waren Fakten, ebenso wie Gerechtigkeit, Verhandlungssache. Manchmal wurde kritisiert, die meisten modernen Romane hätten den Nachteil, daß sie krampfhaft versuchten, dokumentarisch statt »phantasievoll« zu sein; daß sie es dem Journalismus, verziert mit ein paar subjektiven Krausen und Schnörkeln, unbedingt gleichtun wollten. Nach Prideaux' Ansicht wurde Journalismus häufig durch vorgetäuschte Objektivität versaut. Eine ganz normale Fernsehdokumentation, zum Beispiel, wirkte häufig wie pure Fiktion. Sprache, Konventionen und Abläufe waren allesamt stereotyp und mittlerweile so banal, daß sie unbemerkt im Strudel des allgemeinen Entertainments untergingen, nicht anders als die Nachrichten oder Wiederholungen von *Fred Feuerstein*. Sich kraftlos dahinschleppende und weinende Opfer einer Hungerkatastrophe waren ebenso vorhersehbar wie Premierminister, die blankgeputzten Luxuslimousinen entstiegen und entweder süffisant lächelten oder ein betretenes Gesicht machten. *C'était leur métier.* (Seine Auffassungen zum Thema Newzak waren den Mitgliedern der Fakultät für Medienforschung bestens vertraut.)

Er wußte, daß eine unkonventionelle Dissertation so weit wie möglich verkleidet werden mußte, sollte sie dem gängigen Produkt ähneln. Trotzdem fand er selbst diese minimale Tarnung schon bald schwer zu bewerkstelligen. In der Regel wurde das Thema in der Einleitung erläutert, und – so die bevorzugte Methode – nach Nennung der maßgeblichen Autoritäten dargelegt, wie man es geschafft hatte – einfach durch Geschick und Originalität –, eine undichte Stelle in ihrer Forschungsarbeit oder einen Schwachpunkt in ihrer Argumentation aufzudecken, was ihr Werk auf vernichtende Weise überholt erscheinen ließ. Prideaux hatte das Problem, daß er, konfrontiert mit dem Stapel seines Typoskripts, nicht mehr wußte, was überhaupt das Thema war. Deshalb war es unmöglich, mit dem üblichen Abriß fortzufahren: jenen prägnanten fettgedruckten Zeilen, die das Ganze zusammenfaßten. »Zwangsvertriebene Farmer aus Oklahoma verdingen sich Mitte der 30er Jahre in der nichtlukrativen kalifornischen Zitrusfrüchte-Industrie«, hatte er mal als Zusammenfassung von *Die Früchte des Zorns* gelesen. Wie konnte selbst der faulste Akademiker so etwas als eine sinnvolle Übung ansehen? Wirklich praktische wissenschaftliche Arbeit ließ sich ohne grobe Verzerrungen und Gemeinplätze ebensowenig zusammenfassen wie Literatur.

Darüber hinaus hatte er mit dem Problem seines fortschreitenden Alters zu kämpfen, da er feststellen mußte, daß es auf solche Angelegenheiten durchaus seine Auswirkungen hatte. Vielleicht hätte der typische Anthropologiestudent Anfang Zwanzig ein Thema gewählt, das sich mühelos zusammenfassen ließ und dem es an Resonanz mangelte. Aber ein reifer Student jenseits der Vierzig sah die Welt mit anderen Augen. Für welchen Vater mit Töchtern und Söhnen auf der Uni wäre das Thema »*Verwandtschaftssysteme bei den Nambikwara*« klein und harmlos, wenn bereits das Wort *Familie* zum Synonym für private Ängste, Verwirrung und Schuld verkommen war? Die Jahre verstrichen, die Interessen wurden zunehmend komplizierter und waren Kompromissen unterworfen, obwohl sich beim Geschmack eine Abflachung abzeichnete. Bei Dissertationen war das nicht anders. Solche Überlegungen wurden vom akademischen Establishment ignoriert, da sich ihre Urteile und Erwartungen mehr auf die entschlossene Unausgegorenheit von vergleichsweise Babys stützten.

Ganz zu Anfang, noch auf der Suche nach dem passenden Thema, hatte Prideaux das gänzlich Fiktive gereizt, wie es jedem ergangen wäre, der früher ein Bewunderer Carlos Castanedas gewesen war. Er hatte mit vielen Titeln jongliert und war im Begriff, eine Dissertation zu verfassen, die zu irgendeinem paßte, der ihm gerade gefiel. »*Der Stamm, der nicht wagt, seinen Namen zu nennen*« beinhaltete tatsächlich einige Möglichkeiten, und das Schreiben hätte bestimmt großen Spaß gemacht. Aber der schwierige Versuch, für diese überaus abergläubischen und extrem scheuen Menschen einen überzeugenden Schauplatz zu erfinden, brachte ihn schließlich von seinem Vorhaben ab. Bei der fiktiven Natur selbst eines höchst wissenschaftlichen Unternehmens (mit dem Einfallsreichtum, der Willkür eines menschlichen, nach menschlichen Regeln durchgeführten Unternehmens) sah er, wie selbst aus der nüchternsten Dissertation ein *roman à thèse* werden konnte. Das hatte er zu Beginn seiner

Recherchen nicht bedacht und sich wenig Gedanken gemacht, inwieweit die Themenwahl zwangsläufig mit privater Befangenheit und Massenängsten in Beziehung stand: Der hohe Pfeifton und die krachenden Geräusche, wenn die innere Fassade zu bröckeln beginnt. War er nicht wie der besorgte Wissenschaftler in einem Katastrophenfilm, der bei seinem Abendspaziergang auf der Dammkrone plötzlich bemerkt, daß die weißen Streifen in der Straßenmitte nicht mehr recht zusammenpassen wollen? Aber dann sah es ganz danach aus, als hätte sich sein gewähltes Gebiet von selbst stabilisiert; worüber er sich damals nicht einmal gewundert hatte. Die bloße Idee von einem »nationalen Charakter« war viel zu nebulös und für seriöse Forschung viel zu substanzlos, aber wenn man das Thema mit »Transkulturelle Psychopathologie« überschrieb, konnte man vielleicht so etwas wie eine legitime Annäherung erreichen. Schließlich hatte jede Kultur ihre ganz spezifischen wunden Punkte, genau wie jedes Individuum, und die konnten recht aufschlußreich sein. Folglich hatte er die Literatur durchkämmt, angefangen bei mittelalterlicher Tanzwut und Kinderkreuzzügen über religiös-hysterische Epidemien, beispielsweise der »Jumpers« und »Barkers« im Osten der USA, bis hin zu den Nonnen eines deutschen Konvents, die glaubten, von Katzen besessen oder in welche verwandelt worden zu sein. Außerdem wußte er von spezielleren und exotischeren Störungen. Zum Beispiel *pibloktoq*, bei dem Eskimos – hauptsächlich Frauen – in einen Weinkrampf verfielen und in fremden Zungen redeten, um dann nackt übers Eis davonzuschießen. In Malaysia gab es *latah*, einen durch zombiehaften Gehorsam gekennzeichneten Trancezustand – in den ebenfalls normalerweise Frauen mittleren Alters verfielen –, der durch den Klang einer Fahrradglocke oder einer bloßen Namensnennung ausgelöst werden konnte. Und dann gab es die Windigo-Psychose bei den Cree- und Ojibwa-Indianern: Die

Befallenen überkam bei gewöhnlichem Essen Übelkeit, ihr Hunger konnte nur durch Kannibalismus gestillt werden.

Schließlich gab es noch Amok. John Prideaux hatte seinen van Loon, seinen van Wulfften-Palthe, Yap, Caudill & Lin, Hirst & Woolley und vieles andere gelesen. Für diese Autoritäten war Amok eine standardisierte, kulturell akzeptable Form emotionaler Befreiung, eine Störung, die, obgleich zeitlich begrenzt, oft mit willkürlichem Gemetzel einherging und folglich meistens das Ende des Patienten bedeutete. Doch ließen solche Beschreibungen bei ihm ein Gefühl der Unvollständigkeit zurück. Wären ihre Autoren unruhiger und weniger prosaisch gewesen, hätten sie dann nicht eine symbolische Dimension von Amok erkennen müssen? Mit der klassischen Zusammenfassung der drei Phasen (eine Periode dumpfen Brütens, gefolgt von mörderischer Raserei, die in totaler Erschöpfung und Amnesie endete) hätte beispielsweise ebensogut eine längere Zeit beim Militär oder an der Front beschrieben werden können. So gesehen, könnte sie auf jedes einem permanenten Streß ausgesetzte Leben zutreffen. War es nicht eine völlig absurde Vorstellung, daß sich eine ganze Gesellschaft aus Individuen zusammensetzte, die, ohne es zu wissen, von der Wiege bis zur Bahre die – um einen Faktor von mehreren tausend verlangsamten – Symptome einer chronischen Amokattacke aufwiesen? (Falls an dieser Stelle auch nur einer der Prüfer spontan mit *Ja* antworten könnte, dachte Prideaux verwegen, sollten sie auf der Stelle zu lesen aufhören, aufatmen und sich einem normalen Manuskript zuwenden.)

Schließlich wußte er, daß anthropologische Dissertationen derart herausgeputzt sein mußten, daß sie »objektiv« aussahen und klangen, so wie die wissenschaftliche Welt es verlangte. Das hatte sogar etwas Rührendes. So etwas könnte man vielleicht in einem Laborexperiment mit genmanipulierten Mäusen durchführen, aber trotz bester Absichten wurde Feldforschung immer noch von Menschen betrieben, und Menschen waren nun einmal kulturell bedingte Wesen. Sich mit Menschen zu befassen *hieß*, sich mit Fiktion zu befassen. Deshalb trat er in seiner Erzählung als »Prideaux« auf und hörte sich beim Erzählen seiner Geschichte am Ende beunruhigenderweise selbst wie eine seiner Figuren an. Da er (bevor er ganz von der Bildfläche verschwand) die übrigen Regeln bestmöglich einhalten wollte, fand er es nur anständig, seine *dramatis personae*, die er alle ausführlich interviewt hatte, namentlich zu nennen und ihnen für ihre oftmals extreme Geduld und Hilfe zu danken. In alphabetischer Reihenfolge waren dies:

Vic Agusan
Ysabella Bastiaan
Pater Policarpio Bernabe
Insp. Gregorio Dingca, WPDC, Manila
Crispa Gapat
Pater Nicomedes Herrera
»Captain Melchior«
Sharon Polick
Epifania Tugos
Sen. Benigno Vicente

Es war Ysabella Bastiaan, die in dem Augenblick, da sie den Ninoy Aquino International Airport, Manila, verließ, seine Dissertation betrat. Jetlaggeplagt und seit Verlassen der klimatisierten Eingangshalle in der frühmorgendlichen Hitze, von den wenigen Metern total erschlafft, ließ sie sich von weißen Hemden und braunen Armen übernehmen und zu irgendeinem Taxi ziehen. Es ist auffällig, daß Menschen nach einem langen Flug eine merkwürdige Passivität überkommen kann, ähnlich wie soeben ins Krankenhaus eingelieferte Patienten. In beiden Fällen dominiert der Wunsch, übertrieben hohe Summen in die nächstbeste Hand zu drücken, in der Hoffnung, schnellstmöglich in einem kühlen dunklen Raum alleingelassen zu werden. Ihrer späteren Beschreibung zufolge fand sich Ysabella in einem Luxustaxi mit weißen Kunstledersitzen wieder, dessen Windschutzscheibe teilweise durch ein am Rückspiegel hängendes Jesusporträt verdeckt war, auf dem der Spruch »O Herr, wir bitten Dich, segne unsere Fahrt« und folgender Vers zu lesen waren:

Eine ruhige Hand,
Ein wachsames Aug,
Gib mir, o Herr!
Damit niemand zu Schaden komm',
Durch mich im Verkehr.

Irgendwo im allgemeinen Chaos entdeckte sie jenseits der getönten Scheiben einen Zeitungsverkäufer. Die Schlagzeile einer populären Tageszeitung lautete (hätte sie sie verstehen können): »Binondo-Vampir hat wieder zugeschlagen! Drei ausgesaugt!« Sie war soeben unwissentlich in die Vergangenheit eingetaucht. Oder vielleicht in die Zukunft. Die Gegenwart entzog sich ihr jedenfalls, als das Taxi durch das Ödland von Pasay kroch und dann den ellenlangen Roxas Boulevard in Angriff nahm, linkerhand die Bucht von Manila und rechterhand die unregelmäßige Linie der dem Meer zugewandten Gebäude: in Bandenkriegen niedergebrannte Nachtklubs, dazwischen Apartment-Hochhäuser und Blöcke mit Eigentumswohnungen.

Sie erreichte Imelda Marcos' Prunkstück, das Philippine Cultural Center, und wurde ostwärts in den Touristengürtel von Ermita geschaukelt, wo die Fahrt gestoppt wurde. Der Verkehr staute sich wie Abwasser. Alle Ampeln waren außer Betrieb. Hier und da gab es eine Kreuzung, auf der ein Mann in Khaki-Uniform stand, seine Trillerpfeife blies und wie wild mit den Armen fuchtelte.

»Stromausfall«, sagte ihr Fahrer lakonisch. Ysabella hatte sich tatsächlich über die vielen kleinen Stromgeneratoren auf dem Bürgersteig gewundert, die dem stockenden Verkehr noch mehr Geknatter und Monoxyd hinzufügten. Dahinter lagen reihenweise Clubs und Bars, deren Türen zum Teil mit kreuzartig angeordneten Brettern zugenagelt waren, auf die der Hinweis »Geschlossen auf Anweisung von Bürgermeister Lim« gepinselt war. Aus den anderen pulsierte das trostlose Wummern von Disko-Musik ins Generatorengedröhn. Ab und zu wurde kurz eine Tür geöffnet. Aus der ständigen Nacht im Inneren schimmerten einem blaßweiße Gliedmaßen und Zähne und fahle Kleidungsstücke entgegen, die in ultraviolettem Licht elektrisch leuchteten. Und das morgens um halb zwölf? wunderte sie sich. Sie befand sich in dem fieberhaften Stadium, in dem die Dinge zwar zur Kenntnis, aber nicht richtig wahrgenommen werden und eine diffuse Beunruhigung auslösen, wie von etwas Grundverkehrtem, einer unerträglichen Zukunft, die prophezeit wird, wenn auch der restliche Planet in zeitlupenhafter Anarchie und wildem Chaos und der Abschaffung menschlicher Grundbedürfnisse steckenbliebe.

Sie konnte ihr Hotel sehen, eingehüllt in eine dichte Dieselwolke, die aus dem hauseigenen Generator quoll, ein weißer Klotz von einem Kreuzfahrtdampfer ohne Ziel. Während sie sich anmeldete, bot die klimatisierte eisige Ruhe kein Gegenmittel für ihre Vorahnungen. Ruhe und Privatsphäre waren kostbare Rohstoffe und streng rationiert. Der polierte Marmor und die uniformierten Diener strahlten etwas Ungewisses aus, das sich auf beklemmende Weise mit dem Vanillearoma heißer Waffeln aus einem unsichtbaren Hotelcafé vermischte. Aus den Augenwinkeln nahm sie ein ständiges Flimmern der Beleuchtung wahr, das Flakkern des Notstromaggregats. Perioden pro Sekunde. Die verkleideten Leuchtstoffröhren im Hitachi-Lift summten leise. Ihr Zimmer mit den zugezogenen Vorhängen machte den Eindruck, als sei es rundum mit Gummi isoliert. Boden, Wände und Zimmerdecke gaben nicht das leiseste Echo wieder. Ein toter Raum für die Todmüden. Der Hoteldiener schaltete die Klimaanlage an und ließ sie in einem eisigen Hauch aus Schimmel, Hefepilzen und Schwamm zurück. Als sie die Vorhänge öffnete, konnte Ysabella auf baufällige Dächer und eine autoverstopfte Straße sehen, die durch die getönten Scheiben in ein mattes Rosé getaucht wurden. Einen Fingerbreit entfernt gab die Fensterscheibe die Mittagshitze von draußen ab. Die Welt des Flugpassagiers.

Kapitel 3 Wenige Meilen südlich, außerhalb der Peripherie Manilas in einem Ort namens Muntinlupa, befand sich die Nationale Strafanstalt. Polizeiinspektor Gregorio (»Rio«) Dingca kam praktisch jeden Morgen an ihrer Pforte vorbei, wenn er seinen Jeep aus rostfreiem Stahl – ohne Nummernschild oder Polizeikennzeichen – von seinem Domizil in San Pedro, Laguna, in die City steuerte. Aus diesem gewaltigen Gefängniskomplex, und auch aus anderen, übers Archipel verteilten Strafkolonien, waren in den vergangenen fünf Jahren gut 2725 Häftlinge ausgebrochen, was kürzlich einen Senator dazu veranlaßte, das Gefängnissystem als »porös zu bezeichnen, »eine Porosität, die ohne stillschweigende Duldung von ganz oben unmöglich wäre«. Wenn Inspektor Dingca abends aus der Gegenrichtung vorbeifuhr, fragte er sich selten, wie viele von denen, die am Morgen eingesessen hatten, noch drin sein mochten. Aber das würde er früher oder später schon erfahren.

Nach siebzehn Dienstjahren stufte sich Dingca als friedfertig ein. Wenn er dafür war, Wiederholungstäter, die eine Bedrohung für die Allgemeinheit darstellten, auszuschalten, und mit seiner Llama-Automatic – einem Nachbau des Colt .45 von 1911 – geholstert und entsichert neben sich auf der Getriebekonsole umherfuhr, unterschied er sich kaum von den meisten seiner Kollegen. »Verhaltet euch unauffällig und seid allzeit bereit«, lautete sein Rat an blutige Anfänger. Dieses unanfechtbare Gebot war viel zu banal und großmütterlich, um die neuen Kids zu beeindrucken, die nur wußten, daß sie während des Streifendiensts mit ihren nagelneuen Uniformen erstklassige Zielscheiben waren. Oder aber sie hatten nichts anderes im Kopf, als schnellstmöglich in eines der vielen krummen Geschäfte einzusteigen, um ihren miesen Lohn aufzubessern und sich deutlich von der Armutsgrenze zu entfernen. Schließlich hatten sie die neue Uniform aus eigener Tasche finanzieren müssen. Sie hatten ihre gesamte Ausrüstung, von der Mütze bis zu den Schuhen, tatsächlich selber kaufen müssen; bis auf ihre Dienstmarke und die Pistole, die viele von ihnen durch eine andere ersetzten, sobald sie es sich leisten konnten. Es war eine .38er Squires Bingham aus heimischer Produktion, die gemeinhin als lebensgefährlich für jeden galt außer für den, auf den sie abgefeuert wurde.

Manche Verbrechen waren kinderleicht. Mit ein wenig Rückendeckung konnte man eine *tong*- oder Wegezollstation einrichten und jedem vorbeifahrenden Jeepney-Fahrer dreißig Pesos abknöpfen, tagein, tagaus, von morgens bis abends. Machte man das über ein oder zwei Monate, konnte man schon vom großen Geld sprechen, vorausgesetzt man hatte Rückendeckung von ziemlich weit oben. Ebenfalls war sehr zu empfehlen, möglichst viele Leute zur Vernehmung vorzuführen, egal, ob verdächtig oder nicht; von jedem ließ sich eine *matrikula* oder »Bearbeitungsgebühr« erheben. Es entbehrte nicht einer gewissen Eleganz, daß man die Betroffenen für ihre ungerechtfertigte Festnahme auch noch selber zur Kasse bat. Aber am besten waren die größeren Dinger, für die man Verbindungen zur Spitze brauchte, wollte man sie erfolgreich drehen. Eines der beliebtesten war das tageweise Ausleihen von Häftlingen aus Muntinlupa oder anderen Gefängnissen. Auch das entbehrte nicht einer gewissen Eleganz. Die Reichen brauchten zur Ausführung ihrer Verbrechen ständig Leute: für den Überfall auf einen Geldtransporter, die permanente Ausschaltung eines Rivalen, Genugtuung für erlittene Schmach oder einen Brandanschlag auf einen Nachtclub. Wer war für so was besser geeignet als ein Profi, der sowieso schon wegen bewaffneten Raubüberfalls oder Mordes hinter Gittern saß? Das perfekte Alibi. In dieser Hinsicht waren gerade Orte wie Muntinlupa überfüllte Talentschuppen, die nur darauf warteten, daß man sich ihrer bediente.

Eine Möglichkeit, die Sache anzugehen, war die Bestechung des Gefängnisdirektors, damit der betreffende Gefangene, von Bewaffneten eskortiert, den Knast für eine Untersuchung in einer Privatklinik oder einem Krankenhaus verlassen durfte. Zu einem vorher vereinbarten Zeitpunkt entschwand er in die medizinischen Gefilde und überließ seine Bewacher für ein paar ruhige Stunden im Wartezimmer sich selbst, wo sie Kreuzworträtsel lösen und mit Krankenschwestern flirten konnten. Der Häftling raste inzwischen einen Highway entlang und wurde in seinen Auftrag eingeweiht. Ein typischer Job war beispielsweise der von vor wenigen Wochen, als in Luneta am hellichten Tag vor den Augen von Spaziergängern und einem zerstreuten *(mot juste)* Touristenhäufchen ein Geschäftsmann mit einer Armalite erschossen wurde. Zur *merienda*-Stunde saß der Killer schon wieder in seiner Zelle in Muntinlupa, mit stichhaltigem Alibi und dem Versprechen, man würde ihn innerhalb des nächsten Monats türmen lassen, ohne daß er eine Kugel riskierte. Ehrenwort.

Wenn Inspektor Dingca derlei Vorkommnisse nicht entrüsteten, dann nur, weil an ihnen nichts zu ändern war, ohne gleich das gesamte System umzukrempeln. Da dies auch ihn betreffen würde und das System hin und wieder durchaus zum Vorteil der Polizei funktionierte, hielt er eine Veränderung für unwahrscheinlich und wohl auch nicht für erstrebenswert. *Status quo.* Trotzdem mußte er zugeben, daß der *status quo ante* einmal viel besser gewesen war. Damals, in den siebziger Jahren, hatte Ferdinand Marcos' Kriegsrecht zumindest in den ersten zwei, drei Jahren für ein gewisses Maß an Disziplin gesorgt. Ein paar einflußreiche Köpfe waren gerollt. Man hatte regulierend ins organisierte Verbrechen eingegriffen wenn nicht gar aufgeräumt. Es war schwieriger geworden, an Schußwaffen zu kommen. »Shabu« (oder »Crack« oder wie immer das in den Staaten hieß) war noch kein Problem gewesen. Wie zahlreiche andere Cops, Journalisten und Kenner der jüngsten Geschichte hätte auch der Inspektor den Augenblick angeben können, seit dem die Dinge nicht mehr liefen, wie sie sollten, und die willkommene Ordnung des Kriegsrechts unwiderruflich in totale Korruption abzugleiten begann. Es war der 7. November 1975, als Imelda Marcos den Posten der Gouverneurin von Metro-Manila übernahm, einige Monate bevor sie sich an die Spitze des von ihr selbst geschaffenen Ministeriums für Umweltschutz und soziale Fragen setzte. Armer alter Marcos. Männern mit Visionen ging es häufig so, dachte Dingca. Was sich vor ihrer eigenen Nase abspielte, nämlich die sukzessive Übernahme der Zügel durch irgendein gerissenes Miststück, merkten sie erst, wenn es zu spät war. Als ihm allmählich dämmerte, was um ihn herum passierte, war der Unglückliche schon viel zu krank, um etwas dagegen zu unternehmen, und hatte wenig Lust, sich allzu weit von seinen medizinischen Apparaturen im Malacañang-Palast wegzubewegen.

Mein Gott, war dieser Verkehr grauenhaft ... Im Zuge einer personellen Umstrukturierung war er vor zwei Jahren in die Polizei-Zentrale Nord versetzt worden, was für jemanden, der so weit draußen im Süden, in San Pedro, Laguna, wohnte, mehr als unbequem war. Aber jetzt, da er endlich seine Hypothek abgetragen hatte, wollte er verdammt sein, die Zelte abzubrechen, um Hals über Kopf von dort zu verschwinden. Vor siebzehn Jahren hatte es noch genug Grundstücke gegeben, und seines in der neuen Siedlung Ylang-ylang war von ansehnlicher Größe. Bei den heutigen Verhältnissen war es völlig ausgeschlossen, daß er sich anderswo etwas Gleichwertiges leisten könnte; nichts mit einem so prächtigen Mangobaum auf dem Hof, von den Schulen der Kinder und dem Bowl-o-Rama einen Block weiter ganz zu schweigen. Nein, das würde er nicht aufgeben wollen, auch wenn die Hin- und Herfahrerei ihn fertigmachte. Außerdem könnte es ihm blühen, innerhalb weniger Monate prompt nach Süden versetzt zu werden, sollte er ans Nordufer des Flusses umziehen. Auf dem Superhighway schleppte sich der Verkehr unter einem dichten Abgasteppich dahin, den die auf Windschutzscheiben und poliertem Aluminium funkelnde Morgensonne gleichwohl durchdrang. Vor ihm ließ ein Jeepney-Fahrer seinen Motor aufheulen, er schmetterte seinen ganzen Frust als Rußwolke aus doppelten Auspuffrohren heraus und hüllte Dingcas seitlich offenen Jeep für einen Moment ein. Der Inspektor fluchte und hämmerte auf den Knopf für die Plärrbox auf dem Dach. Die Sirene heulte kurz auf und erstarb mit kehligem Drohlaut. Aber was zum Teufel war das? *Wuuh-wuuh-wuuh* ... Dieser Bastard äffte ihn nach! Die reinste Anarchie! Jeder, der fünfhundert Pesos hatte, konnte in einen Laden gehen und sich eins von diesen kleinen taiwanesischen Geräten besorgen. Die Dinger hatten einen Drehknopf, mit dem man unter zwanzig – man stelle sich vor: *zwanzig* – verschiedenen Warn- und Sirenentönen wählen konnte: Ambulanz, Polizei, Bing-Bongs, Heulen, Klingeln, Pfeifen und was es sonst noch alles gab. Echten Cops blieb nichts anderes übrig, als im Stau still vor sich hin zu kochen, die entsicherte Automatic neben dem Schaltknüppel, bis sich der erste Schweiß des Tages am Steißbein sammelte.

Es waren Planungen im Gange, den Berufsverkehr erträglicher zu machen. Demzufolge sollten Regierungsangestellte um sieben Uhr morgens anfangen und um vier Feierabend machen, während Privatunternehmen nicht vor neun mit der Arbeit beginnen sollten. Dingca war der Meinung, dies würde den Alptraum nur verlängern statt verkürzen. Außerhalb der Bürozeiten und außerhalb Metro-Manila verwandelte sich die Schnellstraße in eine Rennstrecke, auf der sich in Abgaswolken gehüllte Busse und Jeepneys gegenseitig schnitten, daß die Gummifetzen nur so von den Runderneuerten flogen. Manchmal schlugen Fahrzeuge auch eine völlig unerwartete Richtung ein; man braucht nur an diesen mit x Gallonen Kokosöl beladenen Tanklastzug zu denken, der kürzlich die gesamte Strecke von Batangas oder sonstwoher mit einem offenen Absperrhahn zurückgelegt und eine siebzig Meilen lange Ölspur hinter sich gelassen hatte. Das war vielleicht 'n Ding. Über sechzig Unfälle, aber wie durch ein Wunder nur zwei Tote. Die reinste Komödie. Manchmal könnte man meinen, man wäre in Afrika.

Eine halbe Stunde später hatte Insp. Dingca gerade mal den Pasig überquert, der die Stadt mit seinen schlammigen Fluten in so etwas wie eine Ost- und eine Westhälfte teilte. Er hätte die Wache gern mit seinem Funkgerät erreicht; gemeldet, daß er sich verspäten würde; jemanden aufgescheucht, einfach schon mal einen Kaffee bestellt. Es hatte ihn einige Zeit gekostet, das Geld für das Funkgerät lockerzumachen – ein handliches japanisches Gesäßtaschendings mit schwarzer Stummelantenne. Lockermachen hieß, von den drückenden Grundkosten wie Schulgebühren, Telefonrechnungen, Wassergeld und den allgemeinen Lebenshaltungskosten abzuzweigen, denn es war sein Privateigentum. Es knisterte und knackte in einer unsichtbaren Welt aus Befehlen, Meldungen, kurzen Witzen und langatmigen Zoten zwischen Emporkömmlingen der Wirtschaftselite. Trotzdem gab ihm der Zugang zu dieser Welt das Gefühl, ein richtiger Cop zu sein. Aber anders als in den amerikanischen Fernsehserien ging das Ganze nicht auf, denn die Wache hatte nicht die Mittel für eine eigene Funkanlage und konnte ihn deshalb nicht empfangen. Die meiste Arbeit erledigten sie per Telefon. Wie – dachte der Inspektor, als er endlich in den Hof des Polizeireviers einbog – sollte ohne das Minimum an Ausrüstung Verbrechensbekämpfung zu leisten sein? Selbst die Autos der Cops waren häufig ihre Privatfahrzeuge, für die es keine Verschleiß- oder Wartungszuschüsse, sondern höchstens mal ein paar Gutscheine für eine mickrige Benzinration gab. Was waren schon 300 Liter im Monat? Nichts, nicht bei diesem Verkehr. In der Mitte des Hofs stand ein alter Tamaraw, das einzige offizielle Polizeifahrzeug, mit einem abmontierten Rad. Auf der Ladefläche standen drei blaue Ölfässer, die ihm bekannt vorkamen. Dort bremste er. »Was hat er denn diesmal?«

»Das Achslager, Leutnant.« Der Fahrer des Tamaraw redete ihn wie immer mit seinem alten Dienstgrad an. Die diversen Helfer sahen auf, von wo sie gerade hockten, die Hände ölverschmiert. »Wahrscheinlich überladen.« Das sagte er zwar, ohne zu lächeln, aber Dingca kannte seinen Sergeanten. »Totgewicht.«

»Mach lieber 'ne Plane drüber. Wegen der Sonne.«

»Stimmt.«

Dingca fuhr weiter und parkte neben dem Schießstand. Er schob die gehalfterte Pistole schwungvoll in den Hosenbund, zog sein Hemd darüber, trabte die Stufen zur Polizeiwache hinauf und war plötzlich ein hochgewachsener, behender Mann und nicht mehr irgendein Bierbauch mit privaten Rädern unterm Arsch. Auf dem abgesplitterten Schreibtisch flackerte eine Kerze. Die Deckenventilatoren standen still. In der Ausnüchterungszelle hingen ein paar zwielichtige, in sich zusammengesunkene Gestalten herum.

»Wie lange bastelt Cruz jetzt schon am Tamaraw?«

»Seit der Nachtschicht. Vor meinem Dienst.« Der dicke Wachhabende trug eine Brille aus Schildpatt. »Er mußte für 'n neues Achslager bis nach Kalookan fahren. Bat mich, dich zu erinnern, daß du alles klarmachst und ihm bis Mittag das Geld wiedergibst.« Er reichte ihm eine Rechnung.

»Ich fürchte, seine Passagiere werden sich noch ein wenig gedulden müssen.«

»Bislang hat sich noch niemand beschwert«, sagte der

Wachhabende, der mit seinen angegrauten Haaren und der Hornbrille gütig wenn nicht gar weise aussah.

»Keiner kann behaupten, wir hätten sie nicht gewarnt«, sagte Dingca. »Wir haben ihnen oft genug gesagt, wir würden sie kostenlos nach Malabon befördern. Ist doch großzügig, oder? Nur sollten sie nicht ständig rummeckern, wann.«

»Sag ich doch«, stimmte der Sergeant zu.

»Sonst noch was?«

»Es gibt da das Gerücht von einer Blitzinspektion des Cap Com; aber solange der Strom ausgefallen und das Bier warm ist, machen die keinen Finger krumm. Ein paar Besoffene in der Ausnüchterung. Ein Leimschnüffler ist auch dabei; sieht gar nicht gut aus mit ihm. Hört nicht auf zu kotzen.«

»Laß ihn laufen, Jun, bevor er uns abkratzt. Leim und Rum? Bloß raus mit ihm.«

»Auf seinen eigenen Füßen käme der hier nicht raus; auch nicht für Geld und gute Worte.«

»Ist Jhon-Jhon schon da? Der soll den Jungen zu Hause abliefern, falls er überhaupt eins hat. Als Geste guten Willens. Unterstützen Sie Ihre Polizei. Wir sind dienst-orientiert, nicht einsatz-orientiert … Hab ich was vergessen?«

»Schnüffeln Sie nur besten Leim, bloß keine Billigmarken.«

»Richtig. War's das?«

Es war schon fast Mittag, als der ramponierte Tamaraw alle vier Räder wiederhatte und fahrbereit war. Die drei blauen Fässer waren mit einer ockerfarbenen Plane zugedeckt.

»Ich will mich ja nicht einmischen, Cruz, aber diesmal bitte nicht die chinesische Pastetenfabrik. Einer von deinen Passagieren ist doch *intsik*, oder?«

»Versprochen, Leutnant. Die machen Urlaub am Meer. Miami Beach.«

Cap Com: vorgesetzte Polizeibehörde
intsik: Chinese (tagalog)

Kapitel 4 Zwischen den Tapeziertischen, auf denen sich Scherben und Knochen häuften, waren die beiden Frauen in einen Konkurrenzkampf geraten. Die Kalifornierin war etwas älter und hatte die größere Berufserfahrung, während Ysabella auf ihre verblümt-britische Art einfach nur Ysabella – wenn auch zugegebenermaßen ein wenig vornehm war. Was das Äußere betraf, hätte es einen Waffenstillstand geben müssen. Ysabella fand, daß Sharon wirklich aussah wie aus einer Zahnpasta-Reklame; wie sie vor Gesundheit strotzte, war ein bißchen zu herausfordernd, gerade für Manila. *Overjogged* war das Wort, das ihr dazu einfiel. Overjogged und trotzdem aufreizend. So was war ungerecht.

Sharon hatte ihrerseits einige Tage gebraucht, ihre Gedankengänge zu ordnen, die durch die erste Begegnung mit ihrer neuen Assistentin in Bewegung gesetzt worden waren. Dann hatte sie sich an einen unerhörten, einige Jahre zurückliegenden Skandal erinnert, der während ihres Aufenthalts am British Museum für heftige Schlagzeilen in der Boulevard-Presse gesorgt hatte und in den die Tochter eines Adligen verwickelt gewesen war. Sie konnte sich bis heute an eine Schlagzeile erinnern, die irgend etwas in ihr heraufbeschwor: »Verführerin mit rabenschwarzem Haar ›hält Badezeiten strikt ein‹«. Aber was heraufbeschwor? Es war so rätselhaft, daß es schon fast ein wenig unheimlich war, als ob britische Waschgewohnheiten strengen Verhaltensregeln unterworfen und Bäder sowieso rationiert wären. Sharon hatte während ihres London-Aufenthalts sehr häufig den Eindruck gehabt, daß es eine ganze Reihe kultureller Subtexte gab, die sie nicht nachvollziehen konnte, und das war es auch mehr oder weniger, was sie nun Ysabella gegenüber empfand. Sie fragte sich, ob das auf Gegenseitigkeit beruhte. Ysabella hielt einen Schädel hoch, der durch Abbinden so deformiert worden war, daß er praktisch wie eine Schachtel aussah.

»Dieses arme Ding hat vielleicht kein sehr glückliches Leben gehabt, aber wenigstens den Vorteil, daß er oder sie nie mit dem Flugzeug reisen mußte.«

»Wären Sie lieber nach Manila gelaufen?«

»Ich wäre am liebsten mit dem Schiff gekommen. Aber davon abgesehen, daß man heutzutage beinahe gezwungen ist, überallhin zu fliegen, frage ich mich, weshalb alles, was auf den breiten Markt abzielt – egal ob Flugreisen, Fastfood oder Werbung –, den Konsumenten immer so behandelt, als könnte er nicht bis drei zählen.«

»Tut es das?«

»Das müssen Sie doch längst bemerkt haben. Flugreisen und Kindererziehung stellen schreckliche Dinge mit dem Verstand an. Beides bringt einen öffentlichen Diskurs aus gedankenlosem Geschwätz mit sich. Stellen Sie sich vor – da geben erwachsene, oft sehr gutsituierte Männer und Frauen Unsummen aus, sitzen fromm wie die Lämmer da und müssen sich stundenlang mit gouvernantenhaften Ansagen bombardieren lassen. Kompletter Schwachsinn, eine Mischung aus vornehmem Getue und Säuglingsberatung. Nennen wir es putzig, immer vorausgesetzt, daß die Fluggesellschaften wollen, daß ein vielsprachiges Publikum ihre Botschaften versteht. Und was kommt dabei heraus?« fragte Ysabella den Schädel in ihrer Hand. »Klos sind niemals hinten. Statt dessen heißt es: *Die Toiletten befinden sich am rückwärtigen Ende des Fluggastraums.* Fluggäste werden niemals gebeten, sie werden *ersucht.* Zigaretten werden nicht ausgemacht, sondern *gelöscht.* Niemand sagt klar und deutlich ›Bitte nicht rauchen‹. Es heißt: ›Sie werden ersucht, nicht zu rauchen.‹ Auf meinem Flug wurden wir ›höflichst ersucht, davon abzusehen, die Handgepäckfächer ohne äußerste Vorsicht zu öffnen‹. Ohne äußerste Vorsicht? Was für ein krankes Geschwätz. Und dann diese dumme kleine Litanei, die sie überall anhängen – ›Für Ihren eigenen Komfort und Ihr persönliches Wohlbefinden‹, als ob dreihundert erwachsene Menschen nicht längst rausgefunden hätten, was ihnen Wohlbefinden bereitet … Wenn das nicht albern ist. Ich schließe mein Plädoyer.« Ysabella drehte den Schädel, daß Sharon von seinem leeren Blick getroffen wurde.

»Herr Rechtsanwalt, ich wette, die Geschworenen haben sich lange über diesen Fall beraten. Möglicherweise seit dem 12. Jahrhundert. Aber an der Art Ihres Nickens konnte ich sehen, daß sie beeindruckt waren.«

Ysabella zog ihren Finger aus der Öffnung an der Unterseite des deformierten Schädels. »Wo, sagten Sie, ist dieser her?«

»Aus Iloilo. Unten in den Visayas. Laut Überlieferung wurde es zu Schönheitszwecken gemacht, aber weil es keine schriftlichen Aufzeichnungen gibt, weiß es niemand so genau. Das sind die Freuden überlieferten Wissens. Was ist mit diesem hier?«, der geschnürt worden war, um die Wölbung am Hinterhauptsbein hervorzuheben und die Stirn flachzudrücken, daß sie fliehend, wie das Ende eines Eierkürbis, in einen zylindrischen Strang auslief. »Schädelmodellierung.« Sie reichte ihn Ysabella.

»Eigentlich nicht perverser als Bodybuilding. Sie wissen schon, Hanteln stemmen. Hat dem Verstand vielleicht sogar weniger geschadet als Gewichtheben.«

»Chinesisches Fußbinden war extrem schmerzhaft und wurde natürlich nur bei Frauen gemacht.«

Ysabella sah sich in dem höhlenartigen Raum um. »Eine Menge Zeug.« Sie waren im Philippine Heritage Museum, untergebracht in einem weiträumigen, kapitolhaften Steinhaufen, der manchmal auch als das Alte Kongreßgebäude bezeichnet wurde. Das Museum war über zwei Stockwerke verteilt, eingeklemmt wie ein Sandwich zwischen dem Amt des Ombudsmanns unten und dem Senat oben. Im Senatssalon war sie bereits einem Granden vorgestellt worden, hatte den kirschroten Teppich gesehen, die Flammen unter den Silberterrinen auf dem Buffettisch an einem Ende des Raums und die mit grauem Sackleinen bezogenen Sofas und Polsterbänke ringsum an den Wänden. Die einflußreichen Leute trugen hauchdünne weiße *barong Tagalog*-Hemden. Hin und wieder wurden sie von einer Pressemeute belagert, deren Kleidung auf Action zugeschnitten war: mit zahlreichen Taschen versehene Jeanswesten, Pferdeschwänze und Netzakkus im Halfter. Diese gemütliche, seltsam ungezwungene und machtknisternde Atmosphäre herrschte nur zwölf Fuß über ihnen. Die archäologische Abteilung war im Gegensatz dazu schäbig und verstaubt. Durch das leere Geviert der Korridore, auf der anderen Seite der Tür, zogen im Gänsemarsch Schulkinder vorbei und starrten kichernd und mit leerem Blick in die Vitrinen, an denen sie von nervösen Lehrern entlanggescheucht wurden. Im Raum, in dem Ysabella arbeitete, waren unkatalogisierte Artefakte auf splittrigen Tischen ausgebreitet, zwischen die man Sperrholztische gequetscht hatte, an denen ärmlich wirkende wissenschaftliche Mitarbeiter mit geliehenen Diktiergeräten saßen. Manchmal verschwand ein weniger wertvolles, massenproduziertes Ming-Porzellangefäß, und dann konnte sich die Abteilung wenigstens einen gebrauchten Kopierer oder Computer leisten. Die Wissenschaftler waren sehr erbost, daß das Nationalerbe verschleudert werden mußte, nur damit die Sammlung des Philippine Heritage Museum ordnungsgemäß katalogisiert, erforscht und konserviert werden konnte, aber die Zeiten waren nun mal nirgendwo rosig.

»Infantilismus scheint in Ihrer gegenwärtigen Dämonologie ja ganz obenan zu stehen«, bemerkte Sharon.

»Gestern abend habe ich gehört, daß Jesus der Mormonenlehre zufolge nach seiner Wiederkehr Independence,

Missouri, zum neuen Jerusalem erklären wird. Wußten Sie das?«

»Gut möglich. Aber solche Sachen hat man schnell wieder vergessen, wenn man nicht selber in Missouri wohnt.«

»Deshalb erzähle ich es Ihnen, solange ich's noch weiß. Wieso ausgerechnet dort, frage ich mich? Vielleicht gehörten Joseph Smith in dieser Stadt irgendwelche Grundstücke. Wieso konnte er die geographischen Vorlieben des göttlichen Wesens voraussagen? Oder warum ist ausgerechnet er im voraus informiert worden? Das sind knifflige Fragen. Infantilismus? Keine Ahnung, wieso mir das plötzlich eingefallen ist. Vielleicht ist es die fremde Umgebung.« Oder das Leichentuch, das aus dem Dunkel kommt und sich von hinten um die Schultern legt, dieser Mantel des Fremdseins, aus dessen Falten betrachtet sogar das Bild der eigenen Kultur zu etwas Absonderlichem verkommt. »Mir ist aufgefallen, daß vor jeder Fastfood-Kette eine eigene Comicfigur steht – Ronald McDonald, Mr. Jollibee oder wie sie alle heißen – und drinnen viel zu grelle Beleuchtung herrscht, und die Kindergartenmöbel in den abscheulichsten Farben sind am Fußboden festgeschraubt. Das Essen ist auch für Kinder gedacht, weil niemand erwartet, daß man mit etwas so Erwachsenem wie Besteck und sauberen Servietten umgehen kann. Styroporschachteln mit schlaffen Brötchen und Schleim. Babyfutter. Mir ist es ein Rätsel, weshalb solche Läden so beliebt sind. Dabei finde ich das Essen nicht mal besonders billig.«

»Grundnahrung für die arme Stadtbevölkerung.«

»Schön und gut. Abgesehen davon, daß man sich mit wenig Aufwand fürs halbe Geld ein anständiges Essen kochen könnte, warum muß alles so babyhaft sein? Ah, Knochen. Darauf läuft alles hinaus.« Sie stemmte einen Oberschenkelknochen in die Höhe. »Halbwertzeiten. Atomarer Zerfall. Thermolumineszenz. Aus was ist Ronald McDonald? Aus

Gips und Hühnerdraht oder was immer.« Ein paar notorische Müßiggänger der Abteilung waren stumme Zeugen dieses Gesprächs, aber auch der bedeutende Verfasser einer Monographie, in der die ersten Erkenntnisse – oder das überlieferte Wissen – über die Grabungsstätte von Sta. Ana auf den Kopf gestellt wurden. Wie verblüfft, amüsiert oder angewidert sie auch gewesen sein mochten, in erster Linie schienen sie ehrerbietig. Sharon fand das ärgerlich: Sie gingen mit dieser eigensinnigen und überheblichen Engländerin viel zu geduldig und nachgiebig um.

»Der Direktor wird nächste Woche wieder dasein«, sagte sie zu Ysabella. »Dann werden Sie vorschriftsmäßig eingewiesen.« Für sie stand längst fest, daß ihre exzentrische Besucherin überhaupt keine richtige Archäologin war, zumindest nicht, wenn man es ebenso als Frage des Temperaments wie auch des Verstandes betrachtete. Ihre eigenen Neigungen hatten sich zu einer Obsession für die Geschichte Manilas der letzten tausend Jahre entwickelt. Dieser Zeitraum ließ sich noch näher begrenzen, er begann mit der Ankunft Magellans 1521 und endete mit der Zerstörung des Stadtkerns anno 1945, als amerikanische Truppen die Japaner endgültig in die Knie gezwungen hatten. Einen Großteil ihrer Feldforschung hatte sie knapp eine halbe Meile entfernt in Intramuros, der alten spanischen Zitadelle, betrieben. In den siebziger Jahren war einer der übelsten Slums von Manila dem Erdboden gleichgemacht worden, und genau dort, praktisch im Schatten der Kirche von San Agostin, hatte sich Sharon unter den zerbrochenen Rumflaschen und plattgewalzten Bohnen-mit-Schweinefleisch-Konservendosen der Bewohner nach unten gegraben, vorbei an japanischen Helmen und rostigen Bajonetten, bis zurück zu Münzen aus der Zeit Philipps II., dem dieses Land seinen Namen verdankt. Ihr war klargeworden, daß diese von ihr im Inneren der dunkelgrauen schiefen Mauern gegrabenen Löcher zu einem privaten Schanzwerk geworden waren, aufgeworfen gegen die verschiedensten Geister und Vampire, die sich in den Kavernen des Philippine Heritage Museum herumtrieben: allen voran den Geist von General Yamashita und die trophäensammelnden Vampire. Wenn sie überhaupt etwas fand, dann höchstens Kuriositäten: ein Stück Maschinengewehrgurt, ein verbeultes Pulverhorn, ein oder zwei Dublonen, Teile von Eßbesteck. Diese Dinge waren sicher, weil sie keinen finanziellen Wert hatten; aber anhand dieser Dinge konnte sie das Vor- und Zurückweichen der äußeren Begrenzungslinie der Zitadelle rekonstruieren, das nicht immer mit den Plänen in den pergamentgebundenen Dokumentensammlungen in Madrid übereinstimmte. Das Palimpsest von Ausgrabungsstätte über Ausgrabungsstätte, das sich verschob und verwischte (bestätigten die verkohlten Faßdauben aus *Narra*-Holz in 4,85 m Tiefe etwa den 1688 dokumentierten Brand in einem Magazin?), diese Vertikalität ihrer persönlichen Welt bot ihr teilweise Schutz vor der horizontlosen Gegenwart. Das entsprach natürlich genau dem Klischee von Wissenschaft. Aber die meisten Archäologen mußten sich weder mit einer Museumsleitung herumschlagen, die Stücke aus ihrer Sammlung an die Tourismusbranche verramschte, noch mit der Hysterie von Schatzjägern, die hier jede Entdeckung oder Ausgrabung begleitete. Beim leisesten Hinweis auf japanisches Kapital hinter einem Bauvorhaben, bei der Erschließung einer Insel oder eines Strandes irgendwo in den Provinzen, machte es sehr schnell die Runde, irgend jemand wüßte Genaueres über den sagenhaften Schatz, den General Yamashita konfisziert und 1945, als er fliehen mußte, irgendwo im Archipel versteckt hatte, in der Hoffnung, ihn später einmal in aller Ruhe zu heben. Es mußte nur ein Sporttaucher ein seepockenverkrustetes Gefäß oder Kanonenrohr finden, und schon setzte ein Sturmangriff rivalisierender und bestens ausgerüsteter Plündererbanden auf die Fundstätte ein. Manchmal wurden gegnerische Ansprüche entweder auf offener See oder an nächtlichen Stränden durch kurze Feuergefechte mit automatischen Waffen geklärt. Dann kamen aus weiter Ferne die Staatsbeamten mit undichten Booten und geliehener Aurüstung angetuckert und schwenkten Ferdinand Marcos' Regierungserlaß Nr. 374 aus dem Jahre 1974, der in das Gesetz für Schutz und Bewahrung des kulturellen Erbes von 1966 Fundstätten unter Wasser ausdrücklich einbezog. Bis sie an Land gingen, hatten die Vampire die Fundstätte sehr wahrscheinlich längst verwüstet und ein weiteres Fragment der Vergangenheit unwiderruflich fortgerafft. Gesetze hatten diese Leute, daß sie ihnen aus den Ohren rauskamen; ihre Durchsetzung war eine andere Sache.

»Vorschriftsmäßig eingewiesen«, sagte Ysabella gerade. »Unvorschriftsmäßig eingewiesen. Was macht Ihr Direktor eigentlich genau?«

»Liwag? Der ist unten auf Panay, bei Tugtugo. Ich habe Ihnen doch von dieser Galeone erzählt. Gefunden in achtzig Fuß Tiefe. Er hat gesagt, Mitte nächster Woche ist er wieder da. Falls kein *Bagyo* tobt.«

»Bagyo?«

»Entschuldigung, Taifun. Eins der Naturereignisse, die das Leben in diesen Breiten beherrschen. Ein schwerer Taifun, und das Land zerfällt für einige Tage in siebentausend sturmgepeitschte Inseln, die, jede für sich, mit geschlossenen Luken ausharren. Keine Flüge, keine Fähren, oft auch keine Funkverbindung. Aber die Jahreszeit ist nicht danach. Wahrscheinlich streitet er sich mit den Aussis.«

»Die Aussis«, ein Berufstaucher-Team, wurden oft vom Museum engagiert, um die gelichteten Bestände aufzustokken. Bonifacio Liwag hatte eine ausgesprochene Vorliebe für Feldforschung, die so weit ging, daß sein Schreibtisch im Büro am Ende des Flurs meistens verwaist war. Im Laufe der

Jahre hatte Sharon bemerkt, daß er vor allem an chinesischer Keramik und australischen Tauchern interessiert war. Außerdem ging das Gerücht, er sei Mitglied des Opus Dei, einer zwielichtigen Organisation, der man nachsagte, eine Kreuzung aus Freimaurerei und Mafia zu sein. Sie fragte sich, was er von Ysabella halten würde.

Kapitel 5 Es war schon später Morgen, und Vic Augusan hatte zum soundsovielten Mal »John, das ist eine Chance« gesagt, als die beiden Beobachter den durch Schlaglöcher schwankenden Tamaraw herannahen sahen. Schwitzend und ohne schützenden Schatten warteten sie hinter den Überresten eines ausgebrannten Fuso-Lkw, der vor ein paar Monaten im Zuge eines erbarmungslosen Überlebenskampfs draufgegangen war. Es war ein bedeckter Dezembertag, aber das Sonnenlicht war noch immer so intensiv, daß Gegenstände schwache Schatten warfen. Vor ihnen dehnten sich die marschigen Ränder der nördlichen Bucht von Manila. Sie waren weit draußen in der Wildnis von Navotas, einem weißen Fleck auf der Landkarte, wie Prideaux dachte. Er hatte die Orientierung verloren, nachdem Vic an der Flußmündung vom Honorio Lopez Boulevard abgebogen war. Auf den letzten Sozialwohnungskomplex – der, wie er sah, Singalong Subdivision hieß – folgten das eintönige Grau eines Slums und schließlich dieses mit bizarr geformten Fischtümpeln durchsetzte Wattgebiet. Es war schwer zu erkennen, wo der Boden aufhörte und das Wasser anfing. Weite Teile Manilas lagen tief und waren häufig überflutet, auch Tondo war zum Teil Flutland. (Die zuständige Autobahnmeisterei richtete sich bei der Planung von Erneuerungsarbeiten nach den jeweiligen Mondphasen.) Auch hier gab es eindeutige Zeichen von Überflutung. Eine feine Salzlinie zog sich auf halber Höhe der Fahrertür um das verrostete Wrack, hinter das sie sich geduckt hatten. Alles war übersät mit Lumpen und zerfetzten Plastikbeuteln, die sich in Grasbüscheln verfangen hatten, mit Bauholzresten und Drahtgewirr. Das gesamte Terrain war so flach, daß Smoky Mountain, drei Meilen südlich und jenseits der Flußmündung, mit dampfenden Flanken aufragte wie ein Vulkan; sein Niederschlag aus Schmutz und Abfällen war großzügig über dieses Sumpfland verteilt.

»Da siehst du mal«, triumphierte Vic. »Ich hab dir doch gesagt, daß mein Typ zuverlässig ist. Die Herren Polizisten haben es nicht mal mehr nötig, für Diskretion zu sorgen. Am hellichten Tag!« Er las seinen Belichtungsmesser ab, der an einer Schnur baumelte, nahm seine Nikon und parkte den langen Objektiv-Rüssel auf dem Lkw-Chassis. Er machte Aufnahmen vom Lieferwagen, der über den morastigen Weg auf sie zufuhr; manchmal blitzte die Windschutzscheibe auf. »Weit genug. Genau da; bitte. Das reicht. Sonst bleibst du noch stecken.«

Als hätte der Fahrer das gehört, fuhr das Auto an den Wegrand und blieb, leicht von den Beobachtern abgewandt, in knapp hundert Metern Entfernung stehen. Prideaux war vor Angst völlig verkrampft. Er hatte gehofft, der Tamaraw würde nicht so dicht herankommen. Wenn nur der Kameraverschluß leiser wäre! Das klang wie Maschinengewehrfeuer.

»*'Yon* …«, hauchte Vic. Die Autotüren gingen auf, und der Fahrer hatte ihnen das Gesicht zugewandt. »Sergeant Cruz! Na, wunderbar.« *Flack-flack-flack-flack-flack.*

Jetzt war ein dritter Mann in Jeans und T-Shirt zu sehen, der von der Ladefläche des Lieferwagens aufstand und die gelbe Plane löste. Die drei blauen Fässer kamen zum Vorschein und schimmerten matt. Cruz' Assistent stieg hinten auf und half dem Mann, eines der Fässer auf den Rand zu kippen und drehend nach hinten zu bewegen, und versetzte ihm dann einen heftigen Stoß, daß es herunterfiel, ohne die herabhängende Ladeklappe zu berühren. Es schlug mit der Wucht eines Blindgängers auf, grub sich in den Schlamm und verursachte einen naßdumpfen Laut, der die beiden Zuschauer eine halbe Sekunde später erreichte. Dann kam Sergeant Cruz mit einem Holzhammer und einem langen Meißel. Die T-Shirts kauerten über dem Faß. Der Hammer schnellte empor und fiel.

»Bißchen schneller! Los, los, *Bewegung!* Ich kann überhaupt nichts … *'yon! Ayos!*«, als Cruz sich aufrichtete. Die letzte Klammer war losgeschlagen. Der Deckel platzte auf und Flüssigkeit schoß heraus. Die zwei Männer stellten das Faß auf den Kopf, und Cruz schaute zu. Als es leer war, schoben sie es beiseite und verfuhren mit den beiden anderen genauso. Prideaux fragte sich, ob Vics Aufnahmen überhaupt etwas geworden waren. Sie hatten sich so tief gebückt, daß die Grasbüschel auf Bodenhöhe fast alles verdeckt haben mußten. Er hoffte nur, daß er sich nicht versehentlich aufrichtete, aber Vic wußte wohl selbst am besten, welches Risiko sie eingingen. Es dauerte nur Minuten, bis die Fässer geleert und locker verschlossen wieder auf der Ladefläche und unter der Plane verstaut waren. Cruz nahm Hammer und Meißel und hielt sie, als wollte er Brennholz für ein Picknick sammeln, drehte sich abrupt um und starrte in ihre Richtung. Er trug eine verspiegelte Sonnenbrille, ein zum Bullen mutiertes Superarschloch oder vielleicht nur ein Familienvater, der sich mit seiner Versandhaus-Sonnenbrille an seinem Grill zu schaffen macht. Dann sah er in Richtung Corregidor Island aufs Meer hinaus, allzeit bereit, die jungen Männer mit seinen öden Geschichten über General MacArthur und die Japaner zu langweilen. Nein, der Mann pinkelte. *Flack-flack-flack.* So was sollte man ans Anschlagbrett des Presseclubs hängen … Der Tamaraw schlug die Türen zu, hustete pechschwarze Dämpfe aus und wendete gemächlich, so daß Vic das hintere Nummernschild erwischte, *flack-flack*, und rumpelte sichtbar erleichtert über die holprige Piste davon.

In der Ferne verlor sich das Fahrzeug zwischen den Slumbehausungen. Prideaux erhob sich, und der Schweiß lief ihm den Rücken hinunter. Vic streckte den Arm aus und zog ihn blitzschnell wieder runter. Er hatte den Finger vom Auslöser genommen und verfolgte den Lieferwagen durch das Teleobjektiv. »Man nennt ihn auch den cleveren Cruz. Warten wir mal ab.« Sie blieben weiterhin in der Hocke. Prideaux' Kniegelenke brannten, und seine Füße waren eingeschlafen. Nach endlosen zehn Minuten sagte Vic: »Beweg dich nicht, dreh nur mal den Kopf. Siehst du den Sandhaufen da hinten?« Dieser lag dicht an der Straße, ungefähr eine Viertelmeile entfernt. »Jetzt schau mal weiter nach links, bis zum *Sari-sari*-Laden mit dem weißen Schild. An der Ecke vom Block.« Im Schatten war ein Fahrzeug geparkt, von dem man nur den Kühler und die vor sich hinstarrende Windschutzscheibe sehen konnte.

»Das darf doch wohl nicht wahr sein ...«

»Ich hab dir doch gesagt, daß das ein ganz gerissener Hund ist. Nicht daß er uns verdächtigen würde; der ist nur neugierig, ob irgend jemand genug mitbekommen hat und mal rüberläuft und nachschaut. Ich glaub nicht, daß sie Ferngläser haben. Ich hab noch nie 'n Bullen mit Fernglas gesehen.«

Prideaux hatte Vics Anweisung befolgt und sich unauffällig gekleidet. Sein armeegrünes T-Shirt war schwarzgeschwitzt. An seiner Nasenspitze hatte sich ein Tropfen gebildet, der auf ein Stück der verkohlten Sitzpolsterung fiel, die im Gras lag. Die Schmerzem in seinen Knien wurden zu einer Art Uhr, auf die er mit wachsender Aufmerksamkeit zu achten begann. Als er das nächste Mal aufsah, war der Tamaraw verschwunden und die Welt im flimmernden Licht leer.

»Das reicht.« Vic stand auf. »Ich verrate dir sogar, *wo* sie hingefahren sind. Auf dem Del Rosario drüben in Tondo gibt's ein Savory's. Da werden sie sich ein halbes Brathähnchen bestellen, und wahrscheinlich wird jeder fünf Bier trinken. Dann zurück auf die Wache. Ein Tag abgehakt, ein paar Dollars eingesackt.«

Prideaux hörte bei solchen Sprüchen überhaupt nicht hin. Das Blut floß in seine Füße zurück, die sich wie von heißen Drähten durchzogene, zementene Stümpfe anfühlten. Seine Knie schmerzten arthritisch. Das fortschreitende Alter.

»Was haben wir also gesehen?« fragte Vic. »Was könnte das sein? Illegal deponierter Giftmüll? ›Für die nächsten fünfzig Jahre verseuchte Fischtümpel. Bullen als Müllentsorgungsexperten und Doppelverdiener schuldig gesprochen.‹« Er hatte sich mit seinen Turnschuhen, geschmeidig wie ein Kind, in Bewegung gesetzt; er verstaute das lange Objektiv, tauschte es gegen ein kürzeres aus und ging an die Stelle, wo der Tamaraw seine Fracht abgeladen hatte. »Wie du siehst, haben die nichts anderes im Kopf als sparen.«

Sie standen vor den drei Leichen, die vom stundenlangen Aufbewahren in den Fässern schon ziemlich aufgedunsen waren. Ihre Daumen waren mit einer Plastikschnur auf dem Rücken gefesselt, die durch die Gesäßhälften hindurch zu beiden großen Zehen führte, so daß sie eine annähernde Hockstellung eingenommen hatten. Die Augen waren offen, aber zu Schlitzen verquollen, und ihr Haar begann zu trocknen. Vic arbeitete sorgfältig und fotografierte ein Gesicht nach dem anderen. »Ich kenne keinen von denen.« *Flack-flack-flack.* Alle drei Hemden waren hochgerutscht und gaben den Blick auf narbige, magere Oberkörper eines Außenseiterdaseins frei. »Siehst du die Tätowierungen? Hier BJC, hier Sigue-Sigue Commando. Knastbrüder. Zu dem hier kann ich nichts sagen. Möglich, daß das ein *kuwerna* war, einer ohne Zeichen. Wenn so einer sitzt, hat er's besonders schwer und ist allem schutzlos ausgeliefert.«

Ein Knabengesicht, dachte Prideaux, sogar ein unterentwickelter Knabe, und starrte auf eine im Gras verfangene, plattgedrückte Magnolia-Eiskremverpackung, als wollte er den Buchstaben darauf einen Sinn abgewinnen. Mädchen mit wippenden Pferdeschwänzen spielten inmitten einer Wolke aus sommerlichen Wörtern mit einem Wasserball, dessen Farben verblaßt waren: *Fun! Yum!* Er starrte auf die nackten Füße. Fündundzwanzig Jahre jünger als meine, dachte er, und in sie würde nie wieder Gefühl zurückkehren.

»Das reicht, laß uns gehen. Soll doch jemand anders sie finden.« Sie traten den langen Rückweg an, bis zur Stelle, an der sie das Sarotti-Mobil geparkt hatten. »Kein finanzieller Aufwand, wie du siehst. Manchmal sind ihnen für dieses Straßengesindel sogar die Kugeln zu schade. Dies hier waren keine echten Ganoven, sondern einfach nur Verlierer. Rein in den Knast, raus aus dem Knast, und eines Tages: Bingo! Und schon glotzen sie aus Navotas Sumpfwiesen in die Sonne. Die Vorbereitungen dazu werden nachts hinter dem Reviergebäude getroffen. Die Bullen füllen die Fässer randvoll mit Wasser und bugsieren ihren Kandidaten rein. Dazu brauchen sie immer mehrere Leute, denn der Kandidat wehrt sich natürlich mit Händen und Füßen, obwohl er gefesselt ist. Bis der Deckel endgültig zugemacht werden kann, hat er soviel Wasser verplanscht, daß ihm vielleicht noch vier, fünf Zentimeter Luft zum Atmen bleiben. Deshalb werden die Fässer auch kopfüber auf den Wagen geladen.«

Warum war es schlimmer, kopfüber zu sterben? War es überhaupt schlimmer? Einer der Ertränkten hatte gegrinst. »›Wo Asien ein Lächeln trägt‹«, sagte er, einen Werbeslogan der Touristik-Behörde zitierend. Seine Stimme kam ihm selbst fremd vor.

»Hier kannst du es mit eigenen Augen sehen«, sagte Vic. Er hatte mal an der Columbia-Universität oder sonstwo Journalismus belegt, wo sämtliche Dozenten Vietnam-Veteranen gewesen sein mußten. »Na, John?« Er sah Prideaux mit einer Mischung aus Interesse und Besorgnis an. »Sollen wir lieber nichts essen? Die Brathähnchen sausen lassen?«

Das alles war Realität, okay; als wären ein Dutzend Geschichten zusammengequetscht worden, um ein betäubendes Blutwasser herzustellen, das Teile von ihm füllte, die nicht der Magen waren. *Frisch getötete Männer.* Schon ziemlich zu Beginn ihrer Freundschaft hatte Vic ihm von seiner Zeit als frischgebackener Polizeireporter erzählt, damals 1986. Zehn Monate zuvor hatte Familie Marcos das Weite gesucht. Damit war die Tyrannei offiziell beendet. Er selbst war soeben aus den Staaten zurückgekehrt, selbstbewußt, erfüllt von der Woodward-und-Bernstein-Ethik und darauf versessen, gute Kontakte zur Philippine Constabulary zu knüpfen, wie die Polizei damals noch hieß. Eines Abends hatte ein Leutnant, dem er traute, angerufen und gesagt: »Wir feiern eine Party im Polizeistil. Wir wetten, daß du nicht kommst.« Vic hatte die in der Einladung mitschwingende Herausforderung als Warnung interpretiert: Dabei oder nicht dabei? Das liegt jetzt ganz an dir, Heißsporn. Wie hätte er ablehnen können? Er hatte in der Fahrerkabine eines geschlossenen Transporters mit vergitterten Heckfenstern gesessen. »Ein Gefangenentransport«, hatte sein Kontaktmann gesagt und sich die Zigarette an der des Fahrers angezündet. »Wir werden den Wagen aber noch ein bißchen behalten, für das Gelage hinterher.« Irgend etwas hatte in der Luft gelegen, das Vic davon abhielt zu fragen, welches Gefängnis so weit draußen, hinter Quezon City in Richtung der Hügel von Marikina läge. Der Transporter war in ein Feld abgebogen, die hintere Tür wurde aufgeschlossen und vier Gefangene in Hand- und Fußschellen herausgezerrt, gefolgt von drei Polizisten in Zivil. Beleuchtet wurde die Szene vom Rot der Rücklichter: ein schauriges Rot.

»Na Jungs, gute Fahrt gehabt?« fragte Vics Kontaktmann. »Also, uns soll keiner nachsagen, wir wären unfair. Und wir haben uns gedacht, ihr hättet die Chance verdient, dem Knast für immer adieu zu sagen. Auch wenn ihr die letzten Dreckschweine seid, versteht ihr? Das ist halt der menschliche Aspekt, wenn das Volk das Sagen hat. Außerdem steht Weihnachten vor der Tür, die Zeit der Verge-

Woodward und Bernstein: Anwälte, die Watergate aufdeckten

bung, die man mit Frau und Kindern verbringt – oder jedenfalls mit einer der Frauen, ha-ha. Also haben wir uns gedacht, ihr würdet die Herausforderung bestimmt annehmen. Vor allem du, Banjo.« In den Augen des untersetzten, kahlgeschorenen Häftlings mit dem Gesicht eines jovialen Killers leuchteten die Rücklichter als rote Punkte. »Das hier ist ein hübsches großes Feld, und es ist richtig schön dunkel. Wir lösen jetzt die Fesseln, und ihr nehmt eure Beine in die Hand. Wir zählen bis zehn, und Gnade euch Gott, wenn dann noch was zu sehen ist, 'kay?« Mittlerweile hatte Vic kapiert und rechnete mit einem eher scherzhaften Pistolenschießen. Die drei Polizisten holten ihre M-16 aus dem Gefangenentransporter und rammten Magazine rein, während Vic seinem Typen zusah, wie er zuerst die Fußeisen und dann die Handschellen der Häftlinge löste. Ihm fiel auf, daß die Männer dicht beieinander stehenblieben, als wären sie immer noch gefesselt, obwohl man sie inzwischen befreit hatte und ein lautes »*Go!*« geschrien wurde. Drei von ihnen rannten in verzweifeltem Tempo in verschiedene Richtungen los. Mehr als ein paar Meter waren ihnen allerdings nicht zugestanden worden, bevor die auf Dauerfeuer eingestellten Armalites sie in die Dunkelheit pusteten. Nur Banjo, auf dessen Glatze der rote Schweiß glitzerte, war nicht losgespurtet. »Vielleicht bist du ja doch nicht so blöd, Banjo. Ein andermal, hm?« Banjo wurde wieder in Ketten gelegt, und sie fuhren gemeinsam wieder los. Aus dem vergitterten Kasten hinter der Fahrerkabine waren die erregten Stimmen der Schützen zu hören, und jeder beschrieb, immer wieder von schrillem Gelächter unterbrochen, wie er wann und wen. Die drei Toten hatten seinerzeit einen Bus auf der Linie Batangas in ihre Gewalt gebracht und einen Fahrgast erschossen, während Banjo dem Fahrer auf beispiellos brutale Weise die Kehle durchgeschnitten und den blutspritzenden Mann hin und her geschwenkt hatte, um auch noch den letzten Funken Widerstand zu ersticken. So der Bericht von Vics Mentor auf der Rückfahrt nach Q.C. Später hatte es dann jede Menge zu trinken und ein paar Mädchen gegeben. Irgendwann hatte der Leutnant einen Eimer Brathähnchen und ein *grande* San Miguel-Bier zu Banjo hinausgetragen, der mit gefesselten Händen damit zurechtkommen mußte. In dieser Nacht im Jahr 1986 mußte sich Vic häufig übergeben. An die Uni ging er nie wieder zurück. Im verschwommenen Dämmerlicht eines trostlosen Manila, morgens um vier, wurde ihm klar, daß er jetzt dabei und nicht mehr nicht dabei war. Aber es schien ihm nicht mehr erstrebenswert.

Diese Episode hatte Vic lebhaft wiedergegeben, und in seinen Augen leuchtete noch immer etwas von dem damaligen Entsetzen. Prideaux vermutete, daß er es nur sehr wenigen erzählt hatte. Gedankenverseuchung durch Mitwisserschaft; quälendes Schamgefühl, in derartiges eingeweiht worden zu sein. Allein das Zwanglose bei derlei »Rettungsaktionen« und die anschließenden Zechgelage waren erschütternd und unbegreiflich. Hinter den unergründlich dunklen Brillengläsern steckten schurkische Bullen und liebevolle Familienväter, was wahrscheinlich ein und dasselbe war. Vic hatte ihm von Anfang an und ohne erhobenen Zeigefinger klargemacht, daß das, was Prideaux sich vielleicht unter Feldforschung vorstellte (*»Die Philippinische Presse: Freiheit und Handlungsspielraum in einer jungen Demokratie«*, oder war es *»Der Begriff* Amok: *der Augenblick des Zusammenbruchs und seine kulturellen Determinanten«*?), auch echte Felder in Marikina einbezog und echtes Sumpfgelände in den Navotas und unzählige echte, gelebte Leben, von denen kein einziges auch nur mit dem kleinsten Hauch von Freiheit oder Demokratie in Berührung gekommen war. Setz endlich deinen verwöhnten Akademikerarsch in Bewegung ... Dabei oder nicht dabei, Heißsporn?

Kapitel 6 Anno 1100 war das Gebiet, auf dem Metro-Manila liegt, flaches, sumpfiges Grasland mit ausgedehnten Wildbeständen, das von Monsunregen, Taifunen oder jahreszeitlich bedingtem Hochwasser schnell überflutet wurde. Muscheln und Krustentiere gab es reichlich und Moskitos ebenfalls. Wie in jedem Flachland machte sich schon die kleinste Bodenwelle bemerkbar; so gab es in diesem Sumpfland Gebiete, die darüber hinausragten, und sogar ein oder zwei Höcker, die als Hügelchen bezeichnet werden konnten. Trotzdem gab es nichts, was hoch genug gewesen wäre, den landeinwärts gerichteten Blick auf richtige Hügel – fast Berge – im Osten zu verstellen. Verglichen mit den nahegelegenen Gebirgsausläufern, wo es Obst und Nutzholz in Hülle und Fülle und gute Voraussetzungen für Brandrodung und Ackerbau der Eingeborenen gab, waren die Lebensbedingungen hier wenig ideal. Gleichwohl machten sich die Menschen zu Beginn des zwölften Jahrhunderts auf und zogen in das Sumpfgebiet rings um die Bucht, um mit den Südchinesen besser Handel treiben zu können, die in ihren Dschunken angesegelt kamen und Getöpfertes, Stoff und Eisenwaren mitbrachten. Die Prä-Filipinos, die ihre eigenen Tonwaren seit langem zu rituellen Zwecken und bei Begräbnissen verwendeten, müssen Qualität und Schönheit der chinesischen Keramik überwältigt haben, denn die archäologische Forschung beweist, daß sie diese vermehrt zu verwenden begannen. Die morastigen Siedlungen, die sich um die Pasig-Mündung gruppierten, wuchsen mit der Zeit zu einem kleinen Hafen zusammen. Die dort ansässigen Tagalog (*taga + ilog*, »Bewohner des Flusses«) hatten somit Manila gegründet, ohne es zu wissen. Zumindest der allgemeinen Überlieferung nach.

Und genau diese kleinen Bodenerhebungen in der Landschaft hatte die moderne Großstadt völlig verdeckt, und ihre Beleuchtung machte mit dem nächtlichen Sternenhimmel das gleiche. Heutzutage ist es kaum noch möglich, zwischen all dem Verkehr und Beton die Hügelchen zu erkennen, auf denen damals das Wild durch glänzendes Gras dahingejagt war. Auf ihre Lage ist nur noch anhand der Abflußrichtung des Hochwassers zu schließen, das neben der Bordsteinkante wirbelnde gelbe Nudelwürmer mit sich riß. Außerdem kann man die Gebirgsausläufer von Laguna und Marikina nur noch von den obersten Etagen der höchsten Gebäude der Innenstadt sehen, nicht zuletzt wegen des braunen Smogs, der im Vordergrund wie städtischer Mundgeruch in die Lüfte stieg. Trotzdem sind die Höcker noch immer da und hauptsächlich daran zu erkennen, daß es hier selten Überschwemmungen gibt.

Das große nekropolitane Dreieck oberhalb der San Lazaro-Rennbahn (aus La Loma-Friedhof, chinesischem und Nordfriedhof) lag auf einem solchen etwas erhöhten Terrain, von dem aus man tatsächlich auf ein paar Dächer hinabblicken konnte. An einer bestimmten Stelle am Fuße einer Friedhofsmauer stieg der Boden wieder an und bildete ein schmales Tal, durch das ein schwarzer, Kapilang genannter *estero* in seinem bröckligen Zementbett dahinfloß. Diese Erhebung, deren höchster Punkt niemals genau zu bestimmen sein wird, war das Elendsviertel San Clemente.

Gemessen am Squatter-Maßstab war San Clemente alt. Eine ganze Generation war herangewachsen, die es weder als behelfsmäßig noch als vorübergehend ansah. Viele der tiefergelegenen Hütten hatten ein Fundament aus Zementblöcken, um dem plötzlichen Ansteigen des Kapilang zu trotzen, der während des Monsun das Regenwasser aufnahm. Diese Generation brachte mittlerweile ihre eigenen Kinder auf die Welt, von denen kaum einem klar sein dürfte, daß es nur eines Federstrichs bedurfte, ihr Dorf von Bulldozern wegrasieren zu lassen, ohne jegliche Vorwarnung seitens der Stadt oder eines privaten Landeigentümers, der plötzlich den Staub von seinem Besitztitel gewischt hatte. Dorf? Aber in allen elementaren Punkten war es genau das. Damals, im Januar 1981, hatte die Ministerin für Umweltschutz und soziale Fragen in aller Eile die Bühne für den Besuch von Papst Johannes Paul II. hergerichtet. Sie hatte angeordnet, innen an dem aus der Vereinigung zweier wichtiger Durchgangsstraßen gebildeten Winkel entlang hohe Mauern aus Schlacke- und Zementblöcken zu errichten. Diese waren weiß angestrichen worden, in einem Farbton mit der landläufigen Bezeichnung »Friedhofsweiß«, vor dem ein paar Bäume aus der Vorkriegszeit einen akzeptablen Anblick von etwas Grünendem boten. Somit gegen Blicke von außen abgeschirmt, verschwand San Clemente praktisch vollständig, zumindest was den tosenden Straßenverkehr anging. Selbst heutzutage können die in der Hochbahn zusammengepferchten Pendler durch das Blattwerk hindurch nur wenig erkennen; vielleicht nur eine weitere, kaum sichtbare Schwellung von Blechdächern neben so vielen anderen. Imelda Marcos' Maßnahme hatte durch die Markierung der Grenzen von San Clemente den Dorfcharakter noch unterstrichen. Und nicht nur für San Clemente. Die ausländischen Rucksack- und Sextouristen des Touristengürtels passierten täglich, ohne es zu merken, diese hinter längst nicht mehr weißen Mauern versteckt liegenden Behelfsdörfer. (Aber trotz des Eifers, mit dem Imelda bei ihrer kosmetischen Operation ans Werk gegangen war, war der Papst-Besuch nicht zu dem erhofften triumphalen Erfolg geworden. Der Mann war ihr begriffsstutzig und stillos vorgekommen und hatte mit seinen impertinenten Bemerkungen zu Armut, Menschenrechten und sogar *Wahlen* die göttliche Tradition der Neutralität verletzt. Jedenfalls wurde es in der Presse so dargestellt. Während einer Messe unter freiem Himmel war das Ganze auf eine ungeheuerliche öffentliche Brüskierung hinausgelaufen, denn Seine Heiligkeit hatte die erste Garde lüsterner Oligarchen mit geschlossenen Augen und heraushängenden Zungen, die naheliegende und glänzende erste Wahl, verschmäht und statt dessen irgendeine unbekannte verwahrloste Rotznase aufgerufen, die, wie Imelda hoffte, an der Oblate erstickt war.)

Die Dorf-Analogie wurde noch dadurch unterstrichen, daß viele Einwohner San Clementes ursprünglich aus demselben Teil einer Provinz in den nördlichen Visayas stammten und ihren Dialekt, ihre Gebräuche und Ansichten weitgehend bewahrt hatten. Schloß man die Augen, gelang es zuweilen, sich in einen weitentfernten *barrio* versetzt zu fühlen, da der größte Verkehrslärm auf zwei Seiten durch hohe Mauern gedämpft wurde und auf der dritten Seite die vergleichsweise ruhigen Friedhöfe lagen. Zwischen zwei Hochbahnzügen konnte man die Spatzen hören, die zwischen den chinesischen Gräbern wohnten und auf den Wellblechdächern herumflatterten und -hüpften. Die menschlichen Bewohner konnten San Clemente inzwischen auf zweierlei Art verlassen oder betreten. Erstens über eine wacklige Holzplanke, die den *estero* überbrückte und zu einer schlammigen Gasse zwischen Ladengeschäften führte, die an der ohrenbetäubenden Straßenschlucht unter der Hochbahn lagen. Zweitens durch eine Bresche in der Friedhofsmauer, die meistens zum Wasserholen benutzt wurde, denn die chinesischen Toten waren bestens ausgestattet, einige Mausoleen sogar mit einem Wasseranschluß.

»Was wärst du lieber, ein toter Chinese oder ein lebendiger Filipino?« lautete eine Scherzfrage, die weder Scherz noch Frage war und keiner Antwort bedurfte. Aber vielleicht beantwortete ja die Vorstadtparodie *en miniature* auf der anderen Seite der Friedhofsmauer diese Frage. Hier gab es saubergefegte, leere Straßen mit ordentlichem Pflaster und gepflegte Gräber mit Rasenstücken, auf denen jeweils ein kleines Gebäude stand. Oder Haus. Oder sogar ein *Pa-*

last, denn einige hatten eine polierte Marmorverkleidung. Hinter ihren schmiedeeisernen, mit Vorhängeschlössern versehenen Türen ruhte ein Sarkophag in einem Raum, der in Anbetracht der Bodenmatten und Blumenvasen und der ordentlich in einer Ecke hinter der Treppe versteckten Besen nur ein Wohnzimmer sein konnte. Die Treppe mußte deshalb sein, weil es häufig auch noch oben einen Raum gab, in dem (glaubte man denen jenseits der Mauer) bestimmt Faxgerät, Betamax und Telefon standen und was ein toter chinesischer Geschäftsmann sonst noch alles braucht. In den Grabstätten der Katholiken und den Schreinen mit den gewellten Fotografien, abgebrannten Räucherstäbchen und roten Seidenpapierfetzen brannten Votivkerzen. Diese solide gebauten und häufig sehr gepflegten leerstehenden Häuser mit ihren Wasser- und Stromanschlüssen wurden an Geburts- und anderen Festtagen von Familien besucht, die ihre Autos auf den ansonsten unbefahrenen Straßen parkten und Essensvorräte und Poliermittel durch die Eisentore trugen.

Nicht jede Grabstätte war gepflegt, nicht jede ein Palast. Einige befanden sich in einem erbärmlichen Zustand – vor allem die, die derart extravagant und verschroben aussahen, daß sie nur einsamen Exzentrikern ohne Anhang gehören konnten. Sie hatten Risse, waren eingestürzt oder überwuchert. In ein oder zwei war eingebrochen worden, und Obdachlose hatten darin gewohnt, bis die Friedhofspolizei sie entdeckte und vertrieb. Meistens waren es die prachtvolleren, neueren Grabmäler, die Strom- und Wasseranschluß hatten, und hinter einem von diesen war ein Steigrohr illegal an eine Hauptleitung montiert worden, das die Bewohner des angrenzenden Teils von San Clemente versorgte. Als ganz normaler Spaziergänger konnte man stundenlang über den Friedhof bummeln (in Manila eine der wenigen Oasen relativer Ruhe), seinen Gedanken nachhängen und in diesem Liliputaner-Städtchen herumwandern, ohne etwas von der Existenz San Clementes oder der verblüffend ähnlichen Nachbarslums zu spüren, die durch ein Stück Mauer, eine schlammige Gasse oder ein Abwasserflüßchen voneinander getrennt waren. Lediglich von ein oder zwei Aussichtspunkten hatte man einen Blick auf graues Gewoge, auf die zu Wellenkämmen und -tälern erstarrte See aus Blechdächern. Zugegeben, es kamen auch Kinder aus den Barrios zum Spielen herauf, aber die blieben in der Nähe der Mauerlöcher, um sich blitzschnell verziehen zu können, wenn sie eine Patrouille der Friedhofspolizei nahen sahen. Das Kommando war in einer nur selten genutzten, irgendwo in der Mitte plazierten Kapelle einquartiert. Ihre Anwesenheit war durch die überwiegend mit Chinesen besetzte Stadtverwaltung und private Stiftungen der chinesischen Gemeinde garantiert. Einerseits brauchte man sie, um das stetig steigende Meer der Obdachlosen am Überschwappen über die Mauern und am Hereinfluten zu hindern (um die klassischen Säulen wirbelnd und den teuren Marmor zerfressend!). Andererseits, um Grabräuber-Banden das Handwerk zu legen, die sonst bei Nacht anrücken und nach Herzenslust graben könnten. Von den Goldzähnen mal abgesehen: Für alte Zähne, gleich welchen Zustands, gab es einen florierenden Markt, der im ganzen Land Abertausende Zahnmedizinstudenten versorgte, da jeder für den praktischen Teil des Abschlußexamens ein paar Exemplare brauchte. Bei vielen Leichen auf den Provinzfriedhöfen fehlte der Unterkiefer, manchmal sogar der ganze Schädel. Auch sollten die eher okkulten Verwendungszwecke nicht unerwähnt bleiben.

San Clemente also zog sich aus einem engen Tal mit krankheitserregenden Abwässern hinauf bis zu einer kleineren Erhebung an den Flanken eines Friedhofs, eingekeilt zwischen Lebenden und Toten (wenn die heulenden Boulevards wie José Abad Santos und Aurora Avenue städtisches

Leben repräsentierten). Hier wohnten mehr als zweihundert Familien auf engstem Raum. Innerhalb des von Mauern umgebenen Dorfes gab es keine Straßen, sondern nur knapp vier Fuß breite Trampelpfade, die sich zwischen den Hütten hindurchzogen und -schlängelten, gerade so, wie es die planlos gewählten Standorte vorschrieben. Hier ragte ein Brett aus der Wand, das irgendwann mal abgesägt werden sollte, und zwang die Vorübergehenden zu akrobatischen Verrenkungen. Dort waren Hütten – zumindest die mit einem oberen Stockwerk (richtige Häuser also) – in Kopfhöhe zusammengewachsen, und der Pfad führte mehrere Meter durch einen glitschigen Tunnel. Die durch den Winterschlamm entstandenen Höcker und Dellen in diesem Wegnetz wurden in der trockenen Jahreszeit steinhart und waren mit festgetretenen Kronkorken gesprenkelt und mit Plastikresten und Holzstümpfen übersät, die von nackten Füßen poliert wurden. Winzige Geschäfte öffneten ihre Fensterläden auf die Pfade, in ihren Regalen waren Grundnahrungsmittel aufgereiht, und für diejenigen, die ihre Zigaretten einzeln kauften, baumelte als kleiner Service eine Streichholzschachtel an einem Faden. An Überraschungen fehlte es nicht. Häufig wurden kalte Getränke und Eis verkauft, folglich mußte es einen Kühlschrank geben. Hinter stoffverhangenen Hütteneingängen oder halsbrecherischen Treppen, die eher wie windschiefe Leitern aussahen, verbargen sich manchmal richtige Salons, mit Bambussofa, Farbfernseher, elektrischem Ventilator oder sogar einem koffergroßen Radio-Kassettenrecorder, der den aus Übersee heimgekehrten Müßiggänger verriet. Solche Dinge verliehen San Clemente einen trügerischen Aspekt von Dauerhaftigkeit. Sie täuschten darüber hinweg, daß ein solches Zuhause häufig wenig mehr war als eine aus Abfallmaterial zusammengeschusterte Hütte auf nacktem Boden, der jederzeit zurückgefordert werden konnte. Tatsächlich war das

Ganze wie mit einer Patina überzogen, und an manchen Stellen war es unmöglich, das Alter einer Hüttengruppe zu bestimmen. Vor allem nachts oder während gelegentlicher Stromversorgungsengpässe, wenn die winzigen Einkaufsläden im gelblichen Kerzenlicht schimmerten, hätte San Clemente auch ein sehr alter heruntergekommener Souk sein können.

Epifania Tugos – oder Nanang Pipa, wie sie meistens genannt wurde – betrieb in ihrem Haus, das ungefähr im oberen Drittel des Hangs von San Clemente lag, eine Nähkooperative. Das klingt vielleicht etwas übertrieben, denn eigentlich war das Unternehmen nur eine lose Organisation verschiedener Familien, mit den erforderlichen Fähigkeiten und dem Zugriff auf eine Nähmaschine. Eine richtige Kooperative konnte niemals daraus werden – eine juristische Körperschaft mit mindestens fünfzehn Mitgliedern und dem Anspruch auf Bankdarlehen –, weil es keine richtige Adresse gab. Obwohl es in jeder anderen Hinsicht ein richtiges Unternehmen war, mit Ständen für Jeans, T-Shirts und Kinderunterwäsche auf dem Divisoria-Markt und einem festen Kundenstamm. Es gab auch Geschäftsverbindungen zu Nanang Pipas Heimatprovinz, wo die Verwandten vieler Einwohner San Clementes den Kleiderverkauf auf den dortigen Märkten betrieben. Die Mitglieder ihrer Gruppe hatten die Arbeit untereinander aufgeteilt. Wer keine Nähmaschine hatte, besorgte das Zuschneiden oder den Transport der Kartons mit den fertigen Produkten auf den Markt. Ständig begegnete man einem riesigen Bündel leuchtend farbigen Stoffs auf einem Paar glatter brauner Beine, das sich mit großem Geschick seinen Weg durch die schlammigen Gassen von San Clemente bahnte.

In den Anfangstagen dieser Heimindustrie hatten diejenigen, die dicht am Abwasserkanal wohnten, ein paar bittere Lektionen lernen müssen. War man während einer plötzlichen Überschwemmung nicht zu Hause, konnte es passieren, daß man in ein halbverwüstetes Haus zurückkehrte und der ebenerdige Raum garantiert voll von ertrunkenen Ratten und dem Schwefelgestank der Abwässer war; die Wände bis unter die Decke schwarz vom Schlamm, die gute alte Singer schlickverschmiert. Wovor die Dorfbewohner am meisten Angst hatten, waren Überschwemmungen und Feuer, gefolgt von Geistern. (Bulldozer rangierten auf ihrer Liste viel zu weit unten.) Für diejenigen, die aus Platzgründen gezwungen waren, innerhalb der Gefahrenzone zu wohnen, waren Überschwemmungen allerdings schlimm genug. In den Monaten Juli bis November versuchte immer jemand zur Stelle zu sein, um bei ersten Hochwasseranzeichen alles in den ersten Stock zu tragen oder in ein Haus weiter oben am Hang in Sicherheit zu bringen. Häufig war das erste Anzeichen nicht bloß heftiger Niederschlag, sondern Unmengen von Kakerlaken. Auch sie steuerten höhergelegene Orte an, so daß es unterm Dach nur so wimmelte. Im Jahre 1989, als Mundings Kinder vom Hochwasser des Kapilang mitgerissen wurden, erinnerten sich die Dorfbewohner vor allem an zwei flußabwärts wirbelnde Insektenbälle: Kinderköpfe, auf denen sich die Kakerlaken tummelten. (Entweder ein Wunder oder ein Eisengrill vor der Öffnung des unterirdischen Abwasserkanals hatte sie gerettet, vielleicht waren sie aber auch von Bats Lapad herausgezogen worden.)

All diese Umstände – tiefliegendes Gelände, Überschwemmungen und die Näherei – spielten beim Thema Tugos-Familienklo eine Rolle. Mehrere Donnerbalken standen wie strohgedeckte Hühnerhütten auf Stelzen über dem Kapilang, so daß bei Anstieg des Wassers noch Schlimmeres als Kakerlaken in die Stuben geschwemmt werden konnte. Das Tugos-Klo war ein über einen Graben gebauter Schrank, der zum Kanal hinabführte, in dem Ratten und Schweine hin und her liefen und Fett ansetzten. Jetzt aber war die Zeit gekommen, so Nanang Pipa, wo ihre Geduld am Ende war. Sie und ihre Kolleginnen, die übers Haus verteilt und eng zusammengedrängt an ihren Maschinen saßen, konnten den Gestank nicht länger ertragen. Es war an der Zeit, daß Edsel endlich seinen Arsch hochkriegte und zum Spaten griff. Sie würden eine tiefe Sickergrube mit einer zementenen Schüssel haben, ein richtiges Klo.

»Was das kostet«, stöhnte ihr Ehemann und meinte die Anstrengung.

»Ich arbeite, ich zahle«, erwiderte sie scharf. »Und du gräbst. Trommle deine nichtsnutzigen Kumpel zusammen, mit denen du die Zeit beim *pusoy*-Spiel verschwendest. Judge, Billy, Petring, alle. Bats nicht zu vergessen. Wird schon nicht ewig dauern. Natürlich *bayanihan*: eine Hand wäscht die andere. Morgen geht's los. Und wir versorgen euch mit *merienda* und Zigaretten.«

»Aber wir haben keine Spaten.«

»O doch. Als Bats bei der Autobahnmeisterei aufhörte, hat er ein paar als Souvenirs mitgehen lassen. Ich weiß von sechs Schaufeln, einem Kompressor und zwanzig Sack Zement, die teilweise für unseren Fußboden draufgingen. Der Kompressor ging beim Kartenspielen verloren, und Virgie hat mir neulich erst gesagt, daß sie von diesen dreckigen Spaten unterm Bett die Nase voll hat.«

»Hat sie alles aus der Zeitung«, knurrte Edsel in Anspielung auf den inoffiziellen Spitznamen seiner Frau, »Diyario«, vor sich hin, denn wenn jemand in San Clemente eine wandelnde Nachrichtenbörse war, dann sie.

»Du brauchst nur zu schaufeln, Eddie. Bitte. Denk doch mal, wie toll das wird, wenn es fertig ist und wir ein richtiges Klo haben.«

Und schließlich waren die Männer angetreten, bewaffnet mit Schaufeln und einem Brecheisen, das früher mal ein eiserner Zaunpfahl gewesen war. In die passende Stimmung versetzten sie sich mit kleinen Schlucken aus einer Ginflasche der Marke San Miguel, auf deren Etikett der Erzengel als weibische Kreatur in gelben Renaissance-Strümpfen und geschlitzten Pantalons abgebildet war und sein Schwert über einer schwarzen Vampirgestalt mit gerippten Flügeln schwang, die unter den scharlachroten Schnürschuhen des heiligen Michael auf züngelnden Flammen kauerte. Bald hatten sie die oberste, ekelhaft stinkende Schicht hinter sich und stachen Placken der Erde ab, die einst Nährboden für längst verdörrtes Gras und längst ausgestorbenes Wild gewesen war.

Kapitel 7

Ysabella hatte ihr Hotel aufgegeben und am Roxas Boulevard ein Apartment mit Blick auf die Bucht bezogen. Es war nicht billig. Außerdem roch es nach Heizöl, was seine Erklärung fand, als sie einem Angehörigen des Ku Klux Klan begegnete, der sich ein T-Shirt mit ausgestanzten Augenlöchern über den Kopf gezogen hatte. Er hantierte auf allen vieren mit einer Spritzpistole, deren Mündung in dem Spalt zwischen Fußboden und Wand ein lautes und hohlklingendes Geräusch erzeugte. Über dem Korridor hing ein öliger Dunst. Als sie vorbeiging, beschielten sie diese wahnsinnigen Löcher und blickten funkelnd zu ihr hoch, verstohlen und triumphierend, wie es sich für jemanden gehört, der in Sachen Ungeziefer unterwegs ist.

Als sie alles ausgepackt hatte, saß sie mit leichtem Heimweh auf dem Bettrand und nahm sich viel Zeit, die Etiketten aus den Kleidungsstücken zu entfernen, die sie sich in letzter Minute bei einem Einkaufsbummel im Londoner West End zugelegt hatte. Das war eine ihrer Marotten, ein Akt, ohne den nichts Neues getragen werden konnte. Neben ihr wuchs ein kleines Häufchen aus Namen, Warenzeichen, Logos und Abzeichen, allesamt Opfer von Schere und Rasierklinge. Um Kleider zu tragen, als würden sie einem gehören, mußten – oberstes Gebot für jeden, der guten Geschmack für sich beanspruchte – alle Spuren vorangegangener Zuschreibungen beseitigt werden. Ysabella konnte über die Gleichgültigkeit mancher Leute nur den Kopf schütteln, die von oben bis unten mit Slogans, Namenszügen, Phantasiewappen oder einem Privatzoo aus kleinen Krokodilen, Marienkäferchen, Pandabären und Schildkröten übersät waren. »Wer will denn schon aussehen, als würde sein Heimatflughafen ihn einkleiden?« wunderte sie sich. »Oder um deutlicher zu werden, warum sollte ich Sachen kaufen, die mir gefallen, *und* genötigt sein, für diese Schlitzohren kostenlos Werbung zu machen?« Sie hatte sich für teures Geld von Handwerkern den Namenszug auf dem Zifferblatt ihrer Audemars Piguet entfernen und dezent einfarbige Turnschuhe anfertigen lassen (drei Paar schwarze, drei Paar braune). Irgendwo in einer Garage in Belsize Park stand ihr futuristischer japanischer Sportwagen, von dessen Heck sie eigenhändig einen peinlichen Namen und eine Chrombuchstaben- und Zahlenkombination entfernt hatte.

Mit dem Ergebnis, daß alles, was sie trug oder fuhr, mit einer Aura des Exklusiven, Einmaligen umgeben war. Wenn sie und Hugh Skiferien machten, fiel auf den Pisten als erstes ihre Andersartigkeit auf, deren Grund allerdings nicht auf den ersten Blick auszumachen war. Blondes Haar und eine tolle Figur gab es in Klosters massenweise; sie waren hier eher normal und sahen auch so aus. Ysabella stach hervor wegen etwas, das sie nicht hatte und nicht präsentierte. Ihre sündhaft teuren Karbonfiberski der Marke Head waren mattweiß umgespritzt und jegliche Skisemiotik unkenntlich gemacht worden. Ihr Skianzug war von einheitlichem, strengem Rauchgrau. Ihre gestrickte Skimütze war gelbbraun, im Farbton einer am Feldrand zurückgelassenen Egge. Und wenn sie mit ihrem ausdrucksvollen Defizit durch das Gewimmel anonymer Leuchtfarben geschickt die Piste hinunterjagte, war ihre Exklusivität gewaltig. Denen war die Schau gestohlen. Unter dem Motto »Es ist doch nur zu Ihrem Besten« wurden Gegenangriffe gestartet. »Sie brauchen sich da oben nur ein Bein zu brechen, was glauben Sie, wie froh Sie sind, wenn Sie etwas anhaben, was vom Hubschrauber aus gesehen werden kann.« »Nein, wär' ich nicht«, erwiderte sie barsch. »Ich würde mich in Grund und Boden schämen.« In einer Tasche mit Reißverschluß *trug* sie ein großes Viereck aus einem abscheulichen Material. »Was sind das für Waschlappen, deren Ausstattung *auf Rettungsmannschaften zugeschnitten* ist? Ohne Netz oder dritten Fallschirm läuft wohl überhaupt nichts?«

Aber ein paar Wochen des Alleinlebens in Manila, in etwas, das sich »apartelle« nannte (ein Wort, das sie kaum über die Lippen brachte), führten zu leisen Abnutzungserscheinungen, so als ob das Abtrennen des Namensschildchens von ihrer hochgeschätzten Identität eingesetzt hätte. Da gab es diese quicklebendigen Kinder, in deren Gesichtern der Rotz und die Augen glänzten, die sie jedesmal umringten, wenn sie das Haus verließ; und, wie sie herausfand, zu den evakuierten Opfern des Pinatubo-Ausbruchs gehörten. Sie hausten in Kisten und Kartons auf einem Flecken Ödland hinter dem Wohnblock, liefen barfuß im tosenden, für einen Augenblick von Ampeln gestoppten Verkehr des Roxas Boulevard herum und huschten wie kleine Geister mit ausgestreckten Händen durch die Abgaswolken, um Fahrer und Fahrgäste anzubetteln. Ein Teil von ihr begann langsam auszufasern, was sie ängstlich und teilnahmslos zugleich machte. Es war, als hätte eine leichte Blutung eingesetzt, die sie noch nicht lokalisiert und gestillt hatte, ein sporadisches, tropisches Bluten, das den Willen schwächte.

Als Frühaufsteherin fand sie in ihrer Nähe nichts, was geöffnet war und wo sie hätte frühstücken können. Dunkin Donuts kam nicht in Frage. Statt dessen brachte sie einen Stapel Zeitungen nach Hause und machte sich ihren Kaffee in einer Küche, in der es nichts gab außer drei Buttermessern mit Bambusgriffen und einem Glas mit einer sirupartigen schwarzen Masse, einst Pulverkaffee, bevor er der Luftfeuchtigkeit zum Opfer gefallen war. Sie saß an einem Tisch, von dem aus sie die verstreut vor Anker liegenden und auf Entladung wartenden Schiffe sehen konnte, und las die englischsprachigen philippinischen Zeitungen mit amüsierter Ungläubigkeit.

Tag für Tag las sie ihre Zeitungen und trank ihren Kaffee. Zu Anfang waren in die Meldungen noch die Gesichter von Freunden aus dem fernen England eingeflochten, die ihrer

Meinung nach an dieser Ironie, diesen Greueltaten oder jenen Schlagzeilen ihren ganz besonderen Spaß haben würden. Später allerdings quollen die Storys wie ein öliges Gewölk aus dem Abgrund an die Oberfläche und breiteten sich, in den Einzelheiten variierend, aber allesamt prognostizierbar, wie ein gleichförmiger, schillernder Fleck aus. Sämtliche Geschichten lasen sich, als hätten sie sich nachts ereignet und würden erst durch die auf die Zeitungsseiten scheinende Morgensonne ans Tageslicht befördert. Sie überzogen Ysabellas Nachrichtenblätter wie mit einem glänzenden Ölfilm. Ein paar Wochen eifriger Lektüre machten aus ihnen etwas beinahe Rituelles. Wenn sie davon ausging, dieses ölige Schimmern zeige die charakteristischen Züge einer Gesellschaft, blieben deren Persönlichkeit und Herz allerdings rätselhaft und verborgen. Tagein, tagaus schlichtete die Polizei ihre internen Streitereien in aller Öffentlichkeit und mit Waffengewalt; kaum nachvollziehbar für die englische Leserin, nach deren Kenntnis die meisten Polizisten überhaupt nicht oder höchstens mit Attrappen bewaffnet waren; und nach Dienstschluß besserten sie ihr Gehalt als Sicherheitsbeamte, Drogenhändler oder professionelle Kidnapper auf. Wenn man diesen Zeitungen glauben durfte, gab es anscheinend kaum einen Senator oder Kongreßabgeordneten mit tadellos weißer Weste, kaum einen ohne Leiche im Keller. Plötzlich stand alles miteinander in Verbindung. Alles kreiste um dieselben Namen, wie Schmeißfliegen um ein Stück Aas. Nationalhelden wurden des Landesverrats bezichtigt, mußten fliehen, wohnten unbehelligt in Quezon City, verschwanden, tauchten plötzlich wieder als geladene Gesprächspartner im Malacañang-Palast auf und führten sich als Kandidaten für die nächsten Senatswahlen ein. Angesehene Generäle entfernten sich plötzlich unerlaubt von der Truppe, tauchten in Mindanao als Drahtzieher großangelegten Zigarettenschmuggels wieder auf, kehrten als Bürgermeister von irgendeinem Nest an die Öffentlichkeit zurück, halfen bei Wahlmanipulationen und landeten schließlich in der Tiefkühltruhe irgendeines Supermarkts, ohne Augen und Genitalien, begraben unter zwanzig Kilo tiefgefrorener Pizza. Männer, die mit den Marcos, ihren Familien und Bargeld, soviel sie schleppen konnten, geflohen waren, sondierten die Möglichkeiten einer Amnestie oder waren bereits im Begriff, sich in die Regierung zurückzuschleichen. Sogar Imelda höchstpersönlich kam und ging und versuchte, sich mit dem von ihr gestohlenen Geld in das eine oder andere Geschäft einzukaufen.

Das alles war viel zu verwirrend und substanzlos, um faßbar zu sein. Die Substantive, die für Ysabella von klein auf verbindlich waren und mit ihrer beständigen, bausteinartigen Natur jenes Verwaltungsgefüge ergaben, das ein Land *ausmachte*, waren hier glitschig, deformiert oder unendlich formbar. Alles war in Frage gestellt, obwohl keine Frage richtig beantwortet werden konnte. Aus einem Wort wie »Bestechung« wurde etwas Mickriges, Albernes. Dieser Lebensstil war einfach viel zu unverschämt, als daß man ihm hätte Einhalt gebieten, geschweige denn mit moralischen Appellen hätte drohen können. Aber was gab es sonst noch? Hier (sie schüttelte die Zeitung im zunehmenden Sonnenlicht), *genau hier* stand, daß die Luftwaffe endlich etwas über das Schicksal einer ihrer seit sechs Jahren angeblich verschollenen Maschinen in Erfahrung gebracht hatte. (Verschollen? Wie konnte ein ganzes Flugzeug als »verschollen« gelten, ohne daß über Absturz, Suchaktionen, schlechtes Wetter, trauernde Familien und Untersuchungsausschüsse berichtet worden war?) Die Maschine war verlorengegangen, weil der Oberst, der sie geflogen hatte, sie für fluguntauglich erklärt und damit IRAN (Inspect – Repair As Necessary) umgangen hatte. Er zerlegte sie auf seinem eigenen Flugplatz und schickte das ganze Ding stückweise, als »Ersatzteile« deklariert, an einen Privathangar auf dem Gelände des Inlandflughafens von Manila, wo man sie wieder zusammensetzte. Dann verpaßte ihr der Oberst einen neuen Anstrich und setzte sie zwei Jahre in seiner eigenen Transportfirma ein. (Ein Oberst der Luftwaffe mit einer eigenen Firma? Allein daran mußte doch was faul sein.) Dann verkaufte er sie an eine Firma in der Provinz. Er war nach wie vor auf freiem Fuß, weil die Polizei sich noch immer überlegte, worauf die Anklage lauten sollte.

Ysabella war sich nicht sicher, ob all dies Merkmal einer extrem rückständigen Gesellschaft war, die die wichtigsten Substantive ihrer Identitätsbezeichnung erst stabilisieren mußte, damit unter *Gesetz, Ehrlichkeit, öffentlicher Dienst, Polizei, Wahlen* und so weiter jeder dasselbe verstand, oder ob es vielmehr Ausblick auf einen komplexen futuristischen Staat bot, wie er wahrscheinlich schon bald allen Völkern bevorstand. Aus dieser Entfernung präsentierte sich England als träger Klumpen einer grünlichen Substanz, recht kühl und verwittert wie ein Onyxbrocken oder ein anderes Mineral, bei dem der Regen die steinerne Ummantelung weggewaschen hatte. Bei näherem Hinsehen und in einem anderen Licht wandelte es sich zu etwas Verschwommenem, mit Rändern so bröcklig wie ein Aspirin in Wasser, nebelhaft und banal. Sie sträubte sich gegen Manilas Wirkung, die eine Verzerrung des liebevollen Bildes ihres Heimatlandes nach sich zog. Und in der Tat war keiner ihrer Auslandsaufenthalte so verlaufen wie dieser. Aus der Ferne hatte Manila den Anschein des Exotischen erweckt, nicht zu vergleichen mit der Hollywood-Exotik Balis (geschmeidiges braunes Volk in Landestracht, das am Strand für die diversen Camcorder angetrunkener und rundäugiger Jet-setter streng formalisierte klassische Tänze aufführt). Die Aura, mit der sich Manila umgab, hatte etwas leichenhaft Schimmerndes im baudelaireschen Sinne: existentiell exotisch, *moralisch* exotisch, die Beine durch den Druck der eigenen Verwesung hoch in die Luft gereckt, *»comme une femme lubrique«*. Doch einmal angekommen, fühlte sie sich zermürbt von der Hitze, vom Schmutz, vom Verkehr, der einem die Luft zum Atmen nahm, all den Jollibees und Pizza Huts und Dunkin Donuts. Die Nationaltracht hatte ihren Ursprung in der spanischen Kleidung des neunzehnten Jahrhunderts. Die Nationalgerichte waren nichts als ein Geplänkel spanischer und chinesischer Gerichte. Die kunsthandwerklichen Erzeugnisse waren weniger solide als die burmesischen oder thailändischen, und, davon abgesehen, wer wollte in Europa noch knarrende Rattan- und Bambusmöbel, wo doch die *Chinoiserie* längst aus der Mode war? Oder diese unsäglichen Madonnen in ihren ganz aus lakkierten Meeresmuscheln gemachten Grotten? Die absolute, durch nichts gemilderte Häßlichkeit dieser Stadt, die vielfach wie eine Parodie auf die trostlosesten Gegenden Milwaukees wirkte, hatte sie völlig unvorbereitet getroffen. Ja, genauso sah es aus: die schwachen Spuren Europas waren auf brutalste Weise von der Pepsikolonisation überflutet worden.

Ärgerlich über ihr leidenschaftliches Reagieren, legte Ysabella die Zeitung beiseite. Wie hatte sie sich einbilden können, daß die Archäologie hier interessant sein würde? Hatte sie aber eigentlich nicht. Sie hatte nur gedacht, es könnte interessant sein herzukommen, weil niemand sonst es tat; eine einerseits aus Überheblichkeit und andererseits aus Karrieregründen getroffene Entscheidung. Mit den Beziehungen ihrer Familie und der Vereinbarung, auf ein Jahresgehalt zu verzichten, war das nicht schwer zu arrangieren gewesen. Und jetzt war sie hier und stolzierte keineswegs hoch erhobenen Hauptes in den Slums umher, wie es sich für den Blick fernostorientierter neidischer Freunde im fernen London dargestellt hatte. Im Gegenteil, sie fühlte sich in diesem schmutzigen und anarchischen Moloch Stadt verloren und deprimiert. Und sehnte sich plötzlich nach Blumen. Nichts Üppiges oder besonders Prächtiges, einfach nur Schöllkraut und Immergrün, Milchstern und Ehrenpreis, was man eben am Wegesrand so Scheiße, Scheiße, Scheiße – und sie schleuderte die Zeitung gegen ihre eigene Sentimentalität wie das Tintenfaß gegen den Teufel. Seladonporzellan, ja: Liwag, dieser Esel, war aus Panay zurück und sah aus wie eine Katze, die von süßer Sahne genascht hatte – australischer Sahne, wie zu vermuten war –, und hatte schachtelweise chinesische Keramik aus dem fünfzehnten Jahrhundert mitgebracht. »Schon mal fröhliche Weihnachten«, hatte er gesagt und ihr einen seepockenverkrusteten Gegenstand überreicht. Sie und Sharon hatten stundenlang an den Waschbecken gestanden und vorsichtig die Seepocken entfernt. Sharons Schüsselchen hatte sich als ziemlich banales Stück aus der Ming-Zeit entpuppt. Ihres war ein siamesischer Import etwa gleichen Alters, Sawankhalok oder vielleicht Sukhothai.

»Ich finde das nicht richtig«, sagte sie.

»Ist es auch nicht«, sagte Sharon gutgelaunt. »Andere Länder, andere Sitten.«

»Aber das muß doch noch lange nicht heißen, daß man sich wie ein Plünderer aufführt.«

»Dann schmeiß es ihm doch ins Gesicht. Du bist eine Frau; er wird's dir schon nicht übelnehmen.«

»Aber du willst deins behalten.«

»Worauf du dich verlassen kannst. Ist sowieso nur Massenware; im Museum gibt's tonnenweise davon. Außerdem liefert es uns hinsichtlich chinesischer Keramik und Fu Liung-Brennöfen, Handelsrouten oder Geschmack der Prä-Filipinos im fünfzehnten Jahrhundert nichts, was wir nicht längst schon wüßten. Es ist eins von ungefähr einer halben Million identischer Schälchen. Aber ich behalte es, weil ich eine vulgäre Amerikanerin bin. Mir gefällt, daß es fast sechshundert Jahre alt ist.«

»Wenn das so ist, bin ich wohl eine vulgäre Europäerin mit einem übertriebenen Respekt vor Institutionen. Dann behalte ich meins eben auch. Vielen Dank.«

»Na also. Siehst du, wie einfach man andere Sitten übernehmen kann?«

»Du bist schon zu lange hier. Du bist schon eine richtige Manileña geworden.« Ist sie wirklich, dachte Ysabella, und ihr fiel das Haus unweit vom UP-Campus ein, in das die Amerikanerin und ihre Geliebte sie zum Abendessen eingeladen hatten. Oder Zimmergenossin. Es hatte dort ein Doppelbett gegeben, aber auf dem Gestell hatten Matten gelegen, keine Matratze. Und das Klo war ein zementenes Kabäuschen mit einer Kloschüssel wie im Westen, allerdings ohne Klobrille, aber mit einer Plastiktonne daneben, in der eine Plastikkelle schwamm. Außerdem schien das Haus noch von anderen Leuten bewohnt. Jedenfalls waren mehrere Frauen und Mädchen an der Essenszubereitung beteiligt gewesen und sprachen Crispa mit »Mam« an, und auf dem Hof hatte Ysabella einen traurig dreinblickenden Jungen mit einer Machete und dem Schädel einer geschälten Kokosnuß in der Hand entdeckt, wie jemand, den nach einem Massaker Reue überfallen hat. Auf dem Hof standen zwei Palmen, die den Lärm des Feierabendverkehrs zurückwarfen. In fremden Ländern fiel es schwer, die Ecken und Kanten der Dinge einzuschätzen. Die Demarkationslinien lagen bei allem – ob Stadt, ob Land, ob Mann, ob Frau – anders über die Landschaft verteilt. Bei Verbrechen und Strafe übrigens auch. Wo sie herkam, schloß die Vorstellung von Bestrafung den Gedanken an Wiedergutmachung tendenziell aus. War das in den Vereinigten Staaten nicht auch so?

»Crispas Heimatprovinz ist Marinduque«, erklärte Sha-

UP: University of the Philippines

ron. Sie aßen Reis und *torta*, winzige, zu einem Pfannkuchen geformte Fische, deren Augen, schwarz wie Samenkörner, immer noch zu sehen waren. »Ich werde dir eine Geschichte erzählen. Ein Mädchen aus ihrem Heimatdorf zieht zu ihrem Onkel in die Nähe von Lucena City in der Provinz Quezon. Das ist auf dem Festland gegenüber. Er ist dort Chef seines *barangay*, eine Art Bürgermeister. Eines Morgens kommt er in ihr Zimmer. Es ist ungefähr halb fünf, und sie sind allein im Haus, da die Tante schon früh in Begleitung ihrer Dienerin auf den Markt gegangen ist. Der Onkel weckt seine Nichte mit einem kräftigen Faustschlag in den Magen, damit sie keine Luft mehr kriegt und nicht schreien kann. Dann vergewaltigt er sie. Er ist ein Mann von sechzig, sie ein Mädchen von vierzehn. Er ist der Chef im Dorf. Er ist ihr Onkel. Nachdem er sich wieder verdrückt hat, klettert sie aus dem Fenster, und Nachbarn bringen sie zu Freunden, die in der Stadt eine Privatklinik haben. Sie blutet schwer. Es wird ein Abstrich gemacht, Samen gefunden, der angerichtete Schaden sorgfältig registriert, sie wird behandelt, und ein Bericht wird verfaßt, in dem ihr attestiert wird, ein Vergewaltigungsopfer zu sein. Die Polizei wird gerufen. »Das ist aber eine ziemlich haltlose Anschuldigung«, sagt der Polizeibeamte, der nicht nur ein Saufkumpan des Onkels ist, sondern auch dessen Kampfhähne kauft und ihn außerdem bei der Finanzierung seiner letzten Wahl unterstützt hat. »Eine schwerwiegende Behauptung. Das sollten Sie sich lieber nochmal durch den Kopf gehen lassen.« Die Nachbarn und die meisten Dorfbewohner bekunden ihr soviel Solidarität, daß der Onkel schließlich nicht umhinkommt, ihr ein Angebot über fünfzigtausend Pesos zu machen, damit sie auf eine Anklage verzichtet. Damals war das ungeheuer viel Geld, ich glaube etwa zwei-, dreitausend Dollar? In einer Gegend wie Marinduque war man

barangay: kleinste Verwaltungseinheit der Philippinen; Dorf

mit zwei- oder dreitausend Dollar fein raus. Hektarweise Kokospalmen, ein Fischerboot, ein Blockhaus aus Zement und was nicht noch alles. Damit hätte man sich um das Bürgermeisteramt bewerben können. Also denkt dieses Mädchen an seine arme Familie, sagt sich, was soll's, nimmt das Geld und kehrt heim.«

»Ende der Geschichte?«

»Im Gegenteil. Die Basis für ein kleines, aber ansehnliches Familienvermögen. Jede Menge Kopra, jede Menge Schweine, gute Fischereierträge. Man kauft einen Jeep, damit die Produkte auf Märkte transportiert werden können, da sich dort höhere Preise erzielen lassen als am Ort. Schließlich werden in Nähe der UP ein Haus und ein Grundstück gekauft.«

»Aber er wurde doch trotzdem verhaftet?« Ysabella richtete diese Frage an Crispa; die lächelte.

»Wofür hätte man ihn denn belangen sollen?« fragte sie. »Hier gibt es nur drei oder vier Verbrechensarten, die von der Polizei ernst genommen werden. Mord, Drogen und schwerer Raubüberfall. Eventuell ließe sich das noch auf so eindeutige Dinge wie Auflehnung gegen die Staatsgewalt oder Kindesentführung ausdehnen. Auf jeden Fall ist Vergewaltigung nirgendwo aufgeführt, da das als Angelegenheit zwischen Privatpersonen angesehen wird. Die Anklageerhebung ist Sache des Opfers. Wenn es so etwas wie einen sogenannt gütlichen Vergleich gibt, kann niemand was dran ändern. Die Anklage wird fallengelassen, und der Fall ist erledigt. Habe ich was falsch gemacht? Ich war vierzehn.«

»Aber, wie ging es mit *ihm* weiter?«

»Er ist vor ein paar Jahren gestorben. Sehr alt. Ein Schlaganfall, soviel ich weiß. Von uns ist niemand zur Beerdigung gegangen.«

»Nein, ich meine ... *Irgendwas* muß doch passiert sein.

Irgendwer muß doch reagiert haben: Ihn aus dem Amt entfernt haben oder auf der Straße angespuckt. Was weiß ich.«

»Ich glaube, er hat sich damals für zwei Monate beurlauben lassen, und ein Stellvertreter übernahm seinen Posten. Natürlich gab das im Dorf einen Riesenskandal. Aber er hatte seine Freunde und Leute, die zu ihm hielten, von denen manche zweifellos dachten, was für ein toller Hecht er wäre. Mit sechzig, immerhin! Nicht schlecht. Die meisten fanden, er hätte Schimpf und Schande über ihr Dorf gebracht und sollte zurücktreten und verschwinden. Er aber saß es aus, hockte in seinem Haus, hinter verschlossenen Fensterläden, und als nichts passierte, reichte er eine zweimonatige Verlängerung seiner Beurlaubung ein. Schließlich war Gras über die Sache gewachsen. Eine unwichtige und alltägliche Angelegenheit.«

»Versteh das nicht falsch«, sagte Sharon zu Ysabella, als sie unter zerstoßenem Eis angerichtete Mangos aßen. »Vielleicht machen die Leute hier den Eindruck, besonders versöhnlich oder bei moralischen Urteilen extrem zurückhaltend zu sein, so daß es fast an moralische Lethargie grenzt, aber sie vergessen nicht.«

»Genau«, sagte Crispa. »War doch richtig, was ich gemacht habe? Fünf widerwärtige Minuten, ein elender Monat, aber es hat uns allen Startkapital beschert. In England geht man bestimmt davon aus, daß Rechtsprechung genausoviel mit Wiedergutmachung wie mit der Bestrafung des Täters zu tun hat?«

»Eigentlich sind sie eher aufs Bestrafen aus. Wir sind Protestanten, mußt du wissen. Nichts mit *tout comprendre, c'est tout pardonner*. Wir glauben, daß Dinge wie Beichte und Vergebung weichlich und römisch-katholisch sind.«

»Aber entschädigt denn der Übeltäter sein Opfer nicht?«

Ysabella erinnerte sich dunkel, daß eine der letzten englischen Regierungen massiv dafür eingetreten war, Straftäter mit mehr als ihrer Freiheit zahlen zu lassen. Aber da ging es vielleicht um Drogenbarone und daß ihre Gewinne lieber der Regierung zugute kommen sollten statt den Geschädigten? Ysabella schwirrte der Kopf, weil sich die Grenzen verschoben und nichts mehr dort griff, wo man es gewohnt war. »Und was ist mit verarmten Vergewaltigern?«

»Es gibt noch immer eine natürliche Gerechtigkeit. Die tobt sich in den Provinzen aus. Leute werden mit Flüchen belegt, oder man hackt sie mit *bolos* zu Tode. Oder zündet ihr Haus an, ganz egal, ob ihre Kinder noch drin sind oder nicht ... Aber wozu dieses unerfreuliche Thema? Sharon schwärmt geradezu von deiner Arbeit.«

»Wahrscheinlich weil ich noch gar nicht richtig angefangen habe.«

Das war in der Tat das Problem: noch etwas, das hier völlig anders war. Als sie in London ihre Archäologie in die Reisetasche gepackt hatte, war es noch ein handliches Paket mit überschaubaren Dimensionen gewesen, dessen Farbe, Form und Gewicht ihr geläufig waren. Was sie dagegen in Manila ausgepackt hatte, war während des Transports auf geheimnisvolle Weise unförmig geworden. An den Ausgrabungsstätten lieferten sich Plünderer heftige Gefechte. Museumsdirektoren verschwanden während Exkursionen auf Nimmerwiedersehen. In den Vitrinen war zweitklassiges Zeug ausgestellt, während die wirklich interessanten und wertvollen Stücke sonstwohin »neu verteilt« wurden und plötzlich nicht mehr zu Studienzwecken zur Verfügung standen.

»Sharon sagte, daß du nicht verheiratet bist?«

»Jedenfalls noch nicht.«

Sie waren alle drei fast gleichaltrig, dachte sie. Belanglose Gespräche, die zu irgend etwas führen sollten, nur daß ich zu schlapp bin. Oder zu vornehm. Oder zu träge, um für die Dauer eines Jahres emotionale Bande zu knüpfen, die ich dann doch nur zurücknehmen muß, wenn ich gehe, wie eine Spinne, die ihr eigenes Netz frißt. Energie sparen. Antiquierter Hochmut; und trotzdem sitzen wir hier, mit unseren Ende Zwanzig, Anfang Dreißig. In der Blüte des Lebens. Oder vielleicht hatte auch das in diesen Breiten einen anderen Stellenwert. Vielleicht war es hier schon vorbei. Hugh würde jetzt etwas verdrießlich sagen: »Das ist es immer, alles«, als Teil ihres Nostalgiekomplotts, eines *O weh, die Jahre*, das Sex angeblich zärtlich machte, solange der Talisman in der Ecke stand und Geräusche wie von geflügelten Streitwagen oder unerbittlichen Schnittern von sich gab. Heilige Riten hatten den großen Nachteil (jetzt, außer Reichweite und achttausend Meilen von ihm entfernt, durfte sie so denken), daß man, je feierlicher und außergewöhnlicher sie wurden, durch die sauerteigartige Gesichtsfarbe des Priesters und das irritierende Flattern seiner Augenlider, als sei er ein Schulpastor, der nur so tat, als würde er beten, massiv in seiner Konzentration gestört wurde. Hugh war zweifellos eine weitere Erklärung für ihren Manila-Aufenthalt. Ein guter Grund, ärgerlich auf sich selbst zu sein, wenn es denn so war. Ich will nur die Erfahrung, dachte sie, Einzelheiten sind nicht so wichtig.

Aber Einzelheiten waren da, unbarmherzig wie eine endlose Folge von Häppchen, die sich hartnäckig weigerten, eine Mahlzeit zu ergeben. Ihre Gastgeber waren beide Aktivistinnen und ließen saftige Brocken von diesem und jenem fallen, Appetithappen eines Banketts, zu dem Ysabella lieber nicht eingeladen werden wollte. Crispa forschte über »Trostfrauen«, die im Zweiten Weltkrieg als Sklavinnen und Prostituierte mißbraucht wurden, und tastete im schwarzen Sack der Geschichte herum in der Hoffnung, sachdienliche Namen und ein paar grauhaarige Überlebende herauszuziehen, zu deren Entschädigung die japanische Regierung durch Anschuldigung oder gutes Zureden gebracht werden könnte. Sharon versuchte, Senatoren und Diplomaten zu zwingen, Druck auf die philippinische Regierung auszuüben, die sich für weibliche Arbeitskräfte in Übersee einsetzen sollte, die gegenwärtig als Prostituierte und Sklavinnen mißbraucht wurden.

Ysabella fühlte sich von diesen Einzelheiten überfordert und beschämt von der Vehemenz, mit der sich die beiden jungen Frauen engagierten. Auch sie hatte zu leiden: nämlich unter ihrer Unentschlossenheit. Es war, als wäre sie in ihrer Kindheit Zeugin einer ohrenbetäubenden Explosion gewesen, deren Widerhall seither vor dem Engagement für genau diese Einzelheiten warnte. Erdlöcher boten einen guten Schutz: in die konnte man sich verkriechen, wenn man in den Fragmenten der zu Grabe getragenen Geschichte herumstocherte. Selbst Zeitungsberichte ließen jegliche Bedrohung vermissen und lasen sich wie wilderfundene Geschichten eines Landes, das unweit von dem existierte, auf dem sie sich bewegte, in dessen Boden sie grub, derart war es um die merkwürdige Immunität einer Fremden bestellt. Diese beiden Frauen aber lebten in diesem anderen Territorium, dessen Einzelheiten sie mit einem üblen Geruch von Authentizität wiedergaben.

Gleichwohl war Ysabella auch ergriffen. Sie hatte das Haus ohne das Gefühl eines Ausbruchs politischer Solidarität mit den Schwestern verlassen und freute sich für Sharon, daß sie jemanden wie Crispa gefunden hatte, und mußte neidvoll anerkennen, daß deren Leben nicht nur in der Vertikale, sondern auch in der Horizontale ganz gut funktionierte. Bei mißhandelten Arbeiterinnen in Übersee konnte man sich leicht vorstellen, daß sie ihre Wurzeln in Intramuros hatten, der Zitadelle aus der Kolonialzeit. Ihre eigene Welt hingegen fühlte sich zunehmend formlos und hohl an. Es fehlte ihr mit Sicherheit an jeglichen Koordinaten, wie ein schweifender Blick aufs offene Meer, dessen blendendes farbiges Glitzern durch eine träge Ölschicht verursacht wird.

Kapitel 8 Pater Herrera hatte den Ruf eines Radikalen, ohne jemals der aufrührerischen Agitation bezichtigt worden zu sein. Man hatte Mühe, sich seine Leibesfülle in den unwirtlichen Dschungel-Barrios von Mindanao vorzustellen, daß er Bibel gegen Armalite tauschte und sich in einen akkreditierten Rebellenpriester verwandelte, auf dessen Kopf ein Preis ausgesetzt war und in dessen Taschen ein Passierschein für gelegentliche Besuche im Malacañang steckte. Prideaux hatte seinen Namen von einer Kontaktperson erfahren und ihn zu einem einfachen Lunch irgendwo auf dem José Abad Santos eingeladen, da er sich einen vielbeschäftigten und unprätentiösen Priester vorstellte, der weder Lust noch Zeit hatte, sich für ein Mittagessen zu weit von seiner Gemeinde wegzubewegen und Jeepneygeld zu verschwenden.

»›The New Era‹«, sagte die Stimme am Telefon. »Ecke Dumiguig.«

Das »New Era« war – wie man sich leicht denken konnte – ein chinesisches Restaurant und – wie man sich nicht so leicht denken konnte – modern, mit aufdringlich grellem Neonlicht. In den Aquarien an der Wand schnappten kümmerliche Aale nach Luft und attackierten sich wütende Krustentiere gegenseitig im Zeitlupentempo. Aus den Tischplatten waren kreisrunde Öffnungen ausgesägt, und unter jeder stand eine Gasflasche mit Ringbrenner. Prideaux stieß mit seinen Knien immer wieder gegen die Flasche. »Man nennt dies *shabu-shabu*«, sagte der Priester entzückt. »Natürlich nicht zu verwechseln mit dem einfachen *shabu*, was eine Droge ist.« Wegen der Klimaanlage und der zwischen ihnen brodelnden Wokpfanne hatte der Priester ständig eine beschlagene Brille. Er nahm sie immer wieder ab und wischte sie auf der Brust am T-Shirt trocken. Es hatte einen Aufdruck, der, wie Prideaux fand, große Ähnlichkeit mit dem Wappen der Oxford University hatte, und war von Comic-strip-Dampfwolken umgeben. Die Legende darunter lautete: »Ich habe mit Sauna cum Laude bestanden«. »Sie sind Anthropologe?«

»Na ja, ich schreibe an dieser Arbeit«, sagte Prideaux zurückhaltend.

»Sagte Bernabe nicht, über philippinische Religion?«

»Gut möglich, daß ich Pater Bernabe vielleicht den falschen Eindruck vermittelt habe.«

»Ich glaube, das läßt sich manchmal nicht vermeiden«, sagte Herrera, und mit dem Eßstäbchen, das sich durch Schlund und Rektum bohrte, spießte er eine Garnele auf, was ein knirschendes Geräusch verursachte, »wenn man ein Interview machen will, das einem wichtig ist.« Er nahm das Tier aus dem Wok, und seine Augen sahen hinter den graubeschlagenen Gläsern matt aus.

»Genaugenommen geht es in meiner Arbeit um den *Amok*-Begriff. Oder um den Augenblick des Zusammenbruchs.«

»Sie meinen, wenn bei Typen die Sicherungen durchknallen?«

»*Frauen* passiert so was nicht?«

Pater Herrera legte seine Eßstäbchen beiseite und nahm einen Schluck Bier zur Erfrischung. »Was für ein interessanter Gedanke«, sagte er. »Wollen Sie damit sagen, daß Durchdrehen kulturell determiniert ist?«

»Ja natürlich. Es ist relativ schwierig, den genauen Zeitpunkt vorherzusagen, wenn man die Person nicht kennt, soviel ist sicher; aber die *Art,* wie jemand zusammenbricht, ist durch sein kulturelles Umfeld vorbestimmt, glauben Sie nicht? In Europa beispielsweise ist richtiger Amok äußerst selten. So die offizielle Lesart. Aber wie dem auch sei, wenn man sich über den Augenblick des Zusammenbruchs unterhalten will, müßte man zunächst einmal wissen, was überhaupt als aufreibend gilt. Ich meine, Streß in der einen Kultur könnte doch für eine andere Kultur eine beruhigende Norm sein, oder? Mir fällt auf, daß die Leute hier scheinbar fähig sind, ständigen Körperkontakt zu ertragen, was die Briten in den Wahnsinn treiben würde.«

»Vielleicht weil sie keine andere Wahl haben?«

»Weshalb auch immer. Kulturen verändern sich auch. Unsere bäuerlichen Vorfahren lagen bestimmt auch wie die Ölsardinen in ihren Grashütten, weil sie es nicht ertragen hätten, allein zu schlafen. Das war einmal. Was hat sich also verändert? Die Wohnverhältnisse, vermute ich. Der Umgang mit dem, was sich gehört und was nicht; Selbstkontrolle; die allgemeine Einstellung dem eigenen Schicksal gegenüber; solche Dinge eben. Auch Religion.«

»So langsam blicke ich durch.« Herrera hatte seine Brille nochmals geputzt. »Diesen ganzen Komplex per Telefon über den alten Bernabe ausrichten zu lassen wäre sicher nicht leicht gewesen.«

»Nein. Aber haben Sie bitte nicht das Gefühl, ich hätte Sie unter falschem Vorwand herbestellt.«

»Lieber Freund, ein Mittagessen kann niemals ein falscher Vorwand sein. Finden Sie nicht auch, daß Litschis ein feiner Nachtisch wären? Kumquats? Mangos? Leider sind meine Landsleute nicht sehr religiös. Ich hoffe, Sie sind jetzt nicht schockiert.«

»Die meisten Reiseschriftsteller wären es jedenfalls.«

»Ach, das meinen Sie. Nun, wenn jemand versucht, ein Volk ganz grob zu skizzieren, ist er offenbar dazu verdammt, sich lächerlich zu machen. Sicher, in jedem Reiseführer steht, wir alle wären durch und durch religiös, zu etwas über neunzig Prozent katholisch und das einzige christliche Land in Asien. Ich sehe das etwas anders. Meiner Ansicht nach sind meine Gemeindemitglieder ungefähr so religiös wie alle anderen, die im Schatten des Westens leben. Was sie hier sind: durch und durch abergläubisch. Wir sind Asiaten.

China, Vietnam, Kambodscha, Laos, Birma, Thailand … alles mit Geistern und Gespenstern und Beschwörern und Wahrsagern und Magiern und Geomanten und Teufeln und Talismanen und Amuletten und Elixieren und Flüchen und Hexerei besetzt und …«

»Und immer so weiter.«

»Und immer so weiter; so sind wir. Wissen Sie was? Ich glaube, ich nehme lieber Rambutan als Litschis. Die kommen aus Quezon oder Palawan, je nach Jahreszeit. Dies ist Asien, dies ist der Osten. Das vergessen die Leute. Die Westler sind doch ganz versessen darauf, unser Spiel mitzuspielen und so zu tun, als wären wir praktisch so amerikanisch wie Hawaii und fast so spanisch wie die Azoren. Was soll dieses Klischee? Dreihundert Jahre Kloster, gefolgt von fünfzig Jahren Hollywood. Aber was ist mit den zehntausend Jahren Asien? Wir haben doch auf der Suche nach neuen Quellen für Mythen und Aberglauben einfach nur unsere eigenen Invasoren ausgeraubt. Das wäre doch vielleicht ein interessantes Forschungsprojekt für jemanden wie Sie. Dadurch könnten Formen des Aberglaubens zusammengetragen werden, die im katholischen Europa wahrscheinlich seit hundert Jahren ausgestorben sind. In unseren Provinzen sind solche Dinge noch wohlerhalten, denke ich. Um verschwundene Facetten Europas wiederzuentdecken, müssen Sie bis auf die Philippinen reisen. Eine nette Ironie. Die Rambutan sind ausgezeichnet.« Der Skalp mit den weichen roten Dornen zerplatzte unter den Daumennägeln des Priesters, und zum Vorschein kam das halb durchsichtige, wohlriechende Gehirn.

»Und was ist mit Religion?«

»Können Sie mit dem Begriff *balimbing* was anfangen? Das ist der hiesige Name für die zwölfseitige Sternfrucht. Erst heute morgen habe ich von einem perfekten *balimbing* gehört – es betraf die älteste Tochter eines meiner Gemeindemitglieder. Sie wurde als Katholikin in der Provinz geboren. Verliebt sich in einen Jungen, der Aglipayaner ist, also unserer Kirche hier angehört, die sich Anfang dieses Jahrhunderts mit dem Vatikan überworfen hat. Also wird sie Aglipayanerin; aber dann zieht ihre Familie nach Manila um, wo sie einen anderen Jungen kennenlernt, der zu den Adventisten gehört. Sie wird Adventistin, aber er verlobt sich mit einer anderen. Armes Kind. Kurz darauf geht sie nach Olongapo, treibt sich in Bars rum, und ihr großer Traum wird wahr. Sie lernt einen amerikanischen Seemann kennen. Liebe so tief wie der Ozean. Treueschwüre noch und noch. Er schlägt sogar vor, hier zu heiraten, bevor er in seine Heimat nach San Diego versetzt wird. Was ist schon dabei, daß er Mormone ist? Was er kann, kann sie auch. Schließlich landen sie in den Staaten. Sie haben Kinder. Er verprügelt sie. Sie reicht die Scheidung ein und verliebt sich in einen seiner Freunde. Der gehört zu den Zeugen Jehovas. Kein Problem ... Sehen Sie, was ich meine? Davon ist nichts erfunden. Ich kannte das Mädchen. Sie war, wie man in ihrem Alter ist: unbedarft, leidenschaftlich, treu, untreu. Sie lebte in einer Welt der Liebesschnulzen und Leinwandromanzen. Völlig normal. Ein nettes, durchschnittliches verlorenes Kind. *Balimbing*. Der einzige Grund, der ihr verbietet Mohammedanerin zu werden, ist ihr Alter. Die haben es lieber, wenn ihre Bräute sehr jung sind.«

»Ich dachte immer, Extremfälle taugten nicht zur Verallgemeinerung?«

»Zugegeben, sie ist eine Ausnahme. Aber nicht ihr Opportunismus. Nun gut. Wenn ich allen Expertenmeinungen zum Trotz zu behaupten wage, daß meine Landsleute im Grunde nicht religiös sind, muß ich jetzt wohl sagen, sie seien im Höchstmaß irgend etwas anderes. Spirituell? Oder vielleicht hysterisch? Klingt das nicht quasi-diagnostisch genug, um einen Sozialwissenschaftler wie Sie zu überzeugen?«

»Ich wollte nur Ihre Meinung hören, Pater«, sagte Prideaux. Sie tranken mittlerweile grünen Tee, und zwischendurch driftete er immer wieder in intensive kleine Absenzen mentaler Arithmetik ab und versuchte sich auf die Rechnung vorzubereiten, die ihm, wie er fürchtete, einen ziemlichen Schock versetzen würde. »Und was ist mit den Kreuzigungen?«

Zum ersten Mal huschte ein Ausdruck von Verzweiflung über das ansonsten ruhige Gesicht. »Es ist schon schlimm genug, zugeben zu müssen, daß die Kirche gegenüber all diesen unheimlichen amerikanischen Sekten an Boden verliert, auch ohne daß man gezwungen wäre, sich mit dieser Blechdose herumzuplagen, die man ihr boshafterweise an den Schwanz gebunden hat. Ich habe häufig den Verdacht, daß unsere spanischen Vorfahren fast hinterhältig gewesen sein müssen, wenn sie eine derartige Verzerrung der christlichen Botschaft zugelassen haben. Sie meinen die Karwochen-Feierlichkeiten an Orten wie Pampanga? Die blutüberströmten Flagellanten? Leute, die selbstgezimmerte Kreuze hinter sich herschleifen, an die sie sich dann nageln lassen? Ich hab's gesehen, und es ist grotesk. Das hat nicht im entferntesten mit Religion zu tun. Es ist eines der traurigeren Kapitel unseres hispanischen Vermächtnisses, daß wir ihren düsteren, pathologischen Schwachsinn erben mußten.«

Diese heftige Gemütsbewegung stand ihm gut, dachte Prideaux. Seine Großmannssucht war wie weggeblasen, und sein Gesicht dadurch irgendwie schmaler geworden, wie das eines Läufers, der sich das Äußerste abverlangt hat und von seiner Schnelligkeit gezeichnet ist. Die Energie eines unsanft aus dem Schlummer gerissenen kämpferischen Intellekts.

»Wenn ich es verbieten könnte, ich würd's sofort tun«, sagte Herrera. »Wissen Sie, was in Wirklichkeit hinter diesen Kreuzigungen vor Publikum steckt? Reine Angeberei. Hemmungslose Eitelkeit. *Machismo.* Eine Kraftprobe rivalisierender *machismos*, herauszufinden, wer das größte Durchhaltevermögen hat, ohne vor Schmerz die Miene zu verziehen. Sie sind hier sehr angesehen, wissen Sie. In aller Öffentlichkeit werden lauthals Schwüre abgelegt, und ein geschlagenes Jahr arbeitet man darauf hin. Jeder weiß: *Nächstes Jahr wird er es sein.* Wird er durchhalten? Wird er kneifen? Ein Schauspiel mit großer Massenanziehungskraft. Tausendmal spannender als Fernsehen. Was mich für mein Volk hoffen läßt, ist das beharrliche Festhalten an seinem Humor. Sie haben einen Riecher für das Getürkte an angeblich als heilig geltenden Dingen. Vor ein paar Jahren hieß einer der *pentensiyas* Nobo – wozu man wissen muß, daß wir v wie b aussprechen –, und machte sich als Nobocaine einen Namen. Es ging das Gerücht, er hätte sich in Hände und Füße Injektionen verpaßt. Wer weiß? Vielleicht sollten Sie mal nach San Fernando fahren und sich selbst ein Bild machen. Die Atmosphäre erinnert eher an Jahrmarkt als an eine religiöse Zeremonie. Wenn es mich ärgert, dann deshalb, weil es für mich ein unverfälschter Ausdruck von etwas ist, von dem ich lieber hätte, es träfe nicht auf uns zu. Alles nur Schau.«

»Was denn sonst?«

»Sie sind nicht religiös, das merke ich«, sagte Herrera, obwohl Prideaux in dem Moment, da ihm die Rechnung präsentiert wurde und er einen Blick darauf warf, im stillen einen heiligen Namen ausstieß. »Ich frage Sie trotzdem, können Sie sich vorstellen, daß Jesus ein solches Verhalten gebilligt hätte? Er mußte die Kreuzigung über sich ergehen lassen, weil er keine andere Wahl hatte und damit nicht ein anderer herhalten mußte. Er war ein sarkastischer Mann, gelegentlich sogar ziemlich gnadenlos. Er würde behaupten, daß freiwillige Unterwerfung unter dieses Schicksal im ausgehenden zwanzigsten Jahrhundert nichts als überflüssiger Luxus und reines Showgeschäft ist. Er würde den Kandidaten fragen, ob er das auch im stillen Kämmerlein, ohne viel Aufhebens und ohne diesen Massenauflauf von Bewunderern über sich ergehen lassen würde. Er würde die bissige Bemerkung machen, eine Kreuzigung sei ein Kinderspiel – weit einfacher, als ein christlich geprägtes Leben zu führen. Es ist eine Stigmatisierung im Schnellverfahren, nichts weiter; und das macht mich nicht gerade besonders glücklich. Es ist höchste Zeit, daß sich die Kirche endlich mal unmißverständlich gegen diese Mätzchen ausspricht. Die gesamte Menschheit ist in dieses Theater der Grausamkeiten eingesperrt. Die schwerste Lektion überhaupt ist zu lernen, gütig zu sein. Ist jemand unempfänglich für Güte, für die *Poesie* des Mitgefühls, können ihn sämtliche Messen und Mariengebete und Selbstgeißelungen dieser Welt auch nicht retten. Eine nichtssagende Show. Nun«, er warf einen Blick auf das Plastikschälchen mit dem bißchen Wechselgeld, das der Kellner hingestellt hatte, »*Sie* sind wirklich sehr gütig gewesen. Hat es sich gelohnt?«

»Es lohnt sich noch immer. Aber ich könnte mir vorstellen, daß Sie gehen müssen?« Der Priester hatte hastig und behende gegessen.

»Etwas Tee könnten wir schon noch trinken. Jede weitere Kanne ist gratis. Mir hat gefallen, was Sie über Veränderung in den Kulturen gesagt haben. Wenn ich das mal für bare Münze nehme, verstehe ich Sie so, daß es vor hundert, zweihundert Jahren in Europa nicht anders ausgesehen hat als hier: Die Menschen lebten in Hütten, glaubten an Vampire und an Buße. Sie wollen sagen, daß der wesentliche Unterschied zwischen uns ausschließlich in der wirtschaftlichen Entwicklung besteht. Der Bauer mit sozialen Aufstiegschancen mutiert zum elegant gekleideten Banker und hat keinen Streß mehr mit Schweinepest und dem Wetter, sondern mit Wechselkursen und Engpässen in der Stromversorgung?«

»Ganz so einfach ist es nun auch wieder nicht.«

»Natürlich nicht. Sonst wären Sie ja arbeitslos ... Das sollte ein Witz sein.«

Jenseits der grünlich getönten Tür- und Fensterscheiben schob sich der Verkehr zentimeterweise voran wie auf dem Meeresgrund. Zeitweise kam er völlig zum Erliegen. In seiner Strömung schossen junge Männer flink wie Fische hin und her und trugen flache, rechteckige Holzkästen, in deren Fächern ein Sortiment von Zigaretten, Kaugummi, Streichhölzern, Mentholbonbons und eine Dose Feuerzeugbenzin steckte. Andere flitzten mit Zeitungspacken herum, die sie unter ihre dünnen, muskulösen Arme geklemmt hatten, und boten den Jeepneypassagieren ihre Ware an.

»Wahrscheinlich überrascht es Sie, daß ich auf etwas so Nebensächliches wie dieses alljährlich wiederkehrende historische Schauspiel so heftig reagiert habe«, sagte Herrera. »Was ich Ihnen vorhin versucht habe zu erklären, und ich versuche es nach wie vor, ist, daß solche Dinge eine Ablenkung sind. Das eigentliche Problem besteht darin, daß die Menschen in diesem Land täglich Kreuzigungen über sich ergehen lassen müssen, da sie durch Armut, Korruption, schamlose Betrüger und brutale Behörden ans Kreuz geschlagen werden. Und trotzdem haben sie ihren Humor nicht verloren. Kürzlich hat uns einer unserer Senatoren als die Juden Asiens bezeichnet, zur Flucht vor Pogromen und anderen Niederträchtigkeiten gezwungen, bereit, wer weiß was auf sich zu nehmen, nur um rauszukommen, ins Ausland zu gelangen. Wir schrecken nicht mal davor zurück, als Teil einer ausgebeuteten Diaspora zu enden. Wir gehen immer noch zu Tausenden, wohl wissend, daß man uns übers Ohr hauen wird, und gehen illegal, auch wenn das bedeutet, ständig vor der Polizei und Einwanderungsbehörden auf der Hut zu sein. Für unsere Verschlagenheit und Doppelzüngigkeit verflucht man uns wie die Juden, man bewundert uns widerwillig für unsere Geschicklichkeit und sklavischen Eigenschaften und verachtet uns, weil wir letztlich doch echte Fremde sind, obwohl wir Namen wie Maria und Joseph tragen. Die Juden bezichtigte man, sie würden Christenbabys fressen; uns verachtet man, weil wir Hunde essen. Aber jede Anstrengung lohnt sich, und sei es nur wegen der Chance eines Auskommens, mit dem sich anständig leben läßt, das Ehemänner und Frauen und Kinder mit versorgt, die nach wie vor in der Falle sitzen. Sollten wir lieber bleiben, wo wir sind, und uns gegenüber einem imaginären globalen Status quo loyal verhalten, wo doch jeder weiß, daß die Welt nichts anderes als ein Selbstbedienungsladen für die Reichen ist? Aber wir sind noch nicht so weit, daß wir im Chor brüllen: ›Genug! Jetzt reicht's! *Nie wieder! Nächstes Jahr in Manila!*‹ Hoffen wir nur, daß dafür nicht etwas wie der Holocaust nötig wird. Vielleicht hält ja Ihre Forschung eine coole kleine Antwort parat. Was genau muß passieren, damit die Philippinos Amok laufen?«

»Das ist nicht – «

»Bestimmt haben Sie sich gesagt: ›Schau her! Was für ein Witzbold von Priester! Ein feister Vielfraß, der sich zu einem teuren Lunch mit viel zuviel Kalorien einladen läßt, während seine Schäfchen gekochten Reis mit den Fingern essen.‹ Natürlich haben Sie das, und ich verurteile Sie nicht mal. Sie haben völlig recht. Ich bin verfressen. Ich esse gern. Das ist zweifellos falsch. Früher habe ich das immer gebeichtet. Aber daß ich ihrer Großzügigkeit erlegen bin, hat meinen Gemeindemitgliedern nicht geschadet. Nicht nur, daß es mir und meinem Magen großen Genuß bereitet hat, darüber hinaus habe ich Gelegenheit, Sie zu bitten, eines nicht zu vergessen: Auch wenn wir lachen und es wie eine Posse aussieht: Was in diesem Land passiert, ist todernst. Wie können Sie über *Amok* schreiben, ohne zu wissen, wie, wann und warum Lachen unvermittelt abbricht?«

Das war eine Demütigung, und zwar eine vorsätzliche. Das Aufflammen selbstgerechten Grolls ließ bei Prideaux die Vermutung aufkommen, daß der Priester wahrscheinlich zehn Jahre jünger war als er selbst. Gleichzeitig fühlte er sich bestärkt in der wachsenden Überzeugung, daß einer akademischen Disziplin, die es für möglich hielt, einfach durch die Welt zu ziehen, um das Fremde zu begreifen und beim Mittagessen Theorien aufzustellen, diese in gelehrte Rethorik zu verpacken und als Feldforschung zu verkaufen, ein grundsätzlicher Makel anhaftete. Hatte Prideaux nicht sogar Mühe, seine eigenen Landsleute zu verstehen, die ihm stets neue Rätsel aufgaben? Wie konnte er dann achttausend Meilen zurücklegen und erwarten, ein extrem fremdes Volk zu verstehen, dazu noch so eins, das sich hinter einem derart fließenden Englisch wie dem des Priesters verschanzte. Wenn das nicht reichlich blasiert war! Weißer Mann mit Kassettenrecorder löst Verwandtschaftsproblem unter den Wilden. Humor der Papua von Oxford-Dozent geknackt … Er ließ Pater Herrera eine dritte Kanne Tee lang weiterschwatzen. Kirche in Gefahr. Kondome und Aids. Charismatiker. Missionare aus Idaho und Utah mit kurzärmligen weißen Hemden und bübischem Lächeln und jeder Menge Schwachsinn über Joseph Smith für das leichtgläubige Landvolk. Und natürlich Islam. Grüner Tee und Dialektik hatten Herreras Zunge gelöst.

»Ich habe immer geglaubt, Jesus hätte die Unterscheidung zwischen Politik und Religion einfach ein bißchen zu nachlässig gehandhabt. Was er über Cäsars Kopf auf der Münze gesagt hat, war doch wohl eher ein Witz und keine sinnvolle Bemerkung, oder? Eine viel zu vage und belanglose Antwort. Man kann nicht einfach sagen, Religion sei Privatsache, vor allem nicht, wenn man sich für die Gründung einer revolutionär geprägten Kirche engagiert und dafür von einem nervös gewordenen Gouverneur öffentlich hingerichtet wird. Es ist eine unerquickliche Diskussion. Judaismus ist noch schlimmer: Religion *ist* das Volk *ist* der Staat. Der Islam genauso, aber Menschenskind, wenn sie wollen, heucheln sie genauso wie alle anderen. Irgend so'n Idiot von Christenmissionar unten in Zamboanga klopft große Sprüche, schon setzen die Gläubigen ihre Bierflaschen ab, hüpfen herum und hetzen mit ihrem Gequatsche von Blut und heiligem Krieg das Volk auf. Was hat das mit Spiritualität zu tun?

Unten auf Mindanao haben sie längst ihre autonome muslimische Region, aber trotzdem hören sie nicht mit dem gegenseitigen Abschlachten auf. Sie meinen, Islam und Schweinefleisch passen nicht zusammen? Auf Mindanao schon, außerdem saufen dort viele wie die Löcher. Das Zusammenspiel von Alkohol und Waffen ist das größte Problem. Aber das sollte außer sie selber niemand etwas angehen. Reine Privatsache. Wieso können wir nicht alle ein bißchen bescheidener sein? Selbst der Prophet Mohammed hat Fehler gemacht. Im Koran wurde er ermahnt, weil er hohen Tieren zuviel Aufmerksamkeit widmete und sich von einem armen Blinden abwandte, der etwas über Gott erfahren wollte. Nachzulesen in der Sure »Er runzelte die Stirn«. Auch der Stellvertreter des Propheten, der Zweite Kalif, wurde gedemütigt. Er gab zu, daß es ein Fehler war, Leuten nachzuspionieren, weil er sie des Weintrinkens verdächtigte, und eine Leiter hochzuklettern und über eine Mauer in einen privaten Garten einzudringen. Ja, sie hatten Wein getrunken, aber er mußte zugeben, daß ihn das nichts anging, auch wenn er der Zweite Kalif war. »Wer von euch ist ohne Sünde?« fragte Jesus. Genau dasselbe, sehen Sie? Aber heutzutage werden unsere großen Religionen von Egomanen verzerrt, die von sich behaupten, Fundamentalisten zu sein, und von Fundamentalisten, die Politiker sein wollen, aber in Wirklichkeit allesamt nichts anderes als aufgeblasene Wichtigtuer auf Kosten ihres privaten Seelenheils sind. Gott schütze uns vor den Eiferern. Vielen Dank für das köstliche Mittagessen.«

Prideaux fühlte sich wie ein Koch, dessen gestärkte Mütze in sich zusammenfällt, weil er sich beim Öffnen der Backröhre aus Neugier zu weit nach vorn gebeugt hat. Sogar das Heraustreten aus der angenehmen Kühle des »New Era« in die tosende Sauna des nachmittäglichen Verkehrs traf ihn weniger heftig.

»Rufen Sie mich an«, sagte Herrera gerade. »Dieselbe Nummer wie letztes Mal.« Er zog eine Visitenkarte aus seiner Plastikbrieftasche. Sie war mit zuviel blauer Farbe und ein wenig schief gedruckt. »Ich werde Ihnen meinen Pfarrbezirk zeigen. Nächstes Mal lade ich Sie zum Essen ein. Natürlich haben Sie schon vorher Elendsviertel gesehen. Ich könnte mir denken, daß Anthropologen, was das angeht, den Journalisten in nichts nachstehen. Aber wenn Sie's einrichten können, kommen Sie trotzdem. Dieser Verkehr ...« Mit erhobener Handfläche drehte er sich um und wurde von der T-Shirt-Flut davongetragen.

»Für so was bin ich viel zu alt«, sagte Prideaux zu sich selbst. War es möglich, daß er schon so weit demoralisiert war, daß er diesem verdammten Kerl um ein Haar eine Spende für seine Gemeinde gegeben hätte? Er fragte sich, wie echte Akademiker es schafften, sich auf ein klar definiertes Thema zu beschränken. Wie stoppte man etwas, das an allen Ecken und Enden faserte? Dieser schwindelerregende und entmutigende Abgrund zusammen mit dem Bier, das er getrunken hatte, brachten ihn dazu, diese Straßen, diese Stadt voller Verdruß zu hassen. Wozu sollten solche demoralisierenden Vorträge gut sein? Bleib zu Hause. Laß dich über grüne Felder aus.

Kapitel 9 Im März dieses Jahres hatte Inspektor Dingca an der Oberschul-Abschlußfeier seiner ältesten Tochter teilgenommen. Wie er feststellen mußte, wurde seine beste Polyesterhose immer enger. Das sollte ich im Auge behalten. Damit es gar nicht erst so weit kommt, daß ich aussehe wie Kollege Jun Santiago, dem nur noch Rüssel und Klauen fehlen. Ein Teil des Problems war, daß im Hosenbund noch Platz für eine Pistole samt Halfter sein mußte. Morgens hatte er als erstes ein Treffen mit einem seiner »Goldstücke« gehabt, dem Transvestiten und Polizeispitzel Babs, und er hatte es sich zeitlich so eingerichtet, daß er trotz des Vormittagsverkehrs pünktlich zurück in Laguna war, um sich dann mit der Verstohlenheit eines Schuljungen in den hinteren Teil der Festhalle zu schleichen. Auf der weitentfernten Bühne bewegten sich die wie aus Blech ausgeschnittenen Teenager hin und her, geschniegelt und gebügelt und glühend vor Eifer. Zur Begrüßung wurden Fahnen gehißt, Hymnen angestimmt und bewegende Gedichte vorgetragen. Banner mit goldenen Fransen blähten sich sachte zum verzückten Atmen Hunderter stolzer Eltern. Dingca stand da, schwitzte und applaudierte heftig, als Eunice aus den blechernen Rängen hervortrat und mit verschämt gesenktem Kopf die gerollte Urkunde entgegennahm und unter einem regelrechten Blitzlichtgewitter und dem zurückhaltenden Schwung ihrer messerscharfen Rockfalten an ihren Platz zurückging. Die kollektive Jungfräulichkeit dieser Veranstaltung hatte etwas zugleich Ehrfurchtgebietendes und Ermutigendes. Dies hier waren gute Mädchen und gute Jungen, eine Hoffnung für die Zukunft oder für irgend etwas anderes ... Babs hatte soeben die Besitzerin seines Clubs verpfiffen, sie würde Kinder entführen und in die Provinz verkaufen. Diese Besitzerin war eine chinesische Geschäftsfrau mit engen Beziehungen zum Bürgermeisterbüro. Das wollte gut überlegt sein. Leg dich mit dem Rathaus an, und ehe du dich versiehst, bist du nach Davao oder Nueva Ecija oder vielleicht ganz in die Nähe auf den Grund der Bucht von Manila versetzt.

Anschließend gab es ein Buffet unter freiem Himmel, wo sonst die Schülerparaden abgehalten wurden. Vom nahegelegenen See trieb der bedrückende, bräunliche Mief brackigen Wassers herüber, Weihrauch einer heruntergewirtschafteten Industrie, denn Lagunas ehemals üppige Fischbecken waren entweder verschlammt oder wegen Sauerstoffmangels umgekippt oder einfach nur der allgemeinen Umweltverschmutzung zum Opfer gefallen. Bei Dingca, der dem See ein gewisses Eigentümerinteresse entgegenbrachte, seit er in dessen Nähe zu wohnen beschlossen hatte, hatten die widersprüchlichen Zeitungsmeldungen für Irritation gesorgt. Was immer sie bedeuten mochten, Laguna de Bay war eindeutig zu einer weiteren, durch Skandale oder drohende Katastrophen infizierten Sache verkommen. Für den Augenblick verlieh der Geruch faulen Wassers dieser Festlichkeit einen Hauch urwüchsiger Ländlichkeit. Die Hauptstadt dehnte sich ohne Zweifel aus. Manila war nicht mehr so weit weg wie sonst, und der Cordon sanitaire aus Reisfeldern, Äckern und Bächen war, ausgehend von der Rückseite des Flughafens, mit Straßensiedlungen durchsetzt. Aber Eunice und ihre Klassenkameradinnen waren gute Mädchen und hatten sich gegenüber den Verführungen der Jahr für Jahr näherkriechenden Metropole bislang Gott sei Dank ihre Unschuld bewahren können. Er strahlte mildgestimmt, machte seine Runde durch die versammelten Freunde und Nachbarn, begrüßte Kegelbrüder, Lions, Rotarier und ortsansässige Geschäftsleute. Alle hielten Teller in der Hand, die mit Spaghetti und Tomatensauce, allerlei Leckereien aus klebrigem Reis, Weißbrotscheiben und einem Schlag violetter Gelatine beladen waren, wobei alles aufeinandergehäuft war und in keiner bestimmten Reihenfolge gegessen wurde. Endlich blieb er neben seiner Frau und seinen Töchtern stehen und strich der kleinen Divina kurz übers bändergeschmückte Haar.

»Du hast eine ganz hervorragende Figur gemacht«, sagte er zu Eunice. »Das mit Abstand bestgekleidete Mädchen des Jahrgangs 1992« – eine mit Bedacht gewählte Schmeichelei, da Teresita die Kleidung selbst genäht hatte. »Ich kam mir wie ein Dreizehnjähriger vor.« Was nicht gelogen war, denn der Anblick all dieser Siebzehnjährigen, mit ihren aneinandergepreßten schwarzen Schuhen, den weißen Söckchen und den *versiegelten* braunen Beinen, hatte ihm einen erotischen Stoß versetzt, und seine innere Stimme hatte ihm ein Sätzchen vorgeflüstert, das er sich zuletzt mit dreizehn vorgesagt hatte: *Große Mädchen.* Das bereitete ihm Unbehagen, war aber zugleich verlockend, so daß er seine eigene Tochter jetzt übermäßig lobte, um die schockierende Anziehungskraft eines Mädchens zu überspielen, das zwei Plätze weiter in der Reihe stand und ihr häßliches Plastik-Namensschildchen pfiffig hinter einem Sträußchen weißer Blüten versteckt hatte. »Es ist eine schreckliche Last für einen Vater, eine so umwerfend schöne Tochter zu haben.« Er umarmte sie liebevoll und schaffte es, nichts von dem wässrigen Ananassaft in seiner Hand über ihre Kleidung zu schütten.

»Ich dachte, ich würde jeden Moment ohnmächtig, so heiß war es da oben. Wir waren alle kurz vorm Umkippen.«

»Ich weiß«, sagte ihr Vater, der davon nichts gemerkt hatte. »Es hat mich mächtig beeindruckt, wie tapfer du dich geschlagen hast.« Jetzt sah er seine Chance gekommen. »Nicht so wie das arme Mädchen, das ganz in deiner Nähe stand. Die große mit dem Blumenstrauß.«

»Ach, *Patti*. Patti Gonzalez. Na ja«, sagte Eunice und rümpfte die Nase ein wenig.

»Mir kam es vor, als würde sie ein bißchen mitgenommen aussehen.«

»Aber nicht von der Hitze, würde ich meinen«, sagte Eunice andeutungsvoll.

Eigentlich wollte Dingca bei dieser Bemerkung richtig loslegen, wurde aber durch das unbemerkte Herannahen der Mathematiklehrerin seiner Tochter – deren Zähne und Brillengläser glänzten – daran gehindert. Die Chance war vertan und im Handumdrehen in ein ermüdendes Geschwafel über Zensuren umgewandelt. Seine Gedanken kehrten zu Babs zurück. So aufregend war die Sache mit den Kindesentführungen auch wieder nicht, und neu schon gar nicht. Solange es eine Nachfrage gab, würden auch Kinder verschwinden. Babs hatte mit seinem schmalen manikürten Finger auf Lettie Tan gezeigt, die Besitzerin des Clubs auf der M. H. del Pilar, in dem er arbeitete. Es war das »Topless Pit«, wo die schönsten Hostessen lauter Männer waren und sich die Arbeit der echten Frauen auf das Vorführen von Tricks beschränkte, wie beispielsweise Coca-Flaschen mit der Vagina zu öffnen, den Inhalt zu »trinken« und als goldbraunen Schaumstrahl in die entrückten Gesichter betrunkener Australier zu spucken. Was hatten Iron Pussy und ihre Kollegen mit Dingca zu tun, dessen neues Revier jetzt meilenweit entfernt auf der anderen Seite des Pasig lag? Vielleicht gar nichts. Nachdem er sein altes Revier verloren hatte, war er inzwischen nur allzu froh, die Fleischtöpfe von Ermita dem 5. Revier der Polizeizentrale West überlassen zu können. Keine von Babs' Informationen (»*Heiße* Neuigkeiten, Inspektor. Sie werden *entzückt* sein« ... Warum redete ausgerechnet Babs ihn als einziger mit seinem neuen korrekten, entmilitarisierten Dienstgrad an?) hätte ihn aufhorchen lassen, wenn sich nicht unlängst zwei eher bedeutungslose und bis dahin unzusammenhängende Fälle ereignet hätten. Beim ersten war im Harrison Plaza-Einkaufszentrum eine Frau verhaftet worden, die behauptete, die Mutter des kleinen Kindes zu sein, das glücklich und zufrieden mit einem Eis in der Hand neben ihr hertrottete. Es war der pure Zufall, daß die richtige Mutter, die ihre Augen voller Panik über die Menge der Kauflustigen wandern ließ, ihr Kind entdeckte, obwohl es inzwischen ein blaues Käppchen mit Mausohren trug. Alle drei waren vom Sicherheitspersonal des Einkaufszentrums festgehalten worden, deren Aufgabe durch die Weigerung des Kindes, einer der beiden Frauen auch nur andeutungsweise den Vorzug zu geben, so lange erschwert wurde, bis das Eis alle war. Da fing das Balg zu plärren an, worauf die falsche Mutter einen Fluchtversuch unternahm, festgenommen und abgeführt wurde. Merkwürdigerweise stellte sich heraus, daß Dingca sie flüchtig kannte, da sie aus San Clemente kam und auf dem Revier von dieser Sache gehört hatte. Beim zweiten Fall ging es um eine bei seinem Revierchef erstattete Anzeige eines wohlhabenden Bürgers, der die Polizei beschuldigte, bei der Plünderung eines Familiengrabs auf dem nahegelegenen Friedhof tatenlos zuzusehen. Dieser wohlhabende Bürger, der sich nicht dazu herabgelassen hatte, persönlich zu erscheinen, sondern durch einen jungen Mann, der entweder Action-Schauspieler oder ein gedungener Killer oder vielleicht beides war, ein notariell beglaubigtes Schreiben hatte überbringen lassen, entpuppte sich als Lettie Tan.

Dingca in seiner Vater- und nicht in seiner Inspektorfunktion hatte eine ganze Weile lang zu einer Abfolge von Lehrern, die in ihren besten Schuhen steckten, gesagt: »Ganz Ihrer Meinung« und »Heutzutage kann man nicht vorsichtig genug sein«. Jetzt bemerkte er Patti Gonzalez, die in der Nähe stand, und in dem Blitz, der ihn plötzlich durchzuckte, machte er zwei Entdeckungen zugleich. Erstens, daß es Patti *Gonzalez* war, Gonzalez wie der Bowl-o-Rama-Besitzer Butz Gonzales, und zweitens, daß sie sehr viel Ähnlichkeit mit Babs hatte. *Mit Babs?* Dieser zwielichtigen Gestalt? Seinem Goldstück? Aber ja ... Besonders dieser perfekte Teenagerhals. Und diese Erkenntnis schmierte einen grotesken Zusammenhang über diesen Morgen, der die Gedanken an schummrige Lokale in Ermita und die ländliche Unbeflecktheit San Pedros außer Kraft setzte und seinem Bild von Patti etwas hinzufügte, das viel zu kompliziert war, um sich damit auseinanderzusetzen. Er und ihr Vater winkten einander und gingen aufeinander zu.

»Hallo, Rio.«

»Wieso wußte ich überhaupt nicht, daß du eine Tochter hast? Und dann noch eine so hübsche. Ich dachte immer, du hättest nur die Jungs.«

»Sie ist unsere Jüngste. Die Gelehrte der Familie. Gott sei Dank wenigstens eine, was? Wenn sie ihre Aufnahmeprüfung schafft, heißt es entweder Beamtenlaufbahn oder Zahnmedizin. Man braucht doch jemanden, der sich im Alter um einen kümmert, oder? Nein, viel ausgehen tut Patti nicht. Bücher, Bücher und nochmals Bücher. Entweder zu Hause in ihrem Zimmer oder in der Bibliothek. Stimmt's, Patti? Komm mal her, Pat, und gib einem von Manilas Besten die Hand.«

»Besten was?« Seine Tochter schlenderte lässig heran, und die weißen Blüten hatten mittlerweile ihre Köpfe über dem Namensschildchen hängen lassen, als ob die anhaltende Nähe der Brüste sie gesättigt und geschwächt hätte. »War nur ein Scherz.«

»Polizisten, natürlich«, sagte Butz und tat, als hätte er ihre letzte Bemerkung überhört. »Ist so eine Redensart.«

»Danke, Daddy.« Sie streckte ihre lange, schmale und ringlose Schulmädchenhand aus. »Es ist mir ein Vergnügen, Sir.«

»Das hier ist Rio Dingca. Er ist Polizeileutnant und einer meiner besten Kegler.«

»Dingca? Dann sind Sie der Vater von Eunice, Sir?«

»Ja, das bin ich. Und niemand sonst. Obwohl ich heute eigentlich Inspektor bin.« Seine Aufgeblasenheit verriet den schüchternen Knaben.

»Wow. Wir alle beneiden Eunice, wissen Sie. Sie ist so klug. Und so schön.«

Es lag ein beißender Hauch in der Luft, wie aufgewirbelter Schulhofstaub, und Dingca merkte, daß er sich an die Grenzen eines geheimen Teenager-Schlachtfelds verirrt hatte. Plötzlich merkte er, daß er sich schützend vor seine Tochter stellen wollte. Jetzt sah er, daß Pattis anmutiger Hals auf einer Seite die Andeutung eines Makels aufwies, einen kleinen, leicht dunkleren Fleck. Man mußte schon ganz genau hinsehen, um ihn zu entdecken. Eine abklingende Prellung? So eine, die man sich zufällig in der Bibliothek zuzieht, wenn ein schweres Buch aus einem der oberen Regale purzelt, hm? Butz wäre auf so was reingefallen. Der liebe Dad, dessen ganze Aufmerksamkeit Los Baños galt, das ein Stück die Straße hinab lag und wo er die Eröffnung eines weiteren Bowl-o-Rama plante, falls es ihm gelingen sollte, auf die Bebauungspläne eines gewissen Grundstücks am Stadtrand zu seinen Gunsten einzuwirken. Dingca ertappte sich dabei, daß er Patti viel zu intensiv anstarrte, sie vorsichtig mit Blicken abtastete, als wollte er aus der Nähe Anzeichen von Grobheit entdecken, Kleinigkeiten, die nur dann ins Gewicht fielen, wenn man sie mit der unvergleichlichen Taufrische seiner Tochter verglich. Aber bis auf die leichte Prellung war nichts. Die Patti aus der Nähe war genauso perfekt wie die Patti aus der Ferne. *Großes Mädchen.* Nicht groß im Sinne von stämmig, und schon gar nicht drall. Sie war nur ein wenig größer als die meisten ihrer Schulkameraden, was durch ihre schlanke Figur noch betont wurde. Nein, sie war ein großes Mädchen für den kleinen Dingca: die Art Mädchen, zu denen sein früheres dreizehnjähriges Ego in verstohlener Verwunderung aufgeblickt hatte, da sie aufgrund ihres Alters und ihrer Schönheit etwas für ihn Unerreichbares hatten und nicht einmal als Fokus seiner Begierden taugten, dieser diffusen und quälenden Sehnsucht. Deshalb mußte er sich gezwungenermaßen wieder den gleichaltrigen Mädchen zuwenden, die immer noch glasweise Limonade hinunterstürzten und mit der Andeutung eines orangefarbenen Schnurrbarts herumliefen. Rührend, aber nicht *das*. Außerdem waren ihre Beine nie so perfekt wie die der großen Mädchen. Sie hatten noch immer diese runden, verwachsenden Narben von über hundert Kindheitsschrammen, die meistens spurlos verheilt waren und höchstens hier und da Flecken dunkleren Brauns auf Braun hinterlassen hatten. Die Beine der richtig großen Mädchen hingegen waren makellos, als wären sie schon im Säuglingsalter dazu erkoren, gegenüber dem häufig auftretenden *bakukang* immun zu sein, das die Fliegen anzog und die Beine knieabwärts mit häßlichen Sprenkeln verunzieren konnte. Und was für Beine galt, galt auch für Gesichter. Große Mädchen hatten niemals Pickel. Große Mä…

»Wissen Sie, was Eunice für Pläne hat, Sir?«

»Oh.« Dingca schüttelte sich in seine über Vierzig zurück. »Pläne? Eunice?« Zu seiner Verwunderung stellte er fest, daß er keine Ahnung hatte. Dabei mußte er in diesem letzten Jahr bestimmt tausendmal gefragt oder informiert worden sein. Um ein Haar hätte er »Zahnmedizin« gesagt, dann erinnerte er sich aber noch rechtzeitig, daß Butz ihm soeben gesagt hatte, daß auch Patti dies erwog. Er fand die Lösung. »Ich dachte immer, heute hinge alles von dieser, ähm, Aufnahmeprüfung ab?«

»Wissen *Sie*, ob an diesem Gerücht was dran ist, Sir? Daß sie die Aufnahmeprüfung streichen wollen? Oder durch was anderes ersetzen? Ein allgemeines staatliches Examen, aber von unseren Lehrern hat scheinbar keiner eine Ahnung.«

»Und Sie meinen, ein Polizist müßte eine haben?«

Wie man es auch betrachtete, es war ein merkwürdiger Tag gewesen, und gewisse Geister stets in der Nähe. Einer der weniger greifbaren, aber allgegenwärtigen war der von Lettie Tan. Dingca war kaum zu seiner Dienststelle zurückgekehrt, als er mit einem PO 1, einem Grünschnabel namens Benhur Daldal, auf den Friedhof abkommandiert wurde, um einen Zustandsbericht von der Tanschen Grabstätte zu liefern. Da sie den genauen Standort nicht kannten, passierten sie die Schranke und fuhren in die Mitte des Friedhofs, wo mehrere Kapellen beieinanderstanden. In einer davon trafen sie die Friedhofspolizei beim *pusoy* an. Mit deren Hilfe fanden sie auf dem verblichenen alten Lageplan eine Parzelle der Tans. Sie mäanderten mit dem Jeep durch ein Miniaturstraßennetz mit ausgewachsenen Bäumen, die ihre Schatten aufs Pflaster warfen. Sie begegneten keiner Menschenseele. Die Parzelle bot den Anblick eines der weniger prätentiösen Gräber: ein unauffälliges mattgelbes, einstöckiges Gebäude. Statt eines Eisentors hatte es hermetisch verschlossene Bronzetüren. Dingca und Daldal gingen einmal drumherum und blinzelten durch mehrere vergitterte Fenster. Es schien alles in Ordnung. Die Eisenstäbe steckten fest in ihrem Zement, die Scheiben waren heil. Im Inneren schimmerte ein marmorner Sarkophag im Dämmerlicht.

»Sind wir hinter Eindringlingen her oder was, Sir?« fragte das Greenhorn.

»Keine Ahnung. Ich weiß nur von diesem Bericht, in dem es hieß, irgend jemand hätte sich an diesem Ding zu schaffen gemacht. Aber mir scheint alles okay.«

»Ist auf jeden Fall besser in Schuß als meine Bude.« Wie Dingca wußte, wohnte Daldal drüben in Sampaloc, in einem Haus direkt an der Eisenbahnstrecke, an dessen Rückwand die Hütte eines Slumbewohners wie eine Seepocke haftete, die jedesmal eine Dusche abbekam, wenn ein Zug über die mittlerweile in die Pfützen abgesackten Gleise rumpelte. »Nicht zu fassen, und alles nur für einen *dedbol.*«

»Uns ist nichts Ungewöhnliches aufgefallen, abgemacht? Die Frau sollte sich mal auf ihren Geisteszustand untersuchen lassen.«

»Meinen Sie nicht«, fragte das Greenhorn zaghaft, als sie wieder im Jeep saßen und José Mari Chans Lied »Beautiful Girl« hörten, »daß es vielleicht noch mehr als dieses eine Tan-Grab geben könnte?«

»Von einer anderen Familie, meinst du?«

»So heißen hier schließlich viele.«

Also zurück zum Lageplan. Nachdem sie sich neu orientiert hatten, fuhren sie hinunter in Richtung Friedhofstor und bogen parallel zur Begrenzungsmauer ab. Die Straße entlang der Mauer vor ihnen beschrieb eine leichte Rechtskurve.

»*Susmaryosep.*« Beide sahen es gleichzeitig: eine weiße Villa en miniature im maurischen Stil und mit Türmchen. Über der Tür, eingefaßt wie eine Bibel mit polierten Messinglaschen, stand in Goldbuchstaben TAN eingraviert. Das Gebäude war umgeben von einem schwarzgestrichenen Eisenzaun im Fallgitterstil, Spitzen nach oben. Die Anlage war offensichtlich ziemlich neu.

»Würde so was in Dasmariñas Village rumstehen, würde man sofort denken, daß es einem Berater des Präsidenten gehört.«

»Aber keinem besonders einflußreichen.«

Sie stiegen noch mal aus und nahmen ihre Erkundungen wieder auf. Von vorn sah das Gebäude aus, als hätten die Bauarbeiter es erst vor kurzem verlassen. Ging man nach hinten herum, sah die Sache schon anders aus. Hier fehlten einige der eisernen Gitterstäbe. Die weißen Wände waren mit Graffiti beschmiert. An dieser Stelle fiel das Gelände zur dreißig Fuß entfernten Friedhofsmauer steil ab. Über diese

Mauer hinweg und durch eine schmale Bresche waren die Blechdächer und die geduckte Anbau-Architektur von San Clemente zu sehen. Aus der Mitte eines mit improvisierten Trittsteinen ausgelegten Tümpels (aus der Friedhofsmauer gewuchtete Zementbrocken, das gekrümmte Rückgrat eines Palmwedels, ein Stück Holzplanke), der durch leere Shampoopäckchen verschandelt war, ragte der verrostete Schwanenhals einer Rohrleitung. Das daraus tropfende Wasser nährte den Sumpf.

»Na, jetzt verstehe ich, worüber sie sich aufregt«, sagte Dingca. In der Maueröffnung stand ein Kind mit einem Plastikeimer, tat einen unbekümmerten Schritt auf den Friedhofsboden und erstarrte, als es die beiden Männer sah. »Komm mal her, Kleiner«, rief Dingca. Das Kind nahm Reißaus, der Eimer schepperte leer. »Ich frage mich, wie lange das schon geht.«

»Da brauchen Sie wahrscheinlich nur die Wasseruhr der Tans abzulesen, um eine ungefähre Vorstellung zu bekommen«, sagte Daldal listig.

»Wenn du nicht aufpaßt, endest du noch als Detektiv und nicht als Polizist.« Dingca zwängte sich durch das kaputte Eisengeländer und schob sich in den schmalen Hohlraum zwischen Zaun und Mausoleumswand. »Aber wenn du mal genauer hinschaust, kannst du sehen, daß nicht sie bezahlen, sondern die Wasserwerke.« Aus dem Boden ragte ein Rohr, das mehrere rechte Winkel beschrieb, eine Wasseruhr passierte und in der weißen Wand verschwand. Man konnte noch erkennen, wo der Graben angelegt worden war, der diagonal zum Barrio und dem illegalen Standrohr zurückführte.

»Saubere Arbeit, was?«

»Nee«, entgegnete Dingca, »Schlamperei. Siehst du, wie naß der Boden direkt unter der Wasseruhr ist? Die haben die Leitung wahrscheinlich in einer Nachtaktion angezapft, ein T-Stück eingesetzt, und weil sie vermutlich keinen richtigen Rohrgewindeschneider und keinen Engländer auftreiben konnten, haben sie die Anschlußstelle einfach mit Gummifetzen umwickelt. Und jetzt leckt es ununterbrochen. Und noch was: Wenn sie sich schon die Mühe gemacht haben, den Graben wieder zuzuschütten, warum haben sie dann nicht gleich die Leitung bis nach San Clemente verlegt, statt auf halber Strecke aufzuhören?«

»Vielleicht hatten sie nicht genug Rohre«, antwortete der Grünschnabel unsicher.

»Sieht ganz so aus. Ich frage mich, ob die Feuchtigkeit nach innen dringt. Wir werden Madame Tan überreden müssen, uns den Zutritt zu erlauben, damit wir eine ordentliche Schadensmeldung machen können. Außerdem bin ich sehr neugierig, wie es da drinnen aussieht, du nicht?«

»Eigentlich nicht«, gestand Benhur. »Leichenhallen kann ich ja gerade noch akzeptieren, aber mit Friedhöfen hab ich meine Mühe. Man sagt, die chinesischen Toten hätten spezielle Wachgeister, die sie beschützen. Nicht so wie unsere.«

Da Dingca auch schon davon gehört hatte, tat er es nicht als abergläubische Erfindung ab. »Egal«, sagte er, »wir haben, was wir brauchen. Schaden am Wasseranschluß; Schaden an der Einzäunung; Schaden an der Rückwand, nämlich diese Graffiti. Das meiste sieht aus wie Bandengeschmier. Laß mal sehen. Hm, dieser hier ist gut.« Er holte einen Kugelschreiber heraus und schrieb einen der markanteren Sprüche ab. »›*Cory, erwache! Tote Chinesen haben ein Dach über dem Kopf, dein Volk nicht!*‹ Wahrscheinlich haben die Revolutionäre die Kontrolle über San Clemente verloren. Laß uns gehen.«

All das lag inzwischen acht Monate zurück. Innerhalb einer Woche oder zwei war der Metallzaun repariert, die Graffiti überstrichen und die illegale Zapfstelle von den Wasserwerken ausgehoben worden. Die Tans hatten ihre

Zuwendungen an die Friedhofspolizei aufgestockt und einen von ihnen brutal zusammenschlagen lassen, um seine Kameraden auf Trab zu bringen. Ab sofort statteten die Beamten dem Grab allabendlich einen Besuch ab, bevor sie sich zum *pusoy* niederließen, Horror-Comics lasen und im übrigen darauf warteten, professionellen Grabräubern das Handwerk legen zu können. Rio Dingca hatte von Lettie Tan nie die Erlaubnis erhalten, den im Grabinnern angerichteten Schaden zu inspizieren.

Eine Woche nach ihrer Verhaftung hatte die Frau, der im Harrison Plaza die Kindesentführung mißglückt war, geschworen, keinem Kidnapperring anzugehören, sie sei lediglich als »Freischaffende« ans Werk gegangen und einer spontanen Versuchung erlegen. Man hatte die Kaution auf fünftausend Pesos festgesetzt, eine absurd hohe Summe, die die arme Frau nie im Leben hätte aufbringen können. Aber die arme Frau zahlte prompt und verschwand. Oder sonstwer hatte prompt gezahlt und sie verschwinden lassen. Das Bemerkenswerte war, daß sich dieser Fall von selbst auflöste, wie ein Eis sein Waffelhörnchen, und jegliche Tan-Verstrikkung unbewiesen blieb. Anfang Juni hatte man Babs in San Andres gefunden, eingerollt in einen Teppich. Seine makellose Teenagerkehle (in Wirklichkeit war er achtundzwanzig, wie Dingca herausfand) war von einem Ohrring zum anderen aufgeschlitzt worden. Sein Schwanz war ebenfalls abgeschnitten und ihm in den After gesteckt worden. Dingca hoffte, dies möge erst nach seinem Tod geschehen sein, hegte aber in düsterer Stimmung seine Zweifel.

Armer Babs. Wenn er heute an ihn dachte, gelang es Dingca nicht, die ganze Sache andersherum durchzuspielen und vom Gesicht des Transvestiten zu dem von Patti Gonzalez zu schweifen und irgendwelche neuen Verbindungen herzustellen, so wie es ein einziges Mal an einem bestimmten Tag im März funktioniert hatte. Ehrlich gesagt hatte er seit damals keinen einzigen Gedanken mehr an Butz' Tochter verschwendet, wohingegen er sich oft dabei ertappte, wie er Babs durch die flüchtig wahrgenommenen Gesichter gänzlich Unbekannter huschen sah, als striche sein Goldstück noch immer verloren als Gestalt aus der Vorhölle herum und würde voller Verzweiflung einen Körper nach dem anderen anprobieren, um den einen passenden zu finden, in den er hineinschlüpfen konnte. »Zu freundlich, Inspektor. Brathähnchen wär genau das richtige. Ein Mädchen muß schließlich bei Kräften bleiben, wenn von ihm erwartet wird, daß es plaudert und andere Sachen macht. Sind wir jetzt etwa aufgeschmissen? Brauchen wir vielleicht einen kleinen Tip aus der Unterwelt? Hm?« Dingca hatte Babs selten in Frauenkleidung gesehen. Wann immer sie sich auf neutralem Terrain, etwa in Quiapo getroffen hatten, war er ihm in seinen Jeans und T-Shirts eher wie ein ganz normaler, nicht einmal feminin wirkender junger Mann vorgekommen. Der Polizist hatte versucht, über die schmale Resopal-Tischplatte hinweg in dem Gesicht, das hungrig an einem Hühnerbein nagte, die ausgesucht femininen Linien und Flächen zu entdecken, die nach Einbruch der Dunkelheit im »Topless Pit« zutage traten und deretwegen (wie Babs behauptete) es mehr als einmal zu Handgreiflichkeiten zwischen Touristen gekommen war, die ihn ins Hilton wenn nicht gar ins Paradies abschleppen wollten. Es versetzte Dingca einen zusätzlichen Stich, daß Babs der Tod im Arbeitskostüm ereilt hatte. In gewisser Hinsicht war in jener Nacht eine schöne junge Frau auf diese schreckliche Weise umgekommen. Er hatte so manches Goldstück kommen und aus verschiedensten Gründen gehen sehen, manche auch für immer, aber keiner hatte ihn so berührt wie Babs. Irgendwo steckte in alldem ein schmerzliches Verlustgefühl oder schwebte darüber wie ein beißender Geruch. Hin und wieder übermannte es ihn, das Gefühl einer rätselhaften

Substanz, die sich auflöste – ob innen oder außen, vermochte er nicht zu sagen –, als würden bestimmte Gesichter oder bestimmte Erscheinungen alles zusammenhalten und, sobald sie verschwunden waren, ein Auflösungssprozeß einsetzen, der ihn erwischen konnte, wenn er in irgendeiner Bar einsam vorm Bier saß, statt nach Hause nach San Pedro, Laguna, zu fahren.

Nun ja. Sein altes Revier, das 5. Revier, war im Fall Babs nicht weit gekommen. Ständig wurden Entertainer aus dem Touristengürtel tot aufgefunden. Dieser Beruf barg ein hohes Risiko. Da er unfähig war, angemessene Gefühle für einen Informanten zu zeigen, den er kaum gekannt hatte (was er im nachhinein bedauerte), entschied sich Dingca für eine gewisse Loyalität. Immerhin konnte er, egal was Babs ihm versucht hatte mitzuteilen, ernst nehmen. Aber seine letzte Information war unklar gewesen und hatte zu keinem Ergebnis geführt. Ein auf Lettie Tan gerichteter Zeigefinger, mehr nicht. Natürlich war sie korrupt. Eine wohlhabende Familie, der alles mögliche gehörte, unter anderem ein Nachtclub in Ermita: wie hätte es da anders sein sollen? Aber so schwach die einzelnen Bindeglieder auch waren, berührten sie ihn doch auf die eine oder andere Weise, da sie mit San Clemente zusammenhingen. Er hatte über einen Kumpel vom 5. Revier irgendwas Neues über das »Topless Pit« und seine Besitzerin in Erfahrung zu bringen versucht; was er schließlich in Händen hielt, war ein kompaktes Bündel technischer Verstöße, Umgehungen, Bestechungen und eine skandalöse Grundeigentumsübertragung. Aus der Sache ließen sich bestenfalls ein, zwei Gefolgsleute, ein paar Ganoven und diverse Polizeikollegen herausschütteln. Es war aussichtslos, auch nur im Traum daran zu denken, eine Tan dingfest zu machen, da man nicht die geringste Chance hatte, ihr etwas anzuhängen. Und würde es wie durch ein Wunder doch einmal zu einer Anklage kommen, zu einer

Beweisaufnahme mit anschließender Gerichtsverhandlung, war die Wahrscheinlichkeit, daß eine Tan auch nur für zehn Minuten das Innere einer Gefängniszelle sah, viel zu gering, um sich darüber den Kopf zu zerbrechen. Käme es aber *trotzdem* mal dazu, hätte man plötzlich ganz andere Sorgen, denn dann würden die Probleme erst richtig losgehen und wären nicht eher erledigt, als bis man es selber war.

Kapitel 10

Prideaux hatte immer gedacht, der Begriff Pressefreiheit sei auch so eine von diesen selbstverneinenden Phrasen wie »Fröhliche Weihnachten« oder »Nationalgerichte«. Seit der Begegnung mit Vic Agusan hatte er allerdings anders darüber zu denken begonnen. Aus der Notwendigkeit, Zeitungen zu verkaufen, resultierte bisweilen tatsächlich ein ziemlich erfinderischer Journalismus; in einem Land, das an die abstrusesten Skandale gewöhnt war, bestand aber kaum eine Chance, die minutiös bewiesenen Storys, die sogar noch unter der ganzen Wahrheit blieben, zu übertreffen. In gewisser Hinsicht war das der eigentliche Skandal; und diejenigen Blätter, die das Risiko eingingen, unbestätigte Gerüchte zu verbreiten oder bereits stigmatisierte öffentliche Personen zur Abwechslung mit irgendeiner Gaunerei in Verbindung zu bringen, deren sie sich ausnahmsweise mal nicht schuldig gemacht hatten, so Prideaux' revidierte Meinung, handelten, insgesamt gesehen, durchaus nicht verantwortungslos. Falls sich herausstellen sollte, daß sie zu Unrecht verleumdet worden waren, konnten die Großen und Guten sich mit gerichtlichen Klagen wehren, wie etwa Cory Aquino Luis Beltran und seinen Verleger belangt hatte, weil dieser geschrieben hatte, sie hätte versucht, während eines Putschversuchs unter ihrem Bett in Deckung zu gehen. Nach einem gebührend feierlichen Ortstermin der Geschworenen im Präsidentenpalais in der Arlegui Street hatte das Gericht bestätigt, daß dies angesichts des Abstands zwischen Bett und Fußboden von nur wenigen Zentimetern eine Unmöglichkeit war. Beltrans Behauptung, er hätte lediglich eine rhetorische Figur benutzt, wie jeder andere Autor es auch getan hätte, half ihm wenig. Als Angsthase bezichtigt zu werden hatte die Präsidentin schwer getroffen und sie veranlaßt, zum Preis von zwei Millionen Pesos zurückzuschlagen.

Natürlich konnte es keine offizielle Version von Anarchie geben. Als jemand, der aus einem Land kam, wo Polizisten

Staatsdiener waren, deren Aufgabe die Aufrechterhaltung der öffentlichen Ordnung war, konnte Prideaux Journalisten wie Vic Agusan nur bewundern, die tagein, tagaus das ironische und durchaus gerechtfertigte Schauspiel einer Öffentlichkeit präsentierten, die versuchte, die Polizei in Schach zu halten.

Bei näherem Hinsehen hörte der Spaß allerdings ganz schnell auf. Die Liste der tot aufgefundenen oder spurlos verschwundenen Journalisten war lang: allein in den letzten fünf Jahren waren es über dreißig. In Prideaux' Augen alles Vermißte oder Gefallene, denn sein Manila-Aufenthalt blieb nicht ohne Auswirkungen auf seinen Vergangenheitsbegriff.

Kurz nach seinem vierzigsten Geburtstag hatte er begonnen seine persönliche Geschichte in einem anderen Licht zu sehen. Die Liste üblicher Meilensteine, mit denen jeder Beliebige aufwarten konnte, war unbefriedigend; die Unerbittlichkeiten psychoanalytischer Theorien ebenso uninteressant. Im Gegenteil: es kam ihm vor, als seien die Dinge, die sein Leben am nachhaltigsten geprägt hatten, eher *Absenzen* denn wirkliche Ereignisse gewesen. Die Tatsache, daß er in letzter Zeit keine Frau, nicht einmal eine Freundin hatte, war für sein tägliches Leben weitaus bestimmender als eine plausible (jedoch stets hypothetische) Erklärung des Warum. Warum fehlten einem Dinge? Warum fehlte einem beispielsweise Geld? Antworten gab es viele, aber wie man sie auch kombinierte, keine konnte auch nur ansatzweise soviel über ein Leben aussagen wie die Armut selbst. Oder das Alleinsein. Welcher Gesetzmäßigkeit zufolge sollte man mit der Vollendung des vierzigsten Lebensjahrs unbedingt die passende Ehefrau gefunden haben? Oder sollte das bedeuten, daß die meisten Leute flexibler wurden, je schneller die Zeit verging, bereit, die merkwürdigsten Kompromisse einzugehen, und weiterhin einen idealen Partner für sich zu beanspruchen? Sicher war jedenfalls, daß es sich hier um eine von Prideaux' »Absenzen« handelte. Aber in letzter Zeit hatte sich bei ihm die Überzeugung durchgesetzt, daß die entscheidende Absenz seines ganzen Lebens das Verpassen von Vietnam war.

Mit siebzehn war Prideaux ein aufgeweckter englischer Schüler einer Public School gewesen, der sich seinen Studienplatz in Cambridge bereits gesichert hatte. Aber statt der Schule sofort den Rücken zu kehren und das Pausenjahr nutzbringend zu füllen, hatte er sich entschlossen, zu bleiben und sich in seinem neugewonnenen Status zu sonnen. Es war ein seiner Eitelkeit entsprungener Fehler, auf den er einen Anspruch zu haben glaubte, als Belohnung für all die überstandenen Jahre, in denen er von Lehrern und Schulkameraden wegen einer gewissen Unflexibilität des Geistes – einer Launenhaftigkeit, die gelegentlich fast ans Überspannte grenzte – abgewiesen worden war. Dies brachte er während jenes letzten mandarinesken Jahres seiner Schulzeit auf eine ausgesprochen traditionelle Art und Weise zum Ausdruck, indem er sich (an einer Schule, deren letzter kollektiver Anflug eines irgendwie radikalen Gedankenguts mit der Aufhebung der Korngesetze anno 1846 zusammengefallen war) einem Sozialismus verschrieb, der ein wenig links von der Labour Party angesiedelt war. Die steiferen Lehrer gaben pflichtgemäß vor, sich dadurch provoziert zu fühlen, und Prideaux investierte viel Zeit, ernste, bebrillte Jungen zum Tee auf seine Bude einzuladen und über reichlich butterbestrichenem Toast, Battenburg Cake und duftendem Earl Grey den Demagogen rauszukehren. Revolution war ein Wort, das dieser junge Schnösel, inzwischen zu einer skurrilen Kombination aus Mandarin und Unruhestifter mutiert, reichlich oft im Munde führte.

Wenn er in diesen langen und vergeudeten Monaten auch nur wenig zustande brachte, vergegenwärtigte sich dieser hassenswerte junge Mann doch allmählich, was sich außerhalb Großbritanniens abspielte. Er wußte, daß immer mehr US-Soldaten nach Südvietnam geschickt wurden. Während seines ersten Semesters an der Uni tobte die Schlacht um das Ia-Drang-Tal. Das war im November 1965. In der englischen Presse war der Krieg noch kein großes Thema, und die bruchstückhafte Fernsehberichterstattung muß einen ganz besonderen Eindruck auf ihn gemacht haben, als würde ein musikalisches Kleinkind zum ersten Mal jemanden singen oder einen auf dem Klavier angeschlagenen Ton hören. Plötzlich hatte sich alles zugleich verschworen, so daß der in der Ferne sich ausweitende Krieg Gefühle von Verlust und Sehnsucht verkörperte, von denen er überhaupt nicht wußte, daß sie in ihm steckten. Hier ging es nicht um den Tod Gleichaltriger, dies war *Morte d'Arthur*. Beziehungsweise ein monströses, von imperialistischen Kapitalistenlakaien an wehrlosen Bauern begangenes Verbrechen, die nichts anderes wollten als sich vom Joch ausländischer Unterdrückung befreien. Oder der Krieg repräsentierte das wahre Leben im Gegensatz zur blutleeren Traumwelt, in deren klösterlicher Abgeschiedenheit es ihn langweilte. Was immer es sonst noch gewesen sein mochte, es war die einmalige Gelegenheit für Heldentaten und Kameraderie. Eine Verbindung von grundsätzlicher Opposition, Demonstrationsmärschen und Demagogie mit der erheiternden öffentlichen Diffamierung fossiler Dozenten in Tweedjacketts. Auf Partys lernte man Mädchen kennen und hatte sie im Handumdrehen im Bett, nur weil man dieselben Ansichten über Vietnam teilte. Aufgrund eines Bartes, Schlaghosen und eines Friedensabzeichens konnten sich Wildfremde begegnen und einen vagen Abklatsch jener komplizierten Handchoreographie der »Daps« austauschen,

Morte d'Arthur: Titel eines Gedichts von Alfred Lord Tennyson (1809-1892)

mit der sich schwarze GIs in Vietnam begrüßten. Solidarität war alles. Rituell aneinandergeklatschte Handflächen hallten wie Echos um die Welt, wo immer sich Rechtgesinnte trafen.

Prideaux graduierte 1968, im Jahr der Tet-Offensive, jener aufsehenerregenden taktischen Überraschung, deren psychologische Wirkung auf Amerika die zu vermutende militärische Niederlage der NVA völlig überdeckte. Der Krieg war verloren; der Krieg ging weiter. Prideaux zögerte. Er war kein Amerikaner, sagte er sich und anderen, und wäre er einer, würde er sie gewiß nicht unterstützen. Trotzdem, wo hätte man sich zu diesem Zeitpunkt denn sonst aufhalten sollen? Er versuchte sich in Journalismus, flog nach Stockholm und interviewte einige amerikanische Kriegsdienstverweigerer. Seinen großen Coup landete er mit dem Aufstöbern eines Deserteurs der US Marines, der mittlerweile unter dem Namen seiner neuen, schwedischen Frau lebte. Die Zeit flog dahin und trug Prideaux mit sich fort. Er war unterdessen ein Kriegsgroupie geworden: RUFF-PUFFS, KLICKS, SPOOKY. Obwohl er gegen den Krieg war, wurde er von ihm völlig vereinnahmt. K-BAR, A SHAU, BOUNCING BETTY, Ben Tre ... *Ben Tre ... zerstören, um es zu retten.* Jetzt war auch genügend Zeit vergangen, damit die frühen Jahre einen üblen, nostalgischen Glanz von sich geben konnten. Marble Mountain, M-14, heiße Landungszonen. Er wußte, daß er den feuchten, kühlen Tongeruch, den der

NVA: North Vietnamese Army
Ruff-Puff: Regional Forces und Popular Forces, mit schlechtem Ruf behaftete südvietnamesische Zivilverteidigungseinheiten
Klicks: Kilometer
Spooky: Propellerflugzeug mit kleinkalibriger Spezialkanone, die mit »spukhaftem« Geräusch 6000 Schuß pro Minute abgeben konnte
K-bar: feststehendes Messer der US Army
A Shau: Fluß in Südvietnam
Bouncing Betty: »Springende« Landmine, die in Brust- oder Kopfhöhe explodiert

rote Lateritboden am Morgen verströmte, wiedererkennen würde, den allgegenwärtigen Gestank von Fässern brennender, in Flugzeugbenzin getränkter Exkremente, den Geschmack von aufgewärmtem Corned beef als Feldverpflegung. Irrsinnig. Und ständig in der Luft.

Es war schon merkwürdig, daß ein junger Mann sich selbst dann noch nach dem Krieg sehnte, wenn er Bilder von anderen jungen Männern betrachtete, die unrasiert und hohlwangig aus C-130-Flugzeugen herausmarschieren oder per Hubschrauber in Leichensäcken zu ihrem Stützpunkt zurückgebracht werden. Merkwürdiger noch, da es nicht seine Landsleute waren und nicht sein Krieg. Was sollen wir von jemandem halten, der sich mit »den Alliierten« verbündet, aber auf die Seite des Gegners schlägt? Nicht viel; außer man unterstellt, es sei das normalste auf der Welt und nur der Beweis für die Konfusion der Hormone und des kulturellen Erbes, wodurch überall auf der Welt junge Männer willfährig gemacht werden, auf Befehl von Männern, denen sie unbekannt sind, gegen Männer zu kämpfen, die wiederum ihnen unbekannt sind. Eine Verschwörung der Verwirrung, aus der Mythen sprießen wie Grabsteine. Wieso traute sich Prideaux nicht näher ans Geschehen heran? Er hätte Kriegsberichterstatter werden und das Leben im Schützengraben seiner Wahl in vollen Zügen genießen können. Er hätte sich dieser nichtkämpfenden »Elite« anschließen können, in der sich knallharte Infanteristenschläue mit nobler Lässigkeit verband: den *Honkers, Saigers, Pnompers*. Er hätte mit lustloser und zynischer Ungläubigkeit an JUSPAO-Einsatzbesprechungen teilnehmen und mit einem Huey zu einer Kostprobe von dem, was den wirklich Unerfahrenen erwartet, in den Dschungel trampen können: Rachefrikassieren, Grateful Dead, Morrison, Zappa, das Lauern im Hinterhalt. 1970 schloß er sich einer Filmcrew, die zu Doku-

JUSPAO: Pressezentrum der US Army

mentarfilm-Aufnahmen nach Indochina unterwegs war, als Drehbuchberater an und schrieb schließlich drei Filme. Dort wurde, wenn auch folgenlos, auf ihn geschossen: von Kindersoldaten, denen US-Stahlhelme, die ihnen tief auf die Nase gerutscht waren, die Sicht nahmen. Er ging nach Saigon, streifte durch Tu Do, als ob er es aus einer früheren Inkarnation als Altgedienter gekannt hätte (es kam ihm in der Tat bemerkenswert vertraut vor), und machte im überfüllten Hafen Fotos von großangelegter Dieberei.

Aber der Krieg war bereits verloren. Das Sterben ging zwar noch weiter, die illegale Schnapsbrennerei auch, aber der große Rückzug hatte längst begonnen. Für ihn war er verloren. Ständig hörte er: »Ist das schon lange her! Wann? Sechsundsechzig, glaub ich. Das hättste sehen sollen. *Un-fuckin'-real!*« Es war einige Zeit her, da es, zu einem nicht präzise anzugebenden, aber stets abrufbaren Augenblick, den echten Krieg gegeben hatte, das echte Vietnam. Binnen achtundvierzig Stunden nach Verlassen von Fort Benning hatten junge Männer ihr Leben verloren. Prideaux in Cholon seine Uhr durch einen Taschendieb. Sie drehten die Filme. Einer handelte von US-Bodentruppen in der kambodschanischen Provinz Svay Rieng, ziemlich genau an der Parrot's Beak Bay, zu einer Zeit, da die amerikanische Regierung hoch und heilig schwor, daß keiner ihrer Verbände jemals Kambodschas Neutralität verletzt hätte. Der zweite Dokumentarfilm handelte von illegalen, hauptsächlich von einer Handvoll indischer Familien in Vietnam betriebenen Geldwechselgeschäften. Den ersten Film hatten sie ganz offen drehen können; beim zweiten waren sie im wesentlichen auf versteckte Kameras mit extrem lichtempfindlichem Filmmaterial angewiesen, damit den Augen das ständige Hinblättern der Geldscheine nicht entging, die in dunklen Hütten den Besitzer wechselten, und die Gesichter von GIs, die Unmengen Besatzungsgeld (das außerhalb ihrer Stützpunkte theoretisch kein gesetzliches Zahlungsmittel war) per Geldwäsche in reguläre Dollars verwandelten. Während wochenlanger Dreharbeiten flatterte das Geld tonnenweise zwischen braunen und weißen Fingern hin und her, in einem Dutzend Währungen, von denen angeblich einige – die chinesische, burmesische, indische – außerhalb ihrer Landesgrenzen wertlos waren. Beide Filme wurden überall gezeigt, mit Lob überschüttet, und beide gewannen Preise. Prideaux' Drehbücher fand man »knallhart« auf eine Art, die besonders ärgerlich ist für Filmemacher, die genau wissen, daß sie nicht mal die halbe Geschichte haben zeigen können. (»Herrgott noch mal, das geht nun schon seit Jahren so. Und erst jetzt, wo alles vorüber ist, können wir eine verwässerte Version dieser Vorgänge zeigen. Damit Herr und Frau Normalverbraucher aus Idaho auch ja keinen Herzinfarkt bekommen.«) Nicht jetzt, *damals*. Es war immer *damals*: damals, als noch echtes Töten befohlen, damals, als noch echt gestorben wurde und sich eine ganze Kultur ausbildete, die sich von ihren Gründern ausgehend wie ein Privatclub entwickelte.

Beinahe ein Vierteljahrhundert später konnte sich Prideaux noch immer bei einem wehmütigen Verlangen nach nachträglicher Mitgliedschaft in jenem Club ertappen, dessen Mitglieder zum größten Teil gar nicht hatten dabeisein wollen und dessen Mitgliederverzeichnis längst abgeschlossen war und jetzt ohnehin nur noch schrumpfen konnte. Seine Nostalgiegefühle schienen einer Zeit zu gelten, die er mit niemandem geteilt, und einer Kameradschaft, die er niemals erlebt hatte; er war einfach nur zwanzig gewesen, und es hatte sich zufällig ergeben, daß sein Zwanzigsein mit *dem* Ereignis dieser Epoche zusammengefallen war. Gab er sich der Erinnerung an diese Zeiten hin, führte es ihn jedesmal in Geistergegenden, aus denen ein überholter Jargon zu ihm herüberhallte. Das war nicht immer erbaulich, da es mit Erinnerungen an persönliche

Niederlagen verbunden war. Warum *hatte* er nicht? Nicht, als die Zeit reif war? Physische Angst? Feigheit? Vielleicht; vielleicht aber auch eine Intuition, die ihm stets aufs neue sagte, daß der Augenblick, was immer man zu seiner Ergreifung unternommen hatte, soeben mit aufblitzenden Flügeln entschwunden war und, vorsätzlich Rauchschwaden hinter sich herziehend, zu einem weitentfernten Ort röhrte, wo die Action war. Das Geschehen am Rande, die Ecken und Kanten der Dinge schienen für Prideaux vorgesehen zu sein, wenn sich die zitternde Luft wieder beruhigt hatte.

Dokumentarfilme, Dokumentarfilme.

1975, drei Jahre nach dem Fall Saigons, wurde Prideaux dreißig. Was sein zwanzigjähriges Ego als einen beneidenswerten Karrierestart angesehen hätte, zeigte die für Fenseharbeit typische, manische Inkonsequenz. Es steckte noch genügend Oberstufendidaktik in ihm, daß er sich selbst übelnahm, Teil der Unterhaltungsindustrie geworden zu sein und auf einer Reputation zu schwimmen, die ihm mittlerweile überholt, ja betrügerisch vorkam, so schnell waren die intensiven Jahre der Konfrontation und der Offenbarung vergessen. Der Film, den sie im Gefolge der anderen Produktionen in Bangkok gedreht hatten, sollte anknüpfen an die beiden Filme, mit denen er sich einen Namen gemacht hatte. Mit ihm sollte ein wesentlich stärker emotionsgeladenes Geheimnis gelüftet werden – eine Story, von der er in Saigon Wind bekommen hatte und die man einfach nicht übergehen konnte.

Sie behandelte die dunklen Machenschaften eines ehemaligen Stabsfeldwebels, der nach zwei Kampfeinsätzen in Vietnam den Dienst quittiert und bessere Verdienstmöglichkeiten ausbaldowert hatte, nämlich die Betreuung von Truppenangehörigen, die auf Erholungsurlaub in Bangkok weilten. Dieser Amerikaner hatte den Thais gegenüber den großen Vorteil, daß er seine Landsleute besser kannte als sie und genau wußte, daß einige wenige – sehr wenige – für etwas, das über das normale Stripper-Menü der gängigen Amüsierlokale hinausging, gern etwas springen lassen würden. In den zerlumpten Horden der auf Straßen und in Parks schlafenden Kriegswaisen hatte er eine potentielle Einnahmequelle gewittert. Also kaufte er sich einen Lieferwagen und spritzte ihn pink und blau: fröhliche Pastelltöne, auf denen pralle rote und gelbe Luftballons schwebten, von denen lustige Strippen baumelten. Der Firmenname des Ex-Stabfeldwebels, Toytime, war in weißer Schablonenschrift auf beiden Seitentüren angebracht worden. Der Transporter belieferte Privatkunden – aber manchmal auch internationale Hotels – mit Flüchtlingskindern, die auf der Straße aufgelesen, in die Badewanne gesteckt, mit einem anständigen Essen, sauberen T-Shirts und Unterhosen versorgt worden waren und dann mit dem Auto zu einer Party verfrachtet wurden. Die Kids konnten ihr Glück nicht fassen. Ein paar Stunden später kehrte derselbe Transporter nach einem Telefonanruf mit Faltkartons zurück, um ihre Leichen einzusammeln. Hier ging es ausschließlich um Bargeld. Toytime lieferte die Ware und entsorgte belastendes Material. Niemand beklagte sich, da es niemanden gab, der sich hätte beklagen können.

Prideaux hatte einiges in der Hand und wußte unter anderem, wer dieser Ex-Stabsfeldwebel war, dessen militärischen Werdegang er kannte. Er filmte den ankommenden Lieferwagen und die Szene, als zwei etwa achtjährige Jungen vom Thai-Fahrer an der Tür abgeliefert wurden. Er filmte die Rückkehr des Lieferwagens und wie zwei große Kartons aus dem Haus getragen wurden. Die Autotüren fielen ins Schloß, die Kamera folgte in gewissem Abstand durch eine regennasse Windschutzscheibe, die die beidseits vorüberhuschenden Neonjuwelen schmolz und brach. Obgleich nur ein Standardverfahren des Cinéma vérité, ließ sich mit dieser gemächlichen Verfolgungsjagd eine Atmosphäre erzeugen, die zu Prideauxs Markenzeichen werden sollte: die Atmosphäre einer unbestimmbaren Traurigkeit, als jagte man einem verblassenden Traum hinterher. Die Sequenz endete abrupt, als das Kamerafahrzeug an einer Ampel von bewaffneten und uniformierten Thais umstellt wurde. Zwischen ihren herannahenden Körpern war noch einmal kurz zu sehen, wie der pastellfarbene Lieferwagen mit seinen lustigen Luftballons neben einem *klong* eine Abzweigung nahm und aus dem Blickfeld verschwand. Darauf folgte eine sinnlose Debatte mit einem höflichen ranghohen Beamten der Thai-Verkehrspolizei, der nach Prideauxs Vermutung auf der Lohnliste des Ex-Stabsfeldwebels stand. In dieses Gespräch waren Aufnahmen dieses Polizeibeamten eingeblendet, wie er in Zivil hinter dem Tresen eines Ladens stand, wo gestohlenes US-Kriegsmaterial verkauft wurde. Der Mann nahm die Bestellung auf thai entgegen – fünfzig M-60-Granatwerfer, zweitausend Granaten und vierzig M-16. »Kein Problem«, lautete der englische Untertitel. »Und wie sieht es mit Claymores aus?« Die Kamera, die ihre Bilder aus einem auf der gegenüberliegenden Straßenseite geparkten Auto schoß, fing immer wieder von der Schaufensterscheibe reflektiertes Licht und Spiegelbilder von Passanten ein, und die dazwischenfahrenden Autos vergrößerten das Problem zusätzlich. Aber nach und nach schwanden die Zweifel an der Identität des Polizisten, immer dann, wenn das Licht auf sein Gesicht fiel, das da hinter der Scheibe sprach. Das Mikrofon war in einem Sonnenbrillenetui am Gürtel des Kunden versteckt. Es knisterte und rauschte, doch für den Thai, der später Tonbandabschrift und Übersetzung besorgte, waren die Worte klar und deutlich zu verstehen. Als die Kamera zurückfuhr, um die Ladenfassade in der Totale aufzunehmen, war über dem Schaufenster zu lesen: »Königl. Thai-Kampagne für Verkehrssicherheit«. Das ließ nur einen

Schluß zu. Dieser Thai-Beamte war in krumme Geschäfte verwickelt. Wenn er schon in aller Öffentlichkeit gestohlenes US-Kriegsmaterial verkaufte, wieso sollte er dann nicht auch allen möglichen amerikanischen Renegaten Protektion gewähren, wie beispielsweise dem Toytime-Manager? Wie sollte er denn auch sonst an seinen fabrikneuen Nachschub kommen, der noch nach Waffenfett roch?

Eine der aufschlußreichsten Passagen dieses kurzen Dokumentarstreifens war die rasche Einblendung des für Bangkok verantwortlichen Leiters einer internationalen Hilfsorganisation, der als glühender Verfechter von Toytime auftrat, weil es seiner Meinung nach ein »Paradebeispiel für unkomplizierte und unbürokratische Bemühungen fürsorglicher Menschen war, das schwere Los der vielleicht am stärksten vernachlässigten und wehrlosesten Leidtragenden dieses abscheulichen Krieges zu lindern«. Das bewies nicht nur, daß dieser vertrocknete alte Sack nicht die geringste Ahnung hatte, was bei Toytime vor sich ging, sondern auch, daß der ehemalige Stabsfeldwebel seine geschäftlichen Aktivitäten unbehelligt von korrupten Behörden oder ignoranten Wohltätigkeitsbossen entfalten konnte.

»Ein zu heißes Eisen für mich, John.« Wie viele Münder hatte er diese Worte formen sehen, während sie in Londoner Restaurants mampften oder in ihren Büros Rauch ausbliesen. »Ich meine, Herr im Himmel, was für eine *Story*. Ich kann es gar nicht erwarten, den Rohschnitt zu sehn. Wenn es nach mir ginge, käme das natürlich zur besten Sendezeit, bekäme das Prädikat ›Äußerst sehenswert‹, würde zum Muß erhoben. *Panorama* und *World in Action*? Vergiß es. Aber ich kenn diese Typen da oben. Da heißt es nur: *Kommt überhaupt nicht in Frage.*«

Nachdem sie Ausschnitte der Rohfassung gesehen hatten, das Licht wieder angegangen war und die Münder immer noch vor Betroffenheit zitterten, schwenkten sie in eine an-

Vietnam lag entweder schon zu lange zurück oder war noch zu gegenwärtig, darüber konnten sich, zwischen Schlucken Wein oder Pulverkaffee, die Münder nicht einig werden.

Prideaux hatte zwar keine Meuchelmord-Action à la Manson im Kasten, aber immerhin eine Leiche. Im alten Flower Palace in Bangkok hatte ihn eine Telefonstimme geweckt. Die beiden Zuständigen für Licht und Ton trieben sich irgendwo in der Stadt rum, also stiegen er und Kameramann Pete Rivett in ihre Klamotten und in den Leih-Simca.

»Das ist einer dieser Augenblicke, wo man kurz innehält und sich ein paar Gedanken macht«, sagte Prideaux, die Hand am Zündschloß. Draußen dröhnte und flackerte das pulsierende Nachtleben von Patpong. »Wenn Profi-Schnüffler mit einem anonymen Hinweis auf Leichen aus ihrem Junggesellenschlummer gerissen werden, wissen sie, daß sie eigentlich als erstes die Bullen verständigen müßten. Aber die sind – ebenso wie wir – auch auf einen Knüller und einen Vorsprung aus.«

»Also los.«

An der Bordsteinkante stand ein sturzbetrunkener westlicher Tourist und bepinkelte die vorbeifahrenden Autos. Prideaux starrte hin, ohne ihn wirklich zu sehen.

»Okay, John«, hatte Rivett gesagt, »nehmen wir mal an, es ist eine Falle. Dein Anrufer ist 'n Bulle, dem es stinkt, daß wir hier in der Gegend rumschnüffeln. Wir gehen der Sache nach, finden den Toten, und plötzlich: *Taramm!* gehen die Scheinwerfer an. ›Warum du nicht uns sagen? Warum du machen Thai-Polizeiarbeit? Vielleicht du die haben totgemacht.‹ Damit muß man immer rechnen.«

»Vielleicht ist es aber auch der letzte Beweis, der uns noch zur Verurteilung fehlt.«

»Möglich«, sagte Pete. »Also riskieren wir's und fahren hin.«

In der adrenalinhaltigen, neonflickernden Nacht jenseits der Autofenster blinkten mit spöttischer Eindeutigkeit tausend gute Gründe, die Fahrt nicht anzutreten. Prideaux hatte den Simca nicht ohne Bedenken gestartet; sondern er fühlte sich durch Beschämung zum Handeln getrieben, so wie Männer, die sich, ohne es zu wissen, durch Beschämung zu Edelmut bewegen lassen. Wie sie unterdrückte er eine in irgendeinem Winkel versteckte, verhaltene Wut, die wußte, daß Pete Rivett mutiger, weil dümmer war. Schließlich hatte er nur ein mögliches Szenario auf Lager. Pridaux hingegen Dutzende.

Nachher im Film war es eine nüchterne und kurze Sequenz mit krassem Höhepunkt, die noch dadurch gewann, daß er die Nerven verloren hatte.

»Ein mitternächtlicher Anrufer hat uns verraten, wo eines der Toytime-Opfer abgeladen worden ist.«

Der Filmkommentar begleitete einiges von dem heißen, an einem anderen Abend aus demselben Auto aufgenommenen Bildmaterial. Nacktbars rauschten vorüber. Nachtschwärmer torkelten herum. Der Verkehr zerschmolz wie Tränen, und Glanzlichter glitten über Zellulosekurven und regennasses Glas.

»Falls es stimmt, wäre das keine Arbeit für eine britische Filmcrew, sondern für die Thai-Polizei. Falls es nicht stimmt, könnte die Information eine für vorwitzige Ausländer aufgestellte Falle sein. Wenn man bedenkt, was wir über die Verwicklung von zumindest einem hohen Polizeibeamten wissen, sollten wir uns hüten, die Polizei ins Vertrauen zu ziehen.«

Mittlerweile hatte der Simca offenes Gelände erreicht und fuhr über die Flughafenstraße, die sie drei Nächte später filmten, als die Nerven sich wieder beruhigt und keiner ein Palaver angezettelt hatte. Oh – erzählte Prideaux Pete –, er hat's wiederholt. Zweimal sogar. Die nächste Abzweigung nach Sukvannet, sagte er. Dort gibt es eine Tankstelle, die die Dorfstraße und den parallel dazu verlaufenden *klong* bedient. Autofahrer halten davor, Bootsfahrer legen dahinter an. Ist vor ein paar Monaten ausgebrannt, sagte er. Dort, gleich hinter den Toiletten, Sie werden's schon sehen.

Es war so dunkel, daß sie die Werkstatt beinahe verpaßt hätten, und sie bogen scharf über den Seitenstreifen ab, wobei die Reifen über angekohltes und rostiges Metall rumpelten. Wir sollten versuchen, es in einem Anlauf zu schaffen, sagte Prideaux und bremste so abrupt wie ein Autofahrer, der soeben bemerkt, daß er die falsche Abzweigung genommen hat. Falls es eine Falle ist, wollen wir das auf Film. Dreh vom Rücksitz aus, von der rechten Seite. Er sagte so was wie hinter dem Tanklaster, wo immer zum Teu..., Mensch, uii.

Im Film streicht das Licht über das hintere Oval eines Tanklastzugs, der in einem verkrusteten Durcheinander aus Draht und geschmolzenem Gummi auf seinen Bremstrommeln vor sich hinrostet. Das Relikt gleitet vorüber, ein industrieller Dinosaurier, in allen Schwarz- und Grauschattierungen und mit gekrümmten Rippen, wie aus den Teergruben von La Brea ausgegraben. Dann ein weißer Fleck. Jemand, der lässig auf den rostigen Sprungfedern des Fahrersitzes am Boden sitzt, sieht beiläufig zu. Die Kamera hält nicht an, sondern fährt langsam weiter, erfaßt das ganze Kind und überläßt es dem individuellen Auge, sich ein Detail auszusuchen, das sich unauslöschlich einbrennen wird. Für Prideaux unterschied sich der Augenblick, da er den Knaben zum ersten Mal sah, durch nichts vom tausendsten Mal, als sich Versionen von ihm auf dem Boden des Schneideraums gekringelt hatten. Es war das rechte Bein, das nicht gebrochen, dessen war er sich sicher, sondern mit der Gelenkigkeit eines Kindes verdreht war, so daß die Innenseite des Turnschuhs flach auf dem zementenen Vorplatz stand. Es war der wehrloseste Gegenstand, den er jemals gesehen hatte, dieses dünne braune Bein, dessen Verwundbarkeit so augenscheinlich war, daß es sich offensichtlich nichts sehnlicher wünschte, als sich von dem so eindeutig toten Oberkörper zu befreien. Der Kopf des Knaben war nach vorn geneigt, so daß die Gesichtszüge verkürzt waren und kein Gesichtsausdruck abzulesen. Aufmerksam betrachtete er die Hand, die auf seinem Schoß ruhte. Die andere lag mit der Handfläche nach oben neben dem Sitz. Im Schatten, der von seinen eigenen Gesichtszügen geworfen wurde, wirkte der Mund gequollen oder schmollend oder vorstehend. Während die Kamera langsam weiterfuhr, nahm sie die gelbe Binde um seinen Hals auf, die von der Seite wie ein zusammengerollter Schal oder das Halstuch eines Pfadfinders aussah.

Go go go – keuchte Prideaux außer Atem, obwohl er selbst am Steuer saß und lospreschte wie ein Verrückter, daß es Pete samt Filmdosen und Akkus durcheinanderschüttelte. Dies wäre der rechte Augenblick für das aktinische Licht von Autoscheinwerfern und den Kugelhagel.

»Unser unbekannter Informant hat nicht gelogen.«

»Die Kinderleiche wurde exakt an dem Punkt zurückgelassen, den man uns beschrieben hatte.«

Diese wie in Meditation versunkene kleine Gestalt mit dem gesenkten Kopf hatte sich in Prideauxs Gedächtnis eingeprägt, ein verdrehter Fuß, eine lebhaft ausgestreckte Hand. War zwanzig Jahre später immer noch da, obwohl inzwischen zu einem Symbol erstarrt, da der *rigor vitae* eingesetzt hatte, der all jene heimsucht, die dazu verdammt sind, ausschließlich in den Köpfen der Überlebenden weiterzuexistieren. Dieser kleine Körper übte eine so unglaubliche Anziehungskraft aus, daß völlig unverfängliche Augenblicke und unwesentliche Themen nach innen gezerrt wurden, um mit ihm konfrontiert zu werden. Er war es, der in Londoner Restaurants und Büros saß und leitenden Mündern lauschte, die ihm einen Termin verweigerten und sich nicht vom Mampfen, Schlürfen und Saufen abhalten ließen. Prideaux schirmte ihn vor den maßgeblichen Augen ab und enthielt ihn allen vor, außer ein paar Unentschlossenen, die letzten Endes vielleicht doch noch zu überzeugen waren.

»O mein Gott. O mein Gott. Ich weiß überhaupt nicht, was ich sagen soll. Mein Gott, John; es ist, ich meine, das ist das Beste, was du je gemacht hast. Auf seine Art. Das müßte einfach gezeigt werden. Aber, es geht nicht. Völlig ausgeschlossen, daß wir das bringen.«

So ging es immer weiter. Eines Tages zeigte Prideaux ihn einem Freund von Pete Rivett, einem amerikanischen Kameramann, der freischaffend bei Tet mitgewirkt und ABC das beste Material über Hue verkauft hatte. »Yeah«, sagte er am Schluß und drückte eine Camel im Aschenbecher in der Armlehne aus. »Können wir das noch mal sehen?« Sie waren nur zu dritt im Vorführraum. Nach dem zweiten Mal sagte er: »Bangkok hat dir wohl nicht sonderlich gefallen, was?« Er sprach mit Pete.

»Die Story hat mir nicht gefallen.«

Für Prideaux hörte sich das wie Verrat an. »Wem hat die schon gefallen?« fragte er.

»Klar. Aber die Kamera zeigt es. Ist längst nicht so gut wie dein Ding über Kambodscha. Oder der Streifen mit dem Geld. Da stand ich drauf. In Nam wußte doch jeder, was abging. Der Sache mal 'n bißchen auf den Grund zu gehen … wie hieß die doch gleich? Prysumeen? Einfach klasse. Aber dieses hier haut keinen vom Hocker. Find ich irgendwie relativ unwichtig.«

»Unwichtig?«

»Zeigt nichts Neues, nicht so wie die andern. Worum geht es denn hier? Um irgend so 'n Arschloch, das sich für

Prysumeen: Geheimkonto in New York, über das vom US-Militär abgezweigte Gelder gewaschen wurden irgendwelche anderen Arschlöcher die Hände schmutzig macht. Könnte ein x-beliebiger sein, an einem x-beliebigen Ort, der sich am Rande eines Kriegsgebiets ein bißchen was in die eigene Tasche wirtschaftet. Klar ist das eine Schweinerei; aber er ist einer aus einer Million, der für fünf aus einer Million einen Partyservice anbietet. Das Dumme ist nur, daß er Amerikaner ist, John. Verstehst du, was ich meine? ›The Master Sergeant‹. Ex-GI. Soldaten auf Erholungsurlaub. Kriegswaisen. Das alles soll so rüberkommen, als wär's dasselbe wie My Lai und Calley, aber das funktioniert nicht. Da ging es drum, wie sich ständige Angst, Gefahr und Trauer auf einen stinknormalen Redneck auswirken, wenn ihm auf feindlichem Boden die Sicherungen durchknallen. Er läuft Amok, oder? Aber dein Typ ist ein Unternehmer und kein Kriegsopfer. Ich hätte es besser gefunden, wäre er Franzose oder Australier gewesen. Oder Engländer. Und noch besser hätte ich es gefunden, wenn man davon ausgehen könnte, daß seine Kunden hauptsächlich Auslandskorrespondenten und Kameraleute statt irgendwelche Infanteristen auf Erholungsurlaub gewesen wären. Weil ich glaube, daß der typische GI, selbst wenn er die letzten Monate ständig in Feuergefechte verwickelt war, genauso wenig Lust hat, in einer brutalen Sexszene Kindern den Hals umzudrehen, wie der typische Mitarbeiter einer Filmcrew, der diese Feuergefechte *gefilmt* hat. Das denke ich darüber.«

Prideaux dachte ganz genauso darüber, nur hatte er das bis zu diesem Moment nicht gewußt, da er mit schwindender Begeisterung im Vorführraum saß. Dem Kind würde also niemals posthume Gerechtigkeit widerfahren. Beziehungsweise dem Journalisten würde der nächste Lorbeer verweigert.

»Auf jeden Fall sollte ein anderer Titel her. Viel zu dicht an diesem Rod Steiger-Streifen. *The Sergeant*. Und jetzt das. Diese irre Einstellung am Anfang. Diese Landschaft. Henri

Persin, wunderschöne Kameraführung. ›I wanna see this place CLEAR! CLEAR! CLEAR!‹ Wie der das anpackt! Ein großartiger Film.«

Nur jemand mit Prideauxs Arroganz hätte nachvollziehen können, wie es ist, wenn man jedesmal ein Meisterwerk abliefern will, statt sich langsam zu steigern, statt erst mal etwas Solides anzustreben, womit man eine berufliche Reputation begründet. Es sah ganz so aus, als hätte er nach drei Filmen sowieso aufgegeben, nachdem er das Medium ausprobiert, erobert und sich voller Verachtung zurückgezogen hatte, um das Feld weniger Talentierten zu überlassen, die ihre Bücherregale nach und nach mit Bronzestatuen und in Klarsichthüllen verpackten Urkunden vollstopfen konnten. Auf seine eigene Fehleinschätzung war er nicht vorbereitet. Ein ausgesprochener Mißerfolg ließ sich immer kaschieren und als Ergebnis uninformierter Meinungsbildung abtun. Aber ein Fehlurteil, eine Fehlinterpretation ... Wie falsch konnte man den Jungen auf dem verkohlten Autositz, den hingestreckten Turnschuh denn interpretieren? In seinem nächsten Dokumentarfilm ging es um die Beliebtheit von Bingo, einer soziologischen Zeiterscheinung im englischen Arbeitermilieu. Dem Film wurde attestiert, ohne die zu erwartende Herablassung auf melancholische Weise amüsant zu sein und voller eindrucksvoller Bilder zu stecken. Vietnam war vorbei, und die von Nixon befohlene Bombardierung Hanois in jener Weihnachtswoche des Jahres 1972 schien somit willkürlich den Beginn eines ganz neuen Krieges zu riskieren. Zwanzig Jahre später hatten seltsame Relikte aus jenen Tagen noch immer überlebt und explodierten bisweilen mit vernichtender Gewalt. Zu diesem begrabenen Feldmaterial gehörte immer auch der Anblick der von einem trüben Wassergraben umgebenen US-Botschaft am Londoner Grosvenor Square. Der goldene Adler auf dem Dach breitete noch immer seine Schwingen aus. Die Hekken, einst von Antikriegsdemonstranten und auf Murmeln ausrutschenden Polizeipferden zu Anmachholz zertrampelt, waren längst nachgewachsen. Nur für einige wenige würde es stets der Genocide Square bleiben.

Dokumentarfilme, Dokumentarfilme.

Wer ein Ziel vor Augen hat, verfolge es. Wer keins hat, belege als über Vierzigjähriger Weiterbildungskurse an der Universität. Die Dokumentarfilme hatten ihm alles und nichts eingebracht. Vielleicht war ja Anthropologie eine ausreichend seriöse Disziplin, an der ein eigenwilliger Reisender sein ganzes Arbeitsleben so lange herumfeilen konnte, bis nur noch eine Handvoll schlanker Regeln übriggeblieben war, mit denen sich verhockte Akademiker piesacken ließen. John Prideaux, der Mann mit dem Zeug zum Produzenten, war längst ausgelaugt und völlig am Ende. Rein theoretisch hätte auch er zu einem Mund heranreifen und den hoffnungsvollen Nachwuchs, der heutzutage nicht mal mehr einen Vorführraum mieten mußte, damit sein Zeug angesehen wurde, zu einem guten Abendessen einladen sollen. Aus allen Taschen zauberten sie Kassetten hervor wie Zigarettenschachteln, schoben sie in Videorecorder, überfluteten einem das Büro mit Instant-Bild und -Ton, bevor man überhaupt den Mund aufmachen und sagen konnte: »Machen Sie mal einen Termin mit Jacky, 'kay?« In der Praxis waren Münder Münder, weil ihnen Bittsteller nicht in die Augen sehen konnten; nicht wagten, ihren Blick über die Lippen hinaus zu heben, aus denen Rauch quoll und Sätze wie »Ich fürchte, das kann ich nicht brauchen« oder »Die Idee hat zwar Beine, aber der Film kommt nicht vom Fleck«. Oder einfach nur: »Himmelherrgott, als hätte ich nicht schon genug Probleme mit der Gewerkschaft.« Abgesehen davon hatte sich der britische Dokumentarfilm auf zwei oder drei Versionen desselben Films reduziert; was in Prideauxs Augen immer noch ein gewisser Vorsprung vor der Radio-Dokumentation war, die in nur einer einzigen, unablässig wiederholten Version existierte. (»Mach ich dir an einem Vormittag, mit links; egal, worum es gehen soll«, hatte er mal einem Rundfunkproduzenten gegenüber geäußert. »Schritt Nummer eins, du schickst jemanden ins Musikarchiv runter, einen annähernd passenden Titelsong rauszusuchen. Hat es beispielsweise etwas mit der Bank of England, der Börse oder Hochfinanz zu tun, nimmst du Abba mit ihrem ›Money, money, money‹. Ein Muß. Davon spielst du ordentlich was am Anfang, schon hast du drei Minuten Skript gespart. So machst du weiter, spielst in regelmäßigen Abständen ein paar Takte Musik, und schon ist die halbe Stunde auf zweiundzwanzig Minuten runter. Dann schickst du jemanden auf die Straße, um des Volkes Stimme einzufangen, beliebige bescheuerte Meinungen, ganz egal was. Wenn du das einblendest, bist du bei nur noch achtzehn Minuten. Dann rufst du einen aus deiner Liste gefügiger Experten an, hörst, was er zu sagen hat, und engagierst ihn. Dann wird kurz überlegt, wie die entgegengesetzte Meinung lauten könnte, und du suchst schnell den Experten, der sie vertritt. Das nennt man dann Ausgewogenheit. Dann braucht man bloß noch einen dritten Experten, der einfach nur sagen sollte: ›Aber wie immer liegt die Wahrheit irgendwo dazwischen. Mittlerweile hat die Stadt London …‹, und der Fall ist erledigt. Mach ich dir im Schlaf.«)

Wo hatte die Bitterkeit ihr Domizil, verborgen hinter matter Liebenswürdigkeit, bis kein einziges Ereignis übrigblieb, nur ein Sperrgebiet, gleich einem blauen Fleck, den sogar Liebende respektieren? Und verwandelte sie nicht privates Versagen in etwas vornehm Verschwommenes, in Rechtschaffenheit längst vergangener Zeiten? Immerhin hatte sich John Pridaux – falls überhaupt – als blutendes Herz der Vietnam-Ära einen gewissen Namen gemacht, damals um diese Zeit. Hat er sich nicht umgebracht? Wart mal, ich glaube, das war James Mossman, noch so einer, für dessen Grundanständigkeit der ganze Kummer dieser Welt einfach zuviel war.

Wo, wenn man es recht betrachtete, saß denn wirklich der Fehler, wenn nicht in dem Geist, der, wie Prideaux wußte, in seinem gesamten filmischen Werk knapp außerhalb des Bildes vor sich hinschnatterte, diesem Gespenst der Unentschiedenheit? Die Medien wollten ihre Storys nach bewährtem Muster: Geschichten, die mit gespielter Verwunderung oder angeblicher Unwissenheit begannen, mit den üblichen großspurigen Offenbarungen fortfuhren und einem Machtwort und zuschlagenden Zellentüren endeten. Ein Unrecht wiedergutgemacht. Oder etwas Gutes durch Unrecht bestätigt. Aber das auf alle Ewigkeit in der ausgebrannten Werkstatt sitzende, seit zwanzig Jahren tote Kind, das seinen Schoß anstarrt, als wüßte es genau, daß er ihn betrogen hatte, war kein Fall von Ungerechtigkeit. Er stand für ein winziges Ereignis. *Etwas*, das geschah als ... Als Kriege ausbrachen; als Ungeheuer sich organisierten; als Prideaux verspätet nach Indochina ging. Genau wie sein nicht gezeigter Film war das Kind eine weitere seiner Absenzen.

Kapitel 11 Die Grabungsarbeiten in San Clemente machten gute Fortschritte. Die Grube war inzwischen schon so tief, daß zwei Männer gleichzeitig darin bequem hätten arbeiten können, weshalb sich Eddie Tugos, Billy, Bats und Judge mit dem Spaten abwechselten, während die anderen auf dem Grubenrand hockten, am Gin nippten und gute Ratschläge erteilten. Wenn sie auf einen größeren Stein oder den Rand einer festeren Tonschicht stießen, nahmen sie einen der eisernen Zaunpfähle zu Hilfe, die sie vor ein paar Monaten beim Tan-Mausoleum gestohlen hatten. Ab und zu unterbrach Nanang Pipa für einige Minuten ihr hektisches Säumen und Paspeln, um hinauszugehen und sich mit dem prüfenden Blick eines Vorarbeiters von den Fortschritten ihrer Arbeiter zu überzeugen. Wie viele andere Filipinos sprach auch Eddie von seiner Frau – halb im Scherz – als *Si Kumander*. In diesem Augenblick sah Mrs. Boß gerade auf die kahle Stelle ihres Mannes hinab.

»Immerhin geht's voran«, räumte sie ein, »wenn auch langsam.«

»Wieviel tiefer willst du dieses verdammte Ding denn noch haben? Wir graben hier ein Loch zum Reinscheißen und keinen Brunnen.«

»Denk an die Überschwemmungen, Eddie. Selbst hier oben kann es noch böse Überraschungen geben. Willst du etwa, daß uns der ganze Dreck in die Küche gespült wird? Noch ein bißchen tiefer, bitte.«

»Du wirst das Ganze ausmauern müssen«, gab Bats zu bedenken. »Sonst werden dir die Seitenwände abbröckeln, und die ganze Chose bricht eines schönes Tages zusammen und reißt dich in die Tiefe, wenn du gerade gemütlich dabei bist.«

»Wirklich?« wunderte sich Nanang Pipa. »Eddie, stimmt das?«

»Hm«, gab das Loch zur Antwort.

»Am besten wären Hohlziegel. So etwa hundert wirst du schon brauchen.«

»*Hundert* Stück?« Nanang Pipa begutachtete den Aushub und versuchte sich einen Haufen von hundert Hohlziegeln vorzustellen. Es kam ihr vor, als ob deren Volumen das des Loches bei weitem übersteigen würde. »Und was kostet so was?«

»Im Augenblick liegen sie bei was? Ungefähr vier Pesos das Stück.«

»Vierhundert Pesos, nur fürs Ausmauern?«

»Und dann noch ein paar Sack Zement und 'n bißchen Sand. Die Steine müssen sorgfältig gelegt und gemörtelt werden. Als ich noch bei der Autobahnmeisterei gearbeitet hab, machten wir's immer –«

»Wahrscheinlich kommt das schnell mal auf siebenhundert. Plus was noch, die Kloschüssel?«

»Die Schüssel ist nicht das Problem. Die besorgen wir uns bei den Chinesen hinter der Mauer. Bei denen haben sogar die Toten noch Stuhlgang, weißt du. Das bringt einen doch auf Gedanken.«

»Das ist trotzdem noch sehr viel Geld. Aber, wenn wir's schon machen, dann auch richtig.«

»Wir?« erkundigte sich das Loch.

Jetzt mußten die Wände zurückversetzt werden, um Raum für die Auskleidung mit den Hohlziegeln zu schaffen. Pipa sah durchs Fenster verstohlen zu, wie sich die Männer mißmutig an den Rändern zu schaffen machten und dabei einiges von der erreichten Tiefe wieder zuschütteten. Hinter ihr surrten die Nähmaschinen. Am Boden kniete ein Junge und versuchte einen Stapel T-Shirts in einen Pappkarton zu packen, der dafür ein paar Nummern zu klein war. Auf jedem Bord stapelten sich die Stoffballen wie eine knallbunte Polsterung. Die Näherinnen waren unermüdlich und pausenlos am Werk. Unter ihren Händen schoben sich die

Stoffbahnen wie ausgewalzter Fabrikteig dahin und fielen in kleinen Stücken, runden Scheibchen und Röhren, gekräuselt, gefältelt und genoppt, so daß das, was am Ende des Nähvorgangs herauskam, aus einer völlig anderen Substanz zu bestehen schien.

In einer Ecke saß ein junger Mann still für sich über eine winzige alte Yamato-Nähmaschine gebeugt. Rey war der Schnippschnapp-Boy, der Stoffreste unterschiedlichster Farben, Muster und Qualität zusammenstellte und das Flickwerk zu Jeans und Kinder-T-Shirts weiterverarbeitete. Das waren die günstigsten Kleidungsstücke, die im Sortiment ganz unten rangierten und für nur neun oder zehn Pesos zu haben waren. Und sie verkauften sich gut, nicht nur des niedrigen Preises wegen. Der Schnippschnapp-Boy war kreativ, hatte sogar eine künstlerische Ader. Seine kleinen T-Shirts waren, senkrecht oder waagrecht, in den buntesten Farben halbiert oder geviertelt. Mal war ein Rückenteil pink und die Vorderseite blau. Diagonale Streifen trafen auf Flickwerk. Die Ärmelaufschläge waren sorgfältig aus bunt-scheckigen Resten zusammengenäht. Rey kicherte oft und war nie um eine anzügliche Antwort verlegen. Frühmorgens hatte ihm Nanang Pipa einen Haufen Stoffreste gegeben, die sie irgendwo ausgegraben hatte. Beim Ausschütteln war ein Dutzend Rechtecke aus grobem Gewebe zum Vorschein gekommen: vor langer Zeit aufgetrennte und gereinigte Mehlsäcke. Rey integrierte sie auf witzige Art in seine Kinderkollektion. Die roten und blauen Aufdrucke würden beim Waschen zweifellos verblassen, aber bis dahin machte es Laune, zwischen die anderen Flicken etwa die strenge Ermahnung der längst eingegangenen Getreidebehörde – *Huwag magaksaya*, »Nicht vergeuden« – einzunähen; oder das gedruckte Versprechen »Selbstaufgehend« in strategisch richtiger Position über die Vorderpartie von Kindershorts zu plazieren.

Wenn sich die Augen an die schummrige Beleuchtung gewöhnt hatten, konnte man sehen, daß nicht Rey das niederste Mitglied der Kooperative war. Zu seinen Füßen saß auf dem rotgewachsten Zementfußboden ein zehnjähriges Mädchen mit einem verkümmerten Bein. Aus den Stoffschnipseln, die selbst Rey nicht mehr gebrauchen konnte, schnitt sie winzige Rechtecke und nähte sie zu Flickenmatten zusammen. Manchmal machte sie auch kreisrunde Topflappen. Es ging zu wie im Bienenstock.

Der Anblick und das Geräusch der Grabungsarbeiten vor dem Haus versetzten Nanang Pipa plötzlich in einen Zustand melancholischer Beklommenheit. Das hatte mit der allgemeinen Verunsicherung zu tun und war eine Mahnung, daß jede Verbesserung, jede Verschönerung, jeder finanzielle Aufwand auf längere Sicht reine Verschwendung war. Dies war nicht ihr eigener Grund und Boden. Und das Haus war nur insofern ihr Besitz, als sie die Pfosten und Bretter, aus denen es zusammengesetzt war, irgendwo organisiert hatte. Dabei standen die Dinge eigentlich gar nicht so schlecht: Sie hatten aus nichts Arbeit geschaffen, und mit dieser Arbeit verdienten sie sich ihren Lebensunterhalt, etwas, das für viele Leute in San Clemente unerreichbar war. Wo aber blieb das Sicherheitsgefühl, das sich damit einstellen sollte? Diesen Ort als Dorf anzusehen war eine gefährliche Illusion. In Wirklichkeit war es nichts als eine Ansammlung von Hütten an einem abschüssigen Hügel. Jede Vorspiegelung, daß es etwas Dauerhaftes sein könnte, was Begriffe wie »Dorf« oder »Siedlung« nahelegten, war reine Selbsttäuschung. Erst vor wenigen Tagen war sie unten in Sta. Cruz (in der Dasmariñas Street, um genau zu sein) gewesen, um sich in chinesischen Metallwarenhandlungen nach einer Karbidlampe für Stromausfälle umzusehen. Als sie auf der Brücke eine Menschenansammlung sah, hatte sie sich dazugesellt. Auf der Westseite des *estero*, zwischen Dasmariñas und Escolta Street wurden alle Squatter vertrieben. Man war gerade dabei, ihre auf krummbeinigem Pfahlwerk und über schmutzigem Wasser schwankenden Hütten einzureißen. Das Beeindruckendste war die stoische Ruhe, mit der die Vertriebenen ebenso wie die Schaulustigen der Zerstörung ihrer Behausungen beiwohnten, was die Szene aus dem umgebenden Großstadtgetöse herauslöste. Die städtischen Arbeiter machten den Eindruck, als seien sie selbst betroffen (denn etwa die Hälfte von ihnen bewohnte ähnliche Hütten), wechselten kein Wort miteinander und riefen sich nichts zu. Die einzige Geräuschquelle waren ihre Hämmer und Brecheisen, das Ächzen blecherner Dachbeläge, das Knacken und Knallen von Brettern. Ein rostiges Stück Metall, für jeden als aufgeschnittenes und flachgeklopftes Ölfaß erkennbar, glitt ins fette Wasser und ging unter. Aus dem aufgeschreckten Schlamm stiegen gewaltige Gasblasen und zerplatzten mit schmatzendem Geräusch. Die Arbeiter wurden von einem Aufseher überwacht, der auf der Fahrerkabine eines Lastwagens saß; in der Nähe stand ein Dutzend bewaffneter Polizisten. Die Vertriebenen warteten vorerst in einer stummen Schlange, umgeben von ihren aufgetürmten Habseligkeiten: verschnürtes Geflügel, ein an ein Tischbein angebundenes Ferkel, zusammengerollte Matten, das ganze schäbige Inventar eines kümmerlichen Lebens, der Sonne und den Blicken der Zuschauer ausgesetzt. Warum standen sie da und sahen zu? fragte sie sich. Aber warum eigentlich nicht? Irgend jemand mußte – wie bei einer Exekution – als Zeuge herhalten, auch wenn das Ende von vornherein feststand.

Nanang Pipa fragte sich, ob auch sie eine derart stoische Schicksalsergebenheit aufbringen würde, wenn San Clemente, *dieses Haus* von Männern mit Hämmern eingerissen würde und sie und ihre Nachbarn inmitten ihrer Nähmaschinen und ruinierten Stoffvorräte und vielleicht im strömenden Regen dastünden. Sie kam zu dem Schluß, daß es ihr vermutlich gelingen würde, und sei es nur, um die Alternative, erschossen zu werden, zu umgehen, was Slumbewohnern zuweilen widerfuhr, wenn ein Landbesitzer alte Rechnungen beglich und die Polizei auf die »Rädelsführer«, die »Unruhestifter« ansetzte, die es zu beseitigen galt, wenn Ruhe und Ordnung den Sieg davontragen sollten. Nun war das Einreißen einer Hüttenzeile in Sta. Cruz eine Sache, der Abbruch eines ganzen Barrio hingegen schon etwas anderes, und in der Vergangenheit hatten derlei Massenvertreibungen tagelang für wütenden Aufruhr gesorgt. Es waren sogar Kinder ums Leben gekommen, weil verängstigte und schlecht ausgebildete Polizisten in Panik aus ihren M-16 das Feuer eröffnet hatten.

Manchmal dachte Nanang Pipa, sie sei die einzige in San Clemente, die beklommenen Herzens an die Zukunft dachte. Alle anderen schienen von einem Tag auf den anderen zu leben, von einer Mahlzeit und einer Sauftour zur nächsten. Deren Tage waren fein säuberlich voneinander getrennt und je in einer Börse verstaut, die ihre kleinen Sorgen und das bißchen Wechselgeld bereitwillig ausspuckte. Möglicherweise dehnte sich die Zeit nur für sie zu einer Chronik fortwährender Schwierigkeiten, wie ein Dauerschuldenkonto, mit einer rationierten, aber eindeutig hoffnungsvollen Zukunft, in der zu erwartende Rückschläge am Horizont vorüberhuschten wie bewaffnete Banditen über Hausdächer. Ob von Menschen erdacht, von Gott vorherbestimmt oder von der Natur entschieden, das unausweichlich Böse ging um, federnd und auf leisen Sohlen, und wartete nur auf das Kommando. Daran glaubte sie von ganzem Herzen. Möglichkeiten der Abwehr oder Ablenkung gab es viele, aber keine Garantien. Einmal hatte sie ein Zitat gelesen, dessen Zynismus ihr den Atem verschlug, so ungewöhnlich war es,

Derartiges gedruckt zu sehen; dennoch war es ihr in Erinnerung geblieben. Der Satz lautete: »Würde Beten etwas nützen, wäre es schon längst ein Beruf.« Sie erinnerte sich daran, da sie vor kurzem, in einem Augenblick, da alles gleichzeitig aus den Fugen geraten und sie mit ihrem Latein am Ende war, im *Philippine Daily Inquirer* eine Kleinanzeige aufgegeben hatte. Eddie saß wegen Verdachts auf Autodiebstahl im städtischen Gefängnis (aufgrund einer Namensverwechslung); ihre älteste Tochter Gaylin hatte gebeichtet, schwanger zu sein, ohne potentiellen Ehemann in Sicht; die alte Vettel Ligaya Rosales hatte sich mit einer nagelneuen Paspelmaschine aus dem Staub gemacht, und ihre Familie behauptete steif und fest, nichts über ihren Aufenthalt zu wissen; und Pipas Ältester, Boyong, war in die engere Wahl für einen Elektrikerjob bei Plastic City, draußen in Valenzuela, gekommen. »Leg ein Gelöbnis ab«, hatte Doding Perez ihr nahegelegt. »Erinnerst du dich noch, als Maricel sich für diesen Job in Saudi beworben hat? Sie hat ihn bekommen. Und Bats wurde bei den Barangay-Wahlen zum *tanod* gewählt. Und nur, weil ich eine St. Jude-Anzeige in die Zeitung gesetzt habe. Versuch's doch auch mal, Pipa. Das scheint jedenfalls besser zu wirken als eine Novene. Ich bin nicht die einzige, die das sagt.«

Insgeheim hatte Pipa ihre Zweifel an St. Jude gehabt, von dem sie nichts wußte, außer daß der Name wegen der Ähnlichkeit mit dem des Judas für sie etwas leicht Anrüchiges hatte. Als sie in der Zeitung die Kolumne Persönliches durchging, sah sie folgendes:

> Wünsch dir 3 Dinge, 1 geschäftl. & 2
> unmögliche. Bete an 9 Tagen
> 9 Ave-Marias & gib am 9. Tag diese Anzeige auf
> & deine Wünsche werden in Erfüllung gehen.
> Eure s. erg. Mama Mary.

Dies war klar und deutlich und ausgesprochen religiös, eine echte Novene, nicht wie dieser *gayumas*-Zauber, der nicht ohne Fliegen und totes Fleisch auskam. Nachdem sie es sich eine Weile hatte durch den Kopf gehen lassen, beschloß sie, mit dem aufs Geschäftliche bezogenen Wunsch um Boyongs Anstellung zu bitten; die Rückgabe der gestohlenen Paspelmaschine stufte sie als einen der unmöglichen ein, der andere war Eddies Entlassung aus dem Knast. Sie verrichtete ihre Gebete und gab ihre Anzeige auf. Drei Wochen später war so gut wie alles beim alten, außer daß Boyong den Job nicht bekommen hatte. Und Gaylin genauso schwanger war wie zuvor.

»Was habe ich dir gesagt?« sagte Doding. »St. Jude.«

Der andere Grund, weshalb Pipa St. Jude ablehnte, war der, daß man für seine Anrufung statt drei Zentimetern Anzeigenspalte dreimal mehr Platz brauchte oder, besser gesagt, um ihm zu danken, wenn die Wünsche in Erfüllung gegangen waren. Als sie das Gebet durchging, fiel ihr auf, daß man als weitere Gegenleistung versprechen mußte, für ihn Werbung zu machen. Armer Kerl, dachte sie, als ihr auf einmal das Bild eines ganzen Himmels voller Heiliger in den Sinn kam, von denen die meisten gegen die eigene Unbekanntheit kämpften und sich abmühten, damit ihre Kräfte wirksam und geschätzt blieben. Bei St. Jude fiel außerdem auf, daß er ganz präzise Angaben machte, wann er Gebete erhörte, und daß sein Honorar, anders als bei Mama Mary, nur bei Erfolg fällig wurde. Am achten Tag der an St. Jude gerichteten Gebete trat Eddie, den man mangels Beweisen auf freien Fuß gesetzt hatte, abgemagert, mit geschwollener Lippe durch die Tür. Am selben Tag tauchte Boyong zum Mittagessen auf und sollte montags drauf bei der Elektrizitätsgesellschaft Meralco antreten. Und als der Sonnenuntergang nahte, beichtete Gaylin, der es den ganzen Tag hundeelend gegangen war, daß sie, dank irgendwelcher Kräuter, die sie an einem der Stände vor der Quiapo-Kirche gekauft hatte, nicht mehr schwanger sei. Das war der Knüller. Pipa sah jetzt ein, wie unwahrscheinlich es war, daß Mama Mary für dieses spezielle Gebet Verständnis gehabt hätte. Es war nicht zu fassen. Einige Tage später erschien ihre tiefempfundene wenn auch vorformulierte Huldigung in der Zeitung.

O heiliger St. Jude, Apostel und Märtyrer,
erhaben in Deiner Tugend, reich an Wundertaten,
guter Kamerad Jesu Christi, treuer Fürsprecher
aller, die in Zeiten der Not Deines besonderen
Schutzes bedürfen. Zu Dir habe ich Zuflucht genommen
aus der Tiefe meines Herzens. Und demütig bitte ich
um große Kraft, um mir zur Seite zu stehen. Hilf mir
bei meiner gegenwärtigen und dringendsten Bitte.
Dafür verspreche ich, für Deinen Namen zu werben
und dafür zu sorgen, daß Du angerufen wirst.
St. Jude, bete für uns und für alle, die Deine Hilfe
erflehen. – Dafür betet neunmal am Tag, 9 Tage
hintereinander. Am 8. Tag werden eure Gebete erhört
werden. Bitte vergeßt nicht, dies zu veröffentlichen,
sobald euer Wunsch in Erfüllung geht.

»Was hab ich dir gesagt?« wiederholte Doding, diesmal ein wenig gereizt wie jemand, der merkt, daß sein kostenloser Ratschlag etwas zu gut angekommen ist. »St. Jude.« Seither hatte Pipa St. Jude ehrfürchtig in Reserve gehalten, denn sie wollte keinen Mißbrauch treiben und ihn mit Banalitäten behelligen. Doch sie blieb, dank unerwarteter Intelligenzausbrüche, gegenüber sentimentalen Anwandlungen hochgradig resistent. Schließlich hatte sie es nicht nötig, sich herablassend und wie ein demütiges und leichtgläubiges Wesen behandeln zu lassen. Sie war unnachgiebig und eigensinnig, eine komplexe vernunftbegabte Kreatur, die in einem ungewissen Universum monströser Zufallstreffer und Chancen dahintrieb und sich ihre verschwommenen Bereiche bewahrte, genau wie die meisten, was also keine Schande war. *Wenn es funktioniert, tu's.* St. Jude hatte funktioniert.

Was man von Eddie, seit er aus dem Knast entlassen worden war, nicht gerade behaupten konnte. Er schien zu denken, das erlittene Unrecht entbinde ihn fortan von jeglicher Verpflichtung, sich seinen Lebensunterhalt selbst zu verdienen. Er war von einer Autonapper-Bande böse aufs Kreuz gelegt worden. Und *Hunde*napping? Wäre es Hundenapping gewesen, hätte eine Anklage noch eine gewisse Berechtigung gehabt, da er mit Bats' Bruder Gringo, dem Taxifahrer, gelegentlich auf Köter-Patrouille ging. Hatte Gringo Schicht, streiften sie durch die passenden Gegenden und hielten nach streunenden Hunden Ausschau. Eddie sprang dann mit Handschuhen und Schlinge aus dem Auto und hatte das verdutzte Viech schon auf dem Rücksitz, bevor es noch wußte, wie ihm geschah. Dann kamen Chloroformflasche und Lappen zum Einsatz. Ein anständiger Hund brachte drei- oder vierhundert Pesos ein. Mit einem hatten sie sogar siebenhundertfünfzig verdient: ein waghalsiges Unterfangen am hellichten Tag in Makati, von dem Eddie und Gringo beim Zechen immer wieder erzählten. Es war ein Monster von Dobermann oder deutschem Schäferhund oder irgend so was gewesen – bei den verschiedenen Rassen hatten die beiden Jungs nicht gerade den Durchblick –, der von einer Schwuchtel mit Perücke an einer langen Leine spazierengeführt wurde. Während sie im Schrittempo vorbeifuhren, hatte Eddie vom Rücksitz aus blitzschnell die Tür aufgestoßen, die Leine ergriffen und festgehalten, und Gringo hatte Vollgas gegeben. Sie waren schnell auf Touren, der Hund bollerte hinter ihnen her und brachte nacheinander mehrere Fahrradfahrer und einen Eiskremkarren zu Fall. Das verdammte Tier wog eine Tonne, und Eddie hatte buchstäblich alle Hände voll zu tun: Mit der einen hielt er die Tür auf, und mit der anderen holte er die Leine ein wie ein durchgeknallter Haifischangler.

»Langsamer, um Himmels willen!« hatte er gefleht. Er würde sich noch den Arm auskugeln. Sie bogen um eine Ecke, und der Köter prallte an einem langsam dahinkriechenden Omnibus ab. »*Fahr langsamer*, Gringo: Mein verdammter Arm reißt ab!« Das Tier war ohne Frage kräftig gebaut. Selbst nachdem es gegen den Bus gedonnert war, stand es, zwar reichlich benommen, noch immer auf den Beinen. Gringo trat auf die Bremse, und der Hund, jetzt nur noch wenige Fuß Hundeleine entfernt, krachte hinten gegen das Taxi. Gringo legte seine Stirn aufs Lenkrad und konnte sich nicht halten vor Lachen, während Eddie aus dem Wagen sprang und das völlig verstörte Tier mit aller Kraft ins Auto zu bugsieren versuchte. Hier gab es Läden und viele Menschen. Leute blieben am Straßenrand stehen und sahen fassungslos kichernd zu, wie Eddie mit einer Hand die Leine ergriff und mit der anderen nach dem Hundeschwanz grabschte. Aber der Schwanz war gestutzt und der Stumpf zu kurz. Schließlich schnappte er sich statt dessen ein Bein, wuchtete das Tier unter Aufbietung seiner letzten Kräfte durch die Tür und fiel obendrauf. Die Menge war begeistert. Sein T-Shirt war ihm bis unter die Achselhöhlen hochgerutscht, und er war blutverschmiert. Und da er, in der Verschlingung massiver brauner Haxen und Läufe, heftig keuchte, sah es tatsächlich so aus, als würde er ein Pony ficken; eine Bemerkung, die ein Erdnuß-Boy lauthals äußerte. In diesem Augenblick kam die Schwuchtel mit ihrer verrutschten Perücke um die Ecke gehumpelt und stieß einen blökenden Schrei der Erleichterung und des Entsetzens aus. Gringo riß sich zusammen, ließ die Kupplung ruckartig kommen, blinzelte durch einen Tränenschleier, preschte los und schlüpfte in eine Verkehrslücke. Die Tür schlug zu, und Eddie sagte: »Ich glaube, meine Hand ist im Eimer.« Er hatte sich die Hundeleine mehrmals drumherumgewickelt. Aus den festgezurrten Schlingen ragte ein Büschel blaßgrüner Zweige. Mit zittrigen Fingern wickelte er die Leine ab und sah die Zweige immer noch an seiner tief eingeschnittenen, abgeschürften und wie verbrannten Hand.

»Los, mach schon und gib ihm sein Chloroform«, rief Gringo und wieherte vor Lachen.

Eddie wandte die Aufmerksamkeit von seinen eigenen Verletzungen ab, um die des Hundes genauer zu betrachten. Dem quollen die Augen aus dem Kopf, und die purpurrote Zunge hing ihm aus dem Maul. Die Schlinge um den Hals hatte sich tief in sein Fell eingegraben. Eddie gelang es, den Schlingenknoten zu finden, und er schob ein Stück Leine durch. Die Schlinge lockerte sich. Mit rasselndem Geräusch nahm der Hund eine Schnauze voll Luft.

»Es tut mir ausgesprochen leid, Sir, Ihnen mitteilen zu müssen«, sagte Eddie mit der Stimme eines Tierarztes aus Forbes Park, »daß wir Ihren vierbeinigen Liebling einschläfern müssen. Es besteht keine Aussicht auf Heilung.«

Dies löste bei Gringo einen weiteren Lachanfall aus. Sein Fahrstil war unmöglich, und beiden Männern war schleierhaft, wie sie es überhaupt nach San Andres geschafft hatten, ohne irgendwo reinzufahren oder in eine Kontrolle zu geraten. Es wunderte sie sogar noch mehr, als sie in den Hof hinter dem Restaurant eingebogen und mit wackligen Beinen ausgestiegen waren. Das Taxi hatte links hinten eine Beule und war nur zu sichtbar mit frischem Blut beschmiert. Der Chefkoch kam heraus, um die Lieferung zu begutachten.

»Ihr seid sicher, daß das 'n Hund ist?« fragte er, als er sich das stöhnende Riesenvieh ansah, das über die gesamte Breite des Rücksitzes ausgestreckt dalag. »Eddie-Boy, den hast du doch einem *calesa*-Kutscher abgekauft.«

»Das ist kein Gaul«, erwiderte Eddie verächtlich. »Sind das etwa Pferdeklöten? Den haben wir in Makati von einer Schwuchtel übernommen. Guck dir mal an, was da für 'n Fleisch dran ist«, sagte er und versetzte einer der Flanken einen leichten Klaps. »Das ist reinrassiger Hund, und zwar zentnerweise. Wir haben uns übrigens gedacht, daß der wahrscheinlich viel zu gut ist für deine Kunden, wenn man sieht, wie die sich an die ausgemergelten Bastarde gewöhnt haben, die du ihnen normalerweise auftischst. Nichts als Haut und Knochen. Die müssen doch denken, daß sie geschmorte Regenschirme essen.« Dieser Ausdruck, *adobong payong*, veranlaßte Gringo, sich völlig erledigt, den Unterarm vor dem Kopf, gegen das Taxi zu lehnen. »*Diesen* Hund brauchst du nicht noch einen Monat zu mästen; no, Sir.«

»Ist er schon lange tot?«

»Was meinst du mit tot? Bist du schwerhörig? Der atmet noch. Der ruht sich nur aus. Wir hatten einen ziemlichen Kampf miteinander«, sagte Eddie voller Stolz. »Der wollte partout nicht mit. Das einzige, was du noch tun mußt, ist ihn aus diesem Zustand befreien und in den Kochtopf tun.«

Schließlich wurde man handelseinig, das Tier wurde von zwei Männern weggeschleppt, der hintere Teil des Taxis mit dem Wasserschlauch gesäubert und Eddies Hand verbunden. Seine Frau hatte diese Geschichte schon häufig gehört. »Wir müssen Ihren vierbeinigen Liebling einschläfern« war so etwas wie ein geflügeltes Wort geworden, das immer dann fiel, wenn auf diese Geschichte angespielt wurde. Nanang Pipa hätte es in gewisser Weise noch einigermaßen gerecht gefunden, hätte man ihren Mann wegen Hundenapping eingesperrt, aber der Witz am Autonapping war, daß Eddie überhaupt nicht Auto fahren konnte. Auch wenn die Schwachköpfe, die ihn festgenommen hatten, es nicht wußten, St. Jude hatte es gewußt und auf wundersame Weise für seine Entlassung gesorgt. Als sein Erfüllungsgehilfe hatte sich Inspektor Dingca entpuppt.

»Du meinst unseren Dingca? Rio?«

»Wie viele andere Dingcas kennst du denn noch?« wollte Eddie wissen. »Ein echter Glücksfall. Er war gerade im Gefängnis und suchte wen; wegen einer ganz anderen Sache. Auf einmal sah er mich und sagte: ›Hi, Eddie. Was machst du denn hier?‹ Also erzählte ich ihm, daß wohl eine Verwechslung vorliegen würde, vor allem, weil ich doch nicht Auto fahren kann. Und dann haben sie mich in den Hof gebracht und wollten wissen, was los ist. Also stiegen wir alle in einen Jeep, und dann verlangten sie, ich sollte zum Anführer der Autonapper fahren und vor seinem Haus anhalten. Den Rest wollten sie selber übernehmen. Wenn ich das machen würde, wäre ich auf der Stelle frei. Ich glaube ganz bestimmt, das haben die ernst gemeint. Ich hab's auch wirklich ein bißchen versucht, aber es klappte nicht, und dann sagten sie auf einmal, ich sollte abhauen, mich auf die Socken machen und durchs Tor verschwinden. ›Aber wir wissen, wo du wohnst, Knallkopp‹, irgendwie in dem Stil. Das hab ich Dingca zu verdanken. Dem bin ich was schuldig.«

Seither lag Eddie auf der faulen Haut und schuldete, außer dem Inspektor, noch einer ganzen Reihe Leuten was, hauptsächlich für Gin und Zigaretten. Es war ein Segen, daß das Nähereigeschäft florierte, sagte sich Pipa, sonst wären sie ganz schön aufgeschmissen. Genau in diesem Augenblick steckte Eddie den Kopf zur Tür herein und stützte sich mit schlammverschmierten Händen gegen die Türpfosten.

»Großer Gott«, sagte er. »Was hast du uns da bloß eingebrockt?« Die Näherinnen unterbrachen ihre Arbeit und blickten auf. »Du kannst es wohl niemals gut sein lassen; ist es nicht so? Immer heißt es: ›Nur noch ein bißchen tiefer, Eddie‹, oder: ›Noch einen Tag, dann ist gut.‹«

»Wovon um alles in der Welt redest du da?« fragte Pipa ärgerlich.

Irgend etwas an der Art, wie Eddies Kopf wieder verschwand, ließ sie allesamt nach draußen eilen oder sich wenigstens an die Hintertür drängen, da das Loch den größten Teil zwischen ihrem Haus und dem des Nachbarn einnahm. An dieser Stelle war der abschüssige, stinkende und müllübersäte Hang von einer ansehnlichen Grube unterbrochen, deren Tiefe durch das um den Grubenrand gehäufte, mit bloßen Füßen festgetretene Erdreich noch betont wurde. Niemand war drin. Nanang Pipa blinzelte hinein und war von den sauber abgestochenen Seitenwänden und der offenkundig geleisteten Schwerstarbeit wider Willen beeindruckt. Auf dem Grund lag ein kleiner, abgerundeter weißer Steinbrocken.

»Und das hier«, erklärte ihr Eddie, grimmig triumphierend, »das hier ist ein menschlicher Schädel.«

Kapitel 12

Ysabella Bastiaans Lieblingssenator hatte sie gedrängt, sich mit ihm in der Senatorenlounge wiederzutreffen. Noch einmal war sie auf sandigen Zementstufen von der archäologischen Abteilung eine Treppe nach oben gestiegen und in den Korridoren der Macht gelandet. Diesmal hatten sie an einem der langen Tische gesessen, die zu einem in der Mitte offenen Rechteck angeordnet waren, und es wurde ein kalter Imbiß serviert. Es waren noch andere Senatoren da, von denen sie einige von ihrer täglichen Zeitungslektüre wiedererkannte. Von diesen sah die Hälfte wie ehemaliges Showbusineß-Volk aus, was sie ja auch waren. Benigno Vicente war keiner von ihnen. Er war überschwenglich und inzwischen so weit mit ihr vertraut, daß er sie jetzt über den Tisch hinweg vorstellte. Mit jeder seiner Bewegungen verbreitete er eine Duftwolke »Egoïste«. Ysabella machte sich insgeheim Gedanken, ob sich diese einflußreichen Damen und Herren in altes und neues Geld kategorisieren ließen oder etwa ihren kulturellen Neigungen entsprechend. Die Showbiz-Leute gaben sich bodenständig volkstümlich und antworteten den Nachrichtenreportern von Channel 5 auf tagalog. Die anderen antworteten mehr oder weniger automatisch auf englisch. Ihr schien, als seien die meisten von ihnen ostwärts, Richtung Amerika orientiert, wo sie wahrscheinlich das College besucht oder ihre Söhne und Töchter Anwaltskanzleien hatten. Der Rest – unter anderem auch ihr Senator Vicente – war westlich orientiert, mit Blick auf London und Paris, Rom und Madrid.

»1965 war der Vater von Miß Bastiaan Botschafter hier.«

»*Chris* Bastiaan?« Ein Senator, der zwei Stühle von ihrem Gastgeber entfernt saß, beugte sich vor und warf ihr über den zwischen ihnen stehenden kalten Braten und Kiwis hinweg ein Lächeln zu. »Ich habe ihn gekannt, Miß. Es ist mir eine Ehre.« Er äußerte es zwar ausgesucht höflich, aber doch so, als wäre er von seinen Worten selbst überrascht und suchte noch nach dem passenden Ton. »Natürlich war ich damals noch ein Nobody«, erklärte er seinem Nebenmann. »Nur ein kleiner Anwalt. Aber wir wurden miteinander bekannt gemacht und sahen uns häufig. Meistens spielten wir zusammen Golf. Ein absolut bewundernswerter Mann, ein guter Freund und richtiger britischer Gentleman der alten Schule.« Das traf Ysabella wie ein Schock, da sie bis dahin nicht gewußt hatte, daß ihr Vater an sportlichen Aktivitäten auch nur das geringste Interesse gehabt hatte. »Und dann dieser tragische Zwischenfall. Ich glaube, er war der jüngste Botschafter, der jemals hier akkreditiert war. Mein Gott, es kommt mir wie eine Ewigkeit vor, diese Sache mit der Bombe in der Quirino Avenue.«

»Sie waren damals bestimmt in Oxford«, bemerkte Vicente beiläufig an sie gewandt.

»Zu der Zeit nicht, Ben. Da war ich drei.«

»Ach ja, natürlich, ich meine *später*.«

In der einen Ecke des Raumes blitzten und surrten Kameras zwischen Polstergarnituren. In einer Sofaecke rutschte eine kleine Senatorin wie eine Erdnuß in die Ritzen der Polsterung. Ihr Gesicht war von einem scharfen Verstand geprägt.

»Wir machen uns Sorgen über Zeitverschwendung«, äußerte eine Dame links von Ysabella, die bisher noch nichts gesagt hatte. »Haben Sie schon mal eine Debatte verfolgt? Dann wüßten Sie, wovon ich rede. Das läuft alles sehr senatorenmäßig ab, sehr gemächlich, sehr nach Protokoll. So richtig würdevoll. Aber ich kann Ihnen sagen, Ysabella, in diesem Land stehen wir am Rande des Abgrunds. Oder, um genau zu sein, auf dem Rand eines Vulkans. ›Das Pinatubo-Vorgefühl‹, wie eine unserer Zeitungen es ausgedrückt hat. Letzte Woche haben die Amerikaner das Land verlassen. Endlich haben wir, was wir wollten. Leider bringt die totale

Unabhängigkeit es mit sich, daß wir jetzt niemanden mehr haben, den wir dafür verantwortlich machen können, wenn etwas schiefläuft. Wenn wir nicht wenigstens für Frieden und Ordnung sorgen können, sind wir erledigt. Friede und Ordnung sind oberstes Gebot. Ohne Frieden und Ordnung gibt es keine ausländischen Investoren. Keine ausländischen Investoren bedeutet Stagnation und steigende Armut. Und Armut bedeutet Korruption und den Zusammenbruch von Frieden und Ordnung. Ein Teufelskreis, den es vor allem anderen zu durchbrechen gilt. Und in der Zwischenzeit werden wir von Volkswirtschaften überholt, denen wir vor ein oder zwei Jahrzehnten noch um Jahre voraus waren. Taiwan, Südkorea, Malaysia, Thailand und bald sogar Indonesien. Es ist katastrophal.«

»Zuviel Demokratie, wie Lee Kuan Yew kürzlich festgestellt hat.«

»Der hat gut reden. Ein Inselstaat so groß wie eine unserer kleinsten Provinzen mit einer verschwindend geringen Population. Wir hier haben mehr als siebentausend Inseln.«

»Wovon eine mir gehört«, warf Vicente ein. »Ich bestehe darauf, daß Sie mich und meine Familie sehr bald für ein Wochenende dorthin begleiten. Ich bestehe wirklich darauf. Dort ist es ruhig, einfach und schön. Völlig ungezwungen, kein gesellschaftlicher Trubel. Vom Land aus gesehen, erinnert sie einen an den Mont St. Michel, finde ich.«

»Oberflächlich betrachtet, ist er eher unausstehlich«, sagte Ysabella später zu Sharon, als sie Reiseschilderungen des Reichs über ihnen zum besten gab. Sie waren dabei, die archäologische Abteilung zu entstauben, und förderten unkatalogisierte Brocken von diesem und jenem zutage.

»Und darunter?«

»Wahrscheinlich sehr nett. Ein Europhiler. Einfach jemand aus der Diplomatenvergangenheit meines Vaters, zu dem meine Mutter den Kontakt aufrechterhalten hat. Mehr nicht. Bevor es zu dieser Reise kam, wußte ich gerade mal, daß er existiert. Was hat er für einen Ruf?«

»Er bemüht sich wenigstens; und arbeitet. Klar ist er korrupt; aber nicht schlimmer als andere und längst nicht so schlimm wie die meisten.«

»Er sagt, er besitzt eine Insel.«

»Das wird schon so sein. Diese Leute besitzen meistens eine. Ich würde mir das mal ansehen«, sagte Sharon. »Das ist *die* Gelegenheit, einen Einblick in das Leben eines Senators in der Provinz zu bekommen. Hat er dich schon eingeladen?«

Sie standen an einem der mit staubigen Scherben beladenen Tapeziertische, auf dem schablonengeschrieben »BICOL 0881« stand. »Das«, erklärte Sharon, »hat mit einer Ausgrabung von 1981 zu tun, und diese Exemplare hätten in den August-Katalog aufgenommen werden sollen.«

»Jetzt wäre ein Staubsauger gut«, sagte Ysabella. »Diese Staubwedel und Besen wirbeln den Staub doch bloß auf, statt ihn zu entfernen. Dieser Tisch sieht aus, als wäre die Zimmerdecke runtergekommen.«

»Keine Sorge, ist längst auf der Liste. Kann sein, daß du's mir bereits erzählt hast und ich's vergessen habe, sorry, aber wie war das mit deiner Beziehung zu Vicente? Dein Vater kannte ihn?«

»So ähnlich. Er war der Chauffeur meines Vaters.«

»O je.«

»Bevor ich meiner Mutter erzählte, daß ich hierherfahren würde, war er bloß Teil einer Geschichte, ein Held des Tages. Er fuhr meinen Vater und den Ersten Sekretär im Botschafts-Rolls-Royce, als ein paar Terroristen eine Bombe oder Granate warfen oder eine Landmine detonierte; das wußte anscheinend niemand so genau. Ich war damals drei und mit meiner Mutter in England geblieben. Der Rolls war nicht gepanzert. Über solche Sachen machte man sich damals noch keine großen Gedanken. Denk an Kennedy, nur ein Jahr vorher – der Präsident der Vereinigten Staaten fährt im offenen Wagen mitten durch eine Stadt. Das muß eine andere Welt gewesen sein. Mein Vater wurde am Kopf getroffen. Vicente fuhr wie ein Besessener eine halbe Meile ohne Reifen, sah meinen Vater in einer Blutlache auf dem Boden im Fond und den anderen Typen, der wie gelähmt dasaß. Es war Angst oder Alkohol oder was immer, ich erinnere mich im Moment nicht, nur, daß er nicht den geringsten Kratzer abbekommen hat. Vicente hielt also an, stieg in den Fond und machte bei meinem Vater so lange eine Mund-zu-Mund-Beatmung, bis jemand einen Krankenwagen holte. Es hat nicht viel genützt, er starb einige Tage später, aber meine Mutter hat Vicente nie vergessen, was er getan hat. Er war doch bloß ein Chauffeur und furchtbar jung. Und ich glaube nicht, daß damals überhaupt schon irgend jemand was von Mund-zu-Mund-Beatmung gehört hatte.«

»Mein Gott. Kein Wunder, daß du den Dingen hier mit gemischten Gefühlen gegenüberstehst.«

»Tu ich das? Eigentlich nicht. Ich kann mich doch kaum an ihn erinnern. Jemand, der schon seit sehr langer Zeit sehr weit weg war. Willst du wissen, *was* ihn wirklich getötet hat? *Daran* kann ich mich nämlich erinnern. Es war der Glasstöpsel von einer der kleinen Karaffen aus dem Cocktail-Fach des Rolls. Der hat sich direkt in sein Hirn gebohrt.«

»Und deine Mutter hat all die Jahre den Kontakt zu ihm nicht abreißen lassen?«

»Das nehme ich an«, erwiderte Ysabella. »Alles, was sie mir sagte, war: ›Also, wenn du da hinfährst, Darling, solltest du bei Daddys ehemaligem Chauffeur vorbeischauen. Er ist inzwischen Senator.‹ Das tat ich dann. Aber ich kann mir nicht vorstellen, daß Mama mit einem Botschaftsfahrer einen Kontakt pflegte, der über den alljährlichen Kartengruß zu Weihnachten hinausging, auch wenn er der barmherzige Samariter gewesen ist. Sie war die Frau eines Diplomaten.«

»Und Diplomatenfrauen freunden sich nicht mit Chauffeuren an?« Sharons Tonfall gemahnte an einen Demokraten aus der neuen Welt.

»Nein, natürlich nicht. Wie Vicente es allerdings vom Fuhrpark der Botschaft bis ganz nach oben geschafft hat, ist mir ein Rätsel. So etwas überrascht wohl nur auf den Philippinen niemanden.«

»Oder in den Vereinigten Staaten«, bemerkte Sharon bissig.

»Aber ich glaube, daß er sowieso ein Langweiler ist. Nicht, weil er kein Geldaristokrat wäre oder irgend so was, sondern *weil* – ach, was weiß denn ich. Ich vermute, Langweiler sind nun mal so.«

»Wahrscheinlich ist er einfach nur nervös. Du bist die Tochter des Mannes, der in die Luft gejagt wurde. Und du kannst Leuten ganz schön angst machen, wenn ich mir die Bemerkung erlauben darf.«

»Was denn, *ich?* Ach Unsinn, Sharon.«

Aber sie wußte, daß es stimmte, machte sich aber nichts daraus und fühlte sich insgeheim sogar geschmeichelt. »Hat er nicht dieses besondere Steckenpferd?«

»Du meinst die OCWs? Das ist sein großer Pluspunkt. Es war auch höchste Zeit, daß mal endlich jemand aus der Regierung hellhörig geworden ist, bei dem, was da vor sich geht. Ein Zynismus sondergleichen. Erst letzte Woche wurden einige Statistiken veröffentlicht. Jedes Jahr sterben im Ausland durchschnittlich achthundertneunzehn philippinische Übersee-Leiharbeiter an Mißhandlung. Kannst du dir das vorstellen? Acht*hundert* im Jahr? Im mittleren Osten und in Afrika ist es am schlimmsten. Dort arbeiten zwischen sechs- und siebenhunderttausend Filipinos. Crispa hat sich an das

Außenministerium gewandt und herausgefunden, daß allein zwischen 1987 und 1990 mehr als dreitausend von ihnen unter, ich zitiere, ›mysteriösen Umständen‹ gestorben sind. Und die Regierung, hat die etwa jemals auf strengere Einhaltung der Gesetze in den Gastländern, auf wirksamere gerichtliche und strafrechtliche Schritte, auf eine bessere Aufklärung und Absicherung der Familien gepocht? Ganz sicher nicht. Zusammen pumpen die weltweit beschäftigten OCWs jährlich drei Milliarden Pesos in die desolate Wirtschaft dieses Landes, und die Regierung würde sich hüten, eine dieser Gänse beim Legen ihrer goldenen Eier zu stören. Schreib deinem Senator also nachträglich ein paar Punkte gut.«

»Ja, das scheint recht kläglich«, stimmte Ysabella zu, während sie munter staubwischte. »Gut für ihn also. Er behauptet, die Filipinos wären die Juden Asiens.«

»Das behauptet er häufig.« Aber diese leisere Bemerkung Sharons, ihr plötzliches Weggehen vom BICOL-Tisch hinterließen bei ihrer Kollegin wegen der Leidenschaftlichkeit, die da zum Ausdruck kam, ein Gefühl der Irritation. Es war ja schön und gut, so naiv und selbstgerecht zu tun, aber was zum Teufel erwartete sie denn? Gastarbeiter wurden nun mal definitionsgemäß ausgebeutet, das war schon immer so, und daran würde sich auch in Zukunft nichts ändern. Da sie nichts anderes zu verkaufen hatten als ihren Schweiß, waren sie auf dem Käufermarkt nichts als billige Ware. Sie warf einen Blick hinüber auf Sharons Rücken und beschloß, sich jeder weiteren Bemerkung zu enthalten, sei es zur Sklaverei in den USA, zu John Steinbeck oder den Traubenpflückern oder daß sie mal ein Buch mit erschütternden Einzelheiten über Castle Garden und Ellis Island gelesen hatte, wo – falls sie sich recht erinnerte – nahezu dreitausend Einwanderungswillige Selbstmord begangen hatten, nachdem sie in Abschiebehaft genommen worden waren, da sie an unterschiedlichen vorgeblichen oder sonstigen Krankheiten litten, die falschen Papiere oder nicht das nötige Geld zur Bestechung der Beamten hatten, die aus ihrer Armut und Verzweiflung immenses Kapital schlugen. Nicht, daß die gegenwärtige Einwanderungspolitik Großbritanniens weltbewegend gewesen wäre. Erst kürzlich hatte sie von einem Häftling gelesen, der bis zu seiner Abschiebung nach Hongkong im Jahre 1992 ohne gültiges Urteil sieben Jahre lang in England inhaftiert gewesen war; kaum ein Ruhmesblatt für das Land.

Während der nächsten ein oder zwei Tage schwelte es unter leidenschaftslos geführtem fachlichen Austausch weiter. Keiner der beiden war völlig klar, weshalb dieser Brandgeruch in der Luft hing. Aber Ysabellas Lässigkeit, mit der sie sich eine Zigarette angezündet haben könnte, war offensichtlich das, was eine unsichtbare Lunte zum Glimmen gebracht hatte. Nicht einmal Vicentes positiver, das Los der OCWs betreffender Beitrag bot einen Schutz gegen Sharons Wut, als sein bekanntes Bonmot einmal mehr in der Zeitung erschienen war. In dieser Stimmung war einmal mehr einmal zuviel.

»Hör zu, Ysabella, wenn du deinen Freund das nächste Mal siehst, sei bitte so gut und richte ihm aus, er soll diesen Vergleich nie wieder anwenden. Er ist verdammt unpräzise. Und vor allem verdammt beleidigend.«

»Ich fürchte, ich verstehe nicht ganz –«

»Dann werde ich es dir mal klipp und klar erklären, damit du genau Bescheid weißt, wann du's an Benigno-Baby weitergibst. Die Filipinos sind ganz und gar nicht die Juden Asiens. Als einzige in der gesamten Menschheit haben die Juden nahezu dreitausend Jahre unablässiger Verfolgung überlebt. Die Filipinos sind, wenn's hochkommt, gerade mal dreihundert Jahre lang ein einiges Volk, für manche sind sie es erst seit der Unabhängigkeit im Jahre 1946, manche würden sogar sagen, daß sie bis auf den heutigen Tag kein einiges Volk sind. Welch einmaligen Kräften ist es zu verdanken, daß die Idee des Judentums über dreitausend Jahre lebendig blieb? Der Gelehrsamkeit und der Fähigkeit, zu lesen und zu schreiben. Nicht allein Religion, sondern Lernen, unermüdliches Forschen und beharrliche geistige Anstrengung. *Die Schrift.* Geächtet, vertrieben, als Opfer von Pogromen in alle Himmelsrichtungen verstreut, war ihnen nichts geblieben als ihr Vernunftstreben, ihre Reflexion und die aberwitzige Gewißheit, daß eines Tages die Gerechtigkeit siegen müßte, und zwar aufgrund von Gesetzen, die sich die Menschheit selbst gegeben, schriftlich festgehalten und in regelmäßigen Abständen geleugnet hatte. Ich bin keine gottesfürchtige Jüdin, ich bin eine atheistische Jüdin. Außerdem bin ich eine ausgesprochene Pessimistin. Aber wenn ich mal richtig am Boden bin, muntere ich mich wieder auf, indem ich mir vergegenwärtige, daß die Juden, so unglaublich es klingen mag, der lebende Beweis sind, daß die Schreibfeder tatsächlich mächtiger ist als das Schwert. Ständig aus allen möglichen Gesellschaften und Berufen verdrängt, suchten sie tagsüber Zuflucht in einfachen Berufen und nachts bei ihrem Intellekt – statt zu resignieren und zu scheitern. Selbst das dreckigste und ärmlichste Schtetl in Osteuropa hat niemals die Ehrfurcht vor dem Lernen, dem Argumentieren und dem Führen zynischer Debatten verloren. All ihre einstigen Peiniger, wo sind sie geblieben? Die Babylonier, Ägypter, Römer, Kreuzritter? Die spanischen Inquisitoren, die Zaristen, die Stalinisten, das Dritte Reich? Daß ein oder zwei von ihnen neue Erben ihrer alten Namen hinterlassen haben, ist das Beste, was man ihnen nachsagen kann, und das Schlechteste, daß es immer wieder neue Kandidaten gibt, die in die Fußstapfen der toten Verfolger treten. Aber wir Juden, wir haben überlebt und es sogar zu etwas gebracht, zusammengehalten durch Tradition, Torah und Talmud und unerschöpfliche geistige Beweglichkeit.

Du kannst deinem Senator Vicente also sagen, daß seine Mitbürger sich als die Juden Asiens bezeichnen dürfen, wenn sie diese Anstrengung über dreitausend Jahre auf sich genommen haben. Aber nicht eher. Auf keinen Fall eher. Ich bin jetzt lang genug hier, um dieses Land wirklich sehr zu mögen, und ich liebe Crispa über alles. Aber die Tragik dieses Landes ist nicht die der Juden, und es vermischt und vertuscht das Problem, wenn man vorgibt, es verhielte sich so. Die eigentliche Tragödie der Philippinen – und vieler anderer Länder – ist, daß sie hier keine dreitausend Jahre Schriftkunde und Identität *haben*, auf die man zurückgreifen kann. Welche Schrift könnte Menschen vereinen, die kaum lesen und schreiben können? Welche Gelehrsamkeit kann einem Land ohne Tradition Halt geben? Die letzten beiden Tage habe ich ausschließlich darüber nachgedacht. Dinge, die ich vorher niemals gedanklich strukturiert habe, vor allem nicht im Zusammenhang mit meinem Leben hier. Dafür kann ich dir eigentlich dankbar sein, wenigstens indirekt. Heute morgen bin ich auf eine bittere Wahrheit gestoßen, und ich weiß, daß sie zutrifft: nämlich daß es unmöglich ist, etwas zu *sein*, ohne etwas zu *wissen*. Ohne Wissen hat der Mensch keine Identität. Und ich fürchte, daß das auf Menschen ebenso zutrifft wie auf ganze Völker.«

Nach dieser vehementen Parteinahme ließ sich Sharon die nächsten zwei Tage nicht blicken. Ysabella wollte sie schon zu Hause anrufen, entschied sich dann aber doch dagegen. Als sie wieder im Museum erschien, fand Ysabella sie wieder ganz so wie bei ihrem ersten Treffen. Sie spazierten gemeinsam hinüber nach Intramuros, wo einige Studenten unter der Aufsicht eines Ethnologie-Professors an Sharons Grabungsstätte arbeiteten. Es war ein Vergnügen und eine Abwechslung, mal wieder zu Kelle und Kamelhaarbürste zu greifen und in der grünlichen Hitze einer Segeltuchplane zu hocken. Plötzlich legte Sharon ihre lehmverschmierte Hand zärtlich auf Ysabellas Arm und hinterließ einen schweißigen Abdruck.

»Du erinnerst dich bestimmt, daß ich sagte, ich wäre eine atheistische Jüdin? Hinterher fiel mir dieser Witz ein, der eigentlich gar kein Witz ist. Ein junger Jude läuft dem Rabbi seiner Gemeinde über den Weg und glaubt, folgendes Bekenntnis ablegen zu müssen: ›Hör mal, *Rebbe*, es ist Zeit, daß ich gestehe, daß ich Atheist bin.‹ Der Rabbi schaut ihn von oben bis unten an und sagt voller Verwunderung: ›Dann kennst du also die Torah nicht?‹ ›Kaum.‹ ›Und auch nicht die Weisheit der Väter, *Pirke Abot?*‹ ›Die schon gar nicht.‹ ›Wenn das so ist, dann habe ich gute Nachrichten für dich, junger Freund‹, sagt der Rabbi angewidert. ›Du bist kein Atheist, sondern ein Ignorant.‹«

»Aber was das betrifft, bist du keine Ignorantin.«

»Wie könnte ich? Meine Eltern sind orthodox. Ich habe gelernt, was man mir beigebracht hat, und bin froh darüber. Man muß es ja nicht *glauben*. Allein schon die Auseinandersetzung damit bewirkt eine Veränderung. Der Witz trifft es haargenau: Das Recht, sich Atheist nennen zu dürfen, muß man sich erarbeiten.«

»Ich werd's dem Senator stecken.«

»Den Witz?«

»Wie sollte ich ihm denn sonst erklären, daß er sich das Recht, sich Jude zu nennen, erst erarbeiten muß?«

Die Tage standen unter Spannung, da jahreszeitlich bedingte Wolken die Hitze aufstauten oder warmen, unerfrischenden und nach Schweiß schmeckenden Regen vergossen. Diese Spannung bemerkte Ysabella bei Sharon und schließlich auch in den Gesichtern der Menschen, die Verrenkungen unternahmen, um sich in die permanent überfüllten Jeepneys zu zwängen oder wieder hinaus, bei den Straßenverkäufern, bei den völlig durchnäßten Jungen, die unter der Last dampfender Eisstangen taumelten, und im Gefüge der Stadt selbst, deren überlastete Pfeiler und Träger, Balken und Brücken einer unablässigen Erschütterung ausgesetzt waren. Hinter ihren Gesprächen und Überlegungen begann, plötzlich und unerklärlich, England aufzutauchen, so als wäre es gerade seine Unerheblichkeit, die ihm zu Bedeutung verhalf. Nach Sharons Tirade wurde seine Gegenwart, achttausend Meilen jenseits der Bucht von Manila, für Ysabella ungewisser und schwächer. Auch England hatte wenig vorzuweisen, um neben einem seit dreitausend Jahren des Lesens und Schreibens kundigen Volk zu bestehen. Seine Kultur war zweifellos mehr die einer Klasse als eines Volkes.

Täglich las sie die Zeitungen, um sich ihre regelmäßige Dosis an Merkwürdigem zu verabreichen. Gleichwohl war es, als würde sie mit jedem Umblättern der Seiten, wie durch magische Verwandlungskraft, die fremdartig berührende Nachricht der ihr eigenes Land charakterisierenden Gebrechlichkeit mitgeteilt bekommen. Hier war der anarchische Feudalismus für die Ewigkeit geschaffen: dort (Stille Grafschaften! Unbewaffnete Polizisten! House of Windsor!) hing plötzlich eine papierene Fragilität über den Dingen, als könnte die *lex talionis* jeden Augenblick ihre geduldigen Krallen ausfahren, um die Szenerie aus dem Hinterhalt zu zerfetzen. Oder (und sie erinnerte sich an die Basteleien mit ihrem Cousin Jeremy, als sie noch klein waren) als würde ein Heißluftballon aus Seidenpapier triumphierend in die Lüfte steigen, Dämpfe von Brennspiritus hinter sich herziehen – Technologie! – und sich binnen Sekunden in einen Feuerball verwandeln und als Ascheflöckchen herabrieseln. So ein Bild konnte ihr in den Sinn kommen, wenn sie etwas las, das damit scheinbar in keinem Zusammenhang stand, wie etwa den Bericht über zwei Polizisten in Manila, die aufeinander geschossen hatten (wobei einer tödlich getroffen wurde), weil sie über eine Leiche in Streit geraten waren, die sie bereits an zwei konkurrierende Bestattungsunternehmen verkauft hatten. Wo in aller Welt war der Zusammenhang? Vielleicht nur ein weiterer Eintrag auf einer langen Liste beunruhigender Rätsel, die die Stadt ihren betuchten Touristen aus anderen Kulturkreisen aufgab.

Morgens um viertel nach vier entdeckte sie am TriTran-Busbahnhof in Lawton ein an einen Baum genageltes und halb von Blättern verdecktes Holzschild, auf dem mit verlaufenen Buchstaben Beschneidungen, die Wiederherstellung der Jungfräulichkeit und Busen-/Nasenlifting angepriesen wurden, mit Telefonnummer. Es ist früh am Morgen, sagte sie zu sich selbst, als der Bus immer noch nicht losfuhr. Auf einem Tisch unter einem Baum schlief eingerollt ein Mann. Bleib ruhig. Behalte unser Schicksal für dich. Wir müssen vorsichtig sein, um ja nicht zu wecken, was in unserm Inneren schläft. Manchmal dreht es sich auf die andere Seite und murmelt was von der Leere, die wir umarmt haben. Wir schnappen ein paar Wörter auf und beginnen zu frieren, denn wir wissen, daß es früher oder später, erleichtert über das Ende seines langen Winterschlafs, aufwachen und uns umarmen wird.

Kapitel 13

»Ich habe nachgedacht«, sagte die blecherne Stimme. »Ich finde, wir sollten uns diese Vampire ruhig mal anschauen. Hast du heute morgen *People's* gesehen? Es ist ihr Aufmacher, schon den zweiten Tag. Warum hakst du da nicht mal nach?«

»Weil ich bis zu den Ohren in Mordfällen stecke, Bong. Und jetzt habe ich mir auch noch diese ›Queen of *Shabu*‹-Geschichte andrehen lassen. Eine Zeitung unseres Formats sollte Vampire nicht einmal *erwähnen* und erst recht keinen Reporter losschicken.« Ganz zu schweigen von deinem leitenden Kriminalreporter, der gerade erst aus dem Marschland von Navotas zurückgekehrt ist; Vic hoffte, daß seine Anspielung deutlich genug war.

»*People's* hat Narciso geschickt.«

»Wen denn auch sonst. Es ist die perfekte Mozzy-Story. Hast du die Wahlen vergessen?«

»Ist ja schon gut. Aber: damit lassen sich wesentlich mehr Zeitungen verkaufen als mit ganzseitigen Interviews der sogenannten ›Präsidentablen‹. Eine gute Vampirstory finden alle toll.«

Vic Agusan mußte zugeben, wenn es um die Alternative ging, entweder die dreiundvierzigste Wiederholung ein und derselben Rede eines Präsidentschaftskandidaten zu lesen oder eine Geistergeschichte, entschieden sich die meisten Normalbürger für letzteres. So war es jedenfalls im März 1992, als in der heißen Phase des Präsidentschaftswahlkampfs ein *manananggal* entdeckt wurde, der über den Dächern von Tondo herumflatterte. Es war eine seltsame und grauenerregende Gestalt, halb Frau, halb Fledermaus, die sich nachts im Dachgebälk einnistete, ihre lange Zunge in die Münder von Babys und alten Menschen bohrte und ihnen die Leber aussaugte. Über den *manananggal* von Tondo war tagelang an prominenter Stelle berichtet worden, so daß die Wahlberichterstattung der seriösen Blätter völlig an den

Rand gedrängt wurde. Davon abgesehen war so ein Wesen, halb Frau, halb Fledermaus, für Karikaturisten ein gefundenes Fressen. Die obere Hälfte hatte verblüffende Ähnlichkeit mit Miriam Santiago Defensor, einer früheren Richterin, der viele ausgerechnet zu dem Zeitpunkt gute Aussichten aufs Präsidentenamt einräumten. Daß sie unterlag und später Präsident Ramos der Wahlmanipulation bezichtigte, war schnell vergessen. Die merkwürdig zusammengesetzte Kreatur, eine Verschmelzung aus Aberglauben und politischer Karikatur, die über dem letzten Wahlkampf schwebte, war jedoch nicht so schnell vergessen worden. Auch wurde nicht übersehen, daß sich Iloilo, landläufig als philippinisches Transsilvanien und Brutstätte derartigen Horrors angesehen, eigenartigerweise als Heimatprovinz besagter Dame herausstellte.

»Dann schick doch Bobby Aguilar.«

»Bobby ist mit diesem Padilla-Fall beschäftigt. Außerdem ist er nur für Showbiz zuständig.«

»Und ich nur für Verbrechen, Bong.«

»Die Queen of Sheba, das hört sich nicht gerade nach Mord und Totschlag an.«

»*Shabu*, Bong, *shabu*. Das ›Speed des kleinen Mannes‹, falls dir das was sagt. Du gebärdest dich wie einer von diesen begriffsstutzigen Uniformträgern in amerikanischen Polizei-Seifenopern, deren Rolle ihnen vorschreibt, sich alles vorkauen zu lassen. Und die den Zuschauer repräsentieren sollen.«

»Ich glaube aber immer noch, daß an der Sache was dran ist.«

Vic Agusan lehnte an einer Wand in der Eingangshalle des *National Chronicle* und schob die Antenne seines schnurlosen Telefons zusammen. Am Empfangstresen stand ein Menschenknäuel und wartete auf Passierscheine. Der Flur hinter ihnen war ein einziges gleißendes Rechteck. War es

Wichtigtuerei oder das fortschreitende Alter? Bis vor kurzem hatte er am grotesken Abwechslungsreichtum des Zeitungsjobs Spaß gehabt. Die Tage waren hektisch ausgefüllt mit Storys. Trauernde Angehörige / Prüfungsfragen ausgeplaudert? / Hochwasser schließt Knirpse ein / Binondos ältester Einwohner. Für einen Augenblick konnte er sich vorstellen, wie es wäre, Gott zu sein und in die in alle Richtungen fließenden und einander überschneidenden simultan gelebten Leben und Ereignisse eingeweiht. Tatsächlich gelang es ihm, das Ganze für Sekundenbruchteile zu überschauen: die Verbindung zwischen praktisch allen Geschichten. Zu diesen Geistesblitzen kam es in der Regel während schwerer Zechgelage nach Büroschluß, ganz egal, welche Tränke gerade angesagt war. Gewöhnlich wurden sie wie von einem Filmprojektor auf die gesprungene und verkrustete Glasur eines Pissoirs geworfen. Diebstähle im Nordhafen häufen sich / Knastbruder verspeist Mitgefangenen zu Weihnachten / Feuergefecht Polizei gegen Polizei. Kein Problem. Sie gingen einfach nahtlos ineinander über. Er konnte genau sehen, wie eine Geschichte von der anderen abhing und es am Ende wirklich eine einzige Story war. Zugegeben, am nächsten Morgen hatte sich der Mechanismus dieser Wahrnehmung verflüchtigt, und alles, was ihm blieb, waren Kopfschmerzen und die vage Erkenntnis, daß jede dieser Geschichten für das bizarre Land gleichermaßen typisch war. (Auch das war ein Zeichen, daß man älter wurde. Sein eigenes Land betrachtete er immer mehr mit den Augen eines Außenstehenden, der im Begriff ist, seinen Abflug vorzubereiten.) Wenn man's recht betrachtete, war die Weihnachtsmahlgeschichte schon sehr bemerkenswert gewesen. In den frühen Morgenstunden des Weihnachtstages hatten zwei Aufseher eines Stadtgefängnisses irgendwo in der Provinz einen blutüberströmten Häftling gefunden, der auf dem Zellenfußboden saß und sich über einen Fetzen roher Leber hermachte. Neben ihm lag die Leiche des anderen Zellenbewohners, den er im Schlaf überfallen und getötet hatte. Als Mordwaffe, erinnerte sich Vic, hatte der kleine metallene Halter einer Räucherspirale gegen Moskitos gedient. Die Sicherheitsvorkehrungen im Gefängnis hatten wesentlich verschärft werden müssen, um den Mann vor den wütenden Angehörigen seines Festtagsmahls zu schützen.

Irgend etwas ließ Vic in letzter Zeit auf Ablenkung unwirsch reagieren, wie ein Seifenopern-Süchtiger, der durch die Türklingel vom Fernseher weggerissen wird. Es *war* in der Tat eine einzige Story: nämlich die eines gegen sich selbst kriegführenden Landes, in dem achtzig Prozent der Bevölkerung Arbeiter ohne Landbesitz, Kleinbauern und Tagelöhner waren, die unterhalb der Armutsgrenze lebten, während zwischen achtzig und neunzig Prozent der Mitglieder des Repräsentantenhauses und des Senats Millionäre waren. Aus dieser einfachen Tatsache ließ sich praktisch alles andere ableiten. In seinen Augen war das nichts anderes als die Welt im Kleinformat, die ungeheure Rastlosigkeit des Planeten, versinnbildlicht durch die Labilität eines zweifellos im Endstadium befindlichen Landes. Das schwarze Brett oben in der Redaktion war eine stattliche Sammlung angehefteter Schlagzeilen und Zeitungsausschnitte, die im Luftstrom des Ventilators züngelten und wedelten. Einige dieser Storys stammten von ihm; die meisten waren nach Lust und Laune ausgewählt. Darunter einige Spitzenerzeugnisse, etwa die doppeldeutige Überschrift aus dem *Daily Inquirer* über den Besuch eines Abgesandten des Innenministeriums in Cotobato, wo bei einem Überfall der Rebellen achtzehn Menschen getötet wurden – die so oder anders gelesen einleuchtete: »Alunan fordert Lokalbehörden zu Massakerhilfe auf.«

»Amtliches Mittel gegen sexuelle Belästigung von Leiharbeiterinnen: ›Schickt nur die Häßlichen ins Ausland.‹«

»Nur einer von vier Parañaque-Cops nimmt Drogen.«

»Kindergarten-Sexsklaven. Knirpse HIV-positiv.«

»›Nur ein bißchen Formalin‹ in Weihnachtsäpfeln.«

»›Keiner mehr zum Töten da‹, behauptet verstimmter Ranger.«

»Kinderarbeiter gewinnen Quecksilber aus Abwasser von Gesteinsmühlen.«

»3 Milliarden Pesos Pinatubo-Hilfsgelder für Geisterprojekte abgezweigt.«

»Mit vorgetäuschten Beschneidungsriten Farmer zum Aufgeben gezwungen.«

»Ehemann von Ehefrau geschwängert.«

»›Bitte den Rosenkranz beten‹ – Mama Mary.«

Ihm war es eigentlich ziemlich egal, welche Story bei ihm landete. Vic zog es mehr und mehr vor, allein an einer Story zu arbeiten, damit er sie über die meist altvertrauten Zugaben hinaus sezieren konnte, bis etwas anderes freigelegt wurde. Normalerweise waren das Schulden oder Habsucht. Jedoch kam er erstaunlich häufig zu der Überzeugung, daß sich hinter einem politischen Skandal eine Privatangelegenheit verbarg: eine frigide Ehefrau, die Angst vor einer Glatze, eine vor zwanzig Jahren abgewiesene Liebe. Zugegeben, die Polizeiopfer paßten nicht so recht in dieses Bild. Es war eine klassische Story für Vic Agusan – graue Eminenz der Kriminalreporter –, der einst bei einem Geiseldrama als Vermittler aufgetreten und für seine Bemühungen mit einer Kugel in den Oberschenkel belohnt worden war. Sie paßten nicht, weil das Gesetz des Dschungels den Luxus privater Symptome ausschloß. Er schoß sich auf Sergeant Cruz ein. Der Morgen, an dem sie draußen in den Marschwiesen von Navotas auf der Lauer gelegen hatten, lieferte den auf Film gebannten Nachweis, daß dieser Mann aktiv an der Entsorgung von Mordopfern beteiligt war, eine Tätigkeit, die soweit außerhalb der offiziellen Zuständigkeit eines Polizisten lag, daß man Cruz damit ganz schön die Hölle heiß machen konnte, auch wenn es immer noch keine Beweise gab, daß er die Entsorgten auch getötet hatte. Das war ein solider Schritt in die richtige Richtung, aber Vic konnte nicht so tun, als würde diese Story absolut keinen Aufschub dulden. Solange Geschworene sich nicht zu einer Verurteilung durchringen konnten, erschossen Polizisten Verbrecher – und würden es auch weiterhin tun. Vielleicht sorgten Vampire wirklich mal, statt ihn in seinem Stolz zu kränken, für eine Abwechslung.

Er seufzte und zog die Antenne wieder raus. Dafür, daß er für ein Konkurrenzblatt schrieb, war Mozzy Narciso im allgemeinen zuvorkommend und hilfsbereit. Daß er jünger war und ihm mit einer gewissen Ehrfurcht gegenübertrat, mochte eine Erklärung sein. Obwohl Mozzy durchaus nicht untalentiert war. Er hatte zweifellos etwas Volkstümliches. Seine Berichte über Vergewaltiger, die Slumgebiete terrorisierten, von deren Existenz die meisten von Vics Lesern nicht einmal wußten, waren meisterhaft; und nicht weniger meisterhaft waren die über Engelmacher oder falsche Priester mit verbrecherischen Bereicherungsmethoden oder über Jeepneys, in denen es spukte. Vampire waren genau das richtige für ihn. Eine von einem Hund mit Hörnern heimgesuchte Grundschule in Naga City, das war der Inbegriff einer Mozzy-Story. Mozzys Nachteil – und der eigentliche Grund, weshalb Vic ihn nicht als Konkurrenz empfand – war, daß sich seine Meisterschaft im wesentlichen darauf beschränkte, dem Volk mit untrüglichem Instinkt aufs Maul zu schauen. So wußte er, daß die eigentlichen Opfer häufig zu langweilig, zu traumatisiert oder einfach viel zu beschämt waren, um zitierfähige Aussagen zu machen. Man wandte sich besser an ihre Mütter, ihre Mitbewohner, ihre Kinder. Die Zitate hatten ihre Druckerschwärze von einer Mozzy-Berichterstattung zur nächsten abgeschüttelt und blieben im Gedächtnis haften. »Er hatte gefleckte Eier.« »Es war traurig, als er uns verließ; wir hatten uns so an den Sound seiner Fürze gewöhnt.« Und über einen falschen Gynäkologen: »Wo er operierte, war ihr Portemonnaie.« Das war Mozzys Talent. Er bewegte sich von Story zu Story und förderte Goldkörner zutage, ohne tief zu schürfen. Er lieferte seinen Lesern zweifellos die tollsten Gerüchte über schwebende Vampire, über hockende und hüpfende Vampire und geplagte Nachbarn, die sich an ihre Kruzifixe klammerten. Falls sich Vic auf die Story einließe, würde er als erstes fragen: Wieso ausgerechnet *dort*? Wieso ausgerechnet *jetzt*? *Cui bono?* Verbrechen lehrten einen nichts, höchstens, daß das Übernatürliche bloß eine andere Waffengattung war. Er drückte ein paar Knöpfe und wartete, bis zwei Stockwerke über ihm seine Sekretärin den Hörer abnahm.

»Cindy, ich bin immer noch in der Halle. Hör zu, haben wir Narcisos Nummer in unserem Verzeichnis? Nein, nicht der; das ist doch unser korrupter Zollspezi. Den von *People's*. Mozart P. Narciso. Okay, dann gib mir doch noch mal die Nummer von *People's*. Ich werde selber versuchen ihn zu erwischen.«

Und wie er so dastand und das ständige Kommen und Gehen der in den dunklen Umrissen gegen die gleißende Projektionsfläche des Haupteingangs gezeichneten Figuren verfolgte, kam ihm der Engländer Prideaux in den Sinn. Ob sich John für Vampire interessierte? Um ehrlich zu sein, Vic war nicht ganz klar, welche Art Forschung dieser Mann betrieb. Irgendwas um den Moment, wo einer ausrastete. Für derlei Forschung brauchte er Informationen über die hiesige Polizei: über ihre Organisation, ihr Verhalten, ihre krummen Touren und so weiter. Er hatte Senatoren und Ärzte und Priester interviewt. Vic hatte für ihn die verschiedensten Kontakte hergestellt, unter anderem zu einem gutaussehenden Killer und Mitglied der Regierungskommission zur Verbrechensbekämpfung, zu einem ehemaligen Aquino-Vertrauten, der trotz schweren Betrugs ungeschoren davongekommen war, zu einem ranghohen Inspektor des NBI-Drogendezernats und zu einer charmesprühenden und grenzenlos raffgierigen Kongreßabgeordneten. Noch wichtiger, Vic hatte Prideaux seiner Frau und Familie, Freunden und Kollegen vorgestellt, lauter Männer und Frauen mit einem von Rauhheit durchsetzten Humor. Sie waren sich einig, daß John ein anständiger Mensch mit rascher Auffassungsgabe war, aber richtig durchschauten sie ihn trotzdem nicht. »Irgend so eine Doktorarbeit in Anthropologie« beschwichtigte ihre leicht unbefriedigte Neugier einigermaßen. Die Leute hatten ihr eigenes Programm. Ihn anrufen? Warum nicht? Vampire gehörten auch dazu.

Erst jetzt fiel ihm auf, daß das Schattenspiel in der Halle auf einen erneuten Stromausfall in Manila zurückzuführen war. Das Helldunkel der hin und her huschenden, in Umrissen gegen das Tageslicht sich abhebenden Gestalten hatte seiner Stimmung entsprochen. Die Lethargie, die ihn apathisch mit seinem schnurlosen Telefon neben dem Eiswasserbehälter ausharren ließ, war wahrscheinlich auf das Aussetzen der Klimaanlage zurückzuführen. Er riß sich zusammen und drehte die Telefontastatur ins Licht.

»Vic *Agusan*? Wow. Ehrlich gesagt hatte ich nicht vor, es weiterzuverfolgen. Gibt's was Neues? Hast *du* irgendwas?«

»Mozzy, alter Junge, immer mit der Ruhe. Ehrenwort, ich weiß absolut nichts. *Ich* rufe an, weil ich von *dir* was wissen will. Sollte die Sache mit irgendeinem Verbrechen zusammenhängen, weiß hier im Haus weder ich noch sonstwer davon. Bong meint nur, ich bräuchte mal 'ne kleine Abwechslung. Vampire sind genau das richtige. Ich verspreche, daß ich dir nicht hineinpfuschen werde. Wenn es ein urheberrechtlich geschütztes Mozzy-Territorium gibt, dann Vampire. Das weiß doch jeder. Wie sieht's aus? Hättest du was für mich?«

»Hysterie, offengestanden; viel mehr nicht. Drüben in San Clemente. Weißt du, wo das ist?«

»In etwa«, antwortete Vic zurückhaltend. Das war, komischer Zufall, das Revier von Cruz. Käme Mozzy dahinter, daß er bereits an einer Story saß, in der es unter anderem auch um die für diese Gegend zuständige Polizei ging, würde er seine eigenen Schlüsse ziehen. »Ist das nicht irgendwo beim Nordfriedhof?«

»Stimmt. Genau da, wo einen Vampire nicht sonderlich überraschen sollten, wenn man sich's recht überlegt. Also, da wäre ich nie drauf gekommen. Danke für den Tip.«

»Keine Ursache, Mozzy. Hast du sonst noch Sachen auf Lager, von denen du nichts wußtest?«

»Eigentlich nicht. Im Prinzip die übliche Geschichte. Zwei einheimische Schnapsnasen finden nicht ins Bett und sehen zu später Stunde diesen Spuk über ihren Barrio segeln. Es dauert nicht lange, und die Gestalt hockt auf dem Dach. Mit dem einzigen Unterschied, daß diese Erscheinung lüstern schielt und riesige Vampirzähne hat. *Ningas kugon* – ein Strohfeuer, nicht der Rede wert. Ich war gestern noch mal dort, um eine Fortsetzung zu schreiben, und bin mit dem üblichen Sammelsurium zurückgekommen: Babys, die nicht aufwachen wollen, oder Hunde, die Kakerlaken werfen, und Bibeln, die im Dunkeln leuchten. Du weißt schon. Wirklich *gesehen* hat das natürlich niemand. Wenn du mich fragst, hat sich das irgend so ein Witzbold ausgedacht, der den beiden Helden mal kräftig eins auswischen wollte. Slum-Humor. Nichts, was irgendwelchen Staub aufwirbeln könnte, außer, es geht weiter. Ich wette, so was fängt meistens als Scherz an.«

»Hatte das Wesen Ähnlichkeit mit Dasha?«

»Der ursprünglichen Beschreibung meines gut getränkten Informanten zufolge hatte es das Gesicht seiner Frau, die ich hinterher kennenlernte. Ich weiß nicht, ob er es selber weiß, aber seine Beschreibung war ziemlich präzise. Wie dem auch sei, zur Zeit arbeite ich an einer ganz anderen Geschichte. In der Betrugsaffäre um die *Junioren-Liga* haben wir endlich einen konkreten Hinweis. Erinnerst du dich? Letztes Jahr holt sich unser Team in Pennsylvania den Weltmeistertitel und ist ihn wegen nachgewiesenen Betrugs gleich wieder los. Richtig ... Genau das. Wir haben soeben eine Frau ausfindig gemacht, die zugibt, daß ihr damals vierzehnjähriger Sohn die Identität und die Schulzeugnisse irgendeines Zwölfjährigen übernommen hatte, damit er noch in die Altersklasse fiel. Das ist ein erster Erfolg, Vic. Wenn diese Geschichte erst mal gedruckt ist, werden die anderen Mütter vermutlich ebenfalls Farbe bekennen. Stell dir mal vor: Eine gottverdammte Nationalmannschaft setzt sich aus lauter Geisterkids zusammen. Die Junioren-Basketball-Liga! Ist denen überhaupt nichts mehr heilig? Okay, es leuchtet mir zwar nicht ein, daß unser bester Kriminalreporter seine Zeit mit Vampirjagd in San Clemente vergeuden will, aber wenn du den Namen meines alkoholisierten Gewährsmannes haben willst, kriegst du ihn mit dem größten Vergnügen, Vic. Falls es dir gelingt, mehr als nur die Visionen einer Squatterschnapsdrossel auszugraben, ist dir der erste Preis sicher. Was sehen Betrunkene in Amerika doch gleich? Rosa Elefanten? Bei uns sind es Vampire. Ich schätze, das sind die Auswirkungen von ein paar Jahrhunderten Katholizismus in diesem Land. Ha, ja: die gute alte Dascha. Glaubst du, daß sie je eine Neuauszählung der Stimmen durchsetzen wird?«

Im Laufe des Präsidentschaftswahlkampfes war herausgekommen, daß Miriam Santiago wegen angeblicher psychischer Labilität in Behandlung war. Trotz blühender geistiger

Gesundheit, die sie mit der Titulierung eines Kongreßabgeordneten als »Morchelgesicht« hinreichend unter Beweis stellen konnte, hatte sie sich einen Spitznamen eingehandelt, wie er Betroffenen nur allzu gern verliehen wird. Fortan wurde sie Dascha (für »Dachschaden«) genannt, aber es hätte ebensogut Rita (für »retardiert«) sein können. Vic hielt das unter den gegebenen Umständen für eine Form der Stimmabgabe. Als begeisterter Leser der ausländischen englischsprachigen Presse hatte er seit langem vermutet, daß die Namenswahl »Andy Capp« für die begriffsstutzigste Comicfigur einfacher Leute durchaus beabsichtigt war. Zufälligerweise gab es einen Rita, den jeder im *Chronicle*-Gebäude kannte, ein Mann, der keiner Fliege was zuleide tat und mit Schaufel und Besen in der Gegend seine Runden machte. Jedesmal, wenn er sich ein paar Münzen erbettelt hatte, verzog er sein Gesicht zu einem breiten Grinsen und vollführte Freudensprünge. Im allgemeinen behandelte man ihn freundlich, gab ihm seine paar Münzen und bedachte ihn mit spöttischem Applaus. Einige von Vics Kollegen, darunter seine Sekretärin Cindy, waren überzeugt, daß es Glück brachte, wenn man Rita eine 2-Peso-Münze gab. Ganz sicher aber half es Rita zu überleben. Vic malte sich aus, daß es in grauer Vorzeit in Europa so zugegangen sein mußte, als man noch glaubte, die Schwachsinnigen wären von Gott berührt und deshalb heilig. Vermutlich hatten moderne Gesundheitsvorsorge und staatlich gesteuertes Gesundheitswesen sie hinten runterfallen lassen, oder sie wurden, vollgepumpt mit Psychopharmaka, weggesperrt und wegen ihres Leidens mit einem dieser Namen bedacht, die darauf schließen ließen, daß es irgendwo irgend jemanden gab, der alles über diese Gebrechen wußte. Er fragte sich, ob auch die Vampire aus dem fortschrittlichen Westen verschwunden waren oder ob sie nach wie vor unter anderem Namen an Orten hockten, wo kein Mensch sie vermutete.

Kapitel 14

Auch Inspektor Dingca bewegte sich dieser Tage unter geisterverhangenem Himmel. Er vermutete, daß man erst ein gewisses Alter erreichen mußte, damit der allgemeine Verschleiß, den das Leben mit sich brachte und dessen Zuschauer man gezwungenermaßen war, so weit ging, daß man eines Tages selbst zum Geist für einen anderen wurde. Das schien der Lauf der Dinge zu sein. Babs war inzwischen ein Geist, soviel war sicher. Dingca war erleichtert, weil er nichts gehört hatte, was darauf hindeutete, daß der Entertainer sterben mußte, weil er Informant gewesen war und Dingca unmittelbar für Babs' Tod verantwortlich. Außerdem war er froh, daß er Babs nicht noch zusätzlich in Schwierigkeiten gebracht hatte, wie so viele andere Cops, die ihre »Kids« und »Goldstücke« anstifteten, einen Teil des von ihnen beschlagnahmten und über den Eigenbedarf hinausgehenden Rauschgifts wieder in Umlauf zu bringen. Dingca hatte Babs immer bar bezahlt. Zugegeben, damit brachte er Geld in Umlauf, das der Polizei auf dem einen oder anderen Weg in die Hände gefallen war: Schmiergelder, *tong*-Gebühren, konfiszierte, nicht registrierte Beute. Aber er war mit Babs fair umgegangen, und auch wenn es ihm schwer ums Herz war, hatte er ein ziemlich reines Gewissen.

In diesen Tagen gesellten sich andere Geister zu dem von Babs. Sie tauchten in unregelmäßigen Abständen in seinen Gedanken auf, traten aus einem Gebäude, während er vorbeifuhr, saßen in vertrauten Büros mit nicht vertrauten Insassen oder lehnten an Tischen in Bars und Restaurants. Sie waren die Rastlosen: solche, deren Leben durch Ungerechtigkeit beiläufig verschüttet war, wie man eine Schüssel Schmutzwasser auskippt. Sie waren dazu verdammt, auf der Erde herumgespült zu werden, während ihre dünnen Stimmchen unablässig nach Wiedergutmachung schrien. Andere Cops sahen und hörten sie auch, wie er in endlosen

Gesprächen mit Sergeant Macawili erfahren hatte; aber der alte Bryan war letztes Jahr in Rente gegangen und zu seiner Tochter nach Malolos, Bulacan, gezogen. Das einzige Mal, als Dingca und ein paar andere ihn besuchen gefahren waren (eine Fahrt, die in Meycauayan wegen eines geplatzten Reifens beinahe tödlich ausgegangen wäre), hatten sie ihn infolge eines Lungenemphysems nahezu sprachunfähig angetroffen.

All diesen Geistern war gemeinsam, daß sie ihn nach wie vor irgendwie unangenehm berührten, obwohl es nicht unbedingt eine Frage seines Gewissens war. Es gab eine ganze Reihe von Episoden, die er zutiefst bedauerte, die ihm aber keine schlaflosen Nächte bereiteten. Es war nicht zu leugnen, daß die Erledigung unangenehmer Dinge zu seinen Pflichten gehörte. Trotzdem blieb hier ein Geheimnis. Im Laufe seiner Karriere hatte er so manche Killer kennengelernt, durchaus nicht alles Wahnsinnige und viele von ihnen in Uniform, und von sich selbst wußte er, daß er keiner von ihnen war. Gleichwohl tötete er. Zur Selbstverteidigung hatte er selten zur Waffe greifen müssen, aber Entsorgungsaktionen waren eine andere Sache. Für die meisten Cops, die er kannte, war das keine Gewissensfrage, und das traf auch für ihn zu. Es gab gewisse Bestien, die die Straßen lange genug terrorisiert hatten und ihre Banden-Tätowierungen trugen wie im Krieg gegen die Zivilisation errungene Medaillen. Ließ man sie in Ruhe, vermehrten sie sich. Also mußte man ihre Reihen regelmäßig lichten. Was Dingca betraf, war das angesichts bestechlicher Richter und poröser Haftanstalten eine Art moralischer Parteinahme. Derlei Entsorgung wurde selten von einem Cop allein ausgeführt, außer es handelte sich in erster Linie um eine Privatangelegenheit; es festigte eine Kameradschaft, die wiederum Bestätigung lieferte. Es gab Cops, die beschlossen hatten, sich aus so etwas einfach rauszuhalten. Diejenigen, die ganz dabei waren, kamen auf der Dienstgradleiter meistens schneller voran. Auf Anhieb konnte sich Dingca nur schwer an einen einzelnen erinnern, an dessen Ableben er mitgewirkt hatte. Erst wenn jemand einen Namen fallenließ, gelang es ihm manchmal, ein Gesicht oder eine Szene von den Spinnweben zu befreien.

Für Rio Dingca hatte dieses Töten nur einen einzigen Geist hervorgebracht, und das auf unerklärliche Weise. Es war der Geist eines flüchtig wahrgenommenen Gesichtsausdrucks, als sie eines Nachts einem Hinweis gefolgt und sich zu einem Haus in Grace Park begeben hatten. Der Typ, hinter dem sie her waren – sein Name wollte Rio immer noch nicht einfallen –, war ein Spezialist für bewaffneten Raubüberfall, der seine Karriere mit sechzehn begonnen und nächtlichen Jeepney-Passagieren dampfende Salpetersäure ins Gesicht geschüttet hatte. Sein erster Anschlag hatte eine Frau zur Blinden gemacht, ihre schlafenden Kinder entstellt und 37 Pesos netto eingebracht. Von da an hatte er sich beharrlich emporgearbeitet, von einem äußerst lukrativen Raubüberfall auf einen Touristenbus bis hin zu einem tollkühnen, am hellichten Tag ausgeführten Überfall auf einen nicht als Polizeifahrzeug gekennzeichneten Jeep, der eine Geldkassette von einer Bank zu einer anderen transportierte. Das war ein Job für Eingeweihte. In besagtem Jeep saßen, inklusive Fahrer, drei Polizisten in Zivil. Zwei von ihnen hatten automatische Gewehre auf den Knien; ein fataler Fehler, da es auf schnelle Reaktion ankam, besonders für den, der hinten unter dem niedrigen Dach kauerte. Im Herzen des Touristengürtels kroch der Jeep gemächlich die Padre Faura entlang, auf die Ampeln Ecke Mabini zu. Die Straßen waren mit Passanten bevölkert, die gerade Mittagspause hatten, Büroangestellten aus den Regierungsgebäuden und Krankenschwestern aus dem nahegelegenen Allgemeinen Krankenhaus. Der Mann hatte seinen Augenblick mit Bedacht gewählt und sich von hinten auf einer alten Kawasaki 100 durch den Verkehr herangeschlängelt. Als der Jeep in Höhe Ecke Bocobo hielt, kam der Motorradfahrer von rechts, erschoß zuerst den Polizisten auf dem Beifahrersitz, dann den Fahrer und wandte sich dem zu, der hinten drin saß und soeben reagieren wollte. Der Motorradfahrer drückte noch einmal ab und erwischte ihn am Oberschenkel, was den wie elektrisierten Cop seine Armalite hochreißen und blindlings drauflosballern ließ, bevor er überhaupt zielen konnte. Er traf den bereits leblosen Körper seines Kollegen auf dem Vordersitz und die Windschutzscheibe, die in einem weißen Kristallhagel zerplatzte, bis der Lauf der Waffe sich in einer Kopfstütze verfing. Diesmal verpaßte ihm der Motorradfahrer einen sauberen Schuß zwischen die Augen. Er ließ die Kawasaki auf die Seite fallen, hastete um den Jeep herum und zerrte den Fahrer auf die Straße. Bis dahin waren gerade mal acht Sekunden vergangen, und die Passanten begriffen erst allmählich, was da eigentlich vor sich ging. Als sich der Fuß des toten Fahrers von der Kupplung löste, würgte es den Jeep-Motor mit lautem Knall ab. Der Mann stieg eiskalt ein, startete den Motor, riß das Lenkrad nach rechts, rumpelte über das Vorderrad der Kawasaki und preschte mit zwei Leichen und einer Geldkassette an Bord in einem Höllentempo, gegen den Einbahnstraßenverkehr, die Bocobo entlang und wich immer wieder auf die Bürgersteige aus. Das Ganze hatte sich kaltblütig und schnell und so routiniert abgespielt, daß es in den Abendzeitungen für Schlagzeilen sorgte. Am nächsten Morgen konnte man in den differenzierteren Leitartikeln über den Krieg auf den Straßen lesen und daß die Polizei häufig verheerender wirkte als die Krankheit, die sie bekämpfen sollte. Von Anfang an wurde die Vermutung laut, daß der Täter selbst Polizist war, was nur die Polizisten wütend machte, da sie überzeugt waren, daß es nicht stimmte. Als sich herausstellte, daß der entscheidende Wink höchstwahrscheinlich von einem Polizisten stammte, der nebenbei als Wachmann bei einer Bank jobbte, war ihre rechtschaffene Wut verraucht.

Abgesehen davon, daß ein einjähriges Kind von einer verirrten Kugel in den Kopf getroffen wurde, war einer der Toten ein Kollege Dingcas gewesen. Als sie einige Monate später erfuhren, daß der Motorradfahrer im südlichen Teil von Grace Park zu finden wäre, fuhren vier von ihnen eines Nachts dorthin, ohne dem 2. Revier erst einen Höflichkeitsbesuch abzustatten. Sie drangen gleichzeitig von vorn und hinten ein, schreckten zwei ältere Frauen auf, die sich im Fernsehen »Raven« anschauten, und fanden den Gesuchten in einem durch einen Vorhang abgetrennten Alkoven. Er war allein und, kaum zu glauben, unbewaffnet. Er setzte sich auf seiner Matte auf, die Augen im Schein einer 20-Watt-Glühbirne schlafverklebt, ein neunzehnjähriger Junge mit einem Batman-T-Shirt und einer Baumwolldecke. Sein Mund sagte »Oh«, als sich sein Hirn bereits von einem Traum loszureißen begann, was seinem Gesicht die gelöste Unschuld eines Kindes verlieh. Und dies war der Ausdruck, der Dingca verfolgen sollte, als sie ihn alle auf einmal mit Schüssen niederstreckten: diese leicht erstaunten, auf ihn gerichteten Augen, als würde er mit seinem Blick ein Wunder verfolgen, ein gewöhnliches Ereignis, das sich im Bocksprung unversehens über jede Glaubwürdigkeit hinweggesetzt hatte und auf der anderen Seite auf ihn wartete. Sie hatten weder unter dem Kopfkissen noch sonstwo im Haus einen Revolver gefunden, aber vorsorglich einen mitgebracht und ihm in die tote Hand gedrückt, ohne daß daraus ein Schuß abgegeben worden wäre. Tagelang wurde Dingca von dem Gedanken geplagt, es hätte den Falschen erwischt, aber dann kamen die Laborberichte: Fingerabdrücke, die mit denen auf dem Lenkrad des Polizeijeeps und denen auf einer leeren Säureflasche übereinstimmten.

Der Gerechtigkeit war schließlich Genüge getan; aber dabei war dieser Geist zurückgeblieben, diese verlorene Seele eines Ausdrucks, der ohne ein dazugehöriges Gesicht, geschweige denn mit irgendeinem Namen, in der Luft hing wie das permanente Grinsen eines Honigkuchenpferds. »Also dann, bis zum nächsten Mal«, sagte es zu Rio, nicht mit dem Versprechen auf Rache, sondern in der hoffnungsvollen Überzeugung, daß beide sich ein wenig von all den Mißverständnissen und der Dummheit und dem sinnlosen Verschleiß des Lebens befreien würden. Allein daher kam Rios Gewißheit, daß ihnen durch die Erschießung des Besitzers dieses Gesichtsausdrucks der eigentliche Ganove irgendwie durch die Lappen gegangen war und weiterhin vor ihnen herflitzen und sich, Sekunden vor ihren Kugeln, mit einem Sprung aus jeder Wirtsperson befreien und eine unschuldige Hülle hinterlassen würde. Und das war der Lauf der Welt, die auf ihren Rädern aus Schmerz und Leid dahinzockelte und eine zermürbende Nachdenklichkeit hinter sich herzog, die alternden Cops überhaupt nicht guttat.

Dies war ein seltenes Einzelbeispiel für einen ungebeten auftauchenden Dingca-Geist. Ein weitaus bekannterer Geist suchte ihn so wie Tausende anderer Manileños heim. Es war kein Einzelwesen, sondern ein zusammengesetztes, das unermüdlich jedesmal aus der Bucht aufstieg, wenn er auf dem Roxas Boulevard am Jachtclub vorbeifuhr und das Kulturzentrum der Philippinen, dieses Prunkstück von Marcos' Neuer Ordnung, sah. Dieses Gebäude verströmte lediglich den Atem der berühmten alten Freunde, die Imelda für einen Auftritt angeworben hatte, der Margot Fonteyns und Van Cliburns des internationalen Konzertbetriebs. Es war das andere, dahinter versteckte Gebäude am Ende der trockengelegten Landzunge, über dem die Geister derjenigen schwebten, die bei der Errichtung ums Leben gekommen waren. Der Ablauf der Ereignisse hatte sich bei Dingca unauslöschlich eingeprägt, da sie mit seiner beruflichen Laufbahn verflochten waren.

Damals hatte es zwei nationale Polizeieinheiten gegeben. Die eine war die (Anfang des Jahrhunderts von den Amerikanern ins Leben gerufene) Philippine Constabulary, die andere die Integrated National Police, ein Amalgam aus örtlichen Polizeieinheiten. Die PC hatte stets enge Verbindungen zur Armee unterhalten. Ihr Einsatz gegen die kommunistische Guerilla und ihre Mitwirkung bei der Durchsetzung des im Jahre 1972 verhängten Kriegsrechts hatte sie nach Ausbildung und Orientierung zu einer quasi militärischen Truppe gemacht. Als Ziviltruppe konnte man die PC beim besten Willen nicht bezeichnen. Ab 1974 wurde diese Rolle von der weithin als armer Cousin betrachteten INP übernommen, der man die stumpfsinnige Hausarbeit aufbürden konnte: gestohlene Fahrzeuge ausfindig machen, Dognapping-Ringe knacken, den Verkehr regeln und die nach Banküberfällen von der PC zurückgelassenen Leichen mit Namensschildchen versehen. Als Rio Dingca in den siebziger Jahren vom 5. Revier in Ermita aus Dienst getan hatte, war er ein einfacher PO2.

1975 begann das vom Kriegsrecht verheißene Gefüge aus Disziplin und Recht und Ordnung unter der Last der Korruption, zu der es in dieser Größenordnung nur auf Geheiß oder mit Duldung des Malacañang-Palastes hatte kommen können, sichtbar ins Wanken zu geraten. Welchem Teil des amtierenden Präsidentenpaars mehr Schuld zuzuweisen wäre, darüber war man geteilter Meinung. Eine Goldader in Form von Darlehen für Marcos' Geschäftsfreunde, die »auf sein Geheiß« und ohne Sicherheiten gewährt wurden, war aus öffentlichen Mitteln finanziert worden. In Manilas besseren Vierteln wimmelte es von Prestigebauten, die zwecks Einstreichung von Versicherungsprämien errichtet, niedergebrannt und erneut in Angriff genommen wurden. Für einen seriösen Cop war der normale Dienst in Ermita mittlerweile zu einem privaten Minenfeld verkommen. Allein das falsche Fahrzeug wegen Verletzung einer Verkehrsregel anzuhalten konnte einen die Dienstmarke kosten, die Ermittlung gegen einen illegalen Nachtclub sogar das Leben. Sah man pädophile Touristen mit gemieteten Kindern im Schlepp durch die Stadt ziehen, beließ man es besser bei einem nachsichtigen Lächeln. Wünschte anderen Touristen Glück, wenn sie illegale Spielhöllen aufsuchten. Verkaufte ihnen die diversen Substanzen, nach denen sie suchten, bevor es andere taten. Tat, als würde man jene Männer aus den Mittelklasse-Vororten nicht kennen, die sich mit dicken Siegelringen an den Fingern zu einer bestimmten Bar am M. H. del Pilar chauffieren ließen, nicht nur um sich ordentlich zu betrinken, sondern um in den frühen Morgenstunden an einem verlassenen Ort viel Geld hinzublättern, in einen geheimen Keller hinabzusteigen und wirklichen Abartigkeiten beizuwohnen. (dabei oder nicht dabei?) Tagein, tagaus verschloß man vor so vielem die Augen, daß der ganze Kopf zu einem einzigen grauen Star wurde, der in allen Richtungen dieselbe milchige Undurchsichtigkeit zeigte. Die daraus resultierende Frustration, gepaart mit Schuldgefühlen durch das, was man ständig sah, aber leugnete, was man wußte und doch nicht wissen wollte, und alles für ein Gehalt, das einen so gerade eben über Wasser hielt, hatte es Rio und seinen Kameraden erleichtert, das Gesetz von Zeit zu Zeit in die eigenen Hände zu nehmen. Tote außerhalb jeder Gerichtsbarkeit waren eine Methode, sich zu wehren. Damals waren durchaus nicht alle im Rizal Park herumliegenden Körper Schlafende oder solche, die es gerade miteinander trieben. Damals war Intramuros von dicht an dicht geparkten und mit Diebesgut beladenen Lkws aus dem nahegelegenen Hafen verstopft, hinter deren Lenkrädern auch schon mal eine Leiche saß. Rio war damals ein frischgebakkener Ehemann und Sita schwanger mit Eunice. Kein guter Zeitpunkt, den Job zu wechseln. Sei auf der Hut, sagte er sich. Kokospalmen retteten ihre Wipfel, indem sie sich den Taifunen beugten, und jedem Taifun ging irgendwann mal die Puste aus. (Er war, wie schon gesagt, ein Mann mit banalen Rezepten.)

Imelda Marcos, die sich in ihrer Rolle als Gouverneurin von Manila gefiel, geriet in den späten siebziger Jahren zusehends in die Klauen ihrer »Bau-Sucht«, deren früheste Symptome sich 1969 in Form eines Kulturzentrums äußerten. Achtzig Prozent der Baukosten in Höhe von 8,5 Millionen Dollar waren aus dubiosen Geldquellen finanziert worden. Die Leute rühmten es für seine Architektur und Imelda für ihre patriotische Vision. Im Jahre 1981, während der Suche nach international gültigen Statussymbolen, an denen es Manila in den Augen anderer mangeln könnte, stand für sie fest, daß Cannes eigentlich lang genug einsam an der Spitze gestanden hätte, und das mit bei weitem nicht so imposanten Sonnenuntergängen wie denen über der Bucht von Manila. So wurde mit größter Eile das Manila International Film Festival konzipiert und mit noch größerer Eile in Gestalt eines Film-Centers aus der Taufe gehoben, das als MIFF-Vorführungsort dienen sollte. Wie bei so vielen anderen grandiosen Projekten Imeldas mußte auch hier alles in Windeseile gehen. Den Bauunternehmern blieben knapp sieben Monate, um aus dem Nichts ein siebenstöckiges Gebäude im Parthenon-Stil von der Größe eines Einkaufszentrums aus dem Boden zu stampfen. Dem Vorhaben wurde allerhöchste Prioriät eingeräumt, Imelda persönlich übernahm die Aufsicht.

PO2 Gregorio Dingca war mit von der Partie; er tat Dienst an der schmalen Küstenstraße, die er von unnötigem Verkehr freihalten mußte, damit Muldenkipper und Lieferanten ungehindert Zufahrt hatten. Am Horizont erschienen Leichter mit besonders weißem Sand, der von irgendwelchen Stränden in der Provinz abgezogen worden war. In ganz Metro-Manila wurden Bauprojekte gestoppt und der Zement zum Film-Center umgeleitet. Über 5000 Männer schufteten, aßen und schliefen auf der Baustelle wie schon viele andere Männer vor ihnen, die von weit her in die Hauptstadt kamen, von einer Baustelle zur anderen zogen und sich aus einer vorübergehenden Unterkunft nach der anderen herausbauten. Sie bauten tags, und nachts unter Flutlicht, schliefen im Schichtwechsel auf Wellpappe, während zwischen ihnen Mörtelträger und Sandcontainer herummanövrierten.

Als am 17. November 1981, einem Tag, den er niemals vergessen würde, morgens um 2 Uhr 35 das oberste Stockwerk einstürzte, hatte Rio gerade Nachtschicht. Die Arbeit war so schnell vorangegangen, daß dem Beton nicht genügend Zeit zum Abbinden gelassen worden war, bevor er mit dem Gewicht eines weiteren Stockwerks belastet wurde. Hinzu kamen unzureichende Armierung und Abstützung, was dazu führte, daß große Teile des Rohbaus wie ein Dominospiel in sich zusammenfielen und im Hauptvorführraum landeten, wo hundert Arbeiter von der Tagesschicht schliefen. Eine riesige Masse frischgegossenen Zements, Beton und Stahlträger stürzten mitsamt den Arbeitern, die von zusammenknickenden Baugerüsten purzelten, in die Tiefe. Danach setzten die alptraumhaften Bergungsarbeiten ein. Als sich die Nachricht von der Katastrophe in unmittelbarer Nachbarschaft der Baustelle verbreitete, strömten Leute herbei, um zu helfen. Das neue Stockwerk lag mit einer Reihe von unregelmäßigen Hohlräumen wie eine klumpige Decke über den darunterliegenden. An manchen Stellen war der Zement noch so flüssig, daß Arbeiter darin eingegossen waren. In frenetischer Hast gruben Männer mit Schaufeln und bloßen Händen, um die Eingeschlossenen zu erreichen, legten hier ein Bein, dort einen Hinterkopf frei. Dingca war wie sie über und über mit Zement beschmiert; sein Holster war zementverkrustet, seine Stiefel tonnenschwer. Selbst vierundzwanzig Stunden nach dem Einsturz zogen sie noch immer Überlebende aus Luftblasen und unter Treppen hervor.

Dann kam der Befehl aus Malacañang: *Rettungsarbeiten einstellen. Es wird unverzüglich weitergebaut.* Die Retter glaubten, es müsse sich um ein Mißverständnis handeln, und verdoppelten ihre Anstrengungen, sich durch den inzwischen erhärtenden Zementbrei durchzuarbeiten, um an ihre Freunde heranzukommen. Sofern Rios Gedächtnis ihm keinen Streich spielte, war es hier, daß sich die Ereignisse ineinanderschoben. Er erinnerte sich genau, daß nach dem Unfall neun Stunden lang keine Ambulanz durchgelassen und die gesamte Baustelle zur Sicherheitszone erklärt worden war. Am folgenden Tag hatten ein paar Zeitungen von einem kleinen Unfall berichtet, bei dem zwei Arbeiter ums Leben gekommen waren. Ansonsten absolutes Schweigen. Es fuhren keine Ambulanzen, sondern Mannschafts- und Militärfahrzeuge vor: MetroCom und die gefürchteten NISA und MISA. Es kam ihm gar nicht erst in den Sinn, sich zu fragen, was der Militärische Geheimdienst mit einem Unfall auf einer Baustelle zu tun haben könnte. Alle wußten es. Limousinen mit getönten Scheiben fuhren vor, in denen Regierungsbeamte mit Eil-Anordnungen saßen. Das Gebäude war termingerecht fertigzustellen – koste es, was es wolle –, und Zeit hatte man ohnehin schon verloren.

MetroCom: paramilitärische Polizeieinheiten der Marcos-Ära
NISA: National Intelligence and Security Authority, ziviler Geheimdienst
MISA: Military Intelligence and Security Authority, militärischer Geheimdienst

Mittlerweile versuchten die Arbeiter noch immer, ihre Kollegen mit Preßlufthämmern zu befreien, auch dann noch, als um deren Gliedmaßen der Beton schon anfing hart zu werden und Männer, die bis zur Taille im abbindenden Zement steckten, bei vollem Bewußtsein starben. Nach drei Tagen wurde der Gestank der Leichen, an die man nicht herangekommen war, unerträglich. Trotzdem gab es in den Wänden des Schluchtenlabyrinths unten im Gebäude immer noch Leben. Preßluftbohrer drangen in den Beton und förderten klumpiges Blut zutage. Aber Befehl war Befehl, und entsprechend wurde gehandelt. Planierraupen rückten an und begannen, den ganzen Schutt aus Fleisch, Stein und Metall aus dem Gebäude heraus und hinunter ans Meer zu schieben, wo sich die Möwen im Sturzflug darüber hermachten. Im Inneren des Gebäudes gingen Männer mit Kettensägen daran, menschliche Glieder und die immer noch in ihren Kleidern steckenden und aus dem Beton ragenden Ausbuchtungen bündig abzutrennen. Als Polizist hatte Dingca den Befehl erhalten, seine Pistole zu ziehen und jeden weiteren Rettungsversuch unter Androhung des Todes zu vereiteln. Er und seine Kollegen von der INP standen da und zitterten vor Erschöpfung, und ihre Waffen hingen zementbeschwert an ihnen herunter. Und jeder tat, als bemerkte er diejenigen nicht, die still für sich weinten. Draußen fuhr ein Armeelastwagen nach dem anderen mit frischen PC-Männern in Militäruniformen vor; die sprangen herunter und sahen nichts anderes als das, was man ihnen zu sehen vorgeschrieben hatte, nämlich den Ort eines Sabotageakts und kommunistisch gesteuerten Arbeitskampfs, und entsicherten ihre Waffen. Nach einer Woche waren die Arbeiten wieder in vollem Gange. Auf die sterblichen Überreste wurde frischer Beton gegossen; der Gestank wurde erträglicher.

Es wurde niemals genau festgestellt, wie viele Menschen

ums Leben gekommen und wie viele noch immer im Film-Center begraben waren. Offizielle Zahlen gab es nicht. Diejenigen Bauarbeiter, die ihre vermißten Freunde und Kollegen namentlich aufzählen konnten, sprachen von mehr als zweihundert, aber die Schätzungen über geborgene Leichen widersprachen sich. Obwohl am Vortag der Eröffnung des ersten Manila International Film Festival immer noch 7000 Mann am Gebäude arbeiteten, wurde es termingerecht fertig, und die Hauptattraktion Imelda hatte ihren großen Tag. Satyajit Ray hatte den Vorsitz der Jury übernommen, die *36 Chowringhee Lane* den Goldenen Adler verlieh. Aber das MIFF kam niemals vom Fleck und mußte zwecks Kostendeckung ab 1983 anspruchsvollere Pornofilme ins Programm aufnehmen. Es ist zu bezweifeln, daß die potentielle Bedrohung aus Manila in Cannes irgend jemanden um den Schlaf gebracht hatte.

Das MIFF war gestorben, aber das Film-Center stand noch. Wenn Rio eine der neuen Überführungen auf dem Roxas Boulevard benutzte, registrierte er es hin und wieder: einen mächtigen, mit Säulen ausgestatteten Würfel in der Ferne. Für ihn, und die Tausende, die in jener schrecklichen Woche im Jahre 1981 dabei gewesen waren, hatte es niemals aufgehört, Geister wie in einer massiv über dem Gelände hängenden Rauchfahne aufsteigen zu lassen. Sie wurden regelmäßig gehört und gesehen, und man versuchte sie ebenso regelmäßig zu exorzieren. Mehr als einmal hatte die Kirche ihre Schamanen ausgesandt, und als das nichts nützte, hatten sich Priester der Ifugao- und der Igorot-Bergstämme mit fachmännischem Geschick an ihnen versucht. Nichts half auf Dauer, und die meisten Leute waren fest davon überzeugt, daß auch nichts helfen würde, solange das Gebäude noch stand. Mittlerweile war es zu einem Lagergebäude verkommen, leerstehend und rissig, nach nur zwölf Jahren hatte es sich verdächtig gesenkt und stank nach Babylon.

Keine Macht der Welt würde Rio dazu bewegen, jemals wieder einen Fuß hineinzusetzen. Er wußte, wenn er das tat, würde der komplette Bau im Handumdrehen durchsichtig werden, und er würde die Umrisse der durcheinandergewürfelten Toten – in sitzender oder liegender Position, mit ausgebreiteten Armen, kopfüber, ohne Kopf, ohne Hemd, mit fehlendem Bein, fehlender Hand, fehlendem Torso, die Münder voller Zement und mit ersten, zwischen ihren Gebeinen aufgehenden Sternen – vor dem vielgerühmten Sonnenuntergang über der Bucht von Manila sehen.

So sahen Dingcas Geister aus. In der weiteren Geschichte der Polizei spielten sie nur eine Nebenrolle und wurden immer dann geweckt, wenn sich etwas ereignete, das ihn an den prinzipiellen Unterschied zwischen der zivilen Polizei, der er angehörte, und der Philippine Constabulary erinnerte. Beide Organisationen firmierten als Polizei; aber während er an der Polizeiakademie eine »dienst-orientierte« Ausbildung genossen hatte, wie es im offiziellen Sprachgebrauch hieß, wurde die PC gemeinsam mit dem Militär »einsatz-orientiert« ausgebildet. Beide Polizeiapparate machten keinen Hehl aus ihrer gegenseitigen Verachtung, die sich gelegentlich zu öffentlich ausgetragenen Schießereien verdichtete. 1981 wurden sie dann offiziell zusammengelegt und bildeten fortan die Philippine National Police. Dahinter verbarg sich die Absicht, eine wirklich staatlich-zivile, ganz von den Streitkräften getrennte Polizei zu formieren. Dingca und seine INP-Kollegen prophezeiten düstere Konsequenzen und wurden darin düster bestätigt. Die PC-Männer rissen fast ausnahmslos die Topjobs an sich und pickten für ihre alten Kameraden die Rosinen heraus, während die ehemaligen INP-Leute versuchten, weiterhin ganz normale Cops zu bleiben. Die ehrwürdige Polizeiakademie, die in den Nachkriegsjahren für den adretten Nachwuchs von Manilas Besten gesorgt hatte, wurde geschlossen. An ihre Stelle war das National Capital Training Command getreten, ausgerechnet in Camp Crame, wo sich das Armeehauptquartier befand – für eine zivile Polizei ein eher ominöser Ort.

Dem unglücklichen Amalgam der PNP hatte man zwei Jahre Zeit eingeräumt, um sich zu stabilisieren, wobei es bislang allerdings keinerlei Anzeichen gab, daß es jemals dazu kommen würde. Den Vorschriften zufolge konnte ein Polizist heutzutage innerhalb des Landes überall hinversetzt werden mit der Folge, daß es unterdessen Manila-Cops gab, die die Stadt überhaupt nicht kannten, und sich Männer wie Rio Dingca am liebsten verkrochen hätten, um ja nicht in ein gottverlassenes Provinznest versetzt zu werden. Er wußte nur allzu gut, daß die meisten ehemaligen Constabulary-Leute, deren Befehlsempfänger er jetzt war, nicht über die Qualifikationen eines Polizisten verfügten, wie jene Dienstoberen, die in den alten Tagen des Kriegsrechts rekrutiert worden waren und sich einfach ein gefälschtes Abiturzeugnis gekauft hatten, um bei der Polizei anfangen zu können. Heutzutage mußte man Hochschul-Absolvent sein, eine glänzende, aber gründlich konterkarierte Leitvorstellung für eine Polizeitruppe, in der es von Männern wimmelte, die höchstens zum Tragen einer Hausmeisteruniform qualifiziert schienen. Von der Politik demoralisiert, machten sich Dingca und seine Freunde für die Zukunft keine großen Hoffnungen. Die Dienstmoral war unzumutbar, das Benehmen um einiges schlimmer. Polizisten führten sich auf wie Verbrecher, ballerten nach Lust und Laune in der Gegend herum, organisierten Kidnapping-Syndikate, Drogenringe, Autodiebstähle, Schutzgelderpressungen und Hehlerei. Nahezu täglich beschossen sie sich untereinander, ob in Uniform oder in Zivil. Sie lauerten sich gegenseitig auf, vermasselten sich gegenseitig das Geschäft, um es selbst zu erledigen, und machten sich gegenseitig die Beute streitig. Seit sie mit den Streitkräften in einen Topf geworfen worden waren, konnte man sagen – so wie Dingca immer wieder zu Sita sagte –, daß die Ordnungskräfte der übelste Verbrecherverein des Landes waren.

Plötzlich überkam ihn wie aus heiterem Himmel Trauer, ein wütendes Gefühl der Vergeudung, wofür Babs das schmerzlichste Beispiel der jüngsten Vergangenheit war. Es war noch nicht lange her, da hatte er es mit einem Schwachkopf aus den Slums zu tun, dem man einen Autodiebstahl angehängt hatte, den er nach Rios Überzeugung nicht begangen hatte, zumal er die Polizisten kannte, die der Autoknackerbande vorstanden. Ihr gängiger Trick war, ein Auto auszuwählen, das ihnen gefiel, den Besitzer zu verhaften und das Fahrzeug zu beschlagnahmen, das dann spurlos aus der polizeilichen Aufbewahrung verschwand. Er hatte den inhaftierten Squatter wiedererkannt und rausgeholt, da sich zeigte, daß der Bursche gar nicht Auto fahren konnte. Irgendwo hatte das etwas Ergreifendes. Eigentlich galten seine Sympathien der Frau des Squatters, einer bewundernswerten, zupackenden Seele, bei der er zu einem Spottpreis regelmäßig die T-Shirts für seine Töchter kaufte. Kurz nachdem er ihren nichtsnutzigen Gatten in San Clemente abgeliefert hatte, war er zufällig dem herumvagabundierenden Gemeindepfarrer Pater Herrera begegnet. Dingca hatte im allgemeinen mit Priestern nicht viel im Sinn und mit Gottesdiensten schon gar nicht, seiner Meinung nach war das eher etwas für Frauen. Im Gegensatz zu dem anderen Gemeindepfarrer, Pater Bernabe, war Herrera unkonventionell, zynisch, bissig und wußte über die erstaunlichsten Dinge Bescheid, sogar über Hahnenkampf. Rio hatte ihn mühelos zu einem kalten Getränk überreden können. Er hatte im Sinn, diesen Mann vorsichtig zum Thema Geister auszufragen, weil sie ihn allmählich doch stärker beunruhigten, als ihm lieb war. Seit sich der alte Bryan Macawili zur Ruhe gesetzt hatte, kannte Rio niemanden, dem er sich freiwillig anvertraut hätte.

Eigentlich gab es mehrere Dinge, zu denen er Pater Herrera gern ein paar Fragen gestellt hätte, aber er wußte nicht, wie er seine Fragen formulieren sollte. Nach einem seiner Treffen mit Babs im »Topless Pit« hatte er eine recht ungewöhnliche Vision des Jüngsten Gerichts gehabt, während er mißgelaunt zurück nach San Pedro, Laguna, fuhr. Aufgerufen, vor den Allmächtigen zu treten und zu erzählen, womit sie ihre Zeit auf Erden vertrieben hätte, antwortete Iron Pussy: »Sir, ich pflegte vor Touristen Cokeflaschen mit meiner Möse zu öffnen ... äh, meiner Vagina, Sir«, derweil Cherubim und Seraphim hinter diskret vorgehaltenen Flügeln losprusteten. Darüber hinaus stellte sich Dingca vor, daß es im Himmel doch Gerechtigkeit gab, da Gott mit Donnerstimme rief: »BRINGT MIR DIESE TOURISTEN!«, statt auf Iron Pussy loszugehen, die nur ein besonderes Talent genutzt hatte, mit dem ER sie ausgestattet hatte. Derlei metaphysische Kapriolen ließen sich nicht so leicht in Fragen an einen Gemeindepfarrer übersetzen, sagte sich Rio.

Aber darauf kam es schließlich gar nicht mehr an, da Pater Herrera, mittlerweile bei seiner dritten Flasche Red Horse angelangt, in einen seltsamen Monolog abdriftete, der hier und da Themen anschnitt, für die Dingca sich interessierte.

»Hören Sie, Leutnant«, sagte er. »Elend und Grausamkeit dieser Welt sind erschütternd, dagegen gibt es kein Mittel. Keiner überlebt. Die Leute machen das Beste draus. Sie suchen Zuflucht bei ihren Göttern und ihren Teufeln; bei ihren Drogen, wie Tabak und Alkohol und Geld; ebenso bei Zynismus und Wunschträumen und stillen Zufluchtsorten, die sie zwischen einzelnen Schicksalsschlägen aufsuchen; bei Liebhabern und Familien. Ich behaupte, daß es dagegen kein Mittel gibt, weil ich herausgefunden habe, daß es so ist. Ich habe auch schon gehört, gut zu leben wäre die beste Revanche. Jahrelang habe ich gedacht, dieses sogenannte ›gute Leben‹ würde bedeuten, das Leben eines Reichen zu führen, was mir, wie ich gestehen muß, schon immer wie ein Glaubensbekenntnis unbedarfter Habgier vorgekommen ist. Auch wenn es sich merkwürdig anhört, aber ich habe festgestellt, daß wirklich gut und moralisch integer zu sein und in diesem Sinne gut zu leben die beste Revanche ist. Außerdem weiß ich, daß es keine Alternative gibt. Es hat nichts damit zu tun, einem Gott gefallen zu wollen oder sich einer gesellschaftlichen Konvention zu unterwerfen. Es ist einfach die logischste und intelligenteste Art zu leben. All denen, die noch nicht alt genug sind oder vielleicht noch nicht genügend Narben davongetragen haben, wird diese Erkenntnis unweigerlich wie der letzte Schwachsinn vorkommen. Sie kann nicht gelehrt, sondern nur gelernt werden.«

»Und das ist Ihr Mittel?«

»Nein, ich sagte Ihnen doch, es gibt kein Mittel. Es ist einfach nur der richtige Weg zu leben. Es gibt weder Belohnung noch Bestrafung, das ist das Schlimmste daran. Die Leute stellen sich immer vor, daß bescheidene, hie und da gesäte Gesten der Freundlichkeit aufgehen müßten wie – entschuldigen Sie das Gleichnis – Senfkörner. Und diese würden wachsen und sich ausbreiten und die ganze Welt allmählich mit einer reichen Ernte von, nun, Senf überziehen, schätze ich. Aber so funktioniert das nun mal nicht, denn schon wächst eine neue Generation nach, und alles geht wieder von vorn los. Kleine Freundschaftsgesten sind nicht sehr weit verbreitet. Sie sollten nicht vergessen werden, aber Kränkungen ebenso wenig. Weder einer Freundlichkeit noch einer Kränkung ist Verbreitung garantiert. Es ist viel zu anstrengend, die Dinge irgendwie weiterzuführen. Sie verlaufen ganz einfach im Sande, egal ob gut oder böse. Nichts wird je gelernt. Jede Generation fängt einfach immer bei Null an.«

»Ich muß schon sagen, Sie sind ein merkwürdiger Priester.«

»Wissen Sie was Besseres? Was wollen Sie, katholisches Dogma? Das kann ich auch.«

»Was erzählen Sie Ihren Schäfchen denn über den Umgang mit Kondomen?«

»Daß ich noch nie eins benutzt habe.«

»Das sollten Sie aber vielleicht«, neckte ihn Dingca auf seine schwerfällige Art.

»Vielleicht sollte ich das wirklich. Ich sage ihnen nur, wenn sie schon welche kaufen, sollen sie auf Qualität achten. Sie wissen ganz genau, was die Kirche lehrt. Ich sage ihnen nur, daß sie selbst entscheiden sollen. Jeder muß seine eigenen Entscheidungen treffen. Aber die Leute wollen ja, daß ihnen jemand sagt, wo's langgeht; ist Ihnen das noch nie aufgefallen? Sie brauchen jemand Bestimmtes, dem sie sich widersetzen können, glaube ich. Göttern gehorcht man wohl, aber gegen Menschen kann man ungehorsam sein.«

»Ich dachte, diese Menschen vertreten Gott; die Männer, die auf der Gehaltsliste der Kirche stehen.«

»Davon würde ich nicht unbedingt ausgehen. In der Bibel steht nichts über Kondome oder Überbevölkerung oder Aids. Von Jesus und seiner Lehre wissen wir nichts, abgesehen von dem, was im Neuen Testament steht. Der Rest ist Spekulation. Pures Geschwätz, auch wenn es noch so wichtig als Offenbarung oder patristische Tradition daherkommt. Was das angeht, könnten Sie mich als Fundamentalisten bezeichnen.« Pater Herrera hielt seine Flasche schräg, bis der Schaum zum Rand des Glases hochschoß. Dann nahm er seine Brille ab, putzte sie mit einer Papierserviette, hielt sie eine Armlänge vom Körper entfernt und blinzelte erst durch das eine und dann durch das andere Glas. »Und was das Gehalt der Kirche angeht, werde ich nicht besser bezahlt als Sie, Leutnant. Wahrscheinlich sogar schlechter. So gesehen ist das Schuften für Gott ein ziemlich mieser Job.«

»Bei allem Respekt, Pater, Sie hören sich an wie ein Priester, der seinen Glauben verloren hat.«

»Dafür sitze ich einem Polizisten gegenüber, der seine Hoffnung verloren hat. Wenn einer seinen Glauben verliert, ist das ungefähr so, als würde er mit dem Rauchen aufhören. Plötzlich ist ihm klar, daß Abermillionen ohne auskommen und immer ohne ausgekommen sind. Es spielt einfach keine Rolle. Ich wünsche mir noch immer, mein Leben gut zu leben, und dafür brauche ich keinen Glauben. Die Erkenntnis, daß der Wunsch, mein Leben gut zu leben, bedeutet, anderen dabei zu helfen, ebenso zu handeln, ist stärkend und beruhigend. Nicht lobenswert; nur logisch.«

Die beiden Männer tranken für eine Weile schweigend weiter.

»Ich hasse meinen Job«, sagte Dingca schließlich. »Ich weiß, das hört sich dumm und naiv an, aber ich wollte wirklich mal zu Manilas Besten gehören, als ich bei der Polizei anfing. Es gibt gute Leute dort, wissen Sie. Trotz allem. Es gibt immer noch richtige Polizisten.«

»Natürlich. Im Gegensatz zu diesen Schlägertypen vom Militär, mit denen Sie jetzt gemeinsame Sache machen müssen.«

»Sie sagen es«, erwiderte Dingca verbittert. »Es ist alles im Eimer. Wir sind verloren. Alles geht drunter und drüber. Auch Sie haben die Orientierung verloren. Sie haben vorhin ›Leutnant‹ zu mir gesagt, aber Sie sind nicht mehr auf dem laufenden. Ich bin schon seit 1991 kein Leutnant mehr. Bei unserer Neuorganisation hat man uns allen zivile Dienstgrade verpaßt, um die militärischen zu ersetzen. Ich bin jetzt Inspektor. Die Schlägertypen vom Militär, wie Sie sie nannten, haben aufgehört, Oberstleutnants zu sein, und sich über Nacht zu richtiggehenden Oberinspektoren und Polizeipräfekten gemausert. Die Dienstgrade haben sich geändert, die Pflichten haben sich geändert, aber die Verbrechen sind die gleichen geblieben. Wir sind doch alle nur Geister derer, die wir sein sollten.«

»Ich weiß«, sagte Herrera. »Aber ich weiß auch, daß Sie recht haben, wenn Sie sagen, es gäbe gute Leute bei der Polizei. Wie bei der Feuerwehr. Trotz all der Schurken, die nicht eher ein Feuer löschen, bevor man ihnen Geld oder was zu essen gegeben hat, gibt es immer welche, die ohne Bezahlung und mit leerem Magen die wahnwitzigsten Heldentaten vollbringen. Natürlich. Das sind genau die, die begriffen haben, daß es logisch und intelligent ist, gut zu leben. Eben diese Intelligenz macht Mitgefühl aus. Wenn man genau hinsieht, sind wir beide in derselben Branche tätig, Leu... *Inspektor*. Tag für Tag sehen wir Menschen, die das Unmögliche versuchen, um ein moralisch einwandfreies und intelligentes Leben zu führen. Die meisten Menschen in diesem Land würden ihr letztes Hemd geben, wenn sie dafür anständig leben könnten.«

»Und was sagen Sie denen?«

»Ich sage ihnen, daß sie ihre einzigartige Freiheit genießen sollen. Ich sage ihnen, daß es ihnen überlassen ist, zu morden und zu betrügen und zu stehlen, wenn sie das wollen; aber auch, all das zu unterlassen. Die Entscheidung liegt bei ihnen. Im Rahmen einer größeren Freiheit gibt es natürlich gewisse bestimmende Faktoren, die gewisse Entscheidungen begünstigen oder erschweren. Es gab mal einen französischen Schriftsteller, Anatole France, der schrieb, daß es Armen und Reichen gleichermaßen freigestellt ist, Brot zu stehlen und unter Brücken zu schlafen. Das ist sehr philippinisch gedacht, habe ich mir immer gesagt. Ich vermute, daß es in Wirklichkeit jemand aus unserer Pinoy-Diaspora war, der bloß vorgab, Franzose zu sein. Übrigens

Pinoy: Filipino (umgangssprachlich); entsprechend: Pinay – Filipina meine ich, daß es ein jüdisches Sprichwort mit der mehr oder weniger gleichen Bedeutung gibt. In etwa, daß man einen Menschen erst als ehrlich bezeichnen kann, wenn er die Gelegenheit und das Bedürfnis zu stehlen hatte. So gesehen ist priesterliche Tugend eigentlich gar keine Tugend, oder wie sehen Sie das? Von mir wird Güte verlangt. Für diese Güte werde ich miserabel bezahlt. Genau wie Sie. Da ich aber nie in Versuchung gerate zu stehlen, wäre es absurd, mich als ehrlich zu bezeichnen. Nicht der Mittelstand füllt die Gefängnisse.«

»Manchmal glaube ich, daß die Welt besser dran wäre, wenn er es täte«, sagte Dingca und war von sich selbst überrascht. Aber er wußte: was die Gefängnisse und auch die Straßen wirklich füllte, waren Geister.

Kapitel 15

Im Haus der Tugos in San Clemente fand eine ernste Diskussion statt. Und weil sie so vertraulich war und es keine Scheiben in den Fenstern gab und auf dem schlammigen Pfad ständig Leute am Haus vorbeigingen, mußten sämtliche Fensterläden geschlossen werden. Dies verlieh dem Ort etwas Unheilvolles, als wäre eine Verschwörung im Gange oder als würde eine fanatische religiöse Sekte ihr Unwesen treiben. Im Hausinnern standen alle Nähmaschinen still. Im Raum zu ebener Erde drängten sich die Mitglieder der Kooperative, aber auch Eddie, Bats, Judge und Billy, die sich nach ihrer Schaufelei noch nicht richtig gewaschen hatten. Auf einem der Nähtische stand ein Pappkarton, in dem Birke-Milchpackungen gewesen waren und der jetzt etwas weitaus Brisanteres enthielt. Von Zeit zu Zeit lüftete jemand neugierig den Deckel, nervös, als wolle er ganz sichergehen, daß sich der Totenschädel auch nicht bewegte oder sich in etwas anderes verwandelt hatte. Nanang Pipa hatte automatisch den Vorsitz übernommen, da Eddie nun wirklich nicht der geborene Vorsitzende war. Soeben hatte sie alle Anwesenden per Schwur zur Geheimhaltung verpflichtet, die Bibel machte die Runde, und die rechten Hände wurden genau wie in den Gerichtsdramen im Fernsehen feierlich erhoben.

»Ich denke, wir haben drei Möglichkeiten. Wir können die Polizei benachrichtigen, wir können einen Priester einweihen, oder wir können versuchen, es für uns zu behalten.«

»Viertens«, sagte irgend jemand, »wir können's Monching erzählen.«

Monching Jandusay war der Barangay-Captain und in der Tat der erste, dem man es hätte erzählen sollen, um das ganze Problem in seine offiziellen Hände zu legen, wäre er nur nicht ständig so fürchterlich betrunken gewesen. Heutzutage reichten seine Fähigkeiten gerade aus, um zu entscheiden, ob er mal pinkeln mußte. Aber selbst das klappte nicht immer hundertprozentig.

»Genau«, sagte Nanang Pipa forsch. »Drei Alternativen. Dabei haben wir noch Glück. Sollen die Leute doch sagen, er wär ein verrückter Radikaler, Pater Herrera ist trotzdem schwer in Ordnung. Rio Dingca ist auch in Ordnung. Aber wenn wir das der Polizei erzählen, heißt das noch lange nicht, daß wir auch an Rio rankommen. Er sagt, es gibt 157 Polizisten auf seinem Revier, und ich wette, wenn einer seiner Vorgesetzten erst mal spitzkriegt, was wir gefunden haben, wird er selber herkommen, um sicherzugehen.«

Jeder dachte, um sicherzugehen, daß er an die Beute rankommt. Denn das war in der Tat bei jedem der erste Gedanke. Totenschädel bedeuteten einen gewaltsamen Tod oder einen vergrabenen Schatz, wobei ihnen der Gedanke an einen vergrabenen Schatz natürlich viel lieber war. Aber niemand glaubte ernsthaft daran, daß es der von General Yamashita war, denn es hieß doch ohnehin, daß die Marcos ihn gefunden und für sich behalten hätten. Die Einzelheiten, wie das Vergraben dieses Schatzes angeblich vor sich gegangen war – ob es nun stimmte oder nicht –, hatten jedoch eine mythische Qualität angenommen, womit jeder andere vergrabene Schatz es aufnehmen mußte. Das Entscheidende war, daß man Rekruten gezwungen hatte, ein Loch auszuheben und die Beute hineinzuwuchten. Dann ließ man sie die halbe Erde wieder hineinschaufeln, erschoß sie und begrub ihre Leichen unter dem verbliebenen Erdreich. Für jeden, der mit diesem Mythos großgeworden war, hatte ein Totenschädel die gleiche Bedeutung wie ein Kreuz auf einem Grab. Beides waren untrügliche Zeichen, daß sich darunter etwas verbarg.

»Vielleicht ist's ja nur eine ganz normale Leiche«, sagte Judge. »Vielleicht hat es hier mal einen Friedhof gegeben, sagen wir in der Zeit der Spanier. Bevor die Stadt immer größer wurde und sie die großen Friedhöfe da drüben anlegen mußten.« Er machte eine Kopfbewegung nach hinten, in Richtung eines Plastikwandbehangs, auf dem eine Gruppe von Hunden abgebildet war, die Augenblenden trugen und um einen Tisch saßen, Karten spielten und Zigarren rauchten. Aller geistige Augen drangen dort hindurch und sahen die großen Begräbnisstätten oben am Hang vor sich.

»Eigentlich glaube ich das auch«, sagte Nanang Pipa, obwohl sie sich gar nicht so sicher war. Keinem von ihnen behagte die Vorstellung, auf einem ehemaligen Friedhof zu leben. »Und wenn es wirklich so ist, glaube ich, daß wir ihn lieber zurücktun sollten.«

»Und dann drauf scheißen?« fragte Bats.

»O mein Gott.« Plötzlich fiel ihnen der ursprüngliche Zweck der Grube wieder ein. »Vielleicht ist – «

In diesem Augenblick klopfte es an der Tür, und es erschien ein etwa dreizehnjähriger Junge, der einen kleinen zugebundenen Plastikbeutel in seinen Händen hielt, in dem etwas Sojasauce war. Er war eines der drei Kinder in San Clemente, die sich von den anderen dadurch unterschieden, daß sie normalerweise besser gekleidet waren. Seine Jeans waren aus einem schwereren Stoff, seine Hemden hübscher, seine Turnschuhe statt heimischer Imitationen echte Nike oder Converse. Für den wahren Jakob ließen sich reiche Ausländer immer dazu verführen, ordentlich was springen zu lassen.

»Entschuldigung, Nanang Pipa. Mutter sagte, ich sollte dir die *toyo* wiederbringen, die du ihr geliehen hast.«

»Wir sind gerade mitten in einer *geschäftlichen Besprechung*, Danny«, sagte Pipa streng. »Trotzdem, danke. Und sag ihr auch danke.«

Die Tür schloß sich wieder. Die Unterbrechung kam als rechtzeitiger Hinweis auf ein zusätzliches Problem, nämlich ihren Fund vor den anderen Bewohnern des Barrios zumindest so lange geheimzuhalten, bis man sich auf das weitere Vorgehen geeinigt hatte. Würde die Neuigkeit erst mal als Tratsch die Runde machen, konnte alles mögliche passieren.

Daß Dannys Mutter ebenfalls der Nähkooperative angehörte und sicher schon bald würde wissen wollen, weshalb man sie von der Versammlung ausgeschlossen hatte, war den Anwesenden nicht verborgen geblieben. Mehr Gerede, mehr Differenzen, außer, man packte die Sache richtig an.

»Was wir tun werden, ist«, sagte Nanang Pipa, »wir behalten den Schädel erst einmal hier.«

»Du meinst, im *Haus*?« fragte Rey, der Schnippschnapp-Boy, mit theatralischem Schaudern. »Uh! Das finde ich aber gar nicht schön. Wenn ich mir vorstelle, daß ich mit diesem abscheulichen Ding da neben mir nähen soll.«

»Du wirst ihn nicht neben dir haben, er wird da oben auf dem Regal liegen. Außerdem ist das kein abscheuliches Ding, sondern einfach nur irgendein Kopf. Oder ist es zumindest mal gewesen. Auf jeden Fall werde ich meine Bibel mit in die Schachtel legen und einen Rosenkranz. Und die Jungs werden in der Zwischenzeit weitergraben – «

»Wir müssen der Sache doch auf den Grund gehen«, sagte Bats und lachte.

» – so lange weitergraben«, fuhr Pipa so kühl und sachlich fort, wie es sich für eine Vorsitzende gehörte, »bis sie noch was anderes finden oder ich ihnen Bescheid sage. Ich will ein Klo. Und denkt bitte dran, daß wir alle einen heiligen Schwur geleistet haben. Und das heißt: kein Sterbenswörtchen, kein Getuschel, keine Anspielung.«

»Schön und gut«, sagte Judge. »Aber worum ist es in dieser Sitzung denn nun gegangen? Die Leute werden das doch wissen wollen.«

»Das ist doch ganz einfach«, sagte Pipa. »Wir haben besprochen, womit wir Dannys Mutter zum Geburtstag überraschen wollen.«

Und genau das, nämlich daß sie nie um eine Antwort verlegen war, befähigte sie, das Kommando zu führen, dachte Eddie mit verletztem Stolz, während er und der Rest der Bande sich durch die Hintertür verdrückten. Es waren Leute wie sie, die herumsaßen und Entscheidungen trafen, während sich die zutreffend so bezeichneten »Söhne des Schweißes« mit ihren Schaufeln rumplagten. »Immer mit der Ruhe«, rief er leise zu Bats hinab, als hätte er einen Zipfel von Pipas Autorität erwischt. »Wir wollen doch nicht, daß, ähm, irgendwas kaputtgeht.« Auch das wurde verhalten geäußert, denn bis zur Küche der Nachbarn waren es nur wenige Fußbreit. Dort gab es einen schmierigen Fleck unter einem Überhang, durch dessen Holzleisten in regelmäßigen Abständen Spülwasser, Reiskörner und entwischte Nudeln schossen oder tröpfelten.

Der gute Rat nützte leider nicht viel, denn es dauerte nur ein Viertelstündchen, bis es ein knirschendes Geräusch und mehrere Spatenladungen Erde gab, die mit weißlichen Bruchstücken gemischt waren.

»Ist das etwa noch einer?«

»Nein!« fuhr Bats ihn an. »Ist nur ein alter Pott.«

»Halt's Maul, Bats, du Trottel«, zischte Judge, der auf dem Grubenrand hockte. »Und mach *langsam*. Der alte Pott könnte – na, du weißt schon.«

»Oh. Ah. Tut mir leid.«

Die Scherben wurden ins Haus gebracht und abgespült. Nachdem sie sauber waren, brauchte man nicht viel Phantasie, um sie sich zusammengesetzt als ein weißblaues Porzellangefäß vorstellen zu können, rund und leicht zusammengedrückt wie die zerbrechliche Schale eines Seeigels. Bis zum Abend hatten sie auch noch Knochen gefunden: eine Handvoll Gegenstände wie kleine Stöckchen, ein paar gebogene und ein paar gerade, und alle ockerfarben von der Erde. Manche waren so klein, daß die Kooperative beinahe resigniert hätte.

»Wo ein Schatz vergraben ist, findet man bestimmt keine Hühnerknochen!«

»Könnt' doch sein, daß sie mal Mittagspause gemacht haben.«

»Egal, ich finde, wir machen morgen noch ein bißchen weiter.«

»Mir gefällt das nicht«, sagte Mrs. Piedragoso, eine stille Näherin, die in der sich entwickelnden Verschwörung bislang eine stumme Rolle gespielt hatte. »Ich weiß noch genau, was sich die Leute in Marinduque immer über die Wächter von vergrabenen Schätzen erzählt haben. Mein Vater sagte immer, er hätte schon oft welche gesehen. Früher kamen chinesische Piraten ans Ufer, verbuddelten ihre Schätze und holten sie später wieder ab. Und damit keiner anfing zu graben, stellten sie Geisterwächter obendrauf. So was konnten nur die Chinesen, weil die genau wußten, wie so was ging. Mein Vater hat erzählt, daß er nachts die Geister am Strand gesehen hätte, die über dem Sand schwebten mit ihren Dämonengesichtern und den riesigen Zähnen und den funkelnden Augen. Stellt euch bloß mal vor, hier würde es auch einen Geisterwächter geben, was dann? *Mir* kommt das Schüsselchen chinesisch vor.«

Nicht nur ihr. Trotz eines knappen, kühlen Räusperns von Pipa erfüllte ein spürbares Unbehagen den Raum.

An diesem Abend machten Eddie und die Boys unheimlich einen drauf und ließen nichts aus, tranken Gin gemischt mit Bier und nahmen ab und zu eine Gabelvoll aus einer Leberwurstdose. Pipa war unterwegs zu Dannys Mutter, ein diplomatisch motivierter Besuch, der nicht ganz ungeschickt war. Von draußen drangen plötzlich regelrechte Keuchsalven und Rufe herein, ganz nahe, begleitet vom Schurren nackter Füße auf festgetretener Erde. Ab und zu prallte mit dumpfem Geräusch ein Basketball von der Hauswand ab. Drinnen im Haus drehte sich das Gespräch um alles mögliche, außer um die Entdeckungen vom Nachmittag. Das war teilweise auf das gemeinsame Gefühl zurückzuführen, daß es eine Schande wäre, sich zu betrinken und zu riskieren, belauscht zu werden, hauptsächlich aber darauf, daß die Ereignisse noch nicht so lange zurücklagen, daß sie bis zu jener Tiefenschicht von Standardthemen hätten absinken können, zu der eine Mixtur aus Gin und Bier garantiert Zutritt verschaffte.

Eines der unvermeidlichen Themen jeder beliebigen Gesprächsrunde, an der auch Bats teilnahm, war sein Bruder Gringo, in dessen Taxi Eddie schon so manches Abenteuer bestanden hatte, das sich um Hunde, Drogen und zuweilen auch um halb bewußtlose Touristen drehte, die nach mehr zu saufen oder vulgären Frauenzimmern krakeelten. Um letztere war Gringo nie verlegen, wie auch sonst um kaum etwas, was das Touristenherz begehrte, und sei es der lederknarrende, vollbewaffnete Polizeimotorradfahrer namens Hitlerito. Ein Grund, weshalb in solchen Gesprächen das Thema immer wieder auf Gringo kam, war sein Lachen, das so unecht klang, und seine Wut, die mehr als echt war. 1989 hatte er für ein Taxiunternehmen gearbeitet, das zu den anständigeren gezählt wurde. Dieser Silver Taxi Service stand seinerzeit wegen eines spektakulären Falles im Mittelpunkt des Interesses. Die Silver-Geschäftsleitung hatte ihren Fahrern über eine lange Zeit Sozialversicherungsbeiträge abgeknöpft, bis eines Tages ein Fahrer, dessen Familie durch Krankheit in Not geraten war, zum Sozialamt ging, um Hilfe zu beantragen, und feststellen mußte, daß kein einziger seiner Beiträge abgeführt worden war. Die der anderen ebenfalls nicht, wie die näheren Untersuchungen ergaben. Die Fahrer organisierten auf der Stelle einen Streik, verlangten Auskunft über den Verbleib ihres hartverdienten Geldes und blockierten den Silver Taxi-Betrieb. Die Geschäftsleitung reagierte stilecht und heuerte einen Schlägertypen von der Polizei an, um die Streikführer umzulegen. Der killte prompt den Präsidenten der Taxifahrergewerkschaft. Es dauerte nicht lange, und der

Streik war zusammengebrochen. Gringo war einer von vielen Taxifahrern, die von Reportern befragt wurden, da die Sache zum vielbeachteten Tagesthema geworden war. Von ihnen erfuhr er, daß an einer Verbindung zwischen dem gedungenen Mörder und der Silver-Geschäftsleitung kaum ernsthafte Zweifel bestanden, da mehrere Reporter vom *Inquirer* die ganze Bande im Sunlight, einem Vier-Sterne-Hotel im Besitz von Silver, gemeinsam hatten zechen sehen. Der Killer erhielt später einen Posten als Polizeichef in der Provinz, oben in Ferdinand Marcos' altem Revier.

Das hatte bei Gringo und auch bei vielen anderen seiner Silver-Kollegen für eine maßlose, aufgestaute Wut gesorgt. Nicht nur, daß grobes Unrecht geschehen war, obendrein war es unter den Augen all derer geschehen, die Zeitung lesen konnten. Trotz allem wurde kein Schadenersatz, keine Wiedergutmachung geleistet. Die Unschuldigen waren beraubt und eingeschüchtert worden, die Schuldigen liefen frei herum und setzten Raub und Einschüchterung fort. Ein Mann wurde umgebracht, sein Mörder befördert. Gringo wäre nicht Gringo, wäre sein Zorn nicht ins Anarchische umgeschlagen: in zunehmend gewagtere Unternehmungen, die ihn häufig genug über sein Lenkrad zwangen, wo er sich vor Lachen ausschüttete, bis ihm die Tränen kamen. Doch darunter konnte jeder sehen, daß sich Unrecht auf Unrecht schichtete, Entbehrung auf Entbehrung, und sich mit jeder neuen Schicht zu etwas verdichtete, das einem permanenten Schmerzzustand nicht unähnlich war: jenem Schmerz, den so viele in sich trugen und der sich hin und wieder als Raserei mit einer kugelspuckenden Waffe entlud oder als ziellos dreinschlagende Machete, die der geschundenen Seele in einem letzten Versuch eine Bresche durch verwirrendes Dunkel schlug.

Das Auto, das er fuhr, gehörte natürlich nicht Gringo selbst. Es war eines aus einer Flotte von dreißig, Melody

Cabs genannten Taxis, die einem Chinesen gehörten und auf den Namen seiner Frau getauft waren, obwohl, wie Gringo es ausdrückte, das einzig Melodiöse daran das jaulende Getriebe war. Das Wageninnere aller Melody-Taxis sah etwas merkwürdig aus, aber auf eine Art, die nur für Eingeweihte zu erkennen war. Es hatte denselben Effekt wie einer dieser visuellen Wahrnehmungstests, bei denen sich ein augenfälliges Durcheinander aus schwarzen und weißen Flecken plötzlich zu einer Jesus-Abbildung verdichtete. Hatte man die Figur einmal gesehen, sah man sie immer wieder: das Bild kehrte nie wieder zu seiner früheren Zusammenhanglosigkeit zurück. Mit Melody-Taxis ging es einem ähnlich: Hatte man einmal darin gesessen, wußte man das nächste Mal sofort, daß man wieder in einem Chop-chop-Taxi saß. Chop-chops waren aus Ersatzteilen für japanische Autos zusammengesetzt, da auf importierte Ersatzteile weniger Zoll erhoben wurde als auf fertig montierte Autos. Und da Arbeitskraft so billig war, konnte man sie in irgendeiner Werkstatt außerhalb Manilas zusammenbasteln lassen und machte trotzdem ein Geschäft. Das einzige, vergleichsweise harmlose Problem bestand darin, daß man in Japan auf der linken Seite fuhr und die für den heimischen Markt bestimmten Fahrzeuge das Lenkrad auf der rechten Seite hatten. Das erforderte bei der Endmontage besonderes Geschick, das jedoch selten ausreichte, um das eigenartige Aussehen des Armaturenbretts mit seinen kurios angeordneten Instrumenten zu kaschieren.

Aber die Taxis funktionierten, und Gringo funktionierte. Kaum, daß der Motor einmal abgestellt wurde. So wie »Schichtschläfer« abwechselnd in ein und demselben Bett schliefen, für das sie bezahlt hatten, übernahmen Melody-Fahrer ihren Dienst am Lenkrad auf einem Fahrersitz, der noch feucht war vom Kollegenschweiß. Er berührte das Leuchtkruzifix, das unter dem »Segne unsere Fahrt«-

Sprüchlein baumelte, drapierte ein sauberes Handtuch hinter seinen Nacken und reihte sich vorsichtig in das ein, was der Welt größter Verkehrsstau zu sein schien. Es waren Gringos Diensteinsätze, seine *pasadas*, die all die Neuigkeiten, den Klatsch und die Anekdoten lieferten, die die im verborgenen hinter den Mauern von San Clemente abgehaltenen Zechgelage seines Bruders mit Eddie und den anderen belebten und mit Informationen versorgten. Der Fahrgast, der in Mandaluyong in Schweigen verfiel, weil seine Begleiterin sich auf sein Gesicht gesetzt hatte. Der Polizist, der nicht im Dienst und bis zur Bewußtlosigkeit betrunken war und den die grölenden Kollegen mit seinen eigenen Handschellen an die untere Halterung für den Sicherheitsgurt gefesselt hatten, woraufhin sie die Schlüssel aus dem Fenster warfen (»Keine Sorge, der wird schon zahlen«, riefen sie, als sie in Balik-Balik ausstiegen und verschwanden). Oder die kanadische Nonne, deren Gepäck auf dem Weg zum Flughafen explodiert war.

Ein Ereignis, das nun wirklich beinahe ins Auge gegangen wäre, obwohl es im nachhinein zum Schreien gewesen war. Genaugenommen waren es sogar zwei Schwestern vom Rosy Pillar oder so was Ähnlichem, die friedlich nebeneinander saßen und vor sich hinplauderten, während sie den Roxas Boulevard entlangrauschten. Plötzlich ertönte ein Zischen und Knallen und unmittelbar darauf ein gedämpftes Bumm! In seinem Rückspiegel konnte Gringo beobachten, wie weißer Rauch aus allen Ritzen des Koffers quoll und sogar heftig durch die Schlüssellöcher drang. Ehe man sich's versah und trotz der offenen Fenster hatte sich das Taxi mit chemischen Dämpfen gefüllt, die einem die Luft nahmen. Vom Rücksitz des Taxis gellten Schreie, und es schimmerte rot, als Gringo das Taxi herumriß, einfach zwei Verkehrsspuren überfuhr, in die Einfahrt zum Marine-Hauptquartier einbog, die sich wie ein Wunder anbot, und aus dem

Auto sprang. Bei beiden Rückfenstern fehlten die Kurbeln und sie ließen sich nicht mehr hochdrehen, weshalb es ohne weiteres gelang, eine Tür aufzureißen, den Koffer zu packen und hinauszuschleudern. Die Flammen hatten inzwischen ein Loch in den Deckel geschmolzen, schienen sich aber Gott sei Dank noch nicht nach unten ausgebreitet zu haben. Die rußverschmierten Schwestern waren bis auf tränende und gerötete Augen hinter ihren randlosen Brillen mit dem Schrecken davongekommen. Sie stützten sich gegenseitig, husteten in ihre Taschentücher und mußten mit ansehen, wie ihr Gepäck verbrannte. Die Wachsoldaten verließen ihre Posten und gesellten sich zu den Schaulustigen, die vereinzelt aus ihren an die Kaimauer geklatschten Squatterhütten kamen.

»Was zum Teufel haben Sie da drin?« wollte Gringo wissen, den Feuer nervös machte. »Und wer sind Sie überhaupt? Terroristinnen? NPA?«

Diese Anschuldigung sorgte für einen jähen Stimmungsumschwung. Die Männer von der Marine brachten ihre M-16 in Anschlag, und man konnte hören, wie sich die Leute »Rebellennonnen« und »Spatzen-Einheit« zuraunten und nicht nur den überaus interessanten Anblick zweier Ordensfrauen und eines lichterloh brennenden Koffers genossen, sondern verkleidete Stadtguerilleras vor sich sahen, von denen die eine oder andere plötzlich eine Uzi zücken könnte.

»Wir sind keine Terroristinnen«, protestierte eine der Nonnen auf tagalog. »Ganz bestimmt nicht. Es war ein Unfall.«

»Das würde ich auch behaupten, wenn ich Commander Mubarak wäre«, pflichtete Gringo ihr bei.

NPA: New People's Army
Spatzen-Einheiten: kleine Einheiten der NPA, die als Stadtguerilla operierten

»*Commander Mubarak?*« fragte einer der Marinesoldaten und entsicherte geräuschvoll seine Waffe. Die Menge wich zurück.

»Seien Sie nicht albern!« schimpfte ihn die andere Nonne in ebenfalls fließendem Tagalog aus. »Sehen wir etwa aus wie Commander Mubarak?«

»Die Marines haben gefunden, er würde aussehen wie ein unbewaffneter Entenzüchter«, antwortete Gringo unnachgiebig, »warum also nicht auch wie eine unbewaffnete Nonne? Er ist schließlich Verkleidungsweltmeister. So steht es jedenfalls in der Zeitung.« Dies bezog sich auf einen unlängst veröffentlichten Zeitungsbericht, dem zufolge der Anführer der meistgefürchteten Kidnapperbande von Mindanao im Schlaf von Soldaten überrascht und kurzerhand erschossen worden war. Auf allen Titelseiten waren Fotos eines Leichnams abgebildet, doch die Zweifel an seiner wahren Identität hielten sich hartnäckig, eine Angelegenheit, deren Klärung wesentlich erschwert wurde, weil die Behörden in ihren Unterlagen so gut wie keine Fotos von ihm hatten und erst recht keine Fingerabdrücke oder einen zahnärztlichen Befund. Gleichwohl beharrten die Militärs darauf, daß an der Identität keinerlei Zweifel bestünden. Allerdings wurde völlig außer acht gelassen, daß es mehr als unwahrscheinlich war, daß ausgerechnet der meistgesuchte Verbrecher Mindanaos unbewaffnet und unbewacht in einem Entenhaus schlief, aber die Militärs wiesen darauf hin, daß das Amulett des Toten – die getrockneten Föten seiner sieben Monate alten Zwillinge – nicht nur jeglichen Zweifel ausschloß, sondern auch dermaßen wirkungsvoll war, daß er auf der Stelle unsichtbar geworden wäre, hätten sie ihn aufwachen oder auch nur einen Fuß auf den Boden setzen lassen. Präsident Ramos hatte selber gesagt: »Damit ist ein weiteres Kapitel abgeschlossen.« Kaum einen Monat später hieß es in einem NBI-Bericht, Commander Mubarak sei am Leben, erfreue sich bester Gesundheit und sei mit der Organisation von Einsätzen in Manila beschäftigt, was kaum jemanden überraschte, am wenigsten die, die den armen Entenzüchter, der inzwischen unter der Erde war, persönlich gekannt hatten.

Auch wenn der echte Mubarak zweifellos ein Verkleidungskünstler gewesen war, fiel es doch schwer, sich vorzustellen, er könnte unter der rauchverschmutzten Ordenstracht einer der beiden ausländischen Schwestern stecken, die da an der Pforte des Marinehauptquartiers neben ihrem brennenden Gepäck standen.

»Raus mit der Sprache, was ist da drin?« fragte einer der Wachsoldaten. Auch ihn machte Feuer nervös, seit er vor Jahren in eine Feuersbrunst geraten war, die weite Teile des Gebäudes vernichtet hatte, das er jetzt bewachte; angeblich war das Feuer während eines Streits um eine zu hohe Kantinenrechnung ausgebrochen.

»*Watusi*«, erklärte die Schwester, der der Koffer gehörte.

»*Watusi*«, wiederholte Gringo, dem die Sache inzwischen Spaß machte. »Das muß ja 'n ganzes Kilo gewesen sein.« *Watusi* waren kleine rötlichbraune Feuerwerkskörper, die wie verschrumpelte Bindfadenstückchen beziehungsweise Rattengiftgranulat der Firma Dora aussahen und sich in jüngster Zeit bei Kindern großer Beliebtheit erfreuten. Rieb man sie wie ein Streichholz am Straßenbelag, hüpften und knatterten sie zwischen den Passanten herum und verursachten jede Menge Rauch und ebenjene Tanzschritte, aus denen sich möglicherweise ihr Name ableitete. Die Untersuchungen zahlreicher Todesfälle während der letzten Weihnachts- und Neujahrsfeiertage hatte ergeben, daß sie roten Phosphor enthielten und den Knirpsen der Verzehr nicht bekommen war.

»Wir hatten so was noch nie gesehen«, sagte die Schwester. »Und da haben wir uns gedacht, daß unsere Waisenkinder daheim vielleicht ihren Spaß daran hätten. Wir konnten doch nicht wissen … Oje, oje – wie schrecklich.« Wahrscheinlich hatte sie sich gerade vorgestellt, was passiert wäre, wenn sich ihr Koffer die Explosion für den Gepäckraum ihres Flugzeugs aufgespart hätte.

»Und was ist mit meinem Taxi?« fragte Gringo mit tragischer Miene. Er war dabei, sein Taxi zu inspizieren, das abgesehen von einem leichten Brandgeruch und ein paar winzigen, von Funken in den Plastikhimmel des Autodachs gebrannten Löchern bedauernswerterweise unbeschädigt war. »Sehen Sie sich nur diese Brandflecken an! Die gesamte Polsterung muß erneuert werden. Farblich wird das niemals hinhauen. Oh, das kostet mindestens fünfhundert … sagen wir: Fünfhundert.«

»Fünfhundert Pesos?« fragte die Schwester, deren Gepäck sich in einen brutzelnden Klumpen Fiberglas verwandelt hatte. »Nie im Leben, junger Mann.«

»Aber nicht unter vierhundert.«

»Hundert, wenn Sie Glück haben; obendrauf auf Ihren sowieso überzogenen Fahrpreis. Wie ich sehe, hatten Sie nicht einmal den Taxameter angestellt. Aber Sie haben geistesgegenwärtig reagiert und uns alle vor einer gefährlichen Situation bewahrt. Der Schaden geht auf unser Konto, und wir übernehmen die volle Verantwortung dafür. Da es zwecklos ist, wegen einem verbrannten Koffer zu jammern, können wir unsere Fahrt ebensogut fortsetzen. Seien Sie bitte so freundlich und bringen Sie uns zum Flughafen. Kommt, Schwester«, fügte sie an ihre Begleiterin gewandt auf englisch hinzu, »sonst verpassen wir noch unseren Flug nach Calgary. Unsere Pässe und die Tickets habe ich hier in meiner Tasche, und das ist die Hauptsache.«

Gringo hatte sofort kapiert, daß die beiden, mit ihrem Tagalog und ihrem forschen Auftreten, abgesehen von der Tatsache, daß sie von Feuerwerk nicht die geringste Ahnung hatten, alte Hasen waren, und fuhr sie ohne Murren zum Ninoy Aquino International Airport.

»Was hätte ich dafür gegeben, hätt' ich dabeisein können, als der Schwester Watusi ihr Gepäck hochging«, sagte Bats und spießte aus der Leberwurstdose den letzten Bissen mit der Gemeinschaftsgabel auf.

»Ich auch«, pflichtete ihm Eddie leicht umnachtet bei. »Den Fleck auf der Straße kannst du heute noch sehn, auch wenn's schon Monate her ist. Gringo und ich kamen erst vor ein paar Tagen dran vorbei. 'türlich waren das echte Navy-Nonnen.« Sein Kopf fiel immer wieder vornüber, so daß er stundenlang ein und dasselbe Stück Plastiktischdecke anstarren mußte. Die war in ein Gitter mit lauter Vierecken unterteilt, aus denen einen gräßliche Gesichter angrinsten, die in winzigen Biertümpeln hin und her schwammen. Ein nüchternerer Mensch hätte sie als Rosen bezeichnet.

»Was meinst 'n du mit Navy-Nonnen?« fragte Billy. »So was gibt's doch gar nicht. Könnt's gar nicht geben.«

»Was eine Navy-Nonne ist, weiß doch jedes Kind, du Trottel. Unterwasser-Spezial. Die werden in Olongapo ausgebildet. Amerikanische Ausbildung. Streng geheim.« Plötzlich stand er auf und polterte aus dem Haus. Draußen pinkelte er eine halbe Stunde ohne Unterbrechung, die Stirn fest an die Palme gedrückt, an der der eiserne Basketballring befestigt war. Seine Augen fielen ihm zu. Er war rundum glücklich. Wenn er doch bloß aufhören könnte zu pissen.

Folglich fand ihn Nanang Pipa beim Nachhausekommen mit triefnassen Hosenaufschlägen.

»Du bist widerlich«, zischte sie ihn an. »Jeden Abend dasselbe Theater, du und deine *barkadas*. Heute nacht kannst du draußen bleiben. So kommst du mir nicht ins Haus.« Damit zog sie sich zurück, und Eddie schloß erleichtert seine Augen. In der Ferne konnte er Rausschmißgeräusche hören, dann ein Türenknallen und daß ein Riegel vorgeschoben wurde. Er überlegte, daß es vielleicht besser wäre, sich zu setzen, und, siehe da!, als er beim nächsten Mal die Augen öffnete, saß er auf seinem Hintern. So einfach war das. Man brauchte nur an etwas denken, und schon war es so weit. Bats war auch da, wie er feststellte.

»Wo sind'n die andern?« fragte er.

»Nach Hause. Haben uns alle sitzenlassen, Eddie.«

Das machte sie auf einmal furchtbar traurig. Als Eddie wieder einmal den Kopf hob, dachte er zuerst, der Mond sei runtergefallen, doch dann sah er, daß es mit dem Mond überhaupt nichts zu tun hatte. Auf dem Dach seines eigenen Hauses hockte eine widerwärtige Fratze. Plötzlich fühlte er sich stocknüchtern.

»Heilige Maria«, stieß er hervor. »Bats, Bats, um Himmels willen, sperr deine Augen auf!« Er stupste seinen Gefährten so lange an, bis Bats zur Seite fiel und sich sogleich verstimmt aufsetzte. »Guck mal, Bats, da oben aufm Dach. Da sitzt ein Dämon auf meinem Dach.«

»Jesus Christus und alle Heiligen, du hast recht. Ich-ich glaube, ich weiß, was das ist, Eddie.«

»Ich auch. Das ist einer der Schatzwächter. Der, von dem Ming Piedragoso uns erzählt hat. Mein Gott, guck dir mal diese Zähne an. Was soll'n wir denn jetzt machen?«

»Du mußt Nanang Pipa wecken«, sagte Bats. »Sie ist in größter Gefahr. Sie schläft doch genau da drunter. Mach schon und pack das Horn bei den Stieren.«

Sie selber waren knapp fünfzehn Fuß vom Haus entfernt, und keiner von beiden wollte auch nur einen Schritt näher heran. Aber sie blieben ganz dicht beisammen und rannten zur Tür, von wo aus sie die Erscheinung nicht mehr sehen konnten. Sie hämmerten an die Tür und riefen so laut und so ausdauernd, daß Nanang Pipa endlich herunterkam und sie zwar nicht gerade überschwenglich begrüßte, sich aber trotzdem zur Palme führen ließ, um sich selber ein Bild zu machen, woraufhin sie wirklich beleidigend wurde.

»Da ist überhaupt nichts. Alles, was ich sehe, sind zwei stockbesoffene Kerle, die herumbrüllen, an Türen hämmern und uns allen Schande bereiten. Denkt nur mal an die Nachbarn!«

Doch in diesem Augenblick kam den Männern aus dem Dunkel eine Stimme zu Hilfe. »Ich habe es auch gesehen«, sagte die Frau von gegenüber. »Oben aus meinem Fenster.« Sie hatte eine Bibel in der Hand und hielt sie vor sich, wie man einen Fächer oder eine Zeitung hält, um sich vor grellem Sonnenlicht zu schützen. »Diese schrecklichen Zähne. Reißzähne, ja Reißzähne waren das! Da gibt es nichts, das war ein Vampir.« Und als ob dieses Wort, einmal ausgesprochen, die Kraft hätte, Schläfer, die sich die Augen rieben, aus ihren Häusern zu treiben, kam eine kleine Menschenmenge zusammen. In ihren Händen hielten sie Kreuze aus Palmwedeln, Rosenkränze, Kruzifixe, Weihwasserflaschen und Unmengen von Talismanen oder Amuletten. Da standen sie, eng aneinandergedrängt, zitterten vor Angst und Aufregung und starrten auf das Dach des Tugos-Hauses.

Kapitel 16

Seit neuestem war sich John Prideaux seines Schädels und dessen Höcker bewußt geworden, die dichter an die Oberfläche zu kommen schienen. Beim Überarbeiten seiner Notizen pflegte er seinen Kopf auf eine nach innen gedrehte Faust zu stützen, wobei irgendwann der Daumen, der seinen Brauenrand stützte, zusammen mit einer fleischigen Hautfalte über einen offensichtlich größer werdenden Knoten abrutschte. Der Neanderthaler läßt grüßen. Vielleicht würde ebendiese knochige Kugel dereinst auf den verschlungenen Pfaden des Zufalls von einem künftigen Richard Leakey in Silbershorts vorgeführt, für die 3-D-Kameras gedreht und gewendet und zum Schädel des »Mario« erklärt werden, jemandes, der vor Urzeiten diese Einöde nach Wasser oder Liebe oder den Früchten durchstreifte, die auf Pflanzen wuchsen, die früher einmal als »Bäume« bekannt waren. Bis dahin sollte man sich um das Überleben in Gestalt einiger Schädeldecken nicht scheren; wen kümmerte schon die archäologische Zukunft? Insbesondere an tropischen Morgen dachte Prideaux daran, daß es eigentlich völlig ausreichte, die eigene Jugend hinter sich gebracht zu haben, als noch ständig exklusive Beziehungen in der Luft gelegen hatten. Heutzutage wollte keiner mehr eine mit ihm eingehen und er nicht mit anderen. Wie hatte die Luft sich gereinigt! Wie frisch und ungebunden er sich doch fühlte, als er diese Einöde auf der Suche nach was auch immer durchmaß! (Aber mit welcher Beharrlichkeit seine Schädelknochen gegen seine dünne Kopfhaut drückten!)

Erst vor wenigen Tagen hatte er einen Brief von seiner Tochter Ruth erhalten, die weit weg in England an der Uni studierte. Ungefähr einmal im Monat tauschten sie Neuigkeiten aus, wobei jeder versuchte, sich lebhaft fasziniert über seine Arbeit zu äußern, ohne daß sich Prideaux groß darum kümmerte, welche Auswirkungen seine grausamen Tiefpunkte auf sie haben könnten. »Falls Du Dir vorstellen kannst, die spanische Inquisition fände in einem Dunkin Donuts statt«, hatte er ihr kurz nach seiner Ankunft geschrieben, »dann kannst Du Dir auch eine ungefähre Vorstellung von der spirituellen und kulturellen *mise-en-scène* dieses Landes machen. Was die tödliche und surreale Aufrechterhaltung der öffentlichen Ordnung betrifft, mußt Du Dir nur die Roten Khmer in Disneyland vorstellen können. Die wirtschaftliche Lage könnte man kurz als die einer Bananenrepublik umreißen, die ihre Bananen importiert. Das Ganze ist in solche Schönheit, solche Zerstörung, soviel Brutalität und Zärtlichkeit und Elend und Freude eingerahmt, daß einem das Herz stehenbleiben könnte. Das Gehirn hingegen dreht durch.«

In letzter Zeit verrieten ihre notdürftig in gütige Verstimmung gekleideten Antworten, daß sie besorgt um ihn war. »Was hast Du eigentlich vor, Jotpee?« und »Du bist nun schon seit Ewigkeiten weg« und »Wenn Du wirklich wüßtest, was Du dort willst, hättest Du es schon längst erledigt«. Im letzten Brief war sie dann deutlich geworden. »Natürlich mache ich mir Sorgen. Schließlich bist Du mein *Vater* und nicht irgendein jugendlicher Abenteurer, der in die weite Welt hinauszieht«; ein rührender Ausdruck von Töchterlichkeit, der in typischer Ruth-Manier nahtlos in eine Denunziation von Max Bruchs Violinkonzert in g-moll als einem »plagiaristischen Schmonzes« überging. »Ganze Passagen von Beethoven abgekupfert, nicht nur B.s eigenes Konzert, sondern auch das Benedictus der *Missa Solemnis*, von Mendelssohn ganz zu schweigen. Es ist so ekelhaft sentimental, daß man die Wände hochgehen könnte, und gehört auch noch ins Pflichtprogramm!! Bei einigen spitzen Abfuhren könnte ich Deine Unterstützung sehr gut gebrauchen, aber Du sitzt eine Million Meilen entfernt fest, wo es vermutlich sehr viel gefährlicher ist, als Du zugeben magst.« Als er dies noch einmal las, sah er Ruth so leibhaftig vor sich, daß er sofort einen Brief anfing, der dazu dienen sollte, ihrer beider Ängste zu zerstreuen. Vätern war es nicht erlaubt, von Ungewißheiten zu sprechen, geschweige denn davon, daß man nicht weiterwußte. Statt dessen berichtete er über den Humor und die Wärme, denen er tagtäglich begegnete; über herausfordernd gute Laune; über Sonnenuntergänge über der Stadt, bei denen man, sofern die Sicht es zuließ, jenseits von schwüler bronzener Luft und cognacfarbenen Wolken im Osten maulbeerfarbene Berge sehen konnte. Auch lustige Sachen. »Mein Freund, der Journalist, den ich bereits erwähnt habe, der bewunderungswürdige Vic, nennt dieses Land ›Das Land des inspirierten Zufalls‹. Kürzlich fuhren wir durch das Touristenviertel Ermita (in dem es heute kaum noch Einsiedler gibt), und er zeigte mir all die Kneipen, Clubs und dubiosen Amüsierhöllen mit den zugenagelten Eingangstüren und Schildern, auf denen steht: ›Auf Anordnung von Bürgermeister Lim geschlossen‹. Wenn wir den alten Bürgermeister Lim nicht hätten, ist das erste, was man unwillkürlich denkt. Gestatten Sie uns, Sie mit Nägeln zu beliefern. (Das Bild, das sich einem sofort aufdrängt, ist das eines entschlossen und freundlich dreinblickenden Gentleman, der hinter seiner Brille mit den Augen zwinkert, ein durch und durch anständiger Bürger, ein wahrer *Zivilist*, der endlich mal diesen Augiasstall ausmistet.) Tja, sagte Vic und zwinkerte selber ein bißchen, dein Zivilist ist in Wirklichkeit ein Ex-Polizist und war bis vor kurzem noch Chef des NBI (des National Bureau of Investigation, hiesigen FBI). Also, vor Jahren gab es jedenfalls einen Riesenskandal um die Philippinische Wohlfahrts-Lotterie. Es kursierten alle möglichen Gerüchte, daß die Gewinne manipuliert würden, und da es sich um eine nationale Lotterie handelte, war das ganze Land in Aufruhr. Also wurde das NBI aufgerufen, gegen Ende 1991 eine gründliche Untersuchung einzuleiten. Lim sorgte dafür, daß die Ziehung im

Fernsehen übertragen wurde. Dabei könne jeder mit eigenen Augen sehen, daß alles mit rechten Dingen zugehe. Ein Senator, dem allseits eine weiße Weste attestiert wurde, war als Glücksfee auserkoren worden. Das Land hielt den Atem an. *Fünf Millionen Pesos!* Die Hand des Senators verschwand im Topf, und heraus kam das Gewinnerlos. Wenn das nicht verblüffend war! Es war das Los von Lim! Der NBI-Chef schlug sich ungläubig an die Stirn und strahlte vor Überraschung und Vergnügen. Es ist wahr, ich bin ein unverbesserlicher Käufer von Lotterielosen, manchmal kaufe ich ganze Blöcke auf einmal. Aber ich habe nicht einen Moment daran gedacht ...! Es wurden Forderungen laut, er solle das Geld zurückgeben, er aber weigerte sich, sagte, weshalb sollte er? Hatten denn nicht alle gesehen, daß er es rechtmäßig gewonnen hatte?

Dies war die Stelle, an der Vic vom Land des inspirierten Zufalls sprach. Wunderbar, findest Du nicht? Er sagte auch, daß viele der zugenagelten Clubs es nach zwei oder drei Wochen schaffen, daß Bretter und Nägel wieder entfernt werden – gegen Geld, versteht sich; es hat absolut nichts mit einem Kampf gegen das Laster zu tun, sondern mit einem komplizierten, ausdauernden Kampf um die Kontrolle über Immobilien in Ermita und Malate. Wer weiß. Von den Implikationen mal abgesehen – ist es das reine Schauspiel, das einen hier fesselt.«

Das war nur allzu wahr. Trotzdem wirkten die Energien dieses Schattenspiels zunehmend beklemmend auf Prideaux. Seine ohnehin von Verlust gekennzeichneten Träume drehten sich zusehends um die im Dickicht des Dschungels ausgefochtenen Kriege. An so manchem Morgen dachte er, immer noch benommen, daß derlei Dinge schließlich nicht ganz so privat, sondern Teil einer gleichzeitigen Unruhe sein könnten, die etwas mit Leuten zu tun hatte, die mehr und mehr an den Rand des Ruins gedrängt wurden. Wenn man sich von Abwesenheiten freimachte und richtig Wurzeln schlug, würden sich all die Widrigkeiten des Lebens vielleicht selbst begraben, wären geerdet und würden sich ausbluten, ohne weiteren Schaden anzurichten. Aber dieses ständige In-Bewegung-Sein baute eine statische Ladung auf, die sich in unerwarteten Augenblicken in schmerzhaften Schocks entlud, als bläuliche Blitze im Dunkel und möglicherweise sogar in unkontrollierten Akten dumpfer Gewalt.

Doch wozu sich nach heimatlichem Boden sehnen, wenn auch der unstet war? Je genauer man sich Britannien aus der Ferne besah, desto nebulöser wurde es und war weder dort, wo es gewesen war, noch was es hätte sein sollen. Es driftete seicht und unsicher dahin. Eine mit sich selber beschäftigte Kultur, die keine Gültigkeit mehr besaß. Gleichwohl lauerte es einem unbarmherzig auf und zeigte durch fremde Landschaften hindurch die verschwommenen Züge eines Heimatlands. Man mußte hinstarren, anders ging es gar nicht. Ihm war aufgefallen, daß auch Menschen sich häufig so anstarrten: daß sie hoffnungsvoll in jedes neue Gesicht schauten, als erhaschten sie einen Blick auf den Geist eines Vaters, den Schatten einer Mutter, das kostbare Phantom einer ersten und einzigen Liebe.

Die Fragen seiner Tochter nach seinen Aktivitäten waren nicht sonderlich hilfreich. Was in aller Welt hatte ihn veranlaßt, ein derart emotionsgeladenes Thema zu wählen? Warum hatte er nicht etwas Neutrales aussuchen können, zum Beispiel etwas Unverbindliches und Linguistisches? Vielleicht sollte er lieber eine wissenschaftliche Abhandlung über *wissenschaftliche Abhandlungen* schreiben: darüber, was die Leute bewog, die von ihnen gewählten Themen zu wählen, und dazu trieb, an einem Thema herumzupulen wie an einem Schorf. In seinem letzten Brief an sie hatte er den abschließenden Teil des mit Vic in den verstopften Straßen von Ermita geführten Gesprächs absichtlich nicht wiedergegeben. *Die* Nachricht des Nachmittags war die öffentliche Empörung über den gescheiteten Befreiungsversuch eines Kidnapping-Opfers. Es war die fünfzehnjährige Tochter einer wohlhabenden chinesischen Mestizenfamilie, die sich in einem Kleinbus auf dem Schulweg befand, als sie von zwanzig Bewaffneten überfallen und entführt wurde. Es war sechs Uhr dreißig morgens. Eine Stunde später saßen sie und vier der Entführer im ersten Wagen eines Konvois aus fünf Fahrzeugen, einem weißen Nissan Sentra, der wiederum aus dem Hinterhalt von Soldaten in Zivil, Angehörigen der militärischen »Hammerhead«-Einsatztruppe überfallen wurde, die von Beamten der Polizei-Zentrale Nord unterstützt wurde. Dort, mitten auf der Kreuzung von E. de los Santos Avenue und Quezon Avenue, inmitten der Pendlermassen, an einer der verkehrsreichsten Kreuzungen von Metro-Manila, durchsiebten sie den Sentra mit Kugeln und töteten jeden an Bord. Dann zerrte die buntgemischte Schar der Gesetzeshüter die verstümmelten Leichen heraus und reihte sie auf dem Straßenpflaster auf, ohne einen Unterschied zwischen den Kidnappern und dem blutüberströmten Leichnam ihres jungen Opfers in Schuluniform zu machen. Es war eine umgehende Untersuchung in Aussicht gestellt worden. Bislang hatte noch niemand auch nur im entferntesten daran gedacht, eine Entschuldigung auszusprechen. Statt dessen erging man sich in Ausflüchten, etwa, daß die angreifende Truppe nicht wissen konnte, daß sich das Mädchen in dem Wagen befand, da er getönte Scheiben hatte. Gegen Mittag hatte ein Senator geäußert, er denke an eine Gesetzesvorlage, der zufolge getönte Autoscheiben verboten werden sollten. Eine weitere offiziell verlautbarte Ausrede war, daß die chinesisch-philippinische Gemeinde nicht mehr mit der Polizei und dem Militär kooperiere, um den häufigen, auf Lösegeld zielenden Entführungen den Kampf anzusagen.

»Was soll man dazu noch sagen«, sagte Prideaux. »Ich meine, so viele Zeugen. Automatische Waffen, und das in aller Öffentlichkeit.«

»Na, hast du's *jetzt* kapiert?« Es lag etwas Abruptes wenn nicht gar Ungnädiges in Vics Stimme. »Wir haben es hier mit Vollidioten zu tun, John; Kids, die außer Rambo nichts im Kopf haben, denen man eine irrwitzige Feuerkraft anvertraut und die auch noch von oben gedeckt werden. Die wissen, daß sie, egal was sie tun, egal wen sie umlegen, stets hinter einer Nebelwand aus Ermittlungen Zuflucht finden. Einen Monat später ist alles vergessen, weil etwas noch Schlimmeres passiert ist. Ein Jahr später tauchen dieselben Leute wieder auf, aber diesmal als Polizeichefs irgendwo in der Provinz. Ich habe da ein noch viel besseres Beispiel. Vor anderthalb Jahren gab es im *Inquirer* eine beeindruckende Fotosequenz von einer großangelegten Durchsuchungsaktion auf dem Gelände der Zivilen Luftfahrtverwaltung in Las Piñas. Unter anderem war ein Rikschafahrer abgebildet, wie er mit erhobenen Händen aus einer Garage tritt und von der Polizei vor buchstäblich Hunderten von Zuschauern erschossen wird. Man kann sich kaum einen noch eindeutigeren Fall von Mord vorstellen, aber seither? Nichts. Absolute Funkstille. Nicht mal beim zuständigen Gericht wurde Anzeige erstattet. Jetzt könnte man meinen, was für ein merkwürdiger Irrtum, bis man sich mal ein bißchen umhört, welche Gerüchte kursieren, die alles erklären. In diesem Fall handelte es sich um eine Episode eines langwierigen Kriegs zwischen zwei rivalisierenden Bullengangs aus dem Drogenmilieu. Jedenfalls verlor die Familie des Opfers – wie soll ich sagen – das Interesse, die Sache weiterzuverfolgen, nachdem ein, wie es hieß, »hochstehender kommunaler Beamter« ein ernstes Wörtchen mit ihnen geredet hatte. Eigentlich zwei Wörtchen: Geld und Drohung. Stopf einem das Maul mit ausreichend Geld, und dann versuch mal zu verstehen, was er sagt; ist dir das noch nie aufgefallen? Also, kein Gerichtsverfahren.«

»Aber wahrscheinlich *braucht* man doch gar keine klagende Partei, um eine Privatklage anzustrengen. Soweit ich verstehe, war das doch eine kaltblütige, inmitten von Zeugen ausgeführte Tat, und außerdem gibt es da sogar noch den Fotografen, der das alles auf Film hat.«

»*Jetzt* hast du endlich kapiert.«

Und wieder kam ihm das erdrosselte Kind in der ausgebrannten Werkstatt in den Sinn: ein so himmelschreiendes Unrecht, daß einfach etwas passieren *mußte*. Es passierte trotzdem nichts. Die Leute sagten sich, tja, so läuft es nun mal, so wie die Marines gesagt hatten: *Da haben wir den Salat.* Wer wollte schon sein Leben verwirken, indem er ein Verfahren anstrengte? Wenn aber der Gesellschaftsvertrag von den Autoritäten eines Landes unverhohlen und öffentlich zerrissen wurde, was brachte dann die Leute dazu, ihrerseits störrisch am Versuch der Vertragserfüllung festzuhalten? Warum brach niemand aus und veranstaltete eine Orgie aus Totschlag und Vergewaltigung und Plünderung? Pater Herrera, vermutete er, mochte jetzt mit irgendeiner absurden Hypothese aufwarten, vom angeborenen Guten in Menschen, die versuchten intelligent zu leben. Oder die Spezies war vielleicht clever genug zu begreifen, daß Ordnung ihren Interessen am besten diente: daß Brigantentum und Piraterie eine prima Sache für verschrobene Einzelgänger waren, aber ungeeignet, wenn man Kinder großziehen und das Ritual des gemeinsamen Familieneinkaufs mit Genuß zelebrieren wollte.

Dies stürzte Prideaux in ein verwirrendes Durcheinander privater Unklarheiten, als würde jemand in einen Brunnen schauen und sein eigenes Spiegelbild betrachten, das zersplittert im Hagel der von ihm selbst gelockerten Steinchen tanzte. Denn auch er hatte eine Familie gewollt und gezeugt, allerdings mit einem heimlichen Vorbehalt, wie sich herausgestellt hatte. Der darin bestand, daß eines Tages der schlummernde Freibeuter in ihm erwachen und die Gunst der Stunde wie einen besonders strahlend blauen Tag mit böigem Wind erkennen und nutzen könnte, um sich voller Sehnsucht nach Abenteuern und Kameradschaft und respektgebietend exotischen Ländern über den Horizont davonzumachen. Genau dieser vor Jessie und sich selbst verheimlichte Vorbehalt hatte ihn schließlich aufgespürt. Der strahlend blaue Tag hatte zwar niemals wirklich gedämmert, aber sein halbherziges Engagement, lange Zeit als vornehme Zurückhaltung deklariert, hatte Jessie schließlich aus dem Haus und aus seinem Leben vertrieben; ihre gemeinsame Tochter Ruth, den einzigen Menschen, den Prideaux jemals wirklich geliebt zu haben glaubte, hatte sie mitgenommen. Trotz ihrer Vertrautheit und ihres Briefkontakts ertappte er sich manchmal dabei, daß er Ruth betrauerte, als sei sie tot, dabei studierte sie an der Durham University Musik.

Und während er so in den Brunnen blickte, konnte er feststellen, daß seine wabernden Züge ein zusammenhängendes und vertrautes Spiegelbild ergaben. Jene Fluchtroute, das Herbeisehnen seines Tags, war eins mit dem Geist mangelnder Beweiskraft, der seine besseren Filme beseelt und ihnen ihren unverwechselbaren Stempel aufgedrückt hatte. Selbst nach über zwanzig Jahren überkam ihn gelegentlich das unbändige Verlangen nach einer Fernsehausstrahlung seines Bangkok-Films, jetzt, da die Öffentlichkeit in bezug auf gewisse gesellschaftliche Realitäten dazugelernt hatte. Er war inzwischen von der Vorstellung abgerückt, er könne damit etwas wiedergutmachen oder sogar (wie hatte er nur so sentimental sein können?) einem toten Kind ein Denkmal setzen. Heute hielt er den Film ganz einfach für sein bestes, sein charakteristischstes Werk, den wahren, von aufflackernder Angst und Haß hektisch beleuchteten John

Prideaux. Er gab nicht vor, den Ritualen der Dokumentarfilmerei Genüge zu tun. Es gab keinen ausgewogenen Kommentar in der Mitte, keinen Experten für internationales Recht, keinen Thai-Regierungssprecher, keine Zusage eines Vergeltungsakts, keine Gefängnistür, die sich metallisch scheppernd schloß. Es war eigentlich nur ein Lichthieb, der unvermittelt einen düsteren Ort in einer düsteren Zeit traf. Seine mangelnde Beweiskraft sah er als das Hauptverdienst des Films und nicht als dessen Hauptnachteil an, wie dic Furchtsamen und – ja – die Eifersüchtigen damals bemängelt hatten. Prideaux verabscheute das von diesen Reflexionen hervorgerufene Selbst, wußte aber, daß es der Wahrheit entsprach. Irgendwo lauerte seine ungestillte Eitelkeit, und sein Bedauern ebenfalls. Es bekümmerte ihn, als Vater und Ehemann versagt zu haben, wie er auch sein Versagen als möglicher Kamerad in einem Abenteuer beklagte, bei dem er immer nur durch Abwesenheit geglänzt hatte. Vietnam war inzwischen Geschichte, die Zeiten hatten sich geändert, und da hockte er jetzt in Manila und absolvierte einen selbstgewählten Doktorandenkurs zum Thema Midlifecrisis, was eine unwillkommene Einsicht in Frage stellte als einen vielleicht etwas jämmerlichen Versuch, Ruth Gesellschaft zu leisten oder Jahre abzustreifen, die nicht abzustreifen waren. Trotzdem, keine weiteren Beziehungen. Wenigstens das. Die Erleichterung darüber hatte die Luft wirklich gereinigt.

Gleichwohl war es nicht einfach, munter und unbeschwert zu sein, während man an der Oberfläche dieser Stadt herumkratzte. Sie glitt dahin wie der Pasig River, der von den unablässig aus seinen Tiefen aufsteigenden Gasen pockengenarbt und gedellt, mit Öl und Schaum und manchmal mit einer prachtvollen Blüte bedeckt war, die zusammen mit Grünzeuggirlanden irgendwo von einem Ufer flußaufwärts abgerissen worden war. Manila war in keiner

Weise so üppig wie einst Bangkok mit seinem Gitterwerk aus betriebsamen *klongs* voller Boote, die, mit leuchtendem Gemüse und Obst befrachtet, die im khakifarbenen Wasser zerbrochen daliegenden goldenen Stupas der Tempel passierten. Den sepiafarbenen Fotos aus der Zeit der spanischen Kolonialherrschaft nach zu urteilen, war Manila nicht so und ist auch niemals so gewesen. Damals hatte Intramuros, das düsterer und grausamer aussah denn je, seine Stirn über einer Handelsszenerie aus vertäuten Barkassen und Schonern mit conradschen Figuren gerunzelt, die an Deck auf Taurollen saßen und ihre Pfeife rauchten. Es war unverkennbar der Osten, aber ein Osten, der längst nach europäischen Vorstellungen geformt worden war. Es war nicht schwer, sich vorzustellen, daß das Landesinnere an seinen Flüssen im Dschungel alle möglichen, auf Kopfjagd spezialisierten Stämme und despotische Sultanate barg. Aber Sultane ebenso wie Kopfjäger und Dschungel waren eher anomal als exotisch und warteten nur auf Kugel, Bibel oder Axt. Hier gab es keine Tiger, keine Elefanten und nur wenige Affenarten. Es gab weder kunstvolle klassische Musik noch eine kultivierte einheimische, von fremden Einflüssen unverdorbene Küche. Es gab keine Monarchie und somit keinen Hof mit monströser Pracht und altüberliefertem Protokoll. Es gab keine eigenständige klassische Literatur, die bis ins achte oder zumindest ins achtzehnte Jahrhundert zurückreichte.

Der einzige Anspruch dieses Landes auf Exotik lag, wie er inzwischen herausgefunden hatte, in seinem öffentlichen und politischen Leben, und darin war es unschlagbar. In seiner bombastischen Kühnheit zeigte sich dieses Leben bizarr. Es glitzerte vor Einfallsreichtum. Und wenn es sich nach einer gewissen Zeit hie und da wiederholte, welche Prachtentfaltung tat das nicht? Der Witz an Traditionen und Brauchtümern lag darin, daß sie althergebracht und daher fabelhaft vorhersagbar waren. Es hatte etwas Packendes, ein System in Betrieb zu sehen, über das er bislang nur, mit begrenztem Verständnis, in Schulbüchern gelesen hatte. »Oligarchie«, »Bauernstand«, »Despotismus«, »Feudalherren«, »Herrschaft der Knute«, »Privatarmeen«, »mittelalterlicher Aberglaube« – alldem begegnete man hier im täglichen Betrieb wie in einem Museumsland, das man als lebende Ausstellung konserviert hatte, um andere Nationen ernüchternd an ihre eigene Vergangenheit zu erinnern oder vor ihrer Zukunft zu warnen.

Trotzdem war es meistens die Gegenwart, die sich eng an Prideaux drückte wie anonyme Irgendwers in einer Menschenmenge, deren Absichten, ob erotischer oder diebischer Natur, nie ganz deutlich wurden, von ihrer Identität ganz zu schweigen. Er bekam einen Anruf von San Clementes anderem Priester, Pater Bernabe, der um ein Treffen bat und darauf bestand, von Prideaux empfangen zu werden. Warum auch nicht, dachte er und gab ihm seine Adresse. Pater Bernabe war pünktlich; ein kleiner, zierlicher Mann in T-Shirt und taubenblauer Hose, der sich erst mal ohne Neugier in dem möblierten Zimmer umsah, seine Hand ausstreckte, sich vorstellte und sagte, daß es, so kurzfristig, sehr freundlich, wirklich sehr freundlich sei. »Ich hoffe, Sie haben neulich keinen falschen Eindruck bekommen.«

»Sie meinen, im Gespräch mit Pater Herrera.«

»Er neigt dazu, die Leute zu schockieren, und ich dachte mir, daß Sie mit all Ihren Pressekontakten, die er erwähnt hat, vielleicht einen gewissen *radikalen* Unterton weitergeben könnten, was nicht ganz gerechtfertigt oder fair wäre.«

Er hat Angst, dachte Prideaux. Er hat Angst, ich könnte die Aufmerksamkeit irgendwelcher Militärs wecken, die besessen von der Unterdrückung politischer Revolten sind. Duc Thanh Vinh. Alles schon mal dagewesen, ein Gespräch mit einem nervösen katholischen Priester, der fürchtet, daß alles, was er sagt, Bibelzitate eingeschlossen, von allen Seiten falsch ausgelegt werden könnte. Er ist zur Schadensbegrenzung hier, um wiedergutzumachen, was ein etwas schräger Akoluth mit seinem losen Mundwerk angerichtet hat.

»Er sprach über Juden«, erinnerte sich Prideaux. »Und über Leute, die sich in der Karwoche ans Kreuz schlagen lassen. Und über Mädchen, die mit ihren Männern auch ihre Religion wechseln. Ach ja, und über den Islam und Mindanao.«

»Ich wußte gar nicht, daß er dazu eine Meinung hat.« Pater Bernabe ging ans Fenster, wo seine Fingernägel, die lakkiert waren wie die vieler Polizei- und Armeeoberen, in der Sonne blinkten. Mindanao war politisch ein heißes Eisen.

»Mir kam er wie jemand vor, der eigentlich zu allem eine Meinung hat. Ein Mann mit Leidenschaft und Intelligenz, fand ich. Und Appetit.«

»Hören Sie«, sagte Bernabe, »ich wollte Ihnen sagen, daß Pater Herrera ein wunderbarer Mann ist. Leidenschaft und Intelligenz, gewiß. Aber auf seine unkonventionelle Art ist er auch ein bemerkenswerter Priester. Auch wenn ich es bin, der in unserer Gemeinde die Messen liest, kommen viele Menschen zu ihm statt zu mir, wenn sie einen Rat brauchen. Ob geistlich oder weltlich, spielt keine Rolle. Er ist ein Mann, dem die Art von Leben, das unsere Slumbewohner führen müssen, zutiefst vertraut ist. Aber, und das ist das Entscheidende«, Bernabe nahm ein Glas Ananassaft, »er ist – und ich weiß, daß er mir diese Bemerkung verzeihen würde –, er ist ein Mann, der sich in einer Krise befindet. Seine Erfahrungen hier in Manila sind, gemessen an seinem Alter, sehr hart, sehr desillusionierend gewesen. Er ist erst achtundzwanzig, wissen Sie, aber ungeheuer stark auf seine Weise. Aber niemand kann immer nur weitermachen, ohne zu lernen, sich auch ein wenig zu beugen, statt immer nur gegen den Strom zu schwimmen, wie Sie für sich selbst schon herausgefunden haben dürften. Wie soll man das nennen? Die Kunst des Erwachsenwerdens? Er sagte mir, daß er Sie wesentlich jünger geschätzt hatte.«

In Anbetracht der offensichtlichen Ziellosigkeit meines Aufenthalts hier, beendete Prideaux den Satz schonungslos. In Anbetracht der Fragen eines unerfahrenen Reporters und fortschreitender Glatze.

»Er ist vom Land, ein Provinzler«, fuhr Bernabe fort. »Er kommt aus Nueva Ecija, was zum Gebiet der New People's Army gehört. Vielleicht entsprechen seine Denkmuster eher denen eines Mannes vom Lande. Eine Spur einfach, könnte man sagen. Ein bißchen zu unbekümmert hinsichtlich der akuten Probleme einer so diffizilen und politischen Stadt wie dieser. Das soll übrigens keine Kritik sein. Es ist ein Versuch, seine Eigenarten zu erklären, zu sehen, wo sie ihm helfen und wo sie ihn behindern könnten.«

Es war schon merkwürdig zuzuhören, wie ein Priester den anderen Priester mit Akribie und in einem Ton sezierte, der zwar Zuneigung verriet, jedoch für einen ganz Fremden bestimmt war.

»Mir persönlich kommen Sie nicht wie ein Fremder vor«, fuhr Bernabe seltsamerweise fort, obwohl es vielleicht gar nicht so schwierig gewesen war, seine Gedanken zu lesen. »Pater Herrera hat mir von Ihrem Interesse am Charakter der Filipinos erzählt und von Ihrer Erforschung der Grenzen nervlicher Belastbarkeit. Irgend so was. Es ist sehr schwierig, präzise zu sein, wenn man verallgemeinernde Betrachtungen über eine Rasse oder eine Nation oder eine Kultur anstellt, nicht wahr? Viele Menschen – Anthropologen mal ausgenommen, vermute ich – denken, so etwas sei reine Zeitverschwendung, bestenfalls Ablenkung wenn nicht gar ausgesprochen anstößig. Trotzdem – ob es einem paßt oder nicht – haben unterschiedliche Länder unterschiedliche Eigenschaften, unterschiedliche Systeme. Spezielle Verbrechensvorlieben, könnte man sagen. Die Philippinen sind nicht wie die USA oder Spanien oder China. Oder wie irgendwas sonst auf der Welt. Aber was kann ein einfacher Priester schon Brauchbares über sein eigenes Land sagen?

Ich werde versuchen, Ihnen meine Gedanken zu erklären«, fuhr er fort, ohne auch nur den kleinsten Raum für einen kurzen spekulativen Wortwechsel zu lassen. »Gott hat alle Rassen mit derselben Palette von Tugenden und Lastern ausgestattet, allerdings in ungleicher Verteilung. Folglich erscheinen manche Nationen würdiger als andere, manche träger. Manche sind herzlicher und spontaner, andere reservierter und eine Spur verschlossen. Wieder andere haben den Hang, mit der Wissenschaft vom Leben kühl und effizient umzugehen, haben aber dafür von der Kunst des Lebens überhaupt keine Ahnung ...«

Prideaux beobachtete die Fingerspitzen, die in der Sonne am Fenster blinkten, und machte sich auf eine weitere Predigt gefaßt. Vielleicht würde dieser kleine lackierte Mann mit den schokoladenbraunen Turnschuhen etwas von der Finsternis der spanischen Seele preisgeben, von einer Kultur, die ziemlich verliebt in einen schmerzhaften Tod war.

»Wir Filipinos sind warmherzig, das stimmt«, sagte er gerade, »aber manchmal geht das vielleicht nicht sehr tief. Und genau in dieser Hinsicht ist der Glaube des armen Pater Herrera auf eine harte Probe gestellt worden. Ich werde Ihnen ein Beispiel nennen. Eines seiner Projekte sah vor, für die Menschen in einem unserer Barrios Wasserpumpen zu installieren. Er ging alle möglichen Stellen um finanzielle Unterstützung an, damit die Leute ihr Wasser nicht mehr von weit entfernten Wasserstellen holen oder aus unsauberen Behältern und verseuchten Reservoiren trinken mußten. Die Ruhr ist bei uns ein hartnäckiges Problem, vor allem bei Kindern. Er nahm sogar seine eigenen Ersparnisse – gegen meinen Rat, sollte ich vielleicht hinzufügen. Typisch Herrera: der gute Filipino, selbstlos und prinzipientreu. Die Pumpen werden also angeschafft, und er läßt sie, *bayanihan*, installieren; das ist unser Wort für gutnachbarlich. Alle helfen beim Graben und Auszementieren. Die Leute sagen, wie dankbar sie sind. Endlich haben sie sauberes Wasser für ihre Kinder, zum Geschirrspülen und zum Kochen. ›Gut‹, sagt Pater Herrera, ›dafür seid ihr für Wartung und kleinere Reparaturen verantwortlich. Fettet die Pumpen ab und zu und ersetzt die Dichtungen, wenn sie abgenutzt sind, damit die Stahlmanschette innen keine Kratzer bekommt.‹ ›Kein Problem‹, tönt es im Chor.«

Letzten Endes waren Anthropologen nichts anderes als akademische Journalisten, ging es Prideaux durch den Kopf. Genau wie Reporter hörten sie immer nur Meinungen. Sie führten unzählige Gespräche mit Leuten, mit denen sie in den seltensten Fällen Lust hatten zu reden (aber mit wem *hätten* sie denn Lust gehabt?), und mußten dann eine plausible Zusammenfassung erfinden. Sowohl die Geschichten als auch die Glossen waren konzipiert, um einen Sinn zu ergeben – als gälte es, einen unterschwelligen Mangel der Erzählung auszugleichen, der zu peinlich war, als daß man ihn hätte zugeben dürfen. Es war das Leben als Dokumentarfilm. Traurig fragte er sich, ob Jessie das auch so empfunden hatte, wenn sie neben ihm auf dem Bett saß oder sich an den Herd in der Küche gelehnt hatte, um seinem ehrlich gemeinten Bericht über ein Innenleben zu lauschen, dessen verzweifelt abgesuchte Winkel einer nach dem anderen keinerlei Anzeichen von Jessies Gegenwart enthüllten. Ihre Ehe hatte sich schließlich als etwas herausgestellt, das durch eine weitere Abwesenheit des John Prideaux glänzte.

»Acht Monate später sind zwei der Pumpen natürlich kaputt. Kein Mensch hat sie jemals gefettet. Bei einer hat die Manschette einen Sprung, saugt Luft an und muß geschweißt werden. ›Wer hat sie kaputtgehen lassen?‹ fragt Pater Herrera, und alle verziehen sich wie die Kakerlaken, wenn das Licht angeht. Ohne zu murren, trinken sie wieder dasselbe verschmutzte Wasser wie vorher, als wäre es ihnen völlig egal, als ob auf alle Vorteile, die der Fortschritt mit sich bringt, jederzeit ohne weiteres und ungerührt verzichtet werden könnte. Schließlich läßt eine gute Seele mit etwas Zeit und Geld die Pumpen auseinandernehmen und flikken. Am nächsten Tag sind alle wieder da, als wäre nichts gewesen, pumpen munter drauflos und beschweren sich, daß die Reparatur so lange gedauert hat. ›Diese Leute sind *wirklich* dankbar. Sie sind einfach nur schüchtern‹, müssen wir dann Ausländern wie Ihnen erklären, denen bisher nicht in den Sinn gekommen wäre, daß Schüchternheit eine typische Eigenschaft der Filipinos sein könnte.

Natürlich ist das nur ein kleines Beispiel. Wir beide, Pater Herrera und ich, haben ähnliche Dinge hundertfach erlebt. Das ist für einen jungen Mann, der grundsätzlich an das Gute im Menschen glaubt, sehr desillusionierend. Irgendwo haftet unserem Nationalcharakter ein Makel an, gibt es etwas, das versagt. Wenn es darum geht, unter tausend Beteuerungen unserer Dankbarkeit und unseres guten Willens die Hände auszustrecken, sind wir schnell bei der Sache – was in dem Augenblick, wie ich nach wie vor glaube, eine aufrichtige Geste ist –, wie auch, uns über unsere wunderbare Tradition des *bayanihan* auszulassen, als gäbe es außer uns niemanden auf der Welt, der nicht schon mal seinem Nachbarn geholfen hätte. Aber das Lächeln währt nicht lange. Die bescheidene Bitte, jeder möge doch ein paar Cents erübrigen, damit ein Dichtungsring gewechselt werden kann, damit alle frisches Trinkwasser haben, wird kategorisch ausgeschlagen. ›*Walang bakal*‹, sagen sie. ›*Wala kong pera.*‹ ›Kein Geld.‹ Gleichzeitig werden sie nicht lang überlegen, ob sie zwölf Pesos für eine Flasche Rum oder sogar hundertachtzig für einen Kasten Bier ausgeben; ob ihre Kinder nach sauberem Wasser und Reis verlangen, schert sie wenig.«

»Betrübt wie ich bin, gelingt's mir nicht, mein Herz sprechen zu lassen«, hatte er Jessie gegenüber mal zitiert. Nicht, um pompös zu klingen oder sich für die Benennung einer bitteren Tatsache mit fremden Federn zu schmücken, sondern weil es exakt sein Gefühl wiedergab. Sein Herz war nicht zur Stelle, wenn er es dringend brauchte. Es war als professionell abwesend in der Versenkung verschwunden, und er konnte lediglich auf sein geisteswissenschaftliches Grundstudium zurückgreifen. Hin und wieder dachte er allen Ernstes, daß das Fernsehen vielleicht zu lange und zu aufmerksam in ihrer beider Karriere geglotzt hatte. Er war ein Star gewesen, daran bestand kein Zweifel. Aber mit seiner Verachtung für Münder, die sich Rauch und Mahlzeiten reinzogen und gleichzeitig mit Kraftausdrücken versetzte Entscheidungen ausstießen, befand er sich auf dem absteigenden Ast, lange bevor es ihm klar wurde und mit Sicherheit bevor sich Jessie bewundernd zu John Prideaux' Filmen äußern mußte, was dann auf einmal irgendwie defensiv klang. »Ganz genau, Jess«, und sie nickten zustimmend. »Einer der wirklich Großen, keine Frage. Hätte er uns nicht gezeigt, wo's langgeht, würde keiner von uns machen, was er heute macht.« Und genau das war's: »hätte« / «gezeigt«. Vergangenheitsform. An ihren Zeiten sollt ihr sie erkennen. Der Medienmoloch bereitete sich darauf vor, seinen Lieblingssohn zu fressen. »Es gibt keine bessere Referenz, als John Prideaux' erste Forschungsassistentin gewesen zu sein, Jess.« Und schon bald war der Tag gekommen, da ihre Gehaltsabrechungen gleich hoch waren, schließlich überrundete sie ihn, und am Schluß war sie es, die sich um seine Steuerangelegenheiten kümmerte, die Hypothek abzahlte, sich um eine Baufirma kümmerte und den Vorschlag machte, in ein

Haus zu ziehen, das sie gekauft hatte. Die Zeiten ließen nicht zu, daß sich Männer entmannt vorkamen, aber das vertraute Gefühl, etwas zu verpassen, packte ihn und drückte ihn scherzhaft an die Brust. »Da bin ich wieder!« Und weil er zum ersten Mal in seinem Leben auf das Durchsehen der Post reduziert war, übernahm es das Ruder.

»Ich glaube, daß unser bedauerlicher Makel auch auf nationaler Ebene seine Auswirkung hat. Pater Herrera und ich haben das ausführlich diskutiert und sind einer Meinung. Die Parallelen sind zu augenfällig und zu genau, als daß man sie ignorieren könnte. Wir Filipinos haben in den letzten paar Jahren ein großes öffentliches Gezeter angestimmt, weil unsere heilige Souveränität und unser kollektiver Stolz durch amerikanische Militärstützpunkte auf unserem Boden verletzt worden sind. Wir haben sie verflucht, aber gleichzeitig noch mehr Geld gefordert. Wir beschimpften sie als Imperialisten und kolonialistische Relikte, aber gleichzeitig haben wir für das Privileg, vor ihrer Botschaft um Visa anstehen zu dürfen, gebettelt, geborgt und gestohlen. Jetzt sind sie weg, und wir stehen da und sind uns selbst überlassen mit unserem berühmten Stolz und haben für das ganze Geld, mit dem sie unsere Herrscher überhäuften, herzlich wenig vorzuweisen. Bis auf den heutigen Tag ist die Wasserversorgung von Olongapo City völlig von dem Versorgungssystem abhängig, das unsere monströsen Unterdrücker für ihre Marinestützpunkte installierten. Und unser berühmter Stolz geht offensichtlich nicht so weit, daß wir unseren Mitbürgern im Ausland auch nur den geringsten Schutz vor Tod und Ausbeutung gewähren oder uns zumindest hier vor Ort für ihre Bürgerrechte einsetzen. Sehen Sie, es ist immer dasselbe. Viele große Worte und Beschwörungen warmherziger Gemeinschaft, aber auf der anderen Seite dann diese sonderbare Gleichgültigkeit und Passivität, selbst wenn es bedeutet, sich Tag für Tag mit unzumutbaren

Lebensbedingungen, mit Grausamkeiten und Unrecht abfinden zu müssen.«

Also hatte sich Prideaux mehr und mehr für die Organisation von Ruths Schulkram verantwortlich gefühlt, für Waschen und Bügeln und daß ein anständiges Essen auf dem Tisch stand, wenn sie mittags aus der Schule kam. Ihre Mutter kam immer später nach Hause, roch nach Rauch und Drinks und Wörtern, rührte kaum etwas zu essen an und verbarrikadierte sich in ihrem Arbeitszimmer, um Drehbücher zu lesen und auf die Tastatur ihres Computers einzuhämmern, so daß Prideaux nichts anderes übrigblieb als fernzusehen in der Haltung eines Pianisten, dessen Laufbahn ein Schlaganfall vorzeitig beendet hat und der jetzt anonym, den Gehstock unterm Sitz, im Konzertpublikum sitzt.

»Nun, solche Dinge schmerzen uns alle. Wir können sie nicht wirklich verstehen, selbst wenn wir erkennen, daß Zynismus und Eigennutz eine Art Schutz bieten und daß Nationen wie Individuen unter einer chronischen Depression leiden können, die moralische Trägheit nach sich zieht. Wir alle leiden darunter, weil wir wissen, daß es falsch ist. Wir sind nicht so, wie wir sein wollen oder tief drinnen wirklich sind. Pater Herrera trifft das ziemlich hart. Trotz seines Auftretens ist er immer noch ein ausgesprochener Idealist, was bewundernswert ist, weil es uns mit Hoffnung erfüllt. Aber, wie gesagt, früher oder später muß man lernen, sich zu beugen, wenn man nicht zerbrechen will. Flexibel zu sein, ohne sich zu kompromittieren.«

Zuallerletzt erinnerte er sich an Jessies scheinbar unvorhersehbare Wutausbrüche, bei denen sie mit erschreckender Heftigkeit auf ein altes Stereotyp weiblichen Unvermögens zurückgriff, sich buchstäblich die Haare raufte und mit den Füßen stampfte. War so ein Anfall vorüber, hatte sie die Tür ihres Arbeitszimmers hinter sich zugeknallt oder war das

Röhren ihres Auspuffs die Straße hinab verklungen, war er stumm im Haus herumgegangen, weil ihm das schlechte Gewissen die Sprache verschlagen hatte, und hatte ein paar lange rotbraune Haare aufgefegt und in einen Müllsack getan. Ruth war die einzige, die derlei Szenen ungerührt überstand, sie tauchte mit einem müden Lächeln und einem »Willst du einen Kaffee, Jotpee?« in der Küche auf, während er in dem Stadium verharrte, das sie längst hinter sich hatte, als man ihr weißes Gesichtchen zwischen den Stäben des Treppengeländers hatte auftauchen sehen.

»Glauben Sie, daß jemals Frauen ans Kreuz geschlagen werden?« fragte er unvermittelt.

Bernabe sah ihn verblüfft an, und Prideaux fiel auf, daß er in der Nähe der Ohrläppchen Bartflaum auf den Wangen hatte. Der Mann hatte sich nicht rasiert. »Sie meinen freiwillig, nehme ich mal an?«

»Ja; Sie wissen doch, diese Karwochenrituale. Es ist noch gar nicht so lange her, da habe ich mir überlegt, daß Frauen – bei diesem ganzen Gerede um das Priesteramt für Frauen und daß Gott ebensosehr Frau wie Mann ist – zu der Auffassung gelangen könnten, sie hätten die gleichen Rechte auf extremes Verhalten. Immerhin hat es Frauen gegeben, die sich intensiv genug mit Christus identifizieren konnten, um Stigmata zu entwickeln; warum sollten sie also nicht auch richtig gekreuzigt werden?«

»Meine Kirche«, erwiderte Bernabe kalt, »verbietet es mir, über Frauen im Priesteramt zu scherzen, und erst recht über einen weiblichen Gott oder einen weiblichen Erlöser. Meiner Meinung nach grenzt das hart an Blasphemie.«

»Nun gut. Aber es gibt da noch eine weltliche Frage, auf die ich unbedingt eine Antwort brauche. Pater Herrera ist mir ausgewichen. Können in diesem Land auch Frauen Amok laufen oder nur Männer?«

»Amok laufende Frauen? Ich glaube, *gehört* habe ich

schon davon«, antwortete der Priester vorsichtig, »aber sicher kommt so was nur selten vor. Frauen traut man nicht zu, daß sie genauso frustriert sein könnten wie Männer, oder? Bei ihnen setzt man voraus, daß sie ihre Erfüllung im Kinderkriegen und in der Hausarbeit finden. Es sind doch hauptsächlich Männer, die damit zu kämpfen haben, daß sie keine Arbeit finden, ständig für ihre Familien sorgen und mit der Schmach lebenn müssen, Versager zu sein. Das ist natürlich nicht immer so. Viele Frauen aus unseren Barrios gehen einer geregelten Arbeit nach, und ein Großteil ihrer Männer sitzt faul rum und trinkt. Oft genug sind es die Frauen, die die Familie ernähren und auch sonst alles erledigen. Trotzdem sind es meistens Männer, die Selbstmord begehen, und nicht Frauen. Also könnte man vielleicht behaupten, daß sie auf ihre Weise die Gestreßteren sind.«

»Selbstmord? Kommt der häufiger vor?« Merkwürdig, daran hatte Prideaux noch nicht gedacht.

»Darüber sprechen wir nicht gern, denn es ist das schlimmste Eingeständnis von Versagen, finden Sie nicht? Sowohl unseres als auch ihres. Hätten wir als Priester vielleicht etwas unternehmen können? Zur rechten Zeit die rechten Worte finden? Das richtige Gebet sprechen? Aber ja, Mr. Prideaux, leider kommt er heutzutage sehr häufig vor. Erst letzte Woche hatten wir einen tragischen Fall. Ein junger Mann von fünfundzwanzig Jahren, ein Schuster, er hat eine herzzerreißende und schriftlich korrekte Mitteilung hinterlassen, in der es hieß, daß er genug habe von der Schande, die seine Armut über ihn bringe, und daß er sich nicht einmal Schuhe für die ganze Familie leisten könne. Er hinterließ sechs Kinder. Er hatte die Angewohnheit, Gedichte auf kleine Zettel zu schreiben und sie an seine Hüttenwände zu heften. Seine Frau hat alle aufgehoben. Abgesehen von den Kindern ist das alles, was von diesem

Fünfundzwanzigjährigen übriggeblieben ist. Eine unsterbliche Seele, gewiß, und doch vergangen wie ein Schatten. Es war eine Sünde, aber ich kann mir nicht vorstellen, daß der Allmächtige ungnädig über ihn richten wird. Mit nichts als grenzenlosem Erbarmen, will ich hoffen.«

Eine Woche war vergangen, und eines schönen Tages titelten die Morgenzeitungen in bester Don Quichotte-Manier: »10.000 Cops von Säuberungsaktion betroffen«. In dieser Zahl waren die 6.000 unmittelbar Entlassenen enthalten, von denen sich die Hälfte samt ihren Waffen längst unerlaubt von der Truppe entfernt hatte. Der Rest bestand aus »Geistercops«, die ihren Dienst vor Jahren quittiert oder überhaupt nie existiert hatten, denen aber monatlich ihr Gehalt gezahlt wurde. Das Telefon läutete.

»John, geht's in deiner Forschungsarbeit auch um Vampire?«

»Fledermäuse?«

»Nein – du weißt schon, Dracula und so. Wir hätten da einen, der gerade sein Unwesen treibt.«

Vic Agusans Stimme rief ihm die ertränkten, an Daumen und großen Zehen gefesselten Leichen in den Marschwiesen von Navotas in Erinnerung. Prideaux wußte nicht, ob die Verzweiflung, die er angesichts seiner eigenen Forschungen empfand, nicht mit dem Hinzutreten eines weiteren, externen Aspekts über ihm zusammenschlagen würde. Nur wenn er sich so verloren vorkam, frönte er philosophischen Betrachtungen in Carlyles Manier. Gut möglich, daß Vic das ahnte, denn er fügte hinzu:

»Eine kleine Abwechslung, John. Sollte sich ein Anthropologe nicht auch mit den kuriosen Auswüchsen hiesigen Aberglaubens auskennen? Es könnte doch immerhin sein, daß an der Sache was dran ist.«

»In diesem Land überrascht mich inzwischen gar nichts mehr, Vic. Aber, wieso interessierst du dich für so was? Für mich hört sich das nicht nach Kriminalreportage an. Oder steckt etwas anderes dahinter?«

»Ich hab mich überreden lassen, einem Herausgeber einen Gefallen zu tun, der sich ziemlich sicher ist. Vermutlich hat er recht. Hier bei uns verbirgt sich hinter allem etwas. Geh irgendeiner Geschichte weit genug nach, und du wirst auf irgendein Verbrechen, vielleicht sogar auf eine Leiche stoßen.«

Das war der pure Agusan-Zynismus, auch wenn Leichen und Vampire bestens zueinander paßten. Prideaux verabredete, daß Vic ihn binnen einer Stunde abholen sollte, und fragte sich, ob das Ergebnis eine kurzweilige Geschichte sein würde, die er an Ruth weitergeben könnte, oder ob sie vorher zensiert werden müßte.

Kapitel 17

Die frühmorgendliche Busreise hatte Ysabella auf eigenen Wunsch angetreten und nicht, weil es an angebotenen Limousinen gemangelt hätte. Der Senator hatte mit gespielter Bewunderung genickt und die Bemerkung fallenlassen, sie sei offensichtlich ganz die Tochter ihres Vaters. Und so ratterte sie vorm ersten Morgengrauen hinter dem Ninoy Aquino International Airport vorbei Richtung Süden. Der Highway wurde von Fabriken gesäumt, die Neonreklame für Haushaltsgeräte und Fertiggerichte trugen. In Alabang, wo fliegende Händler mit schwerbeladenen Tabletts frisch zubereiteter *hopia*, mit Zeitungen und Erdnüssen an Bord drängten, machten sie einen Zwischenstop. Sie kaufte Zeitungen. Sie war einmalig: soweit man sah, eine junge Amerikanerin ohne Begleitung. Noch sehr viel einmaliger, als ihr euch vorstellt, dachte sie, während sie ein überraschtes Lächeln erwiderte oder auch nicht. Mit Sicherheit war sie im Bus die einzige, die unterwegs war, um das Wochenende mit einem Senator zu verbringen.

Der junge Mann neben ihr, der aussah, als wäre er auf dem Weg zu einem College in der Provinz mit der Betonstatue des Gründers vor dem Eingang, übersetzte für sie die Überschriften. Sie hatte absichtlich Boulevardzeitungen gewählt wegen der sensationell aufgemachten Fotos auf den Titelseiten, mit denen sich das Dämmerlicht und die kurzen Ausblicke auf das Straßenleben draußen sozusagen ergänzen ließen. An dem Betonpfeiler der Unterführung, an dem sie warteten, hingen rotfarbene Namensfetzen und die zerrissenen Gesichter hoffnungsvoll dreinblickender Politiker. Dazu in Schablonenschrift die Aufforderung: PAART EUCH FÜR JESUS. Hier, wo eine religiöse Sekte mit dem Namen *Gute Weisheit für alle Nationen* ihr Unwesen trieb, Reifen der Autos aufschlitzte, die im Verkehrsstau steckengeblieben waren, was die bereits erstarrende Stadt noch unbeweglicher machte, war nichts unmöglich. Wie sie erst jetzt bemerkte, lag am Fuß des Pfeilers ein Mann mit dem Kopf auf einem dicken Polster aus Rußpartikeln, die sich einer Schneewehe gleich angehäuft hatten.

Das Titelfoto einer ihrer Zeitungen zeigte eine Tonne, die irgendwo aus dem Schlamm eines *estero* in Manila hochgehievt wurde und deren geöffnete Seite mit vielsagenden Umrissen vollgestopft war, wie von Fleisch und Lumpen. »Er wurde anhand seiner Uhr identifiziert«, übersetzte ihr Nachbar. Der Bus fuhr wieder an, die Beleuchtung ging aus, und sie rollten aus ihrem Betonnest hinaus in das frühe Morgenlicht, das wie eine Überraschung war. Hätte sie gewußt, wo sie hinschauen mußte, sie hätte im Vorbeifahren einen kurzen Blick auf den in der Ferne liegenden Torbogen des berüchtigten porösen Staatsgefängnisses von Mutinlupa werfen können. Statt dessen hatte der junge Mann eine zweite Boulevardzeitung ans Fensterlicht gehalten. Das Foto zeigte das Innere eines ausgebrannten Autos. Halbgeschmolzene Streifen der Innenverkleidung und ein auf einen Stahldrahtring reduziertes Lenkrad machten die Sache zunächst etwas kompliziert, bis sie begriff, was sie da sah. Der Mechanismus zum Verstellen der Rückenlehne hatte den Geist aufgegeben, so daß die Metallkonstruktion der Kopfstütze auf den Rahmen des Rücksitzes gefallen war. Auf den Versteifungen und der metallenen Federung lag, äußerst bequem ausgestreckt, ein verkohltes Skelett. »*Dedbol na.*« Von dem betreffenden »toten Ball«, erklärte der Student, war außer den Knochen und seiner Rolex nichts übriggeblieben. Dies würde all den langweiligen Golfern und Opernsängern und Bergsteigern die Show stehlen, dachte Ysabella und begann im Geiste eine neue Werbekampagne für Rolex zu konzipieren, bei der die Fotos hauptsächlich in Leichenhallen aufgenommen werden sollten. »Die Polizei geht von Fremdeinwirkung aus.« Draußen vor den Fenstern waren die Fabriken längst von ausgedehnten Feldern, Kokoshainen und Hütten am Straßenrand abgelöst worden, vor denen Familien ihre landwirtschaftlichen Erzeugnisse auf Matten häuften. Wie unrecht Philip Larkin doch hatte. Was von uns übrigblieb, war nicht die Liebe, sondern Armbanduhren.

Von neugierigen Blicken verfolgt, entstieg sie dem Bus am Tor eines Luftwaffenstützpunkts in der Provinz. In der Wachstube zauberte der Name des Senators einen geschniegelten Uniformierten herbei, der sie auf das Gelände eskortierte. In einer kreisförmigen Einfriedung hinter dem Tor stand ein amerikanischer Jagdbomber eines Typs, der sie an alte Filme über den Krieg im Südpazifik denken ließ. Sie erinnerte sich, daß es in diesen Filmen immer eine Szene gab, in der ein junger, rußverschmierter Schauspieler aufsprang, sich eine Hand lauschend ans Ohr hielt und rief: »Aufhören, Jungs! Das ist keine Zero!« (ein jaulender Flugzeugmotor in tropischen Wolken) »Das ist eine Hellcat! Die Hellcats sind da!« Fünfzig Jahre später stand die Maschine auf breiigen Reifen, mit Zementblöcken unter ihrer Fahrwerkhydraulik, die das Hauptgewicht trugen. Die Kanzelhaube aus Plexiglas hatte sich unter der Sonne zu rissigem Bernstein verfärbt.

Benigno und Liezel gaben ein ansehnliches Paar ab, als sie wenige Minuten später aus ihrem Mitsubishi Pajero-Kombi stiegen. Der Senator war für ein Wochenende auf dem Land in Golfhemd und Freizeithose gekleidet; seine Frau sah aus wie Imelda Marcos, die frisch vom Einkaufsbummel in Zürich zurückgekommen ist. Beide hatten leere Hände. Zwei oder drei Helfer oder Leibwächter oder sogar Sklaven schleppten Taschen und etwas, das wie Kisten mit Lebensmitteln aussah, aus dem Kombi zu einer zweimotorigen Cessna, die im Schatten eines Flamboyantbaums abgestellt war. Ein grauhaariger Mann tauchte auf, der eine Piloten-

Philip Larkin: englischer Dichter (1922-1985)

brille und ein T-Shirt trug, auf dem zu lesen stand: »Diesmal aus Liebe. Nächstes Mal für 50 Dollar«.

»Hi, Major«, rief Vicente leutselig. »Na, gut im Schuß?«

Alles Teil des Großen Netzes, dachte sich Ysabella. Sieh genau hin. Es wird alles neu für dich sein. Absolviere dein Wochenende als Beobachterin. Benigno, der jetzt in Begleitung einer Tochter war, die sich hinten im Kombi versteckt haben mußte, machte sie mit allen bekannt. »Und das hier ist Woopsy, unsere Jüngste.« Woopsy war ein süßes Geschöpf mit Zahnspangen und auf eine Weise verträumt, daß man dachte, ihr Name sei aus Zuneigung und nicht aus Spott entstanden. Ysabella fiel ein, daß eine der Töchter von Cory Aquino Ballsy hieß. Liezel bot ihr eine mit vielen Ringen geschmückte Hand, dazu eine Wolke von »Jicky« und ein intelligentes, freundliches Lächeln. »Ich weiß alles über den Tod Ihres Vaters«, sagte sie statt irgendwelcher Platitüden, »und wir sind so froh, daß Sie trotz allem herkommen. Ben ist so glücklich wie ein kleiner Junge. Und nehmen Sie es ihm bitte nicht übel, wenn er etwas zu überschwenglich werden sollte. Vor all den Jahren war er Ihrem Vater wirklich ergeben.«

»Für mich ist das ein seltsames Gefühl«, gestand Ysabella, als sie zu dem kleinen blauen Flugzeug gingen. »Jeder, dem ich hier begegne, scheint meinen Vater besser gekannt zu haben als ich.«

»Ich nicht, fürchte ich. Ich habe ihn leider nie kennengelernt. Quirino Avenue! Das hört sich inzwischen wie Geschichte an. Man merkt, daß wir alt werden, wenn Dinge historisch werden, die sich zu unseren Lebzeiten zugetragen haben. Wie Vietnam. Das war auch schon vorbei, bevor Woopsy überhaupt geboren wurde. Vietnam, Woops«, sagte sie zu dem aufgeweckten Gesicht ihrer Tochter. »Der Krieg.« Ihr Kind lächelte verständnislos.

Sie hoben ab, und der Major flog sie hinauf in ein windgeschütteltes Panorama aus alten grünen Vulkanen und einer Küstenlinie, die sie sich so nah nicht vorgestellt hatte. Das Meer war von einer Farbe, für die es keinen Namen gab; vielleicht wie Geheimtinte, die unsichtbar wurde, sobald sie auf einer Seite trocknete, auf der sie träge einen weißen Saum um das Land zeichnete, der immer wieder verblaßte und deshalb ständig nachgezogen werden mußte. Unbändige Abenteuerlust überkam sie, und die Relikte ihrer frühmorgendlichen Vision von Leere in dem verwaisten Busbahnhof in Manila waren wie weggeblasen. Alles, was zählte, war, bis ans Lebensende neunundzwanzig zu bleiben und in Privatflugzeugen herumzufliegen. Ihr Gastgeber blätterte die neuesten Tageszeitungen durch, für die es im Kombi vermutlich zu dunkel gewesen war. Er las sie mit der typischen aufmerksamen Lässigkeit eines Politikers. Es waren die Zeitungen mit den wirklich wichtigen Nachrichten, die sie am Morgen wegen ihrer Vorliebe fürs Makabre verpaßt hatte. »Bongbong hat keine Ahnung vom Reichtum seines Vaters.« »Kraftwerk der National Power Corp. auf Cebu exorziert.« Schlagzeilen wie an jedem normalen Tag. »Cops unter den Kidnappern der erschossenen chinesischen Schülerin.«

»Bongbong?« fragte sie über den Motorenlärm hinweg.

»Marcos' einziger Sohn«, sagte Ben und legte die Zeitung beiseite. »Ferdinand Junior.«

»Ich dachte, der wäre auch im Exil.«

»Um Himmels willen, nein. Er ist Kongreßabgeordneter und vertritt Ilocos Norte, die alte Provinz seines Vaters. Als FM noch Präsident war, war er dort Gouverneur. Jetzt tut er so, als hätte er keine Ahnung vom Vermögen seines Vaters, obwohl er einer der Verwalter ist. Das glaubt ihm natürlich kein Mensch. Hier steht, daß sogar Rechtsanwälte von ›ausweichenden, unwahren und ihrer Natur nach unwahrscheinlichen Aussagen unter Eid‹ sprechen.« Er reichte ihr die Zeitung herüber.

»Nach dem, was hier steht, ist Bongbong also ein Absolvent von Oxford und Wharton. Daß er in England war, habe ich gar nicht gewußt.«

»Doch, doch. Aus einigen der Tagebücher seines Vaters, die in der Stadt heimlich die Runde machten, geht hervor, daß es FM ziemlich erleichterte, ihn im Ausland und in guter Gesellschaft zu wissen. Er räumt ein, daß Imelda mit ihm als Teenager überhaupt nicht zurechtkam, und sagt, er habe Bongbong gewarnt, daß er seine Freunde hinauswerfen lassen würde, wenn sie sich zu ausgiebig im Palast herumtrieben. Trotzdem, armer Bengel. Wie konnte aus jemandem mit einer derartigen Erziehung etwas anderes werden als ein verwöhntes Balg? Also verfrachteten sie ihn nach Oxford. Politische Wissenschaften und Philosophie, Disziplinen, mit denen er von kleinauf vertraut war. Als er im reifen Alter von dreiundzwanzig Jahren zum Vizegouverneur der Provinz Ilocos Norte ernannt wurde, hatte er, was den Lauf der Dinge betrifft, bereits so manche Lektion erteilt bekommen. Ein Beispiel«, sagte der Senator weitausholend: »Mitte der siebziger Jahre, als das Kriegsrecht verhängt worden war und sein Vater anfing sich ernsthafte Sorgen über Bongbongs Umgang zu machen. Drogenabhängiges Mittelklasse-Hippiegesocks. Starlets aus dem Showgeschäft, diese Sorte. FM war sich völlig bewußt, daß er nur diesen einen Sohn hatte, der durch sein ausschweifendes Leben sehr schnell zu einem Drogenabhängigen werden könnte. Nach mehreren eindringlichen Warnungen erfuhr Marcos, daß Bongbong privat mit einer Flugzeugladung Freunde zu einem besonders lustigen Wochenende starten wollte. Als die Maschine gerade startklar war, erhielt der Pilot Anweisung, zur Treppe zurückzukehren. Es kamen Berater des Präsidenten an die Maschine gelaufen, um Bongbong mitzuteilen, es läge eine Nachricht seines Vaters vor, der ihn in einer dringenden Familienangelegenheit kurz zurückriefe. Seine Freunde sollten ohne ihn fliegen; er könne dann in ein, zwei Stunden mit einer anderen Maschine nachkommen … Muß ich weitererzählen?«

Eigentlich nicht; er tat es aber trotzdem und erhob seine kratzende Stimme, um die Motorengeräusche seiner kleinen Maschine zu übertönen. Das Flugzeug war abgestürzt, und alle Mann an Bord waren ums Leben gekommen. In der Öffentlichkeit wurde ein großes Lamento angestimmt. Marcos begab sich höchstpersönlich zum Flughafen und schaffte es, ein paar Krokodilstränen zu vergießen. Bongbong hatte seine Lektion in Sachen väterlicher und Präsidenten-Autorität vermutlich gelernt. Während Ysabella aus dem Fenster auf eine sich nähernde Landmasse schaute, dachte sie darüber nach, welch große Bedeutung *Leichen* in diesem Land hatten. Presse- und Fernsehbildern nach zu urteilen waren Leichenhallen wichtige soziale Begegnungsstätten. Ständig wurden Leute fotografiert, die sich über den Inhalt von satinausgeschlagenen Kisten beugten, die mit allen möglichen komplizierten Klappen und Deckeln ausgestattet waren. Der Ironie waren keine Grenzen gesetzt. Sie erinnerte sich an den zehnjährigen Jungen, der auf der Straße gespielt hatte und plötzlich mit einer Kugel im Kopf vor den Füßen seiner Mutter tot umgefallen war. Irgendein Betrunkener hatte während seiner Geburtstagsparty aufs Geratewohl seine Pistole abgefeuert, einfach nur so, um ein bißchen Krach zu machen, um zu feiern und um sein neues Spielzeug vorzuführen. Dem Bericht eines Ballistikers zufolge war er mit an Sicherheit grenzender Wahrscheinlichkeit Polizist. Es wurde gezeigt, wie die trauernden Angehörigen des Kindes um den bis zur Brust aufgeklappten Sarg standen, auf dessen geschlossenem Teil sie seine Lieblingsspielsachen aufgestapelt hatten. Unter anderem eine Spielzeugpistole. Waffen und Tränen. Welche Befriedigung mochten sie insgeheim aus solch dramatischen Ritualen bloß ziehen?

Hierzulande wurden Leichen häufig exhumiert, um die Identität festzustellen oder um zu beweisen, daß der Gerechtigkeit Genüge getan worden war oder auch nicht. Menschen wurden auf Bürgersteigen zur Schau gestellt, auf denen sie erschossen worden waren; auf Polizeirevieren, auf die sie geschafft worden waren; auf einer Landepiste, auf der ein ankommender Jumbo-Jet auf jemandem aufgesetzt hatte (von dem nicht viel übriggeblieben war. Es wurde behauptet, es handle sich um einen schlafenden Squatter, dann, um ein Polizeiopfer, in diesem Fall hatte es nicht einmal eine Armbanduhr gegeben). Das Foto des Leichnams mit dem zerzausten Haarschopf, verschiedentlich als der berüchtigte Commander Mubarak oder als sonst ein unbekannter Entenzüchter identifiziert, war veröffentlicht und wieder veröffentlicht worden, da der Fall ein dutzendmal abgeschlossen und neu aufgerollt worden war. Die Marcos-Leichen rangierten natürlich ganz oben: zuerst die von Ferdinands Mutter und dann die des Ex-Präsidenten persönlich, die vier Jahre lang wie eine wertlose Batterie in einem hawaiianischen Tiefkühler gelegen hatte, die Venen mit eisigen Chemikalien vollgepumpt, jedoch immer noch in der Lage, eine modrige politische Spannung zu erzeugen. Die ganze Angelegenheit schien bizarr und einer anderen Epoche anzugehören. Gangster aus den zwanziger Jahren, war es nicht genau das? Leute, die »Lips« und »Muggsy« hießen und im wächsernen Zustand dalagen, mit Satin bis an die Kinnladen, um die von Fleischerhaken und Lötlampen und Thompson-Maschinenpistolen verursachten Schäden zu verbergen, die nicht einmal die versiertesten italienischen Leichenbestatter hatten kaschieren können.

Die Cessna schwankte, schob zur Seite, nahm im letzten Augenblick wieder die korrekte Fluglage ein, setzte butterweich auf und rollte auf ein winziges Abfertigungsgebäude mit einer Fahnenstange zu, und auf ein an Maschendraht gedrücktes Gesichtermeer. Die Kinder, die eben noch Ziegen und Hunde von der Landepiste getrieben hatten, kehrten zurück, um darauf zu spielen. Durch die geöffnete Tür drang eine verführerische Meeresbrise.

»Willkommen in Magubat«, sagte Benigno Vicente und stieg aus, um seine *probinsyanos* zu begrüßen.

Ein weiterer Kombi, ein Lite Ace mit getönten Scheiben und dem Schriftzug »Gov. Vicente« auf den Türen. Sie stiegen ein. »Mein Bruder«, stellte Ben Ysabella eine bäuerliche Version seiner selbst vor. »Doy ist der Gouverneur dieser Provinz.« Ysabella fühlte sich an Jimmy Carters Bruder Billy erinnert, diesen behaarten Bierbauch, den Ghaddafi-Spezi, das allgemeine Ärgernis. Der Kombi gierte wie ein Rennboot über eine unbefestigte Straße und zog eine ockerfarbene Gischtfahne hinter sich her, die die am Wegrand liegenden Hütten, über Zaungatter zum Trocknen gehängte Wäsche und die Ochsenkarren, an denen sie vorbeigeschrammt waren, unsichtbar machte. Sie kamen an einem Bootssteg an. Die Staubfahne überholte sie und verflüchtigte sich über dem Wasser. Es roch nach trocknenden Reusen, nach Ozon und Jod und UV-Licht, das vom lebendigen Geglitzer des Meeres reflektiert wurde. Wenige hundert Meter entfernt auf der anderen Seite der blauen Meerenge hockte ein mit üppigem Grün überwuchertes Inselchen auf einem Fundament aus blütenweißem Korallensand. Ein messerartiges Fahrzeug mit Bambusauslegern setzte sie über. Das Meer war so klar wie ein Briefbeschwerer mit eingegossenen Gesteinsbrocken, Korallen und Fischen. Als der Motor ausgeschaltet wurde und der Bug über den Sand knirschte, herrschte einen zufälligen Augenblick lang absolute Stille, bevor irgend jemand etwas sagte oder sich bewegte. Die kleine Bucht war etwa hundert Meter breit und verengte sich auf eine ungefähre Länge von fünfzig Metern und beschrieb ein V aus Felsen und Bäumen, die einen

Strand einschlossen, an dessen höchster Stelle ein sechseckiges oder achteckiges (Ysabella zählte nicht) futuristisches Haus stand, das auf jeder Seite hohe, schmale Fenster hatte. Dieses Beispiel modernistischer Architektur war so geschickt angelegt, daß sie es erst bemerkte, als sie an Land gingen.

»Was für ein schönes Fleckchen Erde«, sagte sie jetzt zum hundertsten Mal im Laufe ihrer gesellschaftlichen Laufbahn, in der sie schon so manchen Lusttempel, so manchen vorgeblich bescheidenen Landsitz, so manches Herrenhaus, Schloß und Penthouse gesehen hatte, von wo aus man einen Flußbogen und eine Renaissancestadt überblicken konnte. »*Was* für ein schönes Fleckchen Erde«, und zum ersten Mal meinte sie es ernst und empfand eine spontane Freude darüber, daß der griesgrämige Hugh und alle anderen es niemals zu Gesicht bekommen würden.

»Na ja, es ist zwar bloß ein Strandhaus«, sagte Liezel, »aber uns gefällt es, und die Kinder sind auch gern hier. Woopsy ist völlig begeistert und Danny ebenfalls. Danny ist unser jüngster Sohn. Er studiert zur Zeit an der Sorbonne, hat Ben das erwähnt? Er schreibt immer über Bantol und erkundigt sich danach.«

»Bantol?«

»Oh, verzeihen Sie, so heißt diese Insel. Es ist der hiesige Name für eine Fischart mit großem Kopf und kurzem Schwanz. Man sagt, daß sie vom offenen Meer aus genau wie so ein Fisch aussieht, aber ich muß gestehen, daß ich persönlich keinerlei Ähnlichkeit feststellen kann.«

Und übrigens, dachte Ysabella, hatte die Insel auch keine große Ähnlichkeit mit dem Mont St. Michel. Lächelnde Menschen eilten den Strand herab, um sie zu begrüßen und um den Proviant zu entladen.

»Das sind unsere Hausmeister«, erklärte Liezel, »sie wohnen da unten und haben auf alles ein Auge.«

An einem Ende der Bucht, oberhalb des Hochwasserpegels und im Schutz überhängender Äste, standen zwischen Felsblöcken mehrere strohgedeckte Hütten auf Pfählen. Auf großen Bambusrahmen waren Netze zum Trocknen aufgehängt. Wenige Meter vom Ufer entfernt schaukelte die kleinere Version des Bootes vor Anker, mit dem sie gerade übergesetzt hatten. Sie wurden von keuchenden Jungen in zerrissenen T-Shirts, die Bierkästen geschultert hatten, überholt.

»Für die Tochter eines englischen Botschafters«, sagte Liezel, deren Intelligenz offensichtlich zum ersten Mal durch die Rolle der besorgten Gastgeberin getrübt wurde, »ist es wahrscheinlich viel zu einfach hier, fürchte ich. Wir sind keine besonders vornehmen Leute, wissen Sie.« Nein; nicht die besorgte Gastgeberin. Die Frau eines Politikers. »Ben ist vor allem ein Mann aus dem Volk. Er hat keine reichen Eltern wie viele andere Senatoren.« Irgendwann auf der Herfahrt – vermutlich im Kombi – hatte sie ihre Stökkelschuhe gegen ein Paar limonengrüner Turnschuhe vertauscht, was mit dem Imelda-Aufzug und dem »Jicky« nicht so recht harmonieren wollte; allerdings hätte es nach Ysabellas Vermutung wahrscheinlich weit komischer ausgesehen, hätte sie versucht, den Korallenstrand in Ferragamo-Schuhen hinaufzustöckeln.

Sie hatten einen gepflasterten Platz vor dem Haus erreicht. Jetzt konnte Ysabella sehen, wie kunstvoll das Anwesen angelegt war, denn es erstreckte sich beidseitig hinter Gesteinsformationen, die die wahren Dimensionen jedem, der am Strand an Land ging, verbarg. Ebenfalls den Blicken entzog sich eine hellbeige Markise, in deren kühlem Schatten eine erschöpfte schwarze Hündin lag, die von jahrelanger Schufterei in den Welpenminen ausgelaugt war. Es gab einen Tisch mit Steinplatte und verschiedene Gartensessel. Auf der anderen Seite stand eine winzige Replik des Hauses

– die dem Besucher ebenfalls so lange verborgen blieb, bis er sich auf gleicher Höhe befand –, der Größe nach zwischen Hütte und Pavillon und aus demselben Baumaterial mit derselben Sorgfalt ausgeführt.

»Oh, was für eine ungewöhnliche Idee«, rief Ysabella unwillkürlich. An einem Tisch vor dem kleinen Haus saß ein hünenhafter Junge, der entweder in etwas vertieft oder einfach nur eingeschlafen war.

»Das ist Herman, unser Ältester«, sagte der Senator, als er sie eingeholt hatte. Er trug jetzt eine Mighty Meaties-Baseballmütze. »Ich werde Sie vorstellen. Im übrigen, beachten Sie ihn nicht weiter, er ist leider geistig behindert. Er lebt hier. Dies ist der einzige Ort, an dem er wirklich glücklich ist.«

Sie gingen zu ihm hinüber. Wenn Danny an der Sorbonne studierte, dachte sie, und Herman älter war, mußte er mindestens zwanzig sein. Es war das Gesicht eines Riesenbabys, das sich ihnen langsam wie ein bronzener Mond zuwandte, der durch die Wolken bricht. Rund, flach, leer.

»Hallo, Boyboy«, sagte sein Vater und legte seinen Arm liebevoll um die massigen Schultern. »Hier sind wir mal wieder.« Herman lächelte ungewiß zu ihm hinauf wie jemand, der genau weiß, daß er ein Gesicht früher schon mal gesehen hat, und sich dann erinnert, wo. Seine Augen füllten sich mit Tränen. Vor ihm auf dem Tisch lagen Muschelhäufchen, die weder nach Größe noch nach Art sortiert waren, sondern nach Farben, wie es schien. »Und das hier ist Ysabella. Vor langer, langer Zeit habe ich ihren Vater gekannt.«

»Vater«, echote Herman. Sein Blick fiel auf seine Muschelsammlung. Ein träges Patschhändchen langte nach vorn und nahm eine Kegelmuschel auf, die wunderschön mit Wellenlinien aus immer kleiner werdenden braunen Spitzen verziert war – wie eine mit chinesischem Pinsel skizzierte Berglandschaft. Das endlos sich wiederholende Muster vermittelte den Zen-Eindruck einer unendlichen Entfernung. Die Hand fuhr hoch und hielt ihr die Muschel hin.

»Die ist aber schön, Herman«, sagte sie.

»Die ist für Sie. Er schenkt sie Ihnen. Oh, warten Sie!«, sagte Ben scharf, kam ihr zuvor und nahm seinem Sohn die Muschel aus der Hand. Er inspizierte die Muschel, wobei er sie am breiteren Ende des Gehäuses anfaßte. »Die lebt noch«, stellte er fest und bellte einen Namen. Ein Faktotum kam herbeigerannt. Der Senator hielt die Muschel hoch und ließ ein Donnerwetter los, während der Mann, ein ledriger Bursche in den Vierzigern, an dessen mahagonifarbenen Waden Fischschuppen wellig angetrocknet waren, wie ein begossener Pudel dastand und immer wieder sagte: »*Opo. Opo.* Ja, Sir. *Opo*«, bevor er sich mit der Muschel in der Hand davonmachte. »Bilo wird sie zurückbringen, wenn er sie ausgenommen hat«, redete er beruhigend auf seinen Sohn ein, »es ist alles gut. Dann kannst du sie Ysabella geben.« Er nahm eine webmusterverzierte Kegelschnecke vom Tisch, begutachtete sie und legte sie zurück auf den Haufen.

»Was war denn das eben?« fragte sie, während er sich mit einem weiteren liebevollen Schlag auf die Schulter des Jungen zum Gehen wandte.

»Diese Muschelart ist sehr gefährlich. Sie ist die einzige hier, vor der wir uns in acht nehmen müssen. Sie ist giftig.«

»Ich wollte sie aber nicht essen.«

»Sie schmecken aber sehr gut. Nein, die Sache ist die, daß sie noch lebendig war. Er muß sie erst heute morgen gefunden haben. Sie hat einen Verteidigungsmechanismus, mit dem sie aus der Spitze einen haarfeinen Giftpfeil abschießt. Und das ist was anderes als ein Bienenstich ... Angeblich ist ihr Gift genauso verheerend wie das einer Seeschlange. Bilo hat die Aufgabe, Hermans Muscheln zu kontrollieren. Dafür wird er schließlich bezahlt. Das ist unser Problem hier«, sagte er, und es war nicht ganz klar, ob er seine Insel oder sein Land meinte. »Auch auf die Aufpasser muß man noch aufpassen. Bilo und seine Familie wohnten hier schon, bevor wir das Haus bauten. Ich habe ihm sein Boot gekauft, seinen Motor und seine Netze. Ich habe seine beiden Söhne auf eine Handelsschule geschickt, alles mögliche, und außerdem zahle ich ihm ein Gehalt als Verwalter und als Aufpasser für Herman. All das, und *trotzdem* kann man sich nicht hundertprozentig auf diese Leute verlassen. Außerdem trinkt er. Was mich daran erinnert, was für ein lausiger Gastgeber ich doch bin.«

Die überdimensionalen Sony-Farbfernseher überraschten Ysabella nicht, auch nicht die mit allen Schikanen ausgestattete Hausbar oder die Regale voller Taschenbücher. Aber der Billardtisch.

»Eine meiner Schwächen«, erklärte Ben und schenkte ihr einen Rose's Limonensaft ein. »Ich ziehe die britische der amerikanischen Spielweise vor. Ich spiele tausendmal lieber Snooker als Poolbillard. Es ist irgendwie subtiler.« Seine Baseballmütze hatte er immer noch auf. »Und ich bin ein Mighty Meaties-Fan, wie Sie sehen. Das ist das Basketballteam von Swift Hotdog. Noch eine meiner Schwächen. Ich glaube, daß die Briten überhaupt nicht Basketball spielen, oder irre ich mich?«

»Von sowas habe ich leider keine Ahnung«, sagte Ysabella.

»Ach so. Nun, wie dem auch sei, in diesem Jahr werden die Meaties den Purefoods eine empfindliche Niederlage beibringen.« Er bemerkte, daß die Aufmerksamkeit seines Gastes zu den Regalen abgeschweift war. »Ah, noch eine Schwäche. Eine, über die Sie weit besser Bescheid wissen werden als ich.«

Eine Überraschung war auch der Anblick der Gefäße und Schalen und Teller und eines wunderschön getüpfelten Ching-pai-Boots. Manche der Keramikarbeiten waren kostbarer als die Stücke im Philippine Heritage Museum, wie sie feststellte.

»Die stammen von überall her«, sagte er wegwerfend. »Kleinigkeiten, die ich hier und da aufgelesen habe. Meine wertvolleren Stücke befinden sich leider alle in Manila.«

»Ich könnte mir vorstellen, daß Dr. Liwag bei ein, zwei Teilen ganz schön neidisch werden könnte.«

»Bonnie? Ach was, der doch nicht. Wir sind alte Freunde. Der hat Sachen versteckt, wogegen diese Stücke wie Tupperware aussehen.«

»Aber bestimmt nicht im Museum.«

»Oh, nein, im *Museum* sicher nicht.«

»Stimmt es eigentlich, daß er Mitglied des Opus Dei ist?«

»Nicht, daß ich wüßte. Wer sagt das?«

»Ich weiß es nicht mehr. Wahrscheinlich irgendwo aufgeschnappt.«

»Hätten Sie Lust, vor dem Mittagessen schwimmen zu gehen?«

Sie ging schwimmen; sie gingen alle schwimmen in einem warmen Wasser, das so klar war, daß einem schwindlig werden konnte wie beim Fliegen. Weit unten zwischen Gesteinsformationen schoben schwerfällige Fische hin und her. Zum Mittagessen gab es eisgekühltes Bier. Ihre Siesta hielten sie in abgedunkelten Zimmern. Als die schlimmste Nachmittagshitze vorüber war, gingen sie wieder schwimmen. Woopsy, schmal und blaß, übte Kopfsprünge von einem Felsen, und ihr Platindraht glitzerte bei ihrem zufriedenen Lächeln. Ein wenig abseits tauchten die massigen walroßartigen Falten von Hermans dunklem Speck im Schatten, den die Insel warf, abwechselnd auf und wieder unter. Er war nicht dazu zu überreden, sich seiner Familie anzuschließen, sondern tummelte sich in stiller Geschäftigkeit zwischen den Felsbrocken vor Bilos Hütten. Er schien sich im Wasser pudelwohl zu fühlen. Manchmal erblickte

Ysabella das ihr zugewandte Mondgesicht mit dem leeren Ausdruck einer Tauchermaske, bevor es erneut unterging. Ein an seinem Handgelenk befestigter Käscher peitschte die Wasseroberfläche, und er war verschwunden.

Als der Abend dämmerte, ertönte von irgendwo am dschungelartig bewachsenen Hang hinter dem Haus das Summen eines Generators, und Glühwürmchen trieben zum Strand hinab. Der Senator hatte sich eine Schürze umgebunden, setzte den Grill in Gang, und mit der Sorgfalt eines Chirurgen plazierte er Messer, Spatel, Gabeln und Soßentöpfe, in denen Pinsel steckten. Schon bald stieg der Duft von gegrilltem Fisch in den Abendhimmel. »Wenn wir diesen Ort nicht hätten, würden wir glatt sterben«, sagte er. »Oder durchdrehen.«

»Das stimmt«, pflichtete seine Frau ihm bei. »Wir stammen beide aus dieser Provinz und sind Leute vom Lande, durch und durch. Das Stadtleben hat natürlich seine Vorteile, aber an diesem Ort hängt unser Herz.« Sie trug ein schlichtes Kleid von Armani mit einem einzigen winzigen Goldknopf auf einer Schulter. Über die schmale Meerenge leuchtete der sanfte Schein von Öllampen vom Festland herüber.

»Gibt es dort keinen Strom?«

»In der Provinzhauptstadt schon, aber das wird dauern, bis es ihn auch in den Barrios gibt«, erwiderte der Senator. »Für Bruder Doy ist das eines der dringlichsten Anliegen. Das sowie Straßen, Wasser, ein Krankenhaus, Telefon usw. Hier draußen in Magubat leben wir eben immer noch ziemlich hinter dem Mond. Bitte zitieren Sie mich nicht, aber als echter Magubateño, und nicht als Senator, bin ich manchmal gar nicht so unglücklich, daß es sich so verhält. Trotz aller Entbehrungen gibt es nach wie vor einfache Freuden, die dem sogenannten Fortschritt leider als erstes zum Opfer fallen werden. Jedenfalls finde ich es schade, daß Doy an diesem Wochenende verhindert ist. Er hat ein wichtiges Treffen mit unserem Kongreßabgeordneten.«

»Und wer ist das?«

»Jaime Vicente? Wären Sie ein Kinofan, würden Sie ihn kennen. Er war früher mal Action-Filmstar. Er und Lito Lapid waren die absoluten Publikumslieblinge. Die Kunst der Selbstverteidigung und wilde Schießereien. Er ist noch immer ungeheuer populär und äußerst *fit*. Möglich, daß er diese Weihnachten einen weiteren Film dreht mit … mit wem doch gleich, Lee? … Vic Sotto oder so. Vic ist einer meiner Kollegen im Senat. Ich werde ihn am Dienstag mal fragen.«

»Jaime ist ebenfalls ein Verwandter, vermute ich.«

»Bloß ein Neffe. Für den Kaffee entschuldige ich mich schon im voraus. Es ist leider nur Pulverkaffee aus der Gegend.«

Die große, dumme und allem zugrundeliegende Frage lautete: Wie hatte ein Botschaftschauffeur es geschafft, all dies zu erreichen? Aber sie bezweifelte, daß sie darauf eine klare Antwort erhalten würde, und stellte deshalb nach dem Abendessen eine eher nebensächliche, aber persönlich interessante Frage. »Haben Sie meine Mutter eigentlich gekannt?«

Der Senator blickte sie überrascht an und nippte an seinem Cointreau. »Aber natürlich habe ich sie gekannt. Hat sie Ihnen das nie erzählt?«

»Seien Sie bitte nicht gekränkt, Ben, aber ich kann mich wirklich nicht erinnern. Als ich heranwuchs, lernte ich Sie als Heldenfigur im Hintergrund unseres Lebens kennen. Ich weiß nicht, ob ich jemals Fragen gestellt habe oder ob sie mir irgend etwas erzählt hat. Vergessen Sie nicht, daß ich die meiste Zeit meines Lebens nicht zu Hause gewohnt habe, ich war zuerst im Internat und dann an der Universität. Wir sind schon immer selbständig gewesen. Ich meine, ich erinnere mich, daß mir meine Mutter während des Semesters regelmäßig von überall her geschrieben hat, aber das ist ja normal. Eine junge, finanziell unabhängige Witwe, die viel auf Reisen war und ihre Diplomatenfreunde besuchte. Wahrscheinlich habe ich mir immer vorgestellt, sie hätte in Botschaftshäusern gewohnt, aber heute weiß ich, daß das nicht sein konnte. Sie war ja schließlich bloß die Frau eines Botschafters und nicht selber Diplomatin. Sie war – und ist nach wie vor – an allen möglichen Entwicklungshilfeprojekten interessiert. UNICEF und Rettet die Kinder. Brot-für-die-Welt-Angelegenheiten. So was in der Richtung. Meine Freunde und ich haben uns immer vorgestellt, sie hätte im Ausland irgendwelche romantischen Liebhaber.« Und dann bremste sie – zu spät – ihren Redefluß; ihr Gehirn war von der Müdigkeit und den Drinks und der tropischen Nachtluft träge geworden und von der Torheit, die einen dazu verleitet, seinen Gesprächspartner strikt auf diese Funktion zu reduzieren.

»Wir haben uns mehrfach getroffen, wann immer sie sich in dieser Gegend aufhielt«, sagte er vorsichtig. »Was eine Zeit lang relativ häufig vorkam. Es macht mich schon traurig, daß ihre Reisen sie offenbar überhaupt nicht mehr in den Osten führen. Auf jeden Fall ist sie für mich nach wie vor jemand, den ich enorm schätze. Ich mag Menschen – und insbesondere Frauen –, die zielstrebig und entschlossen durchs Leben gehen. Schönheit und eine eigenständige Intelligenz sind eine potente Mischung, die ich unwiderstehlich finde. Sie sind, wenn ich mir diese Bemerkung erlauben darf, sogar noch schöner, als Ihre Mutter es vor zwanzig Jahren gewesen ist, und sie war wirklich sehr schön. Aber zu dem, was Sie von Ihrer Mutter geerbt haben, kommen bei Ihnen noch die aristokratischen Züge Ihres Vaters.«

Liezel hatte bereits vor einiger Zeit gute Nacht gesagt, und Ysabella fragte sich, ob ihr Gemahl sein Pulver mit verbalen Galanterien verschossen hatte oder körperliche Annäherungsversuche starten, eine Hand ausstrecken und ihr die Entscheidung überlassen würde, wie onkelhaft die ganze Angelegenheit bleiben sollte. Als nichts dergleichen geschah und sein letztes ausgesucht extravagantes Kompliment von der lauen Brise davongetragen war, sah sie ihn von der Seite an und bemerkte nichts, das darauf schließen ließ, daß er in der letzten halben Stunde etwas gesagt hatte. Er starrte in die Dunkelheit hinaus, das Gesicht verschlossen, als würde er Figuren auf einer Leinwand betrachten. Es gab keinen Mond. Eine unbemerkt aufgezogene Wolkenschicht hatte den Himmel versiegelt. Jenseits der Festlandspitze war die Nacht übergangslos in ein schwarzes Meer hinabgesunken, so daß sie nicht sagen konnte, wo der Horizont war. In weiter Ferne zitterten zwei kleine Lichter; mit Sicherheit zu hoch für Fischerboote, aber zu niedrig für Sterne. Sie spürte, wie die Erde nach hinten kippte, um das Meer neu zu positionieren und die Sterne als Lichter wieder flottzumachen.

»Sie werden müde sein«, sagte er schließlich. »Ich bin es jedenfalls.« Er stand abrupt auf. »Ich glaube zwar nicht, daß Sie eine mitternächtliche Badenixe sind, aber für den Fall – «, er berührte einen Schalter, und unter ihnen, steiler, als sie es sich vorgestellt hätte, leuchtete das Wasser blaugrün auf. In der Ferne veränderte sich das Geräusch des Generators um einen Viertelton.

»Ein wunderschöner Effekt«, sagte sie.

»Und ich hatte schon Angst, Sie könnten es vulgär finden. Ich habe die Lampen für die Gäste installieren lassen, die gern nachts im Wasser herumtollen. Sie erinnern sich, diese Stelle ist wie ein natürliches Schwimmbassin. Das einzige, was wir tun mußten, war, an strategischen Punkten Unterwasserscheinwerfer anzubringen. Bestimmte Fischarten werden davon angezogen, und es gibt Leute, die Spaß dran haben, das nächtliche Treiben zwischen den Korallen zu beobachten. Es ist absolut ungefährlich.«

»Keine Haie?«

»Oh, die ziehen tieferes Wasser vor, deshalb findet man sie draußen, jenseits des Riffs. Und Bilo hat Order, diese Stelle von Seeigeln und diesen nesselnden Farndingern freizuhalten. Hydrozoen.« Er tauchte das Wasser wieder in Unsichtbarkeit. »Aber ich merke, daß Ihr Bett Sie sehr viel mehr interessiert, und ich wünsche Ihnen eine gute Nacht. Den Generator stellen wir über Nacht ab, deshalb habe ich in Ihrem Zimmer eine Taschenlampe bereitgelegt. Und, bitte, bewegen Sie sich völlig ungezwungen. Tun Sie so, als wären Sie hier zu Hause. Sie –«, er legte eine kurze Pause ein. »Sie können sich gar nicht vorstellen, wie aufrichtig froh ich bin, Chris Bastiaans Tochter zu Gast zu haben. Mir ist, als hätte eine unglückselige Geschichte endlich ein gutes Ende gefunden. Nach all den Jahren. Ich kann es kaum fassen.«

Ihr Zimmer befand sich über dem Raum mit dem Billardtisch. Die Familie schlief offenbar drüben auf der anderen Seite des Achtecks oder was immer es war. Obwohl sie registriert hatte, daß das Haus nicht sonderlich groß war, bewirkten die räumliche Gestaltung und die Art, wie es bewohnt wurde, daß es palastartig und voller unerklärlicher Entfernungen zu sein schien. Sie lag wach, als so ein anarchischer Gedanke an die Oberfläche trat wie aus einem inneren Monolog, der sich zugetragen haben mußte, als sie mit den Gedanken woanders war. Angenommen, Ben und mein *Vater* wären auch Liebhaber gewesen? Nein, das war völlig absurd, ein müßiger Gedanke, der ihr überhaupt nichts einbrachte, weil sie ihren Vater gar nicht gekannt hatte, der aber nicht abwegig schien, da in diesem Land nichts unmöglich war. Trotzdem mußte eine Erklärung her, weshalb sich dieser Mann noch immer so beharrlich an die Erinnerung an einen ausländischen Diplomaten klammerte, dessen Fahrer er damals, 1965, noch nicht mal ein Jahr lang gewesen war. Wie liebenswürdig hätte ihr Vater zu einem kleinen Chauffeur denn sein müssen, der damals – was? zwanzig, einundzwanzig war? Seit sie in dieses Land gekommen war, hatte sie gefunden, daß Geheimnisse diese praktisch nichtexistente Vaterfigur umwitterten wie einen echten Geist. Das Land seines Todes ließ ihn Gestalt annehmen.

Irgendwann in der Nacht trieb sie aus dem Schlaf empor wie ein Taucher an die Oberfläche und fand sich in einem Zimmer gestrandet, das von Blattwerk und Wolkenfetzen gefiltertes Mondlicht sprenkelte. Ganz in der Nähe grübelte das Meer leise seufzend über alles nach. Ein Gecko ratterte sein Präludium zu einer vertrauten Folge von Kehllauten herunter. In der darauf einsetzenden Stille vernahm sie, weit weg und wie durch Wolldecken gedämpft, ein Echo aus undeutlichen Heultönen. Dann trat erneut eine dumpfe Stille ein, in der sie schließlich entspannt wieder einschlief.

Am Morgen traf sie die Familie beim Frühstück an, das aus Fisch, Reis und *bibingka*, einem flachen, wabbligen Pfannkuchen aus Reismehl und Kokosnuß bestand.

»Bedienen Sie sich«, rief Ben gutgelaunt wie eine jüdische Mutter am Kopfende der Tafel. »Probieren Sie ein *bibingka*. Es sind importierte.«

»Von wo?«

»Von der anderen Seite«, schwelgte er. »Heute morgen frisch gemacht. Sie gehören unbedingt zum stilechten Beginn eines Tages auf dem Land. Probieren Sie mal einen. Ohne Backpulver und dieses ganze chemische Zeug. Man nimmt statt dessen *tuba*, das wird aus Palmsaft gewonnen und enthält natürliche Hefe.«

Nach dem Frühstück stellte sie fest, daß es noch immer erst sieben Uhr an einem Sonntagmorgen war. Während sie eine erste Runde schwamm, tauchte eine Erinnerung auf.

Sie traf Ben auf der Terrasse, einen offenen Attachékoffer neben sich und in eine Akte vertieft.

»Ich glaube, ich habe heute nacht etwas ganz Sonderbares gehört. Es klang wie eine Art Geheul.«

Er legte die Akte beiseite. »Es tut mir leid, wenn Sie geweckt worden sind. Ich hoffe, es hat Sie nicht geängstigt. Das war nur Herman. Er hat nachts manchmal Anfälle. Ein Spezialist meint, sie würden durch Alpträume ausgelöst, aber wir haben das Vertrauen in Spezialisten, ehrlich gesagt, verloren. Wir haben uns in Dutzenden von Kliniken Dutzende von Erklärungen angehört. Es war jedesmal eine Qual, weil er das Reisen haßt. Nur hier ist er wirklich glücklich.« Mit einem leichten Stirnrunzeln, das ganz offensichtlich einem anderen Ort und einem anderen Gesprächspartner galt, blickte er durch Ysabella hindurch. »Wenn man das, was die Experten sagen, wenn man all ihre widersprüchlichen Theorien zu Debilität und Schilddrüsenüberfunktion, zum Mongolismus, zu Autismus, Epilepsie und Schizophrenie und zu was weiß ich noch alles zusammennehmen würde, so bliebe am Ende eine Diagnose, die wirklich nicht mehr hergibt als die unserer Geisterheiler, die meinten, daß er als Kleinkind vom Teufel besessen war. Wir sind mit ihm auch tatsächlich bei einem Exorzisten gewesen.« Wieder blickte er sie an, diesmal sehr präsent, als wolle er ein ungläubiges Lächeln erhaschen.

»Sicher hätten das andere genauso gemacht«, sagte sie. »Ich weiß zumindest, daß ich es ebenso gemacht hätte. Wenn man mit seinem Latein am Ende ist, wird man nichts unversucht lassen.«

»Genauso war es«, pflichtete er ihr bei. »Herman ist unser Erstgeborener. Er war von Anfang an so. Aber damals waren wir arm. Mein Gott, waren wir arm. Wir hatten absolut *nichts*. Vielleicht ... Er ist achtundzwanzig, wußten Sie das?«

Dies schien eine Bedeutung zu haben, die sie nicht begreifen konnte, eine Bedeutung, die über die offensichtliche Tatsache hinausging, daß sein Sohn halb so alt aussah. »Es hat Jahre gedauert, bis Liezel und ich den Mut hatten, es noch einmal zu versuchen. Stellen Sie sich vor, wie froh wir waren, als Danny normal war. Und nicht nur normal, sondern intelligent und aufgeweckt. Ebenso Woops, die vielleicht sogar noch intelligenter ist als Danny.«

Langsam dämmerte es ihr. Also war nichts Perverses im Spiel gewesen; nichts Düsteres. Einfach nur eine ganz normale, unter den Umständen allerdings ungewöhnliche Gefälligkeit.

»Mein Vater gab Ihnen Geld. Um ihn behandeln zu lassen.«

»Ja«, sagte der Senator dankbar und nahm die Akte wieder auf.

Es war das erste Mal, daß sie einen Anflug von Verletzlichkeit an ihm entdeckt hatte. Mit dem sie ihn allein ließ, um wieder schwimmen zu gehen. Ihr war jegliches Zeitgefühl abhanden gekommen, so wie ihr am Abend zuvor der Horizont »abhanden« gekommen war. Jetzt fiel ihr ein, daß am Luftwaffenstützpunkt irgend jemand – Ben? Liezel? – darauf hingewiesen hatte, daß sie nicht vor Montag zurückkehren würden und ob sie damit einverstanden wäre? Irgendwas wegen eines staatlichen Feiertags oder eines nationalen Heldengedenktags oder etwas Ähnlichem. Irgend so eine Dritte-Welt-Angelegenheit. Sie hatte noch nie einen Job gehabt, bei dem sie auf solche Dinge hätte achten müssen. Warum beherrschte sie bloß den Trick nicht, mit dem man seine eustachischen Röhren freibekam? Es gab so vieles unter Wasser, das sie gern aus der Nähe betrachtet hätte, aber immer, wenn sie tiefer als ein paar Fuß tauchte, begannen ihre Ohren zu schmerzen. Vielleicht würde sie heimlich einen Schnorchel-Kurs belegen. Hugh würde Augen machen, wenn sie ihm einen entsprechenden Wisch unter die Nase halten würde. Dieser Anblick von Fischen zwischen den Korallen war unbestritten zeitlos. In der Archäologie betrachtete man Fragmente der jüngeren Vergangenheit und konnte fast immer nur Vermutungen anstellen. Der Anblick, der sich einem hier bot, war mit Sicherheit der gleiche wie vor fünf Millionen Jahren. Eine derartige Perspektive wirkte sich merkwürdig auf die Gegenwart aus. Zugegeben, ihr Vater war reich gewesen. Dennoch war das Ungehörige persönlicher Geldgeschenke eines Botschafters an seinen Fahrer augenfällig. Sie lag im Wasser und blickte durch die Taucherbrille wehmütig auf eine flirrende Wolke aus winzigen blauen Fischen, die das obere Ende eines Korallenstamms umgab. Im Wasser glühten sie wie Stückchen materialisierter Elektrizität. Über ihre Familie wollte sie weiter nichts wissen. Das war alles viel zu lange her und hatte eigentlich nichts mit ihr zu tun. Alles nur Geister. Was sollte man denn annehmen? Daß der unterbezahlte, frisch verheiratete *provinciano* Benigno Vicente diesen Geldsegen der Herrschaft also letztendlich doch nicht auf sein geschädigtes Kind verwendet hatte? Sondern den Großteil auf die Grundsteinlegung seines Vermögens, wie es Sharons Freundin Crispa mit ihrem Schweigegeld getan hatte? Daß er aus dem Unglück einen Vorteil geschlagen hatte? Daß der Preis dafür dieser muschelsammelnde Koloß war, der irgendwie an einem Ort überwacht wurde, der als glückliches Idyll in einem privaten Schutzgebiet beschrieben wurde?

Der Tag verlief angenehm, mit gelegentlich eingestreuten Mahlzeiten aus der Lagerfeuerküche. Ysabella tauchte in ein Taschenbuch ein, dann ins Meer und dann in das hinter der Generatorhütte beginnende Dickicht, bevor Dornen und ihre Schlangenphobie sie zurückhielten. Das Abendessen wurde immer wieder von Wetterleuchten erhellt, das abwechselnd die Umrisse von Wasser und Land sowie der inzwischen kaum merklich weitergewanderten Wolken sichtbar machte. Sie rechnete nach, daß die Angestellten in London jetzt ihre Büros zur Mittagspause verließen, unter einem Himmel, dessen exakte Färbung sie niemals erfahren würde, der aber aller Wahrscheinlichkeit nach grau war und unablässig durchdringende Feuchtigkeit abgab. Sie dachte an Hugh mit seinen ernsten buddhistischen Ideen und seinem Adelstitel. Er und ganz England schienen in Märchengefilde zu gehören, in ein Land der Vergangenheit, das sie eines Tages ausgraben würde (sollte es mit ihrer Laufbahn so sprunghaft weitergehen) wie einst Ur oder Silbury.

Auch in dieser Nacht wurde sie wieder geweckt, allerdings nicht durch ein Geheul. Diesmal durch ein leises, stilisiertes Weinen, das sich wie das *bu-hu* englischer Kindergärten oder das *hu-hu-hu* der Frauen in Filipino-Comics anhörte. Obwohl es sehr leise war, schien es aus der Nähe zu kommen. Ysabella wußte, daß es sie nichts anging, egal woher es kam. Hausgäste, die angehalten waren, sich wie zu Hause zu benehmen, konnten sich auch den Luxus leisten, sich gegen dieses Angebot zu entscheiden. Aber weil das Geräusch nicht verstummte und sich keine Pantoffelfüße oder Stimmen näherten, um Einhalt zu gebieten, war ihr klar, daß sie nicht einschlafen würde, da dieser fremde Kummer sie angesteckt hatte. Sie betätigte den Lichtschalter, der nur leer klickte, wobei ihr der Generator einfiel, fand die Taschenlampe und öffnete ihre Tür so leise wie möglich. Es kam von unten, aus dem Billardzimmer. Ohne die Taschenlampe anzumachen, glitt sie die geschwungene Treppe bis zur Mitte hinunter und hockte sich hin. Durch die kunstvoll gearbeiteten Geländerstäbe konnte sie in das Zimmer hinunterblikken. Mondlicht, gefiltert durch die Bäume auf der Rückseite des Hauses, tauchte alles in eine Einfarbigkeit nicht von dieser Welt, wie in einer Kammer auf dem Grund eines verlorenen Meers, einer den Farben und dem Sonnenlicht auf ewig entzogenen Zelle. Auf dem dunklen Billardtuch des Tisches lag eine unbewegliche Masse mit dem Gesicht nach unten und zwei um die Tischkante geklammerten Pranken.

Ysabella hatte gedacht, daß Herman nachts in sein Miniaturstrandhaus eingesperrt würde, was auch erklärt hätte, warum sein vorheriges Geheul so weit entfernt geklungen hatte. Irgendwie konnte sie sich überhaupt nicht vorstellen, daß er nach Anbruch der Dunkelheit noch frei herumlaufen durfte. Aber warum eigentlich nicht. Er war ganz offensichtlich Teil der Familie auf eine Art, die sie nicht nachvollziehen konnte. Trotzdem hätte sie das nicht gedacht. Während sie jetzt mit der Angst eines Voyeurs vor Entdeckung und dem heftigen Verlangen zuschaute, etwas herauszubekommen, wurde sie von der tiefen Verzweiflung der Szene ergriffen und merkte, wie sich ihre Augen unwillkürlich mit Tränen füllten. Trotz seiner Stilisiertheit war dies nicht das Weinen eines Kindes. Allein die Gedämpftheit zeigte an, wie wenig es mit kindlichem Klagen oder Verlangen zu tun hatte. Sie glaubte nicht, daß dieser wortlose Ausdruck tiefer Traurigkeit gehört werden sollte. Sie vermutete, daß er ihre vorübergehende Anwesenheit oben im Gästezimmer vergessen hatte. Sie verspürte das Bedürfnis aufzustehen, die Taschenlampe anzuknipsen, hinunterzugehen und einen Arm um diese riesigen bebenden Schultern zu legen, das Mondgesicht mitsamt seinen Rotzfäden vom Billardtuch zu heben und seinem Scheitel Trost zuzusprechen. Aber dann traute sie sich doch nicht; der Mut verließ sie angesichts des unmöglich Komplexen. Ich bin nicht mein Vater, sagte sie sich, als sie wieder in ihrem Zimmer war. Halt dich da raus. Wie kann sich jemand Fremdes in ein solches Elend einmischen, in einen unergründbar gestörten Geist, bei dem selbst Gutgemeintes vielleicht alles nur schlimmer macht? Jetzt war ihr, als hätte Herman letztlich doch etwas gesagt, es unablässig wiederholt, jede Silbe ein Schluchzer, nämlich seinen eigenen Kosenamen, »Boyboy«. Während ein leerer Raum in ihr widerhallte, begrub sie ihren Kopf mit dem Kissen, aber nach einem langen zeitlosen Augenblick wurde sie durch die stickige Luft wieder an die Oberfläche befördert, wo inzwischen alles ruhig war.

»Leider hatten wir letzte Nacht einen Todesfall«, teilte ihr Liezel nach dem Morgenkaffee mit, als ob sie damit rechtfertigen wollte, warum dieses Frühstück frugaler ausgefallen war als das vorangegangene. Eine entsetzliche Mitschuld ließ Ysabella erstarren, bis ihre Gastgeberin fortfuhr: »Unsere alte Hündin. Sie haben sie am Samstag vielleicht bei unserer Ankunft gesehen. Sie war schon furchtbar alt. Aber Woopsy hat es trotzdem ziemlich mitgenommen. Sie wissen ja, wie Kinder sind. Ich glaube, wir alle hingen sehr an dem Tier.«

»Und der arme Herman?«

»Ich fürchte, Boyboy bekommt solche Sachen gar nicht mit.« Abgesehen von ihren Turnschuhen steckte sie wieder in ihren Imelda-Reisekleidern. In ihrem Blick und ihrer Stimme war ein Anflug des Unergründlichen zwischen scharfen Korallen, dunklen Höhlen und Fischen, die da unten glitzerten wie Modeschmuck. Was Ysabella betraf, endete das lange Wochenende auf dieser rätselhaften Note. Als das Boot sie davontrug und sie auf Bantol zurückblickte, stellten sich nur ein paar banale Gedanken zu den kleinen Geheimnissen und folgenschweren privaten Kümmernissen ein, von denen Freudentempel ebenso heimgesucht werden wie Parlamente. Damit war das Wochenende aber noch nicht ganz zu Ende. Der bodenständige Gouverneur, der in seinem Kombi zurückgekommen war, um Bruder Ben und Gast abzuholen, führte mit dem Senator ein Gespräch in einem Hochgeschwindigkeitstagalog, so daß sie mit ihren Gedanken abschweifte, die immer noch von dem dunklen Haufen auf dem Billardtisch verfolgt wurden, auch als sie irgendwann die Worte »Philippine Heritage Museum« mitbekam. Woopsy saß hinten im Auto mit ihrem Gameboy, der ständig zirpte und fiepte. Sie schien völlig absorbiert. Als sie schließlich in der Luft waren, wandte sich ihr Vater an Ysabella und sagte:

»Mein Bruder hat mir von den Plänen des Museums erzählt, in Magubat eine Zweigstelle einzurichten. Ich finde, das wird auch höchste Zeit.«

»Ich muß zugeben, daß ich von der Archäologie in dieser Provinz keine Ahnung habe.«

»Interessant sind die Küstengewässer. Die Hauptroute der spanischen Galeonen aus Mexiko führte um die Landspitze herum. Und zwar direkt vor Bantol. Ich bin sicher, daß es in den Riffen dieses südlichen Teils von Wracks nur so wimmelt. Dort draußen muß es massenhaft Zeug geben. Auch die eine oder andere chinesische Handels- oder Piratendschunke, könnte ich mir vorstellen. Aber es ist immer dasselbe. Einerseits ein stattliches Nationalerbe und andererseits diese Geldknappheit bei den staatlichen Stellen, die mit seinem Schutz beauftragt sind. Doy und ich tun unser Bestes, damit Magubat ins Bewußtsein gerückt wird, bevor skrupellose Geschäftemacher anfangen mitzumischen.«

»Hört sich gut an«, sagte sie in einem Ton, in dem Leute etwas sagen, die lieber nichts sagen würden, vor allem nicht, wenn zwei Flugzeugmotoren zu übertönen sind. Aber als ihr einfiel, daß sie einem so großzügigen und beinahe charmanten Gastgeber vielleicht zu wenig Aufmerksamkeit entgegenbrachte, fügte sie hinzu: »Verzeihen Sie, aber ich wußte gar nicht, daß Sie so sehr an Archäologie interessiert sind. Ich hatte Sie mir eher als Privatsammler vorgestellt. Aber es ist gut zu wissen, daß sich jemand in Ihrer Position Gedanken darüber macht, was mit den Schätzen dieses Landes passiert. Im Museum kommt es einem manchmal so vor, als würde man neben der Öffnung eines riesigen Trichters arbeiten. Man kann zwar nichts sehen, wohl aber den Luftzug spüren, wenn wieder einmal etwas eingesogen wird, um schließlich in Auktionshäusern in London und Paris, in Rom und New York wiederaufzutauchen.«

»Ich weiß. Das passiert überall. In ganz Indochina, besonders in Kambodscha. Aber auch in Rußland und den ehemaligen Sowjetrepubliken. Oder in Südamerika. Es ist globaler Raub. Globaler Raub«, wiederholte er, als sei dies ein Begriff, den er bereits in einer Rede verwendet hatte. »Und viele dieser Länder gehören zu den Unterzeichnern der UNESCO-Konvention von 1970. Ich weiß.«

Ysabella gestand sich zu, das so hinzunehmen. Wenigstens war einer informiert. Aber später, nachdem sie in ihrem nach Öl riechenden Roxas-Apartment die Reisetasche abgestellt und geduscht hatte, kam ihr wieder seine Sammlung in dem Strandhaus auf Bantol in den Sinn. Unter den »hier und da aufgelesenen Kleinigkeiten« war nichts, das aus der Zeit nach 1500 stammte, nichts, was es nicht auch an Bord einer Handelsdschunke aus der Ming- oder gar Sung-Dynastie hätte geben können. Oder, was das betrifft, in einer präkolonialen Ausgrabungsstätte. Sie fragte sich, wie er da herangekommen war. Eine der Ungereimtheiten dieser UNESCO-Konvention bestand darin, daß die meisten Unterzeichnerstaaten die Vereinigten Staaten – als größtes kunstimportierendes Land – niemals um die Verhängung eines Einfuhrembargos gebeten hatten. Warum taten sie das nicht? Dann überlegte sie, wer für ein entsprechendes Gesuch verantwortlich wäre. Und diese Überlegung ließ sie, plötzlich davon überzeugt, daß nichts in diesem Land ohne Makel war, naiverweise kochen vor Wut.

Kapitel 18 Aus einer Reihe von Gründen, manche davon rein technischer Art, wie defekte Telefone, war die Kommunikaton zwischen den verschiedenen Polizeiabteilungen häufig gestört, weshalb sich die meisten Beamten, unabhängig von ihrer Rangzugehörigkeit, täglich mehr als eine Zeitung kauften. Das war eine Möglichkeit, sich über die Verbrechen zu informieren, und nicht mal die unzuverlässigste. Zeitungen wollten allerdings gelesen sein, und als Rio Dingca die Abendausgabe des *National Chronicle* zur Hand nahm, warf er nur einen flüchtigen Blick auf die Schlagzeile »Queen of Shabu geschnappt« und fragte sich »Welche denn?«, bevor er sie wieder zusammenfaltete und hinter die Sonnenblende des Jeeps stopfte. Er zog Pistole und Holster aus seinem Hosenbund, kontrollierte das Magazin, spannte den Hahn und sicherte die Pistole und legte sie in Reichweite an ihren gewohnten Platz neben dem Schaltknüppel zurück. Erst dann startete er den Motor und lenkte das nummernschildlose Fahrzeug aus dem Hof des 14. Polizeireviers in den Feierabendverkehr hinein.

Diese elende Durststrecke nach Süden. Während der gestaute Verkehr schnaubte wie ein angestochener Stier, der Kräfte für den Angriff auf das nächste Rot sammelt, wurden die Ampeln in dichte Abgaswolken gehüllt. Als er wartete, fiel ihm erneut die Zeitung ein, und er nahm sie herunter, doch die Zeit reichte lediglich, um zu registrieren, daß Vic Agusan den Leitartikel verfaßt hatte. Dingca hatte den Journalisten zwar nie persönlich kennengelernt, aber Dutzende von Artikeln dieses Mannes gelesen, und betrachtete ihn als einen der besten seiner Zunft; auf alle Fälle lag er weit über dem Niveau jenes Journalistenpacks, das einen Freibrief zu haben glaubte, alle möglichen Lügen und Diffamierungen über die Polizei zu verbreiten. Außerdem war er keiner von denen, die selbstherrliche Kolumnen verfaßten, in denen sie gegen Polizisten zu Felde zogen, weil sie Autos ohne Nummernschilder fuhren und dafür auf der Stelle verhaftet werden müßten, und die mit der moralinsauren Bemerkung schlossen, Gesetzlosigkeit finge bei den kleinen Dingen an und Männer in Uniform müßten als erstes lernen, daß sie nicht über dem Gesetz stünden, und so weiter und so fort. Vom Hörensagen wußte er, daß Agusan in Ordnung war, seine Feuertaufe hinter sich hatte und besondere Sympathien für die INP-Cops vom alten Schlage hegte. Man hatte jedenfalls ganz den Eindruck, daß er für die Militärs in Polizeiuniform, die inzwischen das Sagen hatten, kaum ein gutes Wort fand. Dann begann der Stier erneut zu schnauben und ging ohne rechten Schwung auf die Ampeln einige hundert Meter weiter vorn los, und Dingca mußte die Zeitung wieder wegstecken.

Als er San Pedro erreichte, dämmerte es bereits, und es war dunkel, als er sich durch die schlingpflanzenbewachsenen schmiedeeisernen Palisaden einließ, die dem Haus etwas von einem luftigen Safe verliehen. Divina machte ihre Klavierübungen auf dem mit Zigarettenbrandmalen übersäten Baldwin, das er von einem benachbarten Militär übernommen hatte, der es aus einer Offiziersmesse gerettet hatte. Eunice war in ihrem Zimmer. Teresita kochte. Dem lieben Gott sei Dank für ein intaktes Familienleben. Er duschte, zog Shorts und Slipper an, nahm ein Bier aus dem Kühlschrank und küßte Sita auf den Nacken.

»Eunice möchte Zahnärztin werden.«

»Ach ja?«

»Ich dachte nur, du solltest es wissen. Das wird nicht billig werden, Rio. Und dauert Jahre. Unterrichtsgebühren und Arbeitsmaterial, Kleidung, Unterkunft.« Sita arbeitete bei der örtlichen Zweigstelle des Gesundheitsamts, und ihr Gehalt reichte gerade, um die Familie jeden Monat mit Nahrung zu versorgen. Trotzdem war sie froh, diese Arbeit zu haben, obwohl es ihr jedesmal einen Stich versetzte, wenn sie spätnachmittags in ein leeres Haus zurückkehrte. Dort, wo sie herkam, war immer jemand dagewesen. Hier hingegen gab es ganze Blocks mit tagsüber verwaisten Häusern, vor denen jeweils vierbeinige Aufpasser Wache hielten. Das war kein schönes Gefühl. Im Büro ertappte sie sich manchmal dabei, wie sie an dieses Haus, das tagsüber verschlossen war, und an seine gebohnerten Fußböden dachte, von denen, außer dem gelegentlichen Klicken von Butchs Krallen, wenn er zum Wassertrinken in die Küche trottete, keinerlei Geräusch ausging; an die leeren Zimmer der Mädchen mit den Kinoplakaten über dem Bett, von denen Filmstars ihr Zahnpastalächeln lächelten, und an die mattglänzenden Wohnzimmerwände, an denen Rios laminierte Urkunden hingen. Und jetzt würde auch noch Eunice jeweils monatelang außer Haus sein. Aber das mußte ja früher oder später so kommen.

»Ich dachte, sie wollte Lehrerin werden?«

»Ach Dad, das ist doch schon *Jahre* her.« Eunice war von hinten an ihren Vater herangetreten. »Du wolltest doch bestimmt auch mal Feuerwehrmann werden. Das wollen doch fast alle Jungen.«

»Ja, schon, aber ausgerechnet *Zahnärztin*.«

»Der Verdienst ist sagenhaft.«

»Wenn man seine Prüfungen besteht.«

»Natürlich, wenn man seine Prüfung besteht.«

»Aber dauert das nicht sechs Jahre?«

»Man muß ja auch eine Menge lernen, Dad. Aber dann ...«

»Weiter?«

»Na ja, ähm, dann kann ich's mir leisten, dir alles zurückzuzahlen. Spielend.«

»Na prima. Und wenn du es gerade geschafft hast, mich aus dem Schuldturm freizukaufen, steht auf einmal Divina auf der Matte und will Gehirnchirurgin werden, und schon bin ich wieder drin.«

»Ach Dad, jetzt übertreibst du aber. Was gibt's eigentlich zum Abendessen?«

»Brathähnchen«, antwortete Sita an ihre Tochter gewandt, »in Spezialteig. Und den Teig machst *du.*«

»Das geht nicht, Mum, ich bin gerade mitten in einem Zahnheilkundebuch.« Aus der offenen Tür ihres Zimmers drang von weit her ihr Radio und konkurrierte mit der Klimperei ihrer Schwester.

»Aber du hast dich doch noch nicht eingeschrieben?« fragte ihr Vater ziemlich erschreckt.

»Nein, nein, noch nicht. Aber ich habe mir gedacht, ein gewisser Vorsprung könnte nicht schaden.«

Dingca wußte, wenn er und Sita Einwände wegen des Geldes erhoben, dachte keiner von ihnen wirklich ans Geld. Heutzutage kostete alles ein Vermögen, und man nahm es einfach als selbstverständlich hin, daß man sich eigentlich überhaupt nichts leisten konnte, außer man wirtschaftete erst mal munter drauflos, um hinterher mit den Zahlungen zu jonglieren. Irgendwie ließ es sich immer bezahlen. Nein, es war nicht das Geld. Es war der Gedanke, daß Eunice in Manila wohnen müßte, wenn sie Zahnmedizin studieren wollte. Warum konnte sie nicht mit ihm hin und her pendeln? Aber um Himmels willen, Dad, College-Studenten wohnen doch nicht bei ihren *Vätern.* Studenten wohnen in WGs oder in Studentenwohnheimen oder so was; sie haben oft auch abends noch Vorlesungen; müssen mit ihren Professoren sprechen, und so weiter. Sie leben doch nicht im *Gefängnis*; sie sind erwachsene Menschen und leben ihr eigenes Leben.

Aber Rios Kopf war voll von all den Widerlingen, die Mädchenschlafsäle terrorisierten; davon, was mit müden Studentinnen passierte, die auf ihren Bus warteten, um nach den Vorlesungen nach Hause zu fahren; von den tausend Verderbtheitsvarianten, die sich mit blutunterlaufenen Augen und von Drogenkonsum zittrigen Fingern in den Straßen der Stadt herumdrückten. Heute abend wollte er nicht darüber sprechen, okay? Nicht *heute* abend, Eunice. Das alles wollte gut überlegt sein. Er war verdammt noch mal erst zehn Minuten zu Hause, und schon bombardierten sie ihn mit so was. Eine Verschwörung von Frauen, die alle Register zogen, nur damit er ja sagte.

Erst nachdem all dies gesagt worden war und sich die Kühlschranktür mit einem gedämpften Seufzer der Endgültigkeit geschlossen hatte, konnte Rio ein zweites kühles Bier mit hinaus auf den Hof nehmen. Was immer man auch tat, für was immer man sich auch entschieden hatte, sie hatten einen am Wickel – wer immer »sie« gerade waren. Er holte die Abendzeitung hinter der Sonnenblende seines Jeeps hervor, rückte den Klappstuhl näher ans Licht und las, Butch zu Füßen, endlich Vic Agusans »Queen of Shabu geschnappt«.

Ein paar Jungs vom Rauschgift-Dezernat der Polizei-Zentrale Süd war es gelungen, sie bei einem fingierten Deal festzunehmen, als sie Drogen an einen Beamten übergab, der sich als Käufer ausgegeben hatte. »Ausgegeben«, entfuhr es Rio. »Daß ich nicht lache.« Er nahm einen Schluck Bier, der ihm im Halse steckenblieb, als er den Namen der Frau las: Lettie Tan. Agusan beschrieb sie als »Besitzerin zahlreicher Etablissements, darunter Nachtclubs in Cavite und Ermita, sowie Konzessionärin diverser ausländischer Unternehmen, wie etwa japanischer und taiwanesischer Entwicklungsgesellschaften. ›The Topless Pit‹, Tans Club in Ermita, ist seit langem als ein Ort bekannt, wo gewisse berüchtigte Drogenhändler unbehelligt ein und aus gehen, was auf Protektion von ziemlich weit oben schließen läßt.« Der Mann und seine Zeitung gehen ein ganz schönes Risiko ein, dachte Dingca anerkennend und schluckte endlich den lauwarmen Schluck Bier hinunter. Lettie Tan, was? Dieses Weibsstück nun wieder.

Er saß da, leerte gemächlich sein Bier und hörte die vertrauten Küchengeräusche und die Fernsehstimmen aus dem Haus hinter ihm schon gar nicht mehr, auch nicht das Wasser, das in unregelmäßigen Abständen durch den Abfluß schoß. Im Hof hatte sich der Geist von Babs zu ihm gesellt, er war mit einem Rascheln im Mangobaum erschienen, als er gerade hinübersah. »War es das?« fragte er sein ermordetes Goldstück leise. »War es das, was du mir sagen wolltest, nur daß ...?« Aber, nur daß *was*? Waren die Kindesentführungen bloß ein bedeutungsloser Nebenerwerb oder etwas, was mit Babs' Arbeitgeberin überhaupt nichts zu tun hatte? Aber mal angenommen, Babs hätte gewußt, daß sie ein Drogenboß war. Daraus ließen sich verschiedene Schlüsse ziehen, unter anderem, daß er es vorgezogen haben könnte, darüber Stillschweigen zu bewahren, um sich keiner Gefahr auszusetzen. Denn hier ging es nicht darum, mal nebenbei einen Knirps zu entführen. Hier ging es um die wirklich großen Dinger, wie Dingca nur zu gut wußte. Und wie Agusan angedeutet hatte, war es ein Ding der Unmöglichkeit, ohne zuverlässige Deckung durch Justiz und Polizei ein wie auch immer geartetes Drogenimperium zu betreiben. Das Ärgerliche war – und die Vergegenwärtigung seiner eigenen Gleichgültigkeit führte jetzt zu Gewissensbissen –, daß er Babs gegenüber nie einen Hehl daraus gemacht hatte, daß ihn von allen Verbrechensarten Drogenkriminalität am meisten anödete. Die gesamte Drogenszene hatte etwas an sich, das Rio kaltließ, sogar ungeduldig machte, wie er fand, und es war ihm ganz egal, ob sich irgendwelche Deppen aus lauter Langeweile die neuesten Drogen in Venen und Nasen pumpten, die ihr Gehirn noch matschiger machten. Man konnte seine Zeit auch sinnvoller nutzen und sich dem wirklichen Gesindel an die Fersen heften, das das Land nach Belieben plünderte, Unschuldige in den Ruin trieb und stets ungeschoren davonkam. Abgesehen davon war es ihm unbegreiflich, wie man *nicht* einem anständigen importierten »Black Label« den Vorzug geben konnte.

Es war schon paradox. Vor zwei Jahren, als er noch im 5. Revier der Polizei-Zentrale Süd gewesen war, hatte Dingca nur am Rande von Lettie Tan gehört. Jetzt auf einmal, da er in die Zentrale Nord versetzt worden und ihr stinkender Club nicht länger sein Problem war, war sie zu einer ausgewachsenen Großkriminellen geworden, die dank Babs, wie er fand, noch sehr wohl sein Problem war. Es war in doppelter Hinsicht ärgerlich, daß sein altes Team wegen der PNP-Umbesetzung auseinandergebrochen war und es im 5. Revier nur noch ganz wenige gab, die für einen Austausch von Vertraulichkeiten über Lettie Tan in Frage kamen. Zwei Jahre waren eine lange Zeit. Neue Verbindungen waren entstanden, wo dumme Fragen einen den Kopf kosten konnten. Und jetzt, da sie sich auch noch in den Klauen des Rauschgiftdezernats befand, war noch weniger auszurichten. Er ließ die Zeitung sinken und trank sein Glas ganz aus. Er überlegte sogar, ob er nicht diesen Agusanburschen anrufen sollte, um anzudeuten, daß Lettie Tan noch ganz anderen Dreck am Stecken hätte als nur Drogen und daß er als Journalist doch die Möglichkeit hätte, auch ihre anderen geschäftlichen Aktivitäten mal ein wenig unter die Lupe zu nehmen. An »eine Kette von ausländischen Konzessionen« war unmöglich ohne entsprechende Beziehungen ranzukommen. Erst letztes Jahr hatte es ein ähnliches Beispiel gegeben, keine fünf Meilen Luftlinie von diesem Hof entfernt, da hatte eine Geschäftsfrau sage und schreibe 294 Bauern aus Laguna übers Ohr gehauen und dazu gebracht, 114 Hektar Ackerland zu verkaufen, und hatte es obendrein geschafft, auf den zuständigen Minister für Agrarreform massiven Druck ausüben zu lassen, damit diese Flächen für »Industrie- und Handelszwecke« umgewidmet wurden, weil sie dort ein Industriegebiet einrichten wollte. Dieser Schritt war nach den Bestimmungen des Reformgesetzes absolut illegal, wie Dingca sich die Mühe gemacht hatte in Erfahrung zu bringen. Seinerzeit hatte niemand Überlegungen angestellt, aus welcher Ecke dieser Druck stammen könnte, der immerhin stark genug sein mußte, um besagten Minister zu einem öffentlichen Verstoß gegen seine eigenen Gesetze zu verleiten. Es war vor allem deshalb ein Skandal daraus geworden, weil sich die Ex-Präsidentin Cory Aquino zu der Erklärung gezwungen sah, Malacañang habe zu keiner Zeit von diesem Fall gewußt. Dieses Dementi begann zu wackeln, als ein an sie persönlich gerichteter Brief dieser Geschäftsfrau, der ausdrücklich um ihre Hilfe bei dieser Angelegenheit ersuchte, vor dem Untersuchungsausschuß verlesen wurde. Analphabetische Bauern übers Ohr zu hauen war natürlich noch das einfachste gewesen. Dingca fragte sich jetzt, in welche vergleichbare Schweinerei Lettie Tan wohl verwickelt sein könnte, und zweifelte keinen Augenblick daran, daß sie irgendwo lauerte, wahrscheinlich sogar ziemlich nachlässig kaschiert, so geringschätzig, wie Leute ihres Kalibers mit den Gesetzen umsprangen. Nicht, daß er unbedingt eine Lanze für analphabetische Bauern brechen würde, aber solche Dinge passierten in Laguna inzwischen immer häufiger, da die Grundstückspreise in Metro-Manila rapide stiegen und die Stadt ihre Tentakel immer weiter in die umliegenden Provinzen ausstreckte. Er war nicht vor siebzehn Jahren hierher aufs Land gezogen, um seinen Ruhestand inmitten von Lastwagenverkehr und lärmigen, illegal entstandenen Industriegebieten zu verbringen, wo riesige, weithin sichtbare Neonreklamen der Konkurrenzunternehmen Toshiba und Samsung um die Wette leuchten und den Nachthimmel pink und mauve färben würden.

Nach dem Abendessen ging er die Straße hinunter zum Bowl-o-Rama auf der Ylang-ylang. Er brauchte vertraute Gesichter. Beim Betreten wurde er von beruhigendem

Rumpeln und Klackern empfangen, und zahlreiche behandschuhte Hände hoben sich zum Gruß. Er schlenderte von Bahn zu Bahn, sah zu und plauderte, bis hinter ihm eine Stimme sagte: »Inspektor Dingca, Sir?« Er drehte sich um und konnte sie nicht sofort einordnen, jung und schön, bis es einrastete und die Monate sich wie von selbst zurückspulten und er wieder auf der Schulabschlußfeier war und seinen Blick über die Reihen prächtiger Jungs und Mädchen schweifen ließ. Vor allem Mädchen. *Große Mädchen.*

»Patti Gonzales, nicht wahr?«

Sie lächelte ihn sonderbar ironisch an. »Sie erinnern sich also an mich?«

»Wir Polizisten haben ein fotografisches Gedächtnis für Gesichter. Ich dachte, das wär' bekannt.«

Das verunsicherte sie offensichtlich. »Aber doch bestimmt nur für die von Verbrechern, Sir?«

»Bedaure, aber da machen wir keinen Unterschied, genau so wenig wie die Natur. Ich muß sagen, Sie sehen ganz anders aus ohne die Schuluniform.« Als befürchtete er, sie könnte aus seinem Ton eine Enttäuschung heraushören, fügte er rasch hinzu: »Und, wie haben Sie sich schließlich entschieden?«

»In welcher Hinsicht, Sir?«

»Öffentlicher Dienst und Zahnmedizin. Ich glaube, eins von beiden wollten Sie doch machen, oder?«

Es stimmte, sie sah verändert aus. Es war ja auch nicht anders zu erwarten, daß man älter aussah, nachdem man die Schuluniform abgelegt hatte, es mußte allerdings auch im Zusammenhang mit anderen Veränderungen gesehen werden, die teils kaum merklich, teils auch alles andere waren als das. Kaum merklich war die Veränderung ihrer Körperhaltung. Die ernsthafte Sprödigkeit, neben der er sich wie ein Sechstkläßler vorgekommen war, hatte sich inzwischen in ein Selbstvertrauen anderer Art verwandelt. Ihre Waden waren nicht mehr aneinandergepreßt, während sie dastand, sondern berührten sich nur noch leicht, außerdem hielt sie nicht mehr die Hand vor ihre perfekten Zähne, wenn sie lächelte. Auffälliger (obwohl bei der Beleuchtung des Bowl-o-Rama schwer zu sagen) war, daß sie die Andeutung eines Make-up zu tragen schien. O nein, Patti, dachte er und sah sie bereits als eine Hosteß, was ihr ganz bestimmt blühen würde, wenn sie nicht höllisch aufpaßte. Ihm war schon lange aufgefallen, daß es den Frauen seines Landes fast unmöglich war, Make-up zu benutzen, ohne daß sie wie Nutten aussahen. Traurig, aber wahr. Schon der geringste Versuch, beispielsweise ein unnatürliches Rot auf natürlich gebräunte Wangen aufzutragen, verwandelte sie im Handumdrehen in Bargirls aus Ermita oder Olongapo, solche, die auf Stöckelschuhen neben einem hochgewachsenen Touristen herwankten und sich mit einer Handvoll karminroter Krallen in dessen Taille bohrten oder in seine Gesäßtasche eintauchten.

»Ach das«, sagte sie. »Diese Idee habe ich längst aufgegeben. Ich meine, wer will denn schon den ganzen Tag in die Münder anderer Leute starren? Und wenn man dann noch bedenkt, daß es sechs Jahre dauert, bevor man auch nur einen *sentimo* verdient. Da müßte man schon einen totalen Dachschaden haben. Zahnmedizin ist doch nur was für Streber.«

»Eunice hat sich gerade eingeschrieben«, bemerkte Dingca.

»Oh.« Diesmal flog ihre Hand doch zum Mund. »Oh, so hab ich das nicht gemeint … Ich meinte das nur für mich, Sir. Bestimmt sind manche Leute dafür bestens geeig…« Sie verstummte, als ihr Verstand schließlich ihr Gerede eingeholt hatte.

In die anschließende unangenehme Pause sagte er freundlich: »Sie haben natürlich recht. Wir können nicht alle das gleiche machen. Wofür haben Sie sich also entschieden?«

»Ich – «, begann sie zaghaft, »ich würde gern zur Polizei gehen. Seitdem ich Sie kennengelernt habe. Deshalb wollte ich auch gern mit Ihnen sprechen, Sir.«

»Großer Gott«, entfuhr es Dingca unwillkürlich. »Aber dazu sind Sie viel zu hübsch«, und er führte sich das Aufgebot an Schlampen und Schreckschrauben vor Augen, das seiner Meinung nach charakteristisch für die ihm bekannten Polizistinnen war. »Was ist denn das für eine Karriere für ein so hübsches Mädchen? Die Bezahlung ist miserabel. Abgesehen davon, sollten Sie sich darüber im klaren sein, daß die Polizei dieses Landes augenblicklich in einer Krise steckt. Die Umstrukturierung ist noch nicht – Was ich meine, ist, es gibt da noch Dinge, die ausgebügelt werden müssen. Probeläufe sozusagen … das reinste Chaos«, gab er zu bedenken. »Ganz ehrlich, Patti, ich kann Ihnen nur abraten, bei der Polizei anzufangen. Zumindest so lange, bis sich einige Dinge geklärt haben. Vielleicht sollte ich mich mal mit Ihrem Vater darüber unterhalten. Was sagt er denn dazu? Mir gegenüber hat er nie etwas davon erwähnt.« Er sah sich um. Wo war Butz bloß?

»Er bestärkt mich. Falls Sie irgendwas für mich tun könnten, wäre ich Ihnen sehr dankbar.«

Lag da etwa eine leichte Betonung auf dem Wort? Sie meinte doch wohl nicht …? Aber ob er wollte oder nicht, spürte er den Beginn einer Erektion. Eine Stunde später, nachdem er mit ihrem Vater gesprochen hatte, wußte er es leider ganz genau. Er hatte erfahren – unter dem Siegel der Verschwiegenheit –, daß die Gelehrte in der Familie unglücklicherweise durch die Aufnahmeprüfung für das National College gefallen war, was Pattis Hoffnungen auf eine Hochschulausbildung ziemlich gedämpft hatte. Genaugenommen wurden sie dadurch so gut wie zunichte gemacht, aber es hing ganz von ihr ab, ob sie die Wiederholung in einem Jahr schaffen würde. Und war es nicht so, daß auch bei der Polizei ein Hochschul-Abschluß inzwischen Vorschrift war? Dingca hatte ihrem Vater versichert, daß es sich so verhielt. »Aber was heißt hier schon *Vorschrift*?« – und an dieser Stelle fuchtelte der Bowl-o-Rama-Besitzer mit den Händen in der Luft, wie jemand, der versucht, seine Finger von Teig zu befreien –, »es gibt Vorschriften und Vorschriften, stimmt's oder hab ich recht? Wir sind doch Männer von Welt, Rio, du und ich. Hand aufs Herz, du willst mir doch wohl nicht weismachen, daß bei der Polizei jeder, der ein Hochschulzeugnis vorlegen kann, auch tatsächlich auf der Hochschule *gewesen* ist? Genau. Ich hab was von zwanzig Riesen gehört. Schließlich ist es nichts als ein Stück Papier. Ein Datumsstempel, ein paar Unterschriften, reine Formsache. Alter Kumpel.«

Zufälligerweise waren 20 000 Pesos auch der gängige Kurs, um eine Mordanklage (bei der man nicht gegen Kaution auf freien Fuß gesetzt werden konnte) auf Totschlag herabzustufen (dann ging's). Außerdem war es die übliche Gebühr für reiche Kids, die wegen nicht registrierter Handfeuerwaffen festgenommen worden waren, wenn sie den Streß mit einer Anklage wegen unerlaubten Waffenbesitzes umgehen wollten. Dementsprechend vermutete er, daß sich das Studium mit dieser Summe auf zwei oder drei Jahre verkürzen ließ. Ganz plötzlich fühlte er sich wieder als Opfer des Überdrusses, der ihn auch verleitet hatte, diesen öden Renegaten Pater Herrera auf ein paar Drinks einzuladen. Es war überhaupt nichts dabei, seine Freunde um einen Gefallen zu bitten, wenn man sich ansah, wie die Dinge lagen. Trotzdem war es Dingca für einen kurzen komischen Augenblick wie eine unerhörte Zumutung vorgekommen. Es war, als hätte er aufgehört, Teil einer imaginären Gesellschaft zu sein, in der Millionen es ihrem toten Präsidenten verziehen hatten, daß er das Land wie einen Selbstbedienungsladen geplündert hatte, weil er es ja nur getan hatte, um seiner Familie zu helfen, und abgesehen davon, hätten sie es ebenso gemacht, wenn sie in seiner beneidenswerten Position gewesen wären. Nur war eine solche Gesellschaft alles andere als imaginär, und er spürte, wie sein Kopf automatisch stumm nickte, um Verneinung und Ablehnung und Verweigerung anzudeuten, die er nicht ohne weiteres artikulieren konnte.

»Der Job laugt dich aus«, sagte Sita am späteren Abend zu ihm.

»Ich weiß«, stimmte er zu. Am nächsten Morgen wußte er es sogar noch besser, denn in der Frühausgabe derselben Zeitung, die die Story längst nicht mehr in den Schlagzeilen behandelte, stand: »Mutmaßliche Dealerin freigelassen«. »Mangel an Beweisen«, fuhr Agusan (der die ganze Nacht auf den Beinen gewesen sein mußte) mit einer Bitterkeit fort, die auch Dingca empfand, »ist der angebliche Grund für die nahezu umgehende Freilassung der Frau, die unter dem Namen ›Queen of Shabu‹ hinlänglich bekannt ist. Ein noch plausiblerer Grund, meinen Informanten zufolge, ist das direkte Eingreifen eines nicht namentlich genannten Polizeioberinspektors und eines gewissen Geschäftsmanns mit ›Verbindungen zum Gericht‹. Hätten diese Personen versagt, hätte man sich zweifellos darauf verlassen können, daß die sogenannten ›Glorreichen Sieben‹ ihr Letztes gegeben hätten. Dies waren natürlich die sieben Richter des Strafgerichtsbezirks von Makati, die derselben zuverlässigen Quelle zufolge ›die Einstellung strafrechtlicher Verfahren gegen Mitglieder der Drogensyndikate erleichtern und im Gegenzug stattliche Summen kassieren‹. Sie, und neben ihnen viele andere, sind vermutungsweise das, was die Regierungskommission zur Verbrechensbekämpfung unlängst als ›Ganoven in Richterroben‹ bezeichnet hat. Die Filipinos werden es ungerührt zur Kenntnis nehmen, daß es zwischen Ganoven in Richterroben und Ganoven in Uniform zwar

Unterschiede gibt, daß sie aber dennoch häufig genug unter einer Decke stecken. (Ebenso werden sie sich an den vor ein oder zwei Monaten von der Regierungskommission zur Verbrechensbekämpfung geprägten Begriff ›Ganoven in Arztkitteln‹ erinnern, der sich auf solche Ärzte bezog, die einen jüngeren Ableger der altehrwürdigen Ganoven-Aristokratie bilden.) Was unterm Strich nichts anderes heißt als: *Die Queen befindet sich auf freiem Fuß.*«

Auf dem Weg zur Arbeit dachte Dingca ständig an die unantastbare Lettie Tan mit ihren Freunden bei Gericht und ihrem verstorbenen Angestellten Babs. Er dachte über anonyme Polizeioberinspektoren und Geschäftsleute und Richter nach, für die die Babses und Dingcas dieser Welt so klein waren, daß man sie gar nicht unterscheiden konnte. Er stellte sich vor – anfangs nicht offenkundig erotisch –, daß er die Anweisung erhalten hätte, Polizeikadettin Gonzales von ihrem allerersten Tag in Uniform an unter seine Fittiche zu nehmen und ihr genau zu zeigen, wo sie stand, nämlich absolut nirgends. Ihre gesamten Berufsaussichten konnten mit einem Schlag zunichte gemacht werden, sollte das Schicksal sie verleiten, ausgerechnet den falschen drittklassigen miesen Nichtsnutz anzuhalten, weil er auf der Taft Avenue bei Rot über die Ampel gefahren war. Er würde sie so lange trimmen, bis sie scharfsichtig genug wäre, die Dinge so zu sehen, wie sie waren, und widerstandsfähig genug, ihnen zu trotzen. Die Reinheit seiner pädagogischen Vision wurde jäh verdorben, als sie auf unerklärliche Weise in ein Bild von Grünschnabel Benhur Daldal abdriftete, der sie im Tan-Mausoleum durchvögelte. Aber weder dies noch die Morgensonne, die vom hochglanzpolierten Metall seines Jeeps blitzte, hellte seine Stimmung auf, und ein offiziöses Sirenengeschmetter aus seiner Plärrbox, das ein durchhängendes Taxi zum Ausscheren veranlaßte, um sich in Sicherheit zu bringen, rief auch kein Lächeln hervor. Kein

Wunder, daß so viele schreckliche Unfälle passierten, Frontalzusammenstöße überladener Busse und Jeepneys, die ›ihre Bremsen verloren‹ und in Schulkindergruppen hineinpflügten. Die Leute hatten einfach keine, aber auch überhaupt keine Ahnung vom Autofahren, was kaum überraschte, zog man in Betracht, wie einfach es war, an einen Führerschein zu kommen. Dingca kannte in der Straßenverkehrsabteilung Beamte, die für eine Flasche importierten Scotch sogar einem Blinden einen Führerschein ausstellen würden.

Nur der Anblick von Sergeant Cruz, der vor ihm im verbeulten Tamaraw des Reviers in den Hof eingebogen war, verschaffte Rio eine grimmige Befriedigung. Wenigstens einer, der etwas Sinnvolles tat, und das für relativ bescheidene Summen. Hinten im Tamaraw ein aufrecht stehendes blaues Faß, das lose mit einem Seil befestigt war – und die Art, wie es wackelte, ließ darauf schließen, daß es leer war.

»Hab ich eine Party verpaßt?« fragte Dingca beim Aussteigen.

»Ronnie Guzman vom 2. Revier läßt grüßen. Er hat Ninja besorgt.«

»Und du die Getränke? Gänsewein für die Rotznase und ESQ für die Jungs.«

»Gin und 7-Up. Ich hab einen ziemlichen Schädel. Aber Ninja hat am meisten geschluckt.«

»Wer war's denn?«

»Ninja Boy Magtibay. Einer von den vier Jungs, die oben in Greenhills oder Cubao oder sonstwo diese kleine Auszubildende vergewaltigt haben. Zahnarzthelferin, glaub ich. Kurz vor Weihnachten. Haben ihr eine kaputte Flasche reingerammt und sie verbluten lassen. Wir haben Ninja gründlich über seine Freunde ausgehorcht. Früher oder später steht ihnen dieselbe Reise bevor.«

»Und wo geht die hin, wenn ich fragen darf?«

ESQ: Extra Smooth Quality: auf den Philippinen ein Synonym für Rum

»Zu den chinesischen Pastetenbäckern hinterm Flughafen. Jetzt schulde ich dir ein paar hundert«, sagte Cruz.

Von Blutgeld wissen wir nie etwas – dachte Rio später an diesem Morgen, als er im Verhörzimmer saß und sich die zersplitterten Tische ansah, auf denen drei Kerzen in den Pfützen ihres eigenen Wachses standen. Schon wieder Stromausfall. Das Kerzenlicht verlieh dem großen Büro trotz des fünfundzwanzig Jahre alten Stadtplans an der Wand eine seltsam sakrale Atmosphäre. In einer Ecke stand ein großer Santo Niño, in einer Nische, die ganz aus polierten Kokosnußschalen gemacht war. Wir bekommen Geld für Dinge, die wir nicht erledigt haben; einfach nur, weil wir zu den Vorgesetzten gehören, die durch ihre Haltung gewisse Handlungen zulassen oder zumindest nicht unterbinden. Wäre Cruz nicht ein solcher Enthusiast, hätte das 2. Revier wahrscheinlich mit seinem eigenen Äquivalent aufgewartet. Blutgeld ist wirklich nichts anderes als Teil unseres Grundgehalts und untrennbar mit diesem Job, dieser Stadt, diesem *Augenblick* an diesem Ort verbunden. Wir werden für unsere Beteiligung an Verbrechen bezahlt, die das bloße Hier-Leben mit sich bringt.

Der beleibte Wachhabende mit seiner Hornbrille betrat das Büro. »Morgen, Leutnant. Hab dich eigentlich schon früher erwartet.«

»Muß am Stromausfall liegen, Jun.« Der Sergeant hatte die Angewohnheit, sich immer mal durch den Hinterausgang des Reviers zu verdrücken, vorbei an den Zellen und dorthin, wo eine geschäftstüchtige Squatter-Familie eine improvisierte Kantine aufgemacht hatte. Hier schlürfte er dann eine Schale mit *lugaw* nach der anderen und flirtete so lange auf seine ziemlich schwerfällige Art, bis er von einem Grünschnabel an seine Pflichten erinnert wurde.

»Nachricht vom Chef. Er will, daß du in San Clemente einer Vampirgeschichte nachgehst.«

»*Vampire?* Du willst mich wohl auf den Arm nehmen, Sergeant.«

»Nein, im Ernst. *People's* berichtet angeblich schon zwei Tage hintereinander darüber.«

»Dann muß ja was dran sein. Und wo steckt der Chef, wenn ich fragen darf?«

»Der ist drüben auf Carmona. Sie hatten dort letzte Nacht einen Amoklauf. Sieben hat's erwischt. Vier davon tödlich, den Amokläufer inklusive.«

»Jemand, den wir kennen?«

»Sieht nicht so aus, Leutnant. Radiomechaniker oder so was. Einer von den normalen, ruhigen Vertretern.«

»Aha, und ich darf mich mit Vampiren rumschlagen.«

»Geb nur weiter, was der Chef gesagt hat, Leutnant. Du bist der mit den Kontakten nach San Clem.«

Was provozierte, daß hier und da einer kicherte, in Anspielung auf den Uraltwitz, der über Dingca kursierte, dem zufolge er oben zwischen den Friedhöfen noch eine Zweitfrau hatte, die ihm angeblich als Gegenleistung für regelmäßiges Megaficken seine Kleidung nähte. Weil damit niemand anderes als die grundsolide Nanang Pipa gemeint war, bei der er die T-Shirts für seine Töchter zum Selbstkostenpreis kaufte, hatte er sich aus dieser Stichelei nichts weiter gemacht, sie schien ihm leicht zu verkraften.

»Okay«, sagte er. Jeder Job draußen war besser, als drinnen bei Kerzenlicht zu hocken. »Hat jemand 'ne *People's* für mich?«

Es war Schlagzeilenmaterial in fünf Zentimeter hohen roten Großbuchstaben, ein Mozart P. Narciso-Spezial, gespickt mit Interviews von Müttern, die ihre Babys mit seltsamen Malen am Hals und merkwürdig vor sich hin dösend vorgefunden hatten. »Ich krieg mein Baby nicht wach«, schluchzte eine Hausfrau vollkommen hysterisch. »Er schläft jetzt schon seit siebzehn Stunden. Das hat er noch nie gemacht. Wenn Sie mich fragen, ist er besessen.« Eine andere Anwohnerin erklärte, obwohl sie größten Respekt vor ihrem Gemeindepriester hätte, bräuchte San Clemente doch die professionelle Hilfe eines Spezialisten, »wie von dem Priester, der die Sache mit den Cavite-Zwergen erledigt hat«. Da Mozzy keiner war, der sich in Andeutungen erging und bei seinen Lesern Verwirrung stiftete, hatte er sich die Mühe gemacht – und einen fettgedruckten Kasten eingerückt –, nochmals an den wenige Monate zurückliegenden Vorfall zu erinnern, bei dem in Cavite eine Grundschule tagelang geschlossen bleiben mußte, weil sie von schwarzen Zwergen heimgesucht worden war, die in die Klassenräume einmarschiert waren und die Schüler an den Haaren gezogen hatten. Der Beschreibung der Kinder zufolge hatten die Zwerge schwarze Bärte und waren ungefähr so groß wie Kinderzahnbürsten. Ein erfahrener Exorzist war engagiert worden, hatte seine Show abgezogen und sie erfolgreich in ihr unterirdisches Königreich zurückgejagt.

Bevor er ging, legte Dingca seine Pistole samt Holster aufs Pult:

»Die werde ich wohl kaum brauchen, Jun. Aber könntest du vielleicht eine Flasche Heiliges Wasser rausrücken?«

»Ja, gut; hör zu. Es tut mir leid, Leutnant. Ich hab damit nichts zu tun. Aber der Chef meinte, es sähe nicht gut aus, wenn's in den Schlagzeilen steht und sich kein einziger Cop blicken läßt. Du weißt doch selber, wie solche Storys die Gemüter erhitzen können.«

»Wir sind *dienst*-orientiert ...«

»... nicht *einsatz*-orientiert. Du hast's erfaßt.«

Aber Dingca nahm schließlich doch seine Pistole und schob sie in seinen Hosenbund, während er die Stufen des Reviergebäudes hinuntertrabte, hinein ins willkommene Sonnenlicht.

Kapitel 19

Als oberster Kriminalreporter des *National Chronicle* hatte Vic Agusan Anspruch auf einen Wagen samt Fahrer, der sich von der Limousine samt Chauffeur für die Zeitungsherausgeber unterschied. Für manche Jobs – beispielsweise Cops bei der Entsorgung ihrer Opfer mit Makrozoomlinsen aufzulauern – zog er es vor, seinen eigenen Toyota zu nehmen, und mit diesem Auto holte er Prideaux auf dem Weg nach San Clemente ab. Er nannte es liebevoll »Sarottimobil«. Jahrelange sengende Sonne und Luftschadstoffe hatten sein einstiges Hochglanzbraun mattgeätzt. Dies und die hie und da noch erhaltenen silbernen Zierleisten, die verbeulten Kotflügel und das eingedellte Dach verliehen dem Fahrzeug verblüffende Ähnlichkeit mit einer Tafel Schokolade, auf der jemand herumgetrampelt hatte.

Irgendwo auf der José Abad Santos Avenue sah er auf den Stadtplan und stellte fest, daß man gar nicht in das Gebiet fuhr, in dem San Clemente liegen mußte, weil dorthin keine Straße führte; also parkte er das Sarottimobil in der Zufahrt zum chinesischen Friedhof. Und so ergab es sich, daß er und Prideaux, nachdem sie den Friedhofswärter nach dem Weg gefragt hatten, zum Tan-Mausoleum (»Mein Gott, guck dir mal diesen Schuppen an«) und daran vorbeiliefen, steil nach unten abbogen, auf ein Loch in der Hohlziegelmauer zusteuerten und sich hindurchzwängten ins Dorf. Hier sah es eigentlich genauso aus, wie Vic es sich vorgestellt hatte, aber seinen britischen Begleiter konnte er bei dem ängstlichen Bemühen beobachten, sich eine detaillierte Bestandsaufnahme der schmierigen Gassen und zusammengeflickten Hüttenwände einzuprägen, die praktisch bis an die Friedhofsmauer hinaufreichten.

»Buschhütten«, hörte Vic ihn flüstern. »Das ist ein Dorf. Wie in ›Laßt dieses Dorf dran glauben‹.«

Eddie Tugos zu finden war nicht schwer. Mit Ausnahme ihres Vampirs waren er und Bats Lapad vorübergehend die berühmtesten Einwohner San Clementes geworden. Die Besucher wurden über verschlungene Pfade geleitet, die von nasser Wäsche gesäumt und in den morastigen Strecken mit Abfallholzstücken, einem Stück Palme oder dem zerbeulten Wabenmuster eines Autokühlers übersät waren und nur auf Zehenspitzen passiert werden konnten. Prideaux wurde von neugierigen Blicken und überraschtem Kichern begleitet. Immer wieder griffen Hände – vielleicht in freundlicher Absicht, vielleicht auch nicht – nach seinen Unterarmen. Man konnte das Getrappel von Kinderfüßen und die Rufe »*Kano! Kano!*« hören, die sich im Gewirr der Gassen verbreiteten. Schließlich erreichten sie eine winzige Lichtung. Dort stand unter einer einzelnen Palme, an deren Stamm ein Basketballring genagelt war, ein aus Kistenteilen zusammengesetzter wackliger Tisch, auf dem jede Menge Flaschen und Gläser standen. Um diesen Tisch saßen, inmitten einer bunten Mischung aus Schnapsnasen, Kumpeln und Kindern, Eddie und Bats und hielten Hof.

»Ich muß Ihnen sagen«, begann Eddie mit geziemender Offenheit, nachdem alle miteinander bekannt gemacht worden worden und er seine anfängliche Enttäuschung darüber, daß der ausländische Besucher kein Vertreter der internationalen Presse war, überwunden hatte, »daß Sie heute nicht die ersten sind. Nein, nein. Macht aber nichts, oder? Kommt einer, kommen alle. Kennen Sie Mozart? Was halten Sie von ihm?«

»Ein erstklassiger Enthüllungsreporter«, antwortete Vic ohne Zögern. »Es war sein Vorschlag, Sie heute zu besuchen.«

»Ein elender Lügner ist das«, entgegnete Eddie. »Aber großzügig.« Er kippte eine leere Ginflasche leicht nach vorn, so daß sie vielsagend gegen ihre hohlklingenden Gefährtinnen klirrte. Vic zog einen Schein aus der Tasche und wollte ihn gerade dem nächstbesten Kind mit einer Nachschuborder reichen, als Eddie rief: »Judge!« Ein hagerer Mann mit einem zerschlissenen Strohhut auf dem Kopf trat vor, nahm das Geld und verschwand. Dies hatte der Journalist stillvergnügt registriert und nahm sich vor, den Engländer nachher darauf aufmerksam zu machen, weil es dem wahrscheinlich entgangen war. Durch seine neue Berühmtheit wurde Eddie eine gesellschaftliche Stellung zuteil, die er – da war sich Vic sicher – normalerweise nicht genoß und die eine nahezu unmerkliche Neuordnung seiner Freundschaften zur Folge hatte. Der Mann mit dem Hut war kurzerhand zu einem *alalay* geworden, einer Mischung aus Leibwächter und Laufburschen, als ob Eddie jetzt ein richtiger kleiner *amo* wäre (diese nichtsnutzige Schnapsdrossel. Vic hatte die Situation auf einen Blick erfaßt, als er die Ginflaschen sah, deren Etiketten bereits im frühen Sonnenlicht strahlten). »Heute allerdings war nicht *er* es.«

»Wer? Mozart? Nein, der sitzt an einer anderen Geschichte. Wer war es also heute morgen?«

»Oh.« Eddie suchte nach Judge, fand aber statt dessen Bats. Bats, der mit geliehener Sonnenbrille an die Palme gelehnt stand, Mister Cool in Person, war bedauerlicherweise etwas ins Abseits geraten, weil sich der Vampir als Landeplatz das Dach der Tugos ausgesucht hatte. »Bats, wer war heute da?«

»Bandera. Abante. Tempo«, sagte Bats, fast ohne die Lippen zu bewegen. Die Revolverblätter, dachte Vic angewidert. Echtester Abschaum, der nach etwas Spektakulärem herumschnüffelte. Was zum Teufel hatte er hier verloren und vergeudete seine Zeit mit diesen undichten Säcken? »Warum haben Sie gesagt, daß Mozart ein Lügner ist, Mister Tugos? Glauben Sie, er hätte falsch dargestellt, was Sie ihm erzählt haben?«

In diesem Moment kam der Mann mit dem Sombrero zurück, er hielt Flaschen und einen Plastikbeutel mit Eiswürfeln an sich gedrückt. Flaschenverschlüsse knallten, flogen durch die Luft und wurden von sich balgenden barfüßigen Kindern aufgesammelt, die ganz versessen darauf waren, die Plastikdichtung rauszukratzen, um zu sehen, ob sie den Jackpot gewonnen hatten. Eddie warf einen prüfenden Blick in die Runde, um sicherzugehen, daß seine Gäste auch ordentlich saßen, Gläser und Flaschen richtig verteilt waren, und sagte dann unerwartet präzise: »Er konnte alles, was ich ihm erzählt habe, nur falsch darstellen, weil er kein einziges Wort davon geglaubt hat. Kein einziges Wort.«

»Nun, ich habe seine beiden Artikel gelesen und fand sie einigermaßen fair. Auf Treu und Glauben, und so weiter. Außerdem müssen Sie zugeben, daß die ganze Geschichte ziemlich unwahrscheinlich ist. Sie haben ja nicht gerade Fotos von Ihrer Erscheinung gemacht.«

»Mensch, das war keine ›Erscheinung‹, das war ein *manananggal*«, entgegnete Eddie unwirsch. »Das ist nämlich genau das, was *Ihr* Mozart-Spezi auch gemacht hat. Er hat nicht direkt Lügen geschrieben, das brauchte er ja gar nicht. Was er gemacht hat, ist ...«, Eddie überlegte einen Augenblick, »er hat meine Glaubwürdigkeit untergraben. Genau das! Sehen Sie«, er griff nach unten und hob zwei *People's*-Nummern von der Erde auf. Auf der Morgenausgabe desselben Tages prangte, in etwa acht Zentimeter hohen Großbuchstaben, die Schlagzeile »VAMPIR-UNWESEN BREITET SICH AUS«, die mit einer Umrißzeichnung eines hauptsächlich aus Flügeln und Fangzähnen bestehenden Wesens gekrönt war, das darüber schwebte, als wollte es auf der Überschrift landen. Darunter blieb gerade mal Platz für ein paar Zentimeter Text. Voller Erwartung blätterte man die Seite um, aber da war nur eine Doppelseite mit Allerweltsgeschichten wie »Teenager zermatscht Mädchen« und »Falscher Cop raubt versehentlich echten Cop aus« zu finden.

»Seite vier«, sagte Eddie gekränkt. Auf Seite vier wurde die Vampirstory in normaler Drucktype fortgesetzt. »Hier ist ein Beispiel«, er streckte den Arm aus und tippte mit dem Finger auf einen Absatz. »›Seine Frau Epifania, die in ihrem Haus eine Näherei betreibt, gab an, ihr Mann hätte sich in letzter Zeit in einem Zustand nervlicher Anspannung befunden. Dies sei auf eine Reihe ernster Familienprobleme zurückzuführen.‹ Sehen Sie, was ich meine? Wie geschickt das eingefädelt ist? Seine Frau leitet eine Näherei, kapieren Sie? Nicht er. Seine Frau. Mit anderen Worten, sie ist eine fleißige und vernünftige Frau, der man vertrauen kann. Gucken Sie genau hin: es ist *ihr* Haus und nicht meins, dabei habe ich es mit diesen Händen gebaut«, Eddie starrte demonstrativ seine ausgebreiteten Handflächen an, »dieselben Hände, die das Loch für ihr heißersehntes Klo ausbuddeln, was zu alldem hier geführt hat.«

»Klos, Eddie«, stauchte ihn Bats im Schutz seiner Sonnenbrille zusammen. »Mister Agusan und sein amerikanischer Gast sind bestimmt nicht nach San Clemente gekommen, um sich deine Klo-Geschichten anzuhören. Sie sind hergekommen, um was über den *manananggal* zu hören, den ich auch gesehen habe. Wir waren *beide* Zeugen«, erklärte er Vic und Prideaux.

»Okay, okay«, beschwichtigte Eddie, obwohl er offenbar an seiner Meinung festhalten wollte. »Tatsache ist doch, daß mir kein Mensch glaubt, oder etwa nicht? Sie wissen doch selbst, wie das ist, wenn über einen in der Zeitung geschrieben wird, daß er sich in letzter Zeit in einem Zustand nervlicher Anspannung befunden hätte; das heißt doch nichts anderes, als daß man nicht ganz dicht ist oder zuviel säuft und nichts mehr auf die Reihe kriegt. Ich befinde mich schon viel länger in einem Zustand nervlicher Anspannung als nur in letzter Zeit!« brüllte er plötzlich in Richtung seiner eigenen geschlossenen Haustür. »Schon beinahe zweiundzwanzig verdammte Jahre! Man nennt es auch Ehe!« Alle blickten nervös auf das Haus, als erwarteten sie, daß die Tür auffliegen und die leibhaftige Xanthippe, bewaffnet mit einer blitzenden Riesenschere, herausschießen würde. Als nichts dergleichen passierte, sagte Eddie, der sich wieder beruhigt hatte: »Sehen Sie, was ich meine, Mister Agusan? Kein Mensch nimmt mich ernst. Aber wir haben es gesehen. *Wirklich*. Und deshalb brauchen wir Gin. Da, gucken Sie sich mal das Etikett an. Sehen Sie? Damit wehren wir den Teufel ab. San Miguel siegt immer.«

»Und was ist mit dem ganzen Beweismaterial?« Vic tippte mit dem Finger auf die Zeitung. »Mit den Nachbarn? Den glühenden Bibeln? Den Kakerlaken?«

»Das wissen wir nicht«, sagte Bats. »Solche Sachen haben wir nicht gesehen. Aber ich glaube mal, daß das alles stimmt. In San Clemente kennt jeder jeden. Wir wissen, wer lügt. Aber das ist ja nicht weiter verwunderlich. Wenn ein so mächtiger böser Geist auftaucht, hat das alle möglichen Nebenwirkungen. Das ist doch logisch.«

»Stimmt genau!« meldete sich eine Frau aus der Menge zu Wort, die sich am Fuß der Palme versammelt hatte. »Ich bin Julie Orallo, die Frau Orallo aus der Zeitung. Mein Santo Niño ist von der Wand gefallen, so was hat er noch nie gemacht. Der Narciso-Mann hat das so beschrieben, als wenn er uns alle auf den Arm nehmen wollte. Aber erklären Sie mir doch mal, wieso mein Santo Niño ausgerechnet in dem Augenblick runterfällt, als der *manananggal* erscheint. Sagen Sie schon, Sie Klugscheißer!«

»*Ich* habe das nicht geschrieben, Mrs. Orallo«, versuchte Vic sie zu beruhigen. »Ich höre nur zu.«

»Ich will Ihnen mal was sagen. Diese ganzen Besserwisser von Journalisten aus der Stadt kommen aus ihren klimatisierten Büros hier herauf und behaupten, das wär' alles, ähm, *Hysterie*. Aber wir in San Clemente, wir haben die

Welle des Bösen *gespürt*. Das ist keine Hysterie, das ist, was man fühlt; oder etwa nicht?« Die Menge murmelte zustimmend. »Uns allen standen die Haare zu Berge, und zwar gleichzeitig. So war es doch. Und das kann jeder sehen, der Augen im Kopf hat.«

»Okay«, lenkte Vic ein, »okay. Ich bin ganz Ohr, das habe ich doch schon gesagt.«

»Aber 'n taubes Ohr«, sagte eine Stimme aus der Menge. »War nur 'n Scherz«, fügte sie hinzu, und es wurde gelacht, und man boxte sich in die Rippen und brachte sich gegenseitig wieder zum Schweigen.

Vic wandte sich an Bats. »Vielleicht hätte unser Mister Bats ja mal Lust, mir genau zu beschreiben, wo er den *manananggal* gesehen hat.«

Prideaux hatte alldem nur mit Mühe folgen können, da nur Tagalog gesprochen worden war. Worum es ging, war ihm allerdings klar: um die Wut der Bewohner, weil sie nicht ernst genommen wurden. Als der ungerührte Typ mit der dunklen Brille auf eines der Dächer zeigte, sah Prideaux rostiges, an vielen Stellen geflicktes Blech, auf dem mehrere abgefahrene Autoreifen lagen, die vermutlich verhindern sollten, daß der Wind das Dach abdeckte. Das Haus hatte zwei Stockwerke und schmiegte sich gutnachbarlich gegen das anschließende, das in ein allgemeines Durcheinander aus ähnlichen, mal höheren, mal niedrigeren Bauten eingeklemmt war. Er stellte sich vor, daß die Leute ihren Häusern immer dann ein Stockwerk hinzufügten, wenn sie etwas Geld übrig hatten oder ihnen irgendwelches Baumaterial in die Hände fiel. Er entdeckte sogar mehrere behelfsmäßige Balkone. »Rauh, nehme ich an«, hatte Vic geantwortet, als Prideaux ihn auf dem Weg nach San Clemente gefragt hatte, wie es dort zugehen würde, und in ihm waren Bilder von Gewalt und Verzweiflung hochgestiegen, was ja heutzutage zum Alltag gehörte. Als er hier im Schatten einer Palme an einem einladend mit Erfrischungen gedeckten Tisch saß, spürte er eine friedliche, fast ländliche Atmosphäre, die sich wohltuend von den minutiös gestylten Oasen im Zentrum abhob. Die in ein enges Straßennetz gezwängten Hotelterrassen mit ihren hohen Mauern und den grobgepinselten trompe l'œil-Ansichten des Mont Mayon, wie er hinter den dschungelbestandenen Vorbergen auftauchte, waren nichts als tropenstädtischer Betrug. Dagegen war San Clemente, trotz seiner eigenen hohen Mauern, von unbestreitbarer Authentizität, so elementar, wie es zu einer Menschenmenge paßte, die an einem Hang lebte.

Denn hier gab es tatsächlich einen Ausblick: das in dieser Stadt seltene Gefühl, von Landschaft umgeben zu sein. Von der Stelle aus, an der er saß, konnte er den oberen Teil des Barrio sehen, der sich bis dorthin erstreckte, wo gut hundert Meter entfernt der riesige Friedhof anfing. Jenseits der Wellblechdächer standen mächtige alte Bäume mit dunklen Kronen, die dicht wie Schwämme waren und durch die man den fahlen Schimmer der Grabmäler sehen konnte. Er konnte die Stelle ausmachen, von der Vic und er in den Barrio hinabgestiegen waren, und feststellen, daß es nicht der höchste Punkt von San Clemente war. Sie waren ungefähr am Ende des obersten Drittels eingestiegen. Die Hüttensiedlung erstreckte sich wie ein nach oben zulaufender Keil bis zu einem Punkt, den er ermittelte, indem er die Diagonale der Friedhofsmauer im Geiste verlängerte. Abgesehen vom Ausblick auf Bäume gab es andere Anzeichen der Ländlichkeit. In den Schlammpfützen zwischen den Hütten paddelten Enten. Von einem nahegelegenen Abwassergraben (dem langen Graben, der hinter dem Tugos-Haus entlangführte und in den unsichtbaren Kapilang mündete) drang das Quieken von Ferkeln, das von den ausgebleichten und verrotteten Latrinenwänden auf der anderen Seite des Grabens zurückgeworfen wurde. Ein paar Hühner kratzten im

Staub, und gleich nebenan war ein Kampfhahn mit einem Bein an ein Stückchen Nylonschnur gebunden, das irgend jemand einfach in die festgebackene Erde genagelt hatte. Seine Kehllappen strotzten vor Blut; die Sonne polierte sein metallisches Gefieder, daß es golden und kupfern und bronzen funkelte; und vom stolzgeschwungenen Hahnenschwanz sprühte es tintenblau. Ein prächtiger Vogel.

Genau in diesem Augenblick bemerkte Prideaux eine ihm bekannte Gestalt; sie trat aus einem Haus ganz in der Nähe und verschwand in einer Gasse, die den Hügel hinaufführte. Er war sich zumindest ziemlich sicher. Er hatte Pater Herrera seit ihrem gemeinsamen Lunch im »New Era« nicht mehr gesehen, aber der massige Oberkörper und die Brille ließen keinen Zweifel. Abrupt sprang er auf, machte eine unverbindliche Handbewegung, die Entschuldigung und kurze Abwesenheit andeuten sollte, fixierte mit den Augen die Stelle, an der er ihn zuletzt gesehen hatte, und eilte ihm nach.

Fünf Minuten später öffnete sich die Haustür der Tugos, und ein hochgewachsener, etwa vierzigjähriger Mann in T-Shirt und bequemen Hosen trat heraus und lachte. Er blieb kurz in der Sonne stehen, blickte zum Tisch und auf die vielen Menschen, die sich versammelt hatten. Eddie lieferte gerade eine detaillierte Schilderung über Fangzähne, die ihm eben wieder eingefallen war. Er hatte aller Aufmerksamkeit auf sich gezogen, mit Ausnahme von Vic Agusan, der durch das Erscheinen des Fremden abgelenkt worden war. Wieso kann man die bloß auf zehn Meilen Entfernung riechen? fragte er sich, wie so oft. Sie haben etwas an sich, das man nicht genau benennen kann. Wobei es vollkommen egal ist, was sie tun oder anhaben; früher oder später meldete sich leise eine innere Stimme zu Wort und flüsterte »Cop«. Nach all den Jahren, die er mit ihnen gesprochen, mit ihnen getrunken hatte, ihnen gefolgt war und sie beobachtet hatte, wußte Vic auf Anhieb, ob, wie er es nannte, einer ein echter Cop war oder irgendein militärischer Betonkopf, der bloß so tat. Dieser Mann war ein echter Cop der alten Schule, der was? – achtzehn oder zwanzig Dienstjahre auf dem Buckel hatte, aber nicht gesetzt genug war, als daß man es ihm hätte ansehen können. Seine Haare begannen zu ergrauen, stellte Vic fest.

Der Mann kam herüberspaziert und hörte eine Weile zu, bis Eddie ihn bemerkte und seine Reminiszenzen mittendrin unterbrach. »Rio!« rief er mit lauter Stimme und erhob sich unsicher. »Judge, einen Drink für den Inspektor!« befahl er, als hätte er von klein auf nichts anderes getan, als Befehle zu erteilen. »Diesem Mann verdanke ich mein Leben«, erklärte er, an sein Publikum gewandt. »Wenn er nicht gewesen wäre, würde ich jetzt wegen einer erfundenen Anklage im Gefängnis verrotten.« Er legte einen Arm um das T-Shirt; der große Mann lächelte zurückhaltend. »Stellt euch das mal vor, *ich* und 'n Auto klauen! Das ist ja, als wenn man einen Eunuchen wegen Vergewaltigung anzeigt. So was könnt' ich doch gar nicht, selbst wenn ich wollte.«

»Eben, das auch nicht«, bemerkte eine Stimme aus der Menge. »Dank dem heiligen Michael.« Es wurde gelacht. »War nur ein Witz.«

»Was? Was?« fragte Eddie gebieterisch. Er fing geschickt ein Glas Gin ab und leerte es in einem Zug. Das und die verdrehten Augen und hochgezogenen Brauen von Judge sorgten erneut für Gelächter, denn eigentlich war das Glas für den Neuankömmling bestimmt gewesen.

»San Miguel, Eddie«, erklärte der Cop und klopfte seinem Gastgeber freundschaftlich auf die Schulter. »Der Schutzheilige der Familienplanung.« Diese Bemerkung erzeugte noch mehr Heiterkeit, ebenso wie die Pantomime, mit der Eddie es schaffte, ein neues Glas zu erwischen, das Judge hinter seinem Rücken weitergereicht hatte.

Aber Eddie war jetzt bei einer anderen Erinnerung, bei einer, die die volle Konzentration des Schauspielers verlangte. »›Nun mach schon, fahr‹, sagen die zu mir, ›mehr wollen wir gar nicht von dir. Fahr zu dem Typen nach Hause, und du bist frei. Alles andere erledigen wir schon selber.‹ *Rrrrmm! rrrrmm!*« Mit dem rechten Fuß trat er mehrere Male auf die Erde wie auf ein Gaspedal. »*Rrrrmm!* Nichts. Verdammte Scheiße!« Er streckte beide Arme aus, hielt ein imaginäres Lenkrad umklammert und machte mit seinem Becken ein paar stoßende Bewegungen, als wollte er mit allem Nachdruck ein widerspenstiges Fahrzeug in Bewegung setzen. Er schaute seitwärts aus dem Jeep, der nicht vom Fleck kam, auf den Boden und schüttelte verdutzt den Kopf. »*Rrrrmm?*« Die Menge, von denen die meisten der dramatischen Nacherzählung von Eddies wundersamer Errettung aus dem Knast schon viele Male beigewohnt hatten, war mit der Wiederholung völlig einverstanden. Dies ist Eddie, wie er leibt und lebt, schon morgens um halb elf stramm wie die Axt, Liebling aller Ghostbusters, der Mann, der San Clemente soeben zu einem Platz auf der Landkarte verholfen hat. Heute war Eddies Tag.

»›*Tanga!*‹, sagt er, voller Charme. ›*Ay, mali!* Du mußt einen Gang einlegen, wenn du von der Stelle kommen willst, du Idiot. Los, mach schon! Und hör auf, hier den Kasper zu spielen, sonst schmeißen wir deinen Schlüssel weg.‹ *Rrrrmm!* Ich versuch's ja schon, sag ich. Welchen Gang? Gang? ›Diesen Stengel da‹, sagt er und macht am Schaltknüppel rum. Natürlich weiß ich, daß das ein Schaltknüppel ist; es ist nur so, daß mir nie einer gezeigt hat, wie man mit so was umgeht. Ich krieg auch aus 'ner Mundharmonika Töne raus, aber wie man damit spielt, weiß ich trotzdem nicht. Immerhin hab ich ja schon zigtausend Mal gesehen, wie der alte Gringo sein Taxi fährt, also trete ich mit meinem linken Fuß auf die Kupplung« (Eddie stampfte mit seinem Fuß auf den Boden) »und rühre ein bißchen mit dem Schalthebel rum« (er nahm seine rechte Hand vom Lenkrad und machte Rührbewegungen mit seiner Faust), »nehme den Fuß wieder hoch und *Pak!!*« Er schleuderte seinen Kopf ruckartig nach vorn und hob gleichzeitig eine ausgestreckte Hand, und klatschte seine Hand mitten ins Gesicht, um einen plötzlichen Aufprall zu simulieren. Die Menge brüllte vor Lachen. Das Ganze war mit einem überbordenden Realismus in Szene gesetzt, daß man das Blut förmlich unter seiner immer noch über Nase und Mund gehalteten Hand hervorrinnen sah, als er seinen Kopf drehte und über die Schulter ängstlich zu dem hinblickte, der auf dem Rücksitz saß. »›Tut mir leid, Kumpel. Fuß abgerutscht. Ich weiß, daß das dein Jeep ist, aber was parkst du ihn auch so dicht an der Mauer. Was? Nein, ähm, ich will ja nur … Ich will dich ja nur auf eine kleine Sache hinweisen, was meine Mutter angeht, darf ich? Weißt du, eigentlich ist sie gar keine Hure. Sie hat ein kleines Keksgeschäft in Buenavista, Marinduque. Hauptsächlich Pfeilwurzkekse. Schmekken wirklich klas… Ja, ist ja gut! Ich bin ja schon ruhig! Aber hör auf, mir ständig auf den Kopf zu schlagen!‹« Eddie zog seinen Kopf zwischen die Schultern und krümmte sich, als wollte er sich vor seinem Peiniger schützen. Sein Publikum grölte vor Vergnügen. Ganz vorsichtig entspannte er die Schultern und blinzelte noch einmal ängstlich nach hinten. »›Ist schließlich alles deine Schuld‹«, sagte er mit ruhiger, eine Spur gekränkter Stimme. »›Ich habe nie behauptet, daß ich Auto fahren kann. In Wirklichkeit habe ich deutlich gesagt, daß ich's nicht kann.‹« Er öffnete behutsam seine Hand, suchte sie besorgt nach Blutspuren ab und tupfte vorsichtig an seiner Lippe herum. »›War dieser Jeep besonders, äh, *neu* oder so? *Aua! Aruy! Aruy!*‹«, rief er, da es von hinten frische Schläge hagelte, und ging im Staub auf die Knie. Einige der in unmittelbarer Nähe stehenden Kinder drehten fast durch, und viele der Erwachsenen wischten sich Freudentränen ab, die diese kathartische Darbietung auslöste.

Die Verbeugung nach diesem Schauspiel gelang Eddie allerdings nicht mehr so ganz. In dem Augenblick, da er wieder auf die Füße kam, straffte sich sein schwabbliges Gesicht und nahm einen abwesenden Ausdruck an, so als lauschte er einer eindringlichen Stimme. Dann sackte er nach vorn, mit dem Gesicht unter den Tisch und mußte sich heftig übergeben. Überall wurden schnell die Füße eingezogen, und Bats ergriff die Gelegenheit, um Vic Inspektor Dingca vorzustellen.

»Was für ein komischer Zufall«, sagte Rio. »Ich habe erst vor ein paar Tagen an Sie gedacht. Sie sind der einzige Zeitungsmensch, den ich schon immer mal kennenlernen wollte.«

»Das hört man gern.«

»Das dürfen Sie auch. Die meisten Ihrer Kollegen schreiben einen solchen Blödsinn, vor allem über die Polizei.«

»Wohnen Sie hier in der Gegend?«

»Hier? Um Gottes willen. Mein Haus steht draußen in San Pedro, Laguna«, sagte Dingca stolz. »Nein, das hier gehört zu meinem Revier. Man hat mich raufgeschickt für den Fall, daß diese ganze Publicity die öffentliche Ordnung stört.« Er machte eine Kopfbewegung in Richtung Eddie, der sich stöhnend und unter Krämpfen wand. »Aber ich schätze mal, das war's schon.«

»Welches Revier ist das?«

»Das vierzehnte.«

Vics Gesichtsausdruck blieb unverändert, aber er registrierte sofort, daß er es hier mit einem Kollegen, wenn nicht gar mit einem Freund von Sergeant Cruz zu tun hatte. »Aber Sie sind keiner von diesen Unteroffizieren, die nicht so recht wissen, was sie überhaupt bei der Polizei zu suchen haben?«

Rio wandte ruckartig den Kopf. »Nie gewesen. Zumindest nicht aus Überzeugung. Nicht mal in alten PC-Tagen. Nein, ich schätze, ich bin und bleibe ein ganz normaler Inspektor, Mister Agusan, ein waschechter Zivilist und sonst gar nichts. Sagen Sie, sind Sie sehr in Eile?«

Vic warf einen Blick auf Eddie und sein Publikum, das zum Teil offensichtlich mit dem Gedanken spielte, sich am Tisch niederzulassen und mit wirklich ernsthaftem Trinken zu beginnen, nachdem ihr Startalent ihnen mit gutem Beispiel vorangegangen war. Dann hob er den Blick zum Dach von Eddies Haus. »Eigentlich nicht«, sagte er. »Daß hier übernatürliche Kräfte am Werk sind, sehe ich nicht; Sie?«

»Hätten Sie etwas gegen einen kleinen Spaziergang? Ich hätte da was, das ich gern mit Ihnen besprechen würde.«

»Mit einem Gerichtsreporter? Bedeutet das Arbeit?«

»Gut möglich.«

»Ich bin mit einem Ausländer hier, einem Engländer. Ich werd nur schnell Bescheid sagen, daß wir gleich zurück sind.«

Dingca ging voran, den Hügel hinauf und durch das Loch in der Mauer auf den Friedhof. Er konnte immer noch die Stelle erkennen, an der die Wasserleitung des Tan-Mausoleums angezapft worden war. Ein neues Steigrohr gab es nicht, aber ihm fiel auf, daß weitere Gitterstäbe aus dem Metallzaun gestohlen und neue Graffiti an die Wand geschmiert worden waren. »Macht eure Polizei reich«, hieß einer, »Entführt einen Chinesen.« Gemeinsam stiefelten sie die um den Friedhof herumführende Straße entlang, wobei sie immer wieder durch kühlend schattige Abschnitte unter mächtigen Bäumen kamen. Von hier aus ließ sich der größte Teil von San Clemente überblicken, die unregelmäßigen Dächer aus Blech fielen gegen die ordentliche städtische Skyline ab, die die anderthalb Meilen zwischen ihnen und dem unsichtbaren Meer ausfüllte. Aus der Enklave drangen die Rufe von Vorschulkindern zu ihnen herauf.

»Ich habe gelesen, was Sie im *Chronicle* über die Queen of *shabu* geschrieben haben«, sagte Dingca. »Sie hörten sich ziemlich verbittert an, als man sie auf freien Fuß setzte.«

»Eher wütend als verbittert, schätze ich. Das läßt sich nicht vermeiden. Solche Leute verbringen nicht mal eine Nacht hinter Gittern, geschweige denn fünfzehn oder zwanzig Jahre. Man weiß, daß sich daran nie was ändern wird, aber es ärgert einen trotzdem jedesmal wieder. Nun ja, ein bißchen Entrüstung tut einem Journalisten wahrscheinlich ganz gut. Das schärft den Stil.«

»Sie leisten solide Arbeit, Mister Agusan. So wie Sie schreiben, springt die Entrüstung auch auf die Leser über. Es ist nur gut, wenn die Bevölkerung ihren Unwillen kundtut. Es gibt nichts Schlimmeres als Gleichgültigkeit.«

»Oft ist es nicht mal Gleichgültigkeit, sondern eher Resignation.«

Dingca starrte hinüber, dorthin, wo ein funkelnder Zug der Hochbahn hinter Bäumen und Gebäuden verschwand. Er schaukelte die erhöhte Trasse entlang und wurde in Abständen immer wieder sichtbar, wie eine Raupe, die sich durchs Herz der Stadt schlängelt. »Ich finde es ungeheuerlich, was die aus uns gemacht haben. Unsere Polizei galt mal als die beste in ganz Asien. Und heute? *Pulitika*«, sagte er angewidert. Und indem er sich abrupt an Vic wandte, fügte er in einer Mischung aus Angriffslust und Ängstlichkeit hinzu: »Das schreiben Sie aber bitte nicht.«

»Keine Sorge. Trotzdem ist es ganz gut zu wissen. Und nachdem das geklärt ist – worüber wollten Sie hier oben mit mir sprechen? Bestimmt nicht über Vampire.«

»Die Queen of *shabu*.«

»Das gibt's ja nicht. Und ich hätte gedacht, das wäre bloß ein Aufhänger. Was interessiert Sie denn an dem Fall?«

Also erzählte Rio Dingca, daß Lettie Tans Club in seinem Revier gelegen hatte, bevor er im Zuge der Umstrukturierung der PNP vor zwei Jahren ans Nordufer versetzt worden war. Er erzählte ihm von seinem verstorbenen Goldstück aus dem »Topless Pit«, ohne Babs beim Namen zu nennen. Er berichtete von der versuchten Kindesentführung durch eine Frau, die genau hier, in San Clemente (er zeigte mit einem Finger hügelabwärts), gewohnt hatte und die, wie sein Instinkt ihm sagte, irgendwie in die ganze Sache verwickelt war. »Ich will dieses Tan-Miststück«, sagte er zum Schluß. »Es ist eine persönliche Angelegenheit«, weil sein Nachgrübeln aus ihr den Inbegriff des Bösen gemacht hatte, eine Figur, die der Justiz auch noch eine lange Nase machte. »Ich sage ja nicht, daß ich mir unbedingt *meine* Finger an ihr schmutzig machen will«; er starrte seine Hände an, als wären sie interessante, aber unvertraute Werkzeuge, wie geschaffen für einen Job, der noch nicht erfunden war. »Ich will nur erleben, wie sie in die Knie gezwungen wird. Immer tiefer und tiefer und *noch* tiefer. Das ist sie«, fügte er hinzu und deutete mit gespitzten Lippen und einer Kinnbewegung die Richtung an.

Ihr Spaziergang hatte sie an eine Stelle geführt, wo sie plötzlich das blendend weiße maurische Konfektgebilde mit seinen Zuckergußzinnen, Süßholzgattern und Hochzeitstortenbuchstaben vor sich hatten.

»*Die* ist das?« entfuhr es Vic erstaunt. »*Die* Tan. *Das* ist die Queen of *shabu*?«

»Leider nicht in Person. Noch nicht. Aber der Tag wird kommen. Das hier ist das Familienmausoleum. Muß 'ne Stange Geld gekostet haben, stimmt's? Als weitere Ironie kommt hinzu, daß ich vor ein paar Monaten herbeordert wurde, um das Ding zu inspizieren, weil die Clementeños ihre Wasserleitung angezapft haben. Es ist jammerschade, daß ich nur ein Cop bin. Ich kann mich nicht einfach einmischen, wo ich nichts zu suchen habe, und jeder beliebigen Story nachgehen, bloß weil sie mich zufällig interessiert. Ich kann mich nur mit solchen Sachen befassen, die sie mir im *presinto* auf den Tisch knallen. Aber Sie, Sie sind Journalist, Mister Agusan. Sie mit Ihrem guten Ruf können doch gehen, wohin Sie wollen. Vielleicht finden Sie nicht jedesmal, was Sie suchen, aber immerhin können Sie sich von Ihrem Instinkt leiten lassen. Habe ich recht?«

»Vor ein paar Tagen hätte ich Ihnen noch zugestimmt. Aber heute wurde mir nahegelegt, mich lieber vom Instinkt des Herausgebers leiten zu lassen, weil er Vampire gewittert hat. Und um seine Auflagenhöhe bangt.«

»Nun ja, keiner von uns ist gegen solchen Mist gefeit. Was ich sagen will, ist, daß Sie *shabu* mal für 'ne Weile vergessen sollten. Da kommen Sie nicht sehr weit, soviel kann ich Ihnen verraten. Nicht bei der Rückendeckung, die sie hat. Die Richter von Makati? Alles Schieber und Halunken, die sich um den Papierkram kümmern. Nein, man hat es da mit Leuten zu tun, die ihr Büro in Camp Crane oder Camp Aguinaldo haben, mit ihren eigenen Kanonen und Fahnen davor. Mit Leuten, die nach Lust und Laune im Malacañang ein und aus gehen. Mit Typen, die noch im Bett die Personalakten von Senatoren und Provinzgouverneuren studieren, bis ihnen die Augen zufallen, so wie man sich's von J. Edgar Hoover erzählt. Können Sie alles vergessen. Was Lettie Tans Drogenbusineß angeht, kann ihr niemand etwas anhaben, jedenfalls bis jetzt nicht. Aber Sie kennen solche Leute genauso gut wie ich. Schwere Jungs chinesischer Abstammung«, sagte Dingca, blickte sich auf dem Friedhof um und senkte seine Stimme für die rassistische Formel: »Solche Leute können sich nicht mit einer Sache zufriedengeben. Nie im Leben. Denen hat man schon an der Wiege gepredigt: Diversifizieren! Wenn mal der große Zusammenbruch kommt, haben sie immer noch was, auf das sich zurückgreifen läßt. Legale Geschäfte. Medizinische Geräte. Pharmazeutika. Werkzeugmaschinen. Lacke und Farben. Chemische Reinigung. Immobilien. Als ich noch im 5. Revier war und die Konzessionsverlängerung für den Club fällig wurde, haben wir uns bei der Gelegenheit mal einen groben Überblick über ihre diversen Geschäfte verschafft. Einfach nur, weil es uns selbst interessiert hat. Bei einigen anderen Clubbesitzern haben wir's ähnlich gemacht. Die Konzessionsverlängerung war natürlich reine Formsache. *Pangkape*«, er rieb die Fingerspitzen aneinander. »Ein paar Kröten für die Kaffeekasse. Kein Problem. Wir haben nichts Sensationelles entdeckt, aber immerhin herausgefunden, daß ihr neben allem anderen eine Möbelfabrik mit mehreren Filialen im Touristengürtel der Stadt gehört. Kennen Sie den Laden?«

»Nie gehört. Da wissen Sie mehr als ich.«

»Es kann natürlich auch sein, daß ihr das mittlerweile nicht mehr gehört. Soweit wir beurteilen konnten, ging alles mit rechten Dingen zu. Kunsthandwerk, Rattan und Rohr. Ich erinnere mich, daß der Laden ›Chip 'n' Dale‹ hieß. Warum ich Ihnen das erzähle, weiß ich auch nicht. Sie sind Journalist und wissen über solche Dinge ebensogut Bescheid wie ich. Ich wollte nur, ja, ich glaube, ich wollte von Ihnen einfach nur hören, daß Sie nicht im Traum daran denken, vor ihr zu kapitulieren.«

Vic Agusan hatte seinen Blick an das Mausoleum geheftet. Die breiten Messingbeschläge auf der Tür glänzten wie Anschlußklemmen, dazu konzipiert, mit ungeheurer elektrischer Spannung fertig zu werden, als ob es ein Umspannwerk in einem exklusiven Überlandnetz wäre. »Ja«, sagte er, »natürlich weiß ich Bescheid. Ich hatte auch überhaupt nicht vor, ihr gegenüber klein beizugeben; aber ich muß gestehen, daß ich vorhatte, die gute alte Lettie mal kurz auf Sparflamme zu setzen.« Allmählich erwärmte er sich für diesen Cop. Sein erster Eindruck hatte ihn nicht getäuscht.

Einer von den Guten der alten Schule. Der wahrscheinlich über genau das Maß an Rechtschaffenheit verfügte, das man sich leisten konnte, wenn man nicht verhungern wollte; aber um endgültig sicher zu sein, sollte man vielleicht mal einen kurzen Blick auf sein Haus draußen in San Pedro werfen; sehen, wie seine Frau sich kleidete und welchen Umgang seine Kinder hatten. Wenn man das einigermaßen geschickt anstellen würde, könnte man eventuell miteinander ins Geschäft kommen. Als Gerichtsreporter konnte man nie genügend verläßliche Polizeikontakte haben. Inspektor Dingca war auf jeden Fall kein Sergeant Cruz, da war er sich sicher, und auch kein Denunziant. Trotzdem könnte Dingcas Wissen über die privaten Entsorgungsfeldzüge der Kollegen wochenlang seine *Chronicle*-Kolumne füllen. »Haben Sie irgendwelche Anhaltspunkte?« fragte er. »An welchen Bereich dachten Sie?«

»Keine Anhaltspunkte«, sagte der Polizist. »Aber hätte ich Ihre Zeit und Ihre Möglichkeiten, gäbe es zwei Bereiche, die ich mir vornehmen würde. Den einen haben Sie bereits in Ihrem Artikel erwähnt: ihre ausländischen Konzessionen. Irgendwelche bekannten Namen darunter?«

»Das Übliche. Japanische Lokomotiven, südkoreanische Autos, elektronische Erzeugnisse aus Taiwan.«

»So was kann man wohl kaum aus der Kaffeekasse finanzieren«, sagte Rio. »Da braucht es schon etwas mehr. Man muß etwas haben, das man diesen ausländischen Giganten anbieten kann, etwas, an das sie nur mit Hilfe von Einheimischen mit den richtigen Beziehungen herankommen können.«

»Land, zum Beispiel.«

»Genau. Grundstücke, auf die man seine Ausstellungsräume, seine Service-Zentren und Fabriken bauen kann. Ich weiß natürlich nichts Genaues, weder so noch so, aber ich gehe jede Wette mit Ihnen ein. Meine Bullennase sagt mir, daß sie irgendwo im Immobiliengeschäft mitmischt, und das könnte doch noch eine Möglichkeit sein, ihr ein Bein zu stellen. Leute wie sie sind arrogant. Und da Grundstückgeschäfte weniger riskant sind als das Drogengeschäft und auch nicht zwangsläufig mit einer Gefängnisstrafe enden, wird sie sich nicht groß um Spurenverwischung bemühen. Auch wenn diese Geschäfte alles andere als sauber abgewikkelt werden. Beamtenbestechung, heimlich manipulierte Bebauungspläne, ausgetrickste Ministerien, reingelegte und notleidende Bauern. Für einen Mann, der so virtuos schreibt wie Sie, sollte es ein leichtes sein, es als etwas ebenso Kriminelles darzustellen wie Drogen. Stimmt's?« Und wenn in seiner Stimme Überzeugung mitschwang, dann deshalb, weil Rio tatsächlich überzeugt war. Er hatte sich von dem Ungestüm mitreißen lassen, das aus der Angst vor seiner baldigen Pensionierung resultierte, aus der Angst, daß er und Sita eines Tages gezwungen sein könnten, ihre restlichen Jahre, abgeschnitten von der Außenwelt, auf einer Insel inmitten eines Industriegebiets zu verbringen. Sollte sich sein Verdacht erhärten, würde er mehr als froh sein, daß er einem Mann wie Vic Agusan einen kleinen Stoß in die richtige Richtung gegeben hatte. Gleichzeitig wäre es eine Gelegenheit, irgendwelche schmutzigen Immobiliengeschäfte in San Pedro aufzudecken. »Sie könnten mit Laguna anfangen«, sagte er beiläufig. »Das wird gegenwärtig als erstklassiges Erschließungsgebiet gehandelt.«

Als sie wieder hinunter in den Barrio kamen, fanden sie keinen John Prideaux. Und auch keinen Eddie Tugos. Man teilte ihnen mit, die reglose Gestalt sei von seiner Frau entfernt worden und liege jetzt als besinnungsloser Schandfleck irgendwo unter eben dem Dach, das sich der Vampir als Hühnerstange ausgesucht hatte. Seinen Platz als Zeremonienmeister und Hüter der Geschichte hatte Bats eingenommen, obwohl seine Version von der Eddies in gewisser

Weise abwich. Eddie hatte sich an ein mondähnliches Gesicht mit Vampirzähnen erinnert, wohingegen Bats von einer fliegenden Halbfrau besessen war. Soeben hatte eine gelehrte Diskussion über Vampire, *manananggals*, *aswang* und verschiedene andere Scheußlichkeiten eingesetzt. Irgend jemand mit schwerem Visayas-Akzent sagte, daß sie alle unrecht hätten und daß man dergleichen *wakwak* nennen würde; aber wie auch immer man sie nennen würde, die einzige Möglichkeit, mit ihnen fertig zu werden, sei, zu verhindern, daß sich die fliegende obere Hälfte vor Morgengrauen mit der unteren Hälfte verbände. Täte man das, wäre das Wesen aus verschiedenen Gründen tot, unter anderem, weil es die soeben ausgesaugte Mahlzeit aus Leber und Eingeweiden ohne Magen nicht verdauen könnte.

»Job Nummer eins«, sagte dieser Mann und warf einen Blick in die Runde der Trinker und Zuhörer, »Job Nummer eins ist herauszufinden, wer die Person ist, die Eddie und Bats gesehen haben. Wenn sich ihr Körper nachts teilt, schlagen wir zu.« Aller Augen waren erwartungsvoll auf Bats gerichtet.

»Teufel noch mal, Leute«, sagte Bats hinter seinen dunklen Brillengläsern, »es war stockfinstere Nacht, okay? Nachts kann man doch kein Gesicht erkennen, das oben auf'm Dach sitzt.«

»Aber irgendwas mußt du doch gesehen haben«, redete ihm der Experte gut zu.

Bats, der seine verschwommene Erinnerung an die Episode von vor ein paar Nächten enorm ausgeschmückt hatte, begriff in diesem Augenblick, daß seine ganze Glaubwürdigkeit von der Nennung eines einzigen Namens abhing, eines ganz beliebigen Namens. Und so entschied er sich für den aktuellen bösen Geist des Barrios, denjenigen, der ihnen das Wasser abgestellt hatte. »Ich will's ja nicht gerade beschwören«, sagte er.

»Aber? Was?«

»Aber irgendwie hat es mich ganz schwach an die Frau da oben erinnert«, er machte eine Kopfbewegung in Richtung Friedhof. »Die, die Eddie und mich damals von ihren Schlägertypen verjagen ließ. Erst hat sie uns das Wasser abgesaugt, und jetzt will sie unser Blut, glaube ich.«

»Mrs. Tan.«

»Klingt gar nicht so dumm«, bemerkte Vic, an den ein wenig abseits stehenden Rio gewandt. »Die arme alte Dascha Miriam, Ex-Präsidentschaftskandidatin und präzise Sprachkünstlerin, käme auch nicht mehr in Frage. ›Morchelgesicht‹ – erinnern Sie sich? Die hatte einen anderen Luftraum. Sie flog von Tondo aus.«

»Sehen Sie. Es scheint, als wären wir alle hinter demselben Teufel her, jeder aus seinem eigenen Grund. Ich gehe allerdings davon aus, daß sich das alles als reine Einbildung erweisen wird«, fügte Rio in weiser Voraussicht hinzu. Hatte er nicht erlebt, wie Abertausende von Hinweisen im Sand verliefen und eine Unmenge Verdächtiger, die für ein ganzes Berufsleben ausgereicht hätte, sich in Luft auflöste? »Sie müssen glauben, daß Sie hier Ihre Zeit verschwenden.«

»Sie etwa nicht? Sofern Sie im Moment von Vampiren sprechen.«

»Wahrscheinlich schon«, sagte Rio, für den Zeitverschwendung Teil seines Jobs war. »Aber irgendwas wird an der Sache dran sein. Das ist immer so. Als ich vorhin in Eddies Hütte war, hatte ich den Eindruck, etwas davon zu spüren. Ich sprach mit seiner Frau – ich kenne sie nun schon seit ein paar Jahren. Sie ist das genaue Gegenteil. Sie schindet sich den ganzen Tag, ist unerbittlich und erlaubt keine Fiesematenten. Heute hat sie auf mich einen eher nervösen Eindruck gemacht, als hätte sie was zu verbergen. Oh, ist das nicht Ihr Engländer, der da kommt? Also, Vic, wir sollten in Kontakt bleiben. Ich bin froh, daß wir uns kennengelernt haben. Und ich kann meiner Frau erzählen, daß ich den Vormittag mit einem berühmten Reporter verbracht habe. Sie ist ebenfalls ein Fan von Ihnen.«

Prideaux war in Eile, weil er sich verlaufen und schließlich verspätet hatte. Er hatte sich San Clemente eher klein und kompakt wie ein spitzwinkliges Dreieck vorgestellt, das man in Schieflage auf knapp einen Morgen Land gezwängt hatte. Als er aber Pater Herreras untersetzter Gestalt hinterhereilte, wurde er vom Barrio verschluckt, so daß es ihm vorkam, als würde er sich grenzenlos ausdehnen, egal, welche Richtung man einschlug. Außerdem fand er sich viel zu groß, als er sich durch die Gassen zwängte und unter die vorstehenden Balkenenden und festgezurrten Plastikbahnen ducken mußte. Schon wieder erklangen die Rufe *Kano! Kano!* Der Amerikaner, der keiner war und nicht zum Stehenbleiben gebracht werden konnte, um es zum hundertsten Mal zu erklären. »Hey, Joe!« Der GI, der auch keiner war. Unter großer Anstrengung gelang es ihm, die hastende Gestalt des Priesters einzuholen, aber in dem Moment, da er ihm eine Hand auf die Schulter legte, mußte er feststellen, daß es das falsche T-Shirt war. »Hallo, mein Freund«, erklang die leutselige Stimme eines völlig Fremden. »Wohin des Wegs?«

Aber Prideaux blieb ihm die Antwort schuldig. Am Ende eines Gäßchens, in das er hineingestolpert war, hatte er eine andere Gestalt entdeckt. An dieser Stelle verlief der festgetretene Pfad einigermaßen gerade und führte sanft hügelan zwischen schrankgroßen Verkaufsständen, die ihre Holzladen wie Kistendeckel waagerecht aufgeklappt hatten. Sie waren so konstruiert, daß eine kleinwüchsige Bevölkerung bequem darunter entlanggehen konnte, bei Prideaux hingegen waren sie genau in Augenhöhe, so daß er sich bücken und den Hals verrenken mußte, um etwas zu sehen. Die Gestalt stand keine zwanzig Meter von ihm entfernt und blickte zu ihm zurück. Plötzlich war die Sicht zwischen ihnen frei, und ihre Augen trafen sich. Prideaux merkte, wie ihn schlagartig das Grauen packte. *Der verrottende Mann.* Sein Ekelgefühl war nur allzu erklärlich. Selbst auf diese Entfernung konnte er den verunstalteten Kopf erkennen und das von Beulen und Tumoren entstellte Gesicht. Zuerst dachte er, daß aus dem Schädel des Mannes blättrige Fetzen ausgeblichener Haut wüchsen, aber dann sah er, daß er ein Tarnnetz trug, wie man es über Stahlhelme zieht. Unter dem olivfarbenen Schopf aus Plastikfetzen, dem Lorbeerkranz eines Wahnsinnigen, fixierte diese Kreatur seinen Blick einen unendlichen Augenblick lang. Prideauxs Grauen nahm zu, als der Mann sich abrupt umdrehte und mit dieser Bewegung eine seltsame, gleichzeitig gebieterische und resignierte Geste machte, indem er den Stumpf seiner rechten Hand in die Höhe riß, so daß dem faszinierten Beobachter das Schimmern der offenen Wunden im gleißenden Sonnenlicht nicht entging.

Ein Junge mit einem Sack auf dem Kopf rempelte Prideaux von hinten an, so daß er auf die Seite gedrängt und den Klauen des Traums entrissen wurde, der sich seiner bemächtigt hatte. Er bemerkte die Augenpaare, die ihn von jenseits des Hühnerdrahts fixierten, der die winzigen Ladenfronten abschirmte. Sie blinzelten zwischen den baumelnden Waschpulversäckchen, zwischen Shampoo oder Zahnpasta hindurch. Schwach sichtbare Hände bedeckten die im Schatten liegenden Münder. Darunter drang leises Kichern hervor. Er kehrte um und versuchte denselben Weg zurückzugehen, verfolgt vom Anblick dieses Vogelscheuchenwesens, das wie auf einer Skyline dastand, so gründlich hatte es die Slumszenerie ausradiert. In dem Augenblick, da Pater Herrera aus einer Tür und ihm mitten in den Weg trat, glaubte Prideaux die Geste deuten zu können, die der verrottende Mann gemacht hatte. Es war ein Infanteriezeichen:

Aufschließen oder *Mir nach*, ganz genau konnte er sich nicht erinnern.

»Ah«, begrüßte ihn Pater Herrera. »Ich habe bereits gehört, daß heute ein Ausländer hier ist. Der Beschreibung nach wußte ich, daß Sie es sein müßten. Sie sind mit den Presseleuten hergekommen, nicht wahr? Die Vampire von San Clemente tun ihre Wirkung.«

»Lassen wir das. Ich habe gerade eine ganz außergewöhnliche Person gesehen.« Pridaux beschrieb die Gestalt, die dagestanden und ihn angestarrt hatte und nicht von dieser Welt zu sein schien.

»Ach so«, sagte der Priester. »Hört sich an, als hätten Sie den armen Melchior gesehen.«

»Wer ist das? Wie um alles in der Welt ist er so geworden?«

Doch Pater Herrera war heute nicht gesprächig, und es schien, als würden ihn andere Dinge beschäftigen, von denen er sich nicht abbringen lassen wollte. »Wer ist irgendwer?« fragte er nicht gerade hilfsbereit. »Wie ist jeder von uns geworden, was er ist? Er sieht so aus, weil er krank ist; zweifellos sterbenskrank. Er haust oben auf dem Friedhof wie ein Wilder, weil er auf der Flucht ist. Er hat es sich so ausgesucht und läßt sich von niemandem helfen.«

»Ist er verrückt?«

»Verrückt? Keineswegs. Ein sehr interessanter Bursche. Sie sollten ihn kennenlernen. Er war beim Militär, unten im Süden. Ich bin sicher, daß er Ihnen bei Ihren Streßforschungen weiterhelfen kann. Er ist auch ein Büßer. Auch er sehnt sich nach sauberen Händen.«

»Der Mann, den ich gesehen habe, sehnt sich wahrscheinlich überhaupt nach Händen.«

»Was am allerschwersten zu akzeptieren ist«, fuhr Pater Herrera unbeirrt fort, »ist die Abschaffung des Jüngsten Gerichts.«

Pridaux hatte den Eindruck, als zeigte der Priester selber Anzeichen von Streß. Den worteifrigen Debattierer ihres gemeinsamen Mittagessens schien ein getriebener, orakelnder Mann ersetzt zu haben, damit beschäftigt, eine wichtige Predigt zusammenzubekommen, die in Kürze fällig und für seine weitere Laufbahn entscheidend sein würde. Bevor Prideaux Gelegenheit hatte, ihn nach dem Weg zu fragen und zu erklären, daß er sofort zu Vic zurückmüsse, redete Pater Herrera schon weiter.

»Erst gestern hat mir jemand erklärt, das Jüngste Gericht sei ein absurdes und grausames Stück Mythologie. Falsch! Es ist alles andere als absurd. Die Leute sollen glauben, daß ihre Handlungen Konsequenzen haben, ob das nun heißt, bis in alle Ewigkeit in der Hölle zu schmoren oder zum Erleiden weiterer tausend Leben verdammt zu sein, eingeschlossen in den Kreislauf von Festhalten und Verlieren, was im Buddhismus das *Samsara* des irdischen Daseins genannt wird.«

Passanten blieben stehen und hörten zu. Prideaux wurde von einer alten, wohlvertrauten Wut erfaßt, erneut Gegenstand einer improvisierten öffentlichen Vorlesung zu sein. War irgendwas mit seinem Gesicht? Irgendeine Laxheit oder Unentschlossenheit, so daß andere sich verpflichtet fühlten, ihn auf den soliden Boden moralischer Debatten zurückzuholen?

»Selbst in einem Barrio wie diesem«, Herrera wies auf die Schäfchen seiner Gemeinde, »wo man eigentlich davon ausgehen müßte, daß der Glaube weniger durch raffinierten Zynismus verdorben wäre, begegnet mir kaum Angst, einmal zur Rechenschaft gezogen zu werden. Das hat eine ganz reale Konsequenz. Ich glaube nicht, daß wir uns deshalb schlechter benehmen. Wie gesagt, ich weise diese Leute darauf hin, daß es allein ihre Entscheidung ist, zu morden, zu betrügen und zu stehlen, wann immer sie wollen, aber kaum einer macht von meinem Angebot Gebrauch. Nein, die eigentliche Konsequenz ist, daß wir depressiv werden und den Mut verlieren. Tag für Tag erfahren wir von den abscheulichsten Verbrechen, die nicht allein in diesem Land begangen werden, sondern auf der ganzen Welt. Überall wird gemetzelt, ausgehungert, vergewaltigt, geprügelt, gefoltert, gebombt. Horrende Geldsummen werden geraubt, die Menschenleben hätten retten können. Hinzu kommen wesentlich größere Summen, die für barbarische und raffinierte Waffen verpulvert werden. Skrupellose Kerle, die in dieser oder jener Uniform, als Teil irgendeiner privaten politischen Strategie, ganze Dörfer ausräuchern oder aushungern lassen. Und wir sehen machtlos zu und wissen, daß praktisch keiner von ihnen jemals zur Rechenschaft gezogen werden wird, weder auf Erden, geschweige denn im Himmel. Und ganz allmählich erhärtet sich der Verdacht …«

(Das tut er tatsächlich, sagte sich Prideaux.)

»… daß die Gerichte Gottes ebenfalls mit unzähligen Ganoven in Talaren besetzt sind. Sieht nicht der angeblich liebe Gott mit eigenen Augen zu, wie aus seinen unschuldigen Kindlein Fischmehl gemacht wird? Ein paar Jahre vergehen, und die Erinnerungen verblassen, und dieselben Männer, die das Zermahlen besorgten, werden als Politiker vor den Vereinten Nationen Reden schwingen und viel Beifall ernten. Als Staatsmänner. Und diejenigen, die einst Drogenkartelle leiteten, werden Kinder haben, die so gut wie nichts davon wissen, wie ihre Familien zu Wohlstand gelangt sind, und *deren* Kinder werden davon überhaupt nichts mehr wissen. Sie werden Schulen und Universitäten in Europa und den USA besuchen. Bis dahin werden sie zum Geldadel gehören. Die große Wäscherin Zeit. Warum sollte man ihnen Vorhaltungen machen? Horaz zufolge müssen sie für die Sünden ihrer Väter büßen, auch wenn sie unschuldig sind; aber die moderne Welt funktioniert nun mal nicht so. Es fällt das goldene Wort ›Amnestie‹, und im Handumdrehen ist schmutziges Geld blütenrein. Die Peiniger gehen straffrei aus, und die Jagd auf untergetauchte Diktatoren wird abgeblasen.

Wenn ich also den Glaubensverlust der Leute beklage – und das tue ich«, sagte Pater Herrera, »beklage ich mehr noch die Abschaffung des Jüngsten Gerichts. Wenn man den Glauben an jegliche Form von Verantwortung verliert, ob hier oder nach dem Tod, verläßt einen das Herz. Den wirklich Guten kann eine Belohnung doch völlig egal sein, denn gut zu leben ist die beste Revanche, aber sie hätten nichts dagegen, zu erleben, wie es den wirklich Bösen heimgezahlt wird. Warum? Nicht um ihres selbstgerechten Vergnügens willen, sondern weil der Begriff ›Gerechtigkeit‹ jeglichen Sinn verliert, wenn es nicht passiert, und wir alle könnten ebensogut in den Dschungel zurückgehen und aufhören, so zu tun, als wären wir zivilisierte Wesen mit einer Seele.«

Die Menge, die sich gebildet hatte, um ihrem Priester als Advocatus diaboli zu lauschen, verstand das meiste wahrscheinlich nicht, dachte Prideaux, denn Herreras Englisch machte keine Zugeständnisse. Der Vortrag war ausschließlich an ihn gerichtet, den Ausländer in ihrer Mitte (aber warum eigentlich?). Allerdings wurde der allgemeine Tenor, in dem er gehalten war – offensichtlich ein leidenschaftliches Plädoyer für Gerechtigkeit –, von allen Seiten mit Applaus bedacht. Hier und da erklangen sogar das inbrünstige »Amen!« und »*Siya nawa!*«, obwohl sich die Befreiungstheologie Herrerascher Prägung dermaßen radikal anhörte, daß es Prideaux kaum gewundert hätte, wenn ihm ein plötzlicher Schwefelgeruch in die Nase gestiegen wäre oder Soldaten aus den Hütten gestürmt kämen, um ihn festzunehmen. Er wünschte sich beinahe, sie würden es tun; es hätte ihn vor weiteren Brandreden bewahrt. Verstohlen versuchte er sich zur Seite zu drücken, was ihn immerhin an den Rand der kleinen Menge brachte; unentdeckt, wie er glaubte. Aber da hatte er sich getäuscht.

»Denken Sie über Gerechtigkeit nach, John«, rief der Pater ihm nach. »Sie werden sehen, das ist das einzige, was zählt. Denken Sie über Gerechtigkeit nach, bevor Sie Ihre Dissertation über Streß – «

Er bemerkte, daß er nur um die nächste Ecke zu gehen brauchte, um die einsame Palmenkrone zwischen den Dächern emporragen zu sehen, und stellte mit Erleichterung fest, daß es von dort aus nur ein kurzer Weg hinunter war, wo er Vic Agusan sah, der neben dem wackligen Tisch stand und sich mit einem rauh wirkenden Burschen mittleren Alters unterhielt, der in einer beigefarbenen Hose steckte, die eine Spur Autorität verbreitete.

Auf dem Rückweg zum Sarottimobil sagte Prideaux: »Ich bin in die Klauen eines Schurkenpriesters geraten und habe öffentliche Schelte bezogen. Der halbe Barrio denkt jetzt, ich sei ein Krimineller.«

»Das ist ungewöhnlich«, sagte Vic, dem das neue Bündnis mit Inspektor Dingca durch den Kopf ging.

»Wirklich merkwürdig. Es war der, den ich vor einigen Wochen zum Mittagessen eingeladen habe. Ich habe dir vielleicht davon erzählt. Aber noch merkwürdiger ist, daß ich diesen wirklich absonderlichen Kerl gesehen habe, der aus lauter Beulen und offenen Wunden besteht und nur so vor sich hinrottet. Und dann hat er mir auch noch so komisch zugewinkt.«

»Auch so ein Bewohner von Squattertown.« Vic war mit den Gedanken eindeutig woanders.

»Wer war das, mit dem du gerade geredet hast?«

»Das«, sagte Vic, »war Inspektor Dingca, ein Kollege unseres gemeinsamen Freundes Sergeant Cruz. Erinnerst du dich noch an Sergeant Cruz? Beide sind auf dem 14. Revier, und dies hier gehört zu ihrem Gebiet.« Als sie an dem Wärter vorbeikamen, der am Schlagbaum des Friedhofseingangs stand, drückte er dem Mann ein paar Münzen in die Hand. »Der alte Sarotti steht noch da, siehst du? Sogar die Radkappen sind noch dran. Aber du scheinst beunruhigt zu sein. Na ja, Priester und Obdachlose, die sich gegen einen verschwören, und dann noch diese verschlagene Type, die ein Kollege des Mannes ist, den wir fotografiert haben, wie er Leichen aus Fässern kippt ... Das bezieht einen irgendwie ein. Bißchen viel für einen akademischen Anthro, oder?«

»Das *Nicht-Verstehen* macht einem zu schaffen.«

»Du kannst beruhigt sein. Dingca ist in Ordnung. Er und ich machen möglicherweise was zusammen.«

»In Sachen Cruz?«

»Er weiß nicht, daß ich mich für Cruz interessiere. Vergiß Cruz. Für den ist die Zeit noch nicht reif. Der wird uns schon nicht verlorengehen ... Was ist denn mit diesem Buffo, wie hieß er doch, Tugos? Der Vampirmann, der gegen die Mauer fuhr und anfing zu kotzen? Das ist also die Geisterstory. Reine Zeitverschwendung! In drei Tagen wird San Clem wieder von der Tagesordnung verschwunden sein und die Story gestorben. Sagt ein altgedienter Reporter.«

Sagte, und hätte sich gründlicher nicht irren können. Denn drei Tage später war nicht die Story gestorben, sondern Eddie Tugos.

Kapitel 20

Über der von ihr ausgehobenen Grube, in der Sharon monatelang gegraben hatte, so daß es ihr schon wie ein ganzes Leben vorgekommen war, warf die Kirche von San Agostin ihren Schatten auf das Sonnensegel. Sie hatte sich so häufig aufgerichtet, um sich den Schweiß aus den Augen zu blinzeln und ihre Nackenmuskulatur zu strekken, daß sie anhand dieses Schattens genau sagen konnte, wie spät es war. Der Aufenthalt im Inneren einer Sonnenuhr, während sie sich rückwärts durch die Zeit grub, bot ihr ausreichend Gelegenheit, über die eigene Sterblichkeit nachzudenken, insbesondere seit sie eines späten Nachmittags feststellen mußte, daß noch tiefer zu graben zwecklos war. Sie war am Ende angekommen. Unter ihren Füßen war nur noch Schwemmkies, den der Pasig in einer seiner prähistorischen Windungen abgelagert hatte. Darunter lag die komprimierte unermeßliche Geschichte eines Planeten ohne menschliches Leben.

Einen Tag später wurde sie in ihrem Büro von einem amerikanischen Urlauber und seiner Familie überfallen, der eine Liste von Feldforschungsprojekten wollte, an denen seine Kinder für einige Wochen unbezahlt teilnehmen könnten. Wozu? hatte sie gefragt. Nachdem der übliche Quatsch von wegen Horizonterweiterung junger Geisteskapazitäten abgehakt worden war, war das, was eher unausgesprochen im Raum stehenblieb, die Antwort auf ihre Frage: Um voranzukommen. Es ging ausschließlich um Schulprojekte, Zensuren und Lebensläufe. Sie waren verblüfft, eine amerikanische Mitbürgerin zu treffen, die ausgerechnet in dieser (total verstaubten und braungestrichenen) Abteilung arbeitete. Nur als Gastdozentin, hatte Sharon ihnen erklärt. »Dann können Sie das ja verstehen«, äußerten sie erleichtert. »Wir sind noch nicht lange in diesem Land, aber irgendwie geht man die Dinge hier anders an, nicht wahr? Gelassener, finden Sie nicht? Jedenfalls für Leute wie uns, die hier nur ihre Sommerferien verbringen ...«

Später hatte sie über die Auswirkungen nachgedacht, wenn man im Ausland die Wohnung mit einer einheimischen Geliebten teilte. An irgendeinem Punkt innerhalb der letzten sechs Jahre, den sie allerdings nicht genau bestimmen konnte, hatte sie aufgehört, Manila als Zwischenstation anzusehen und daß ihr Aufenthalt beliebig beendet werden könnte, um in die »richtige« Welt zurückzukehren. Das mußte mit der Abschwächung oder dem Abstreifen gewisser Dinge zusammenhängen, die eine Amerikanerin auszeichneten. Was sie aufs Spiel gesetzt hatte, wurde ihr nur allzu kraß vor Augen geführt, als die ehrgeizigen Eltern und ihre beiden Riesenbabys mit ein paar von ihr auf offiziellem Schreibpapier hingeworfenen Zeilen (»Lieber Bernie, hiermit stelle ich Dir Mr. & Mrs. vor ...«) im Gänsemarsch abgezogen waren. Ihr war jeglicher Sinn für Karriere abhanden gekommen. War der Entschluß, nach Manila zu gehen, einst in weiser Voraussicht getroffen worden, war dazubleiben eine Torheit. Feldforschung mußte sein; Auslandserfahrung machte sich noch besser. Aber nicht bis in alle Ewigkeit. Im Ausland geblieben zu sein bedeutete ein Paradox: nämlich Feldforschung, die zugleich zwanghaft und akademisch unseriös war.

Hin und wieder flog sie nach Kalifornien, um ihre Eltern zu besuchen, blieb für ein paar Wochen, wurde jedoch schnell von Unruhe ergriffen, nachdem sie die ersten drei Tage wie in einem Freudentaumel damit zugebracht hatte, Freunde zu besuchen und in fast vergessenen Geschmackserlebnissen zu schwelgen und sich darüber zu wundern, wie sauber und bequem alles war. Einige Male war Crispa mitgekommen, was aber nicht gerade ein großer Erfolg gewesen war. Um die Gefühle ihres orthodox-religiösen Vaters nicht zu verletzen, hatten sie in getrennten Zimmern geschlafen und waren mit dem gräßlichen Anstand zweier Kumpel miteinander umgegangen. Außerdem hatte sich Sharon irgendwie geschämt, daß ihre Heimatstadt nicht an der vielgerühmten Küste, sondern vierzig Meilen landeinwärts an einer Straße lag, die das Tal des Santa Clara River hinauf zur Mojave-Wüste führte. Dann lag die Gegend, deren größte Städte Ravenna und Acton hießen, so dicht an San Fernando, daß Besucher sich fragten, ob es nicht gescheiter gewesen wäre, gleich nach Los Angeles zu ziehen oder ganz aus dieser Region zu verschwinden. Die Nähe zu L. A. mit seinem hohen Bevölkerungsanteil an Filipinos sorgte bei Crispa für Unbehagen. Sie wollte nicht für ein Mitglied dieser Bevölkerungsgruppe gehalten werden, nicht für einen Wirtschaftsflüchtling oder eine weitere Asiatin, die sich in den Fängen des Großen Traums abstrampelte. Denn in Wirklichkeit gehörte sie zu der wahrscheinlich großen (aber dem Anschein nach kleinen) Gruppe ihrer Landsleute, die überhaupt nicht auswandern wollte, nicht mal in die Vereinigten Staaten; und auf entsprechende Angebote immer höflich beeindruckt reagierte, aber der Versuchung stets widerstand.

So war es also um sie bestellt, dachte Sharon: Zwei Menschen, die nach gängiger Vorstellung ihre Karrierechancen gründlich verspielt hatten. Sie selbst hatte aufgrund eines verhängnisvollen Makels in ihrem Nationalcharakter allen Ehrgeiz abgelegt und würde voraussichtlich dazu verdammt sein, als Gastdozentin mit einem Gehalt zu enden, das gemessen am amerikanischen Standard geradezu lächerlich war und mit dem es sich nur durch Zulagen ihrer Universität in Kalifornien einigermaßen leben ließ. Crispa ihrerseits hatte nie die Möglichkeiten ausgenutzt, die Sharons Staatsangehörigkeit ihr bot. Das allein hatte wahrscheinlich mehr als alles andere zur Festigung ihrer Freundschaft beigetragen, da er jeglichen Verdacht auf Hintergedanken ausschloß. All diese Eigenwilligkeiten hatten jedoch ihren Preis. *Tu es, sei es und steh dafür ein.* So lautete die Lebensdevise, und daran, daß sie sich nicht daran hielt, konnte Sharon erkennen, daß sie längst nicht mehr so amerikanisch war wie früher. Die Devise war im Grunde nicht falsch, auch nicht unglaubwürdig; sondern schlicht bedeutungslos. Sie setzte ein neugieriges Wesen, ein einzigartiges Individuum voraus, das nicht anders als durch einen entschlossenen Akt der Selbstformung zu befriedigen ist, wobei es sich so lange aus der unförmigen breiten Masse herausmeißelt, bis es perfekt und selbstverwirklicht und ein wenig atemlos vom Erfolg dasteht. Falls dieses Bild dem westlichen Idealismus entsprach, war Sharon möglicherweise im Begriff, östlich zu werden. Sie wußte einfach zuviel über Instabilität und Zufälligkeiten, um weiterhin an ein vorgezeichnetes persönliches Schicksal zu glauben. Zur Hölle mit den Genen. Nichts als Kompromisse und das Bewußtsein von Kompromissen machten aus irgendwem irgendwas. Der Rest war Rollenspiel und der vergebliche Versuch mit Masken zu hantieren.

Apropos Rollenspiel: Was führte eigentlich diese Person Ysabella Bastiaan im Schilde? An welchem Bild meißelte ihre derzeitige Assistentin? Auch sie hatte sich durch Manila verändert. Ein gewisses Maß an Arroganz würde sie wohl nie ganz ablegen, aber dafür war die Affektiertheit in ganzen Klumpen von ihr abgefallen. Sie machte sich zum Beispiel inzwischen nicht mehr die Mühe, aus neuen Kleidungsstücken die Etiketten zu entfernen. »Was soll's?« hatte sie gefragt, als sie mit stonewashed Levis-Jeans und Lacoste-Polohemden für sich und einem Slazenger-Basketball für irgendwelche Straßenkids, die hinter ihrem Block auf Roxas lebten, vom Einkaufsbummel auf der Rizal Avenue zurückkam. »Sind ja doch alles nur Fälschungen. Und ist ja auch eine viel bessere Idee. Überhaupt *wimmelt* es in Manila nur so von besseren Ideen. Ich kenne niemanden, der für etwas Echtes von von Pierre Cardin oder Nina Ricci sein Leben aufs Spiel setzen würde, lieber stolzieren sie schick und unbekümmert mit ihren Fälschungen durch die Gegend. Wen stört's? Hast du gesehen, daß man unten in Santa Cruz Jeans-Etiketten gleich rollenweise kaufen kann? Alle Marken, erstklassige Imitationen. Für mich sehen sie absolut echt aus. Ich könnte mir vorstellen, daß die Klamottenhändler sie en gros kaufen und in ihr eigenes Zeug einnähen. Ach ja, und diese herrlich verschlagenen Typen, die einem gefälschte Rolex-Uhren unter die Nase halten. Denkbar, daß sich dahinter die bemitleidenswerte Sehnsucht armer Leute verbirgt, die von diesen ach so wichtigen Statussymbolen eines erfolgreichen Lebens geblendet sind. Mittlerweile denke ich, daß es zu mehr als fünfzig Prozent ganz bewußt Spott ist. Es ist wunderbar.«

Na ja, vielleicht hatte sich Ysabella doch nicht so sehr verändert. Aber in den Intervallen zwischen ihren Einkaufsbummeln und häufig auch während der Arbeit war ihrem Gesicht eine Nachdenklichkeit anzusehen, wie bei jemandem, der ernsthaft bilanziert. »Ein Ort wie dieser bewirkt, daß man über seine Heimat nachdenkt«, hatte sie einmal gesagt. Und da war natürlich etwas dran. Nicht nur, was beider private Situation betraf (ausländische Geliebte, ermordeter Vater), für Sharon kam hinzu, daß sie als Amerikanerin in einem ehemals amerikanischen Protektorat lebte, genaugenommen einer ehemaligen Kolonie. Es war unmöglich, das gesamte Verwaltungssystem in Betrieb zu sehen – Flagge, Verfassung, Senat, Kongreß, Justiz, alles, bis hinab zur Volksschule –, ohne an das Vorbild erinnert zu werden. Ebensowenig zu übersehen waren die Beispiele, bei denen das Vorbild verhunzt worden war, ohne daß man sich fragte, ob nicht auch das Vorbild in den Vereinigten Staaten zur Komödie verkommen war. Was die Gründerväter von Absprachen in Strafprozessen gehalten hätten, war eine Sache; aber hätten sie wirklich behauptet, daß sich das Freiheitsrecht eines Volkes noch immer darin manifestierte, daß man zu Hause die schärfsten Handfeuerwaffen hortete, und in einer mit Kleinkaliberpistolen ausgerüsteten Bürgerwehr? Der Demokratiebegriff als solcher, vermutlich Amerikas Exportschlager Nummer 1, hatte mit Sicherheit auch im eigenen Land seine Bedeutung eingebüßt, da das Stimmvolk regelmäßig durch rücksichtlose Werbung beeinflußt wurde, hinter der wirtschaftliche und andere Interessen standen. In eine ehemalige Kolonie verpflanzt, verlor ein solcher Begriff dann viel an Bedeutung, wenn Bürger die Freiheit hatten, demjenigen Kandidaten ihre Stimme zu geben, der aus seinem Jeep das dickste Geld verteilen und die brutalsten Schlägertypen vor der Wahlkabine postieren konnte. An dieser Demokratie war nichts exklusiv Philippinisches. Sie war lediglich ein getreuer, auf nationale Größenordnung gebrachter Abklatsch der einst von Tammany Hall, der Demokratischen Parteizentrale im fernen Manhattan, servierten Version.

Sharon vermutete, das Abstreifen der gröberen Aspekte ihrer Nationalität äußerte sich darin, daß das instinktive Gefühl, mit dem sie sie einst verteidigt hatte, einem etwas gereizten Engagement gewichen war, mit dem sie gegen die groben Fehlinterpretationen des Ostens durch den Westen vorging. Hatte sie nicht früher ins selbe Horn geblasen? Wahrscheinlich genauso, wie es Ysabella immer noch tat: Diese belustigte und weltmännische Art, Parallelen zu ziehen, die häufig mit der Wendung »Woran dies hier erinnert, ist …« eingeleitet und nach kurzer Denkpause ausgeführt wurden: »Die Weimarer Republik! Genau das ist es! Bißchen weit hergeholt, aber man versteht doch, was ich meine. Grenzenlos laxe Moral, wirtschaftliche Instabilität und politischer Verfall. Ein einziger Tanz auf dem Vulkan.« (Ständig dieser verdammte Vulkan.) Sharon hatte den Eindruck, dies sei typisch die Sicht von draußen, vor allem die der Ausbeuter, die erwartungsvoll ihre Augen aufrissen, um ja nicht die einmalige, jegliche Haftung ausschließende Gelegenheit zu verpassen. Von innen gesehen war das Bild der Gesellschaft, das sich ihr präsentierte, gleichwohl von Verhaltensregeln geprägt, die nach wie vor überraschend traditionell, anspruchsvoll, ja unerbittlich waren, aber verleugnet wurden, sobald sie mit westlichen Umgangsformen aneinandergerieten. Eine Duldsamkeit, eine Passivität, eine Tendenz, Konflikten aus dem Weg zu gehen und sich zurückzuziehen. Inzwischen gefiel es ihr. Es schien ein Zeichen von Stärke zu sein; aber sie war noch immer Amerikanerin genug, um zu wissen, was für einen Eindruck das auf Ausländer machte. Für viele waren die Philippinen nichts weiter als ein Ort, den sich Männer aus Industrienationen zur Entleerung ihrer Samenblasen aussuchten, ebenso wie deren Regierungen Entwicklungsländer generell als geeignete Orte für die Entsorgung ihres Giftmülls ansahen. Hieraus entstand das Bild einer Weimarer Moralanarchie, die sie halb erwarteten und sich mehr als halb wünschten: Mütter, die die Beine ihrer Kinder erbarmungslos spreizten, um den Reichen das Eindringen zu erleichtern. Das Nadelöhr.

Eines frühen Nachmittags wurde Sharon ans Telefon gerufen und kam mit einem fragenden Gesichtsausdruck in den Raum zurück, wo sie und Ysabella eine ständige Intramuros-Ausstellung für das Museum planten.

»Ich muß dich leider mal für eine Stunde allein lassen. Es sieht so aus, als müßte ich mich mit einem Polizisten treffen.«

»Ärger?«

»Ich hoffe nicht. Es ist jemand, dem ich vor etwa drei Jahren schon mal begegnet bin. Er mußte mir auf die Sprünge helfen, aber ich kann mich dunkel an ihn erinnern.

Es gab damals einen Skandal: Die Sachen verschwanden ein bißchen zu schnell, und ein VIP-Besucher hatte das mitbekommen. Also wurden ein paar Cops vorbeigeschickt, unter anderem dieser Typ. Das hat aber nichts mit dieser Geschichte zu tun. Er sagte, er hätte ein Gefäß, das er mir zeigen wollte.«

»Wieso kommt er dann nicht hierher?«

»Das habe ich ihn auch gefragt. Er sagte, er will es nicht zu offiziell aussehen lassen.«

»Hört sich komisch an. Und wo triffst du ihn?«

»Im Paco-Park.«

»Wieso komme ich nicht einfach mit?«

»Ich mochte nicht fragen«, gestand Sharon. »Aber danke. Es wäre viel weniger riskant. In dieser Stadt kann man schließlich nie wissen, oder? Eine Stimme am Telefon entpuppt sich als Übergeschnappter oder als Vergewaltiger oder einfach nur als ganz normaler Cop, der illegal mit Antiquitäten handelt.«

Ysabella war noch nie im Paco-Park gewesen und hatte nicht damit gerechnet, daß es eher ein Friedhof als ein Park war. Er bestand aus einem ebenmäßigen Rondell hoher spanischer Steinmauern, die breit genug für die tiefen, jeweils mit einer quadratischen Platte versiegelten Sargnischen waren. Die Inschriften erinnerten an zahllose Kolonisten, die zumeist an den verschiedensten Seuchen und Epidemien gestorben waren, die im Manila des 18. und 19. Jahrhunderts gewütet hatten. An einer Stelle ragte eine kleine Kirche aus der Mauer. Alte Bäume breiteten ihre Schatten über Steinbänke, auf denen in Zweier- oder Dreiergruppen Schüler saßen, die sich gegenseitig die Hausaufgaben machten oder züchtig miteinander flirteten.

»Das ist er«, sagte Sharon sofort, als sie einen Mann mittleren Alters mit angegrauten Haaren sah, der allein dasaß. »Ja, an den erinnere ich mich.«

»Sieht nach einem harten Burschen aus.«

»Ich erinnere mich an diesen Blick. Für einen Polizisten ist er ganz in Ordnung. Oder war es damals jedenfalls. Aber wer weiß, welche Wandlung er in den letzten Jahren durchgemacht hat.«

»Das muß aber ein kleines Gefäß sein«, bemerkte Ysabella, während sie sich näherten, denn die Gestalt saß mit leeren Händen da, und von einem Beutel keine Spur. »Sei vorsichtig.«

Der Mann erhob sich. »Miß Polick?« fragte er und streckte Sharon seine Hand entgegen. »Ich kann mich genau an Sie erinnern. Sie haben sich überhaupt nicht verändert.«

»Sie sich auch nicht, Leutnant.«

»Inspektor. Das hat sich immerhin geändert. Inspektor Dingca.« Ysabella nahm die ausgestreckte Hand, die sich wie ein Brett anfühlte. Ein gutes Gesicht, dachte sie; ein unmögliches Gesicht, es wirkte sowohl hart als auch sorgenvoll, je nachdem, wie man es sah. »Ich bitte um Entschuldigung, Miß Polick«, sagte er. »Ich weiß, es sieht aus, als hätte ich etwas zu verbergen, weil ich nicht ins Museum gekommen bin. Aber ich habe jemandem versprochen, möglichst diskret zu sein, und Sie wissen ja selbst, wie's ist. Man geht ins erstbeste Büro, sagt seinen Vers auf, und dann wird einem gesagt, daß man eigentlich nicht zuständig ist, also klappert man sämtliche Büros auf dem Flur ab und sagt überall seinen Vers auf. Und am Ende weiß es das ganze Haus.«

Das konnte Sharon akzeptieren und war beruhigt. »Worum geht es also?«

Der Polizist setzte sich wieder und zog ein kleines Stoffbündel aus seiner Tasche. Ysabella bemerkte fasziniert, daß unter seiner Windjacke der Kolben einer Pistole zu sehen war, die in seinem Hosenbund steckte. Das verlieh ihm etwas Authentisches. Der Mann öffnete das Bündel, ein zusammengeknotetes Taschentuch, das Tonscherben und ein paar bleistiftdünne Knochenfragmente enthielt. »Um das hier«, sagte er. »Ist eben erst ausgegraben worden. Bitte sehr«, ermunterte er Sharon, die eine der Scherben in die Hand nehmen wollte.

»Aber nicht in der Stadt?«

»Doch. Mitten in Manila. Ungefähr drei Meilen von hier. Oder noch weniger. Es tut mir leid, wenn Sie jetzt enttäuscht sind. Ich hätte Ihnen vielleicht sagen sollen, daß das Gefäß nicht mehr ganz ist.«

»Das macht überhaupt nichts.« Ihre Finger setzten es mit der traumwandlerischen Sicherheit einer Puzzlesüchtigen grob zusammen. »Immerhin gehören die Scherben zu ein und demselben Gefäß.« Sie zeigte es Ysabella, eine blauweiße Porzellanschale, zart wie das Gehäuse eines Seeigels. »Eine Schönheit. Wann wurde sie gefunden?«

»Vor ein paar Tagen, vor einer Woche vielleicht. Eine Bekannte von mir hat eine Grube ausheben lassen für eine Toilette. Sie versuchte, kein Aufhebens darum zu machen, aus Angst vor den Konsequenzen, wenn die falschen Leute davon erfahren. Einen Schädel haben sie auch gefunden. Aber es wird sich sowieso rumsprechen, daher die Eile. Ich dachte, wenn Sie mir sagen könnten, ob dieses Ding interessant oder einfach nur wertloses Zeug ist, wäre besser damit umzugehen, wenn die Geschichte erst mal durchsickert. Es würde uns sehr helfen.«

»Ist das alles, oder gibt es noch mehr davon?«

»Ich glaube, es ist das einzige Gefäß, das sie gefunden haben, aber von diesem Hühnerknochenzeug gibt es angeblich noch mehr.«

»Wie tief ist das Loch?«

»Oh, drei Meter vielleicht? Höchstens. Eher weniger. Ich hab's nur einmal angesehen.«

»Das muß ja eine Wahnsinnslatrine sein.«

»Sie ist ja auch eine Wahnsinnsfrau«, schmunzelte er. »Die macht keine halben Sachen.«

»Diesmal gewiß nicht. Wir müßten uns die Stelle natürlich einmal ansehen; aber wenn dieses Gefäß nicht absichtlich hingeschmuggelt wurde und diese Knochenfragmente tatsächlich aus demselben Loch sind, haben wir es möglicherweise mit einer größeren Entdeckung zu tun. Was sagst du dazu, Yzzy? Irgendeine Meinung?«

»Wie du weißt, bin ich keine Keramikspezialistin. Aber ohne groß zu überlegen, würde ich auf spätes südliches Sung oder frühes Yüan tippen.«

»Ich auch.«

»Darunter kann ich mir nun überhaupt nichts vorstellen«, sagte der Inspektor. »Hört sich chinesisch an. Habe ich das richtig verstanden, daß das hier nichts ist, was vor einer Woche in der Karaoke-Bar Lotus in der Mabini-Straße zerschmissen worden ist?«

»Ganz richtig«, erwiderte Sharon. »Obwohl es leider *trotzdem* letzte Woche zerschmissen worden ist. Sehen Sie sich mal diese Bruchstellen an: Sie sind sauber. Hätten sie in den letzten siebenhundert Jahren zwei Meter fünfzig tief unter der Erde gelegen, hätten sie eine ganz andere Farbe. Außerdem wären dann Infiltrationen unter den Glasurrändern zu sehen, aber da sind keine. Es ist eine Schande. An der Fundstätte muß unbedingt fachgerecht gegraben werden. Wahrscheinlich gibt es noch mehr, was nur drauf wartet, zerschmissen zu werden.«

»Siebenhundert Jahre?« Der Polizist hatte diesen gigantischen Zeitbrocken noch immer nicht verdaut. »Sie meinen, so alt wie die Kirche da drüben?«

»Ach du liebe Zeit«, sagte Sharon, »ungefähr viermal so alt. Ich bezweifle, daß die viel älter als der Beginn des letzten Jahrhunderts ist. Bestimmt jünger. Wir sprechen hier von einer Zeit so um 1280. Und diese Knochen sind nicht von

Hühnern, sondern von Menschen. Von Kindern. Dies beides sind Mittelfußknochen, vielleicht auch Fingerknochen. Es sind höchstwahrscheinlich die Fußknochen eines ungefähr vier- bis sechsjährigen Kindes, würde ich sagen.«

»Nun, Gerichtsmedizin ist nicht mein Gebiet«, erklärte der Inspektor eine Spur gereizt, wie jemand, dessen Sachkenntnis in den Schatten gestellt worden ist.

»Dann haben Sie jetzt Gelegenheit dazuzulernen«, entgegnete Sharon forsch. Sie sah ihm direkt ins Gesicht. »Also, jetzt mal ganz ehrlich, ja? Kann man sich drauf verlassen, daß das nicht irgendein Betrug ist?«

»Dafür kann ich natürlich nicht garantieren«, räumte der Mann ein, »weil ich nicht gesehen habe, wie das Zeug ausgegraben wurde. Ich war nicht dabei. Aber die Frau kenne ich, seit ich aus dieser Gegend versetzt worden bin«, er sah sich um, »und ihr vertraue ich. Es war ihr Mann, der's ausgegraben hat.«

»Und dem vertrauen Sie nicht?«

»Dem alten Eddie? Na ja ...« Der Inspektor lächelte nachdenklich. »Sagen wir mal so. Wenn es um eine krumme Tour geht, läßt der alte Eddie nichts anbrennen. Die Sache hat nur den einen Haken, daß er für *solche* Touren eigentlich viel zu gutmütig ist. Und viel zu einfältig. Zu gutmütig, zu faul und zu betrunken. Eddie brächte es fertig, Ihren Köter zu klauen, hätte der nur genügend Speck auf den Rippen, aber Kapriolen von diesem Format sind für Eddie eine Nummer zu groß. Viel zu kompliziert. Nein, sollte es sich hier um Betrug handeln, hätte es von jemandem geplant werden müssen, der was davon versteht. Sie meinen, daß irgend jemand einen anderen anschmiert, oder? Mit dem guten alten ›O mein Gott, wir sind auf eine Goldader gestoßen! Sehen Sie nur, nehmen Sie dieses Goldfitzelchen und lassen Sie es analysieren‹. Klar. Aber nicht hier. Ich sehe es zumindest nicht so. Ich wette, das hier ist echt.«

»In dem Fall haben wir es mit einem Fund wie dem von Sta. Ana zu tun – was übrigens gleich um die Ecke ist. Es wäre etwas ganz anderes. Eine unberührte Grabstätte aus vorspanischer Zeit, mitten in der Stadt? Das ist ja unglaublich.«

»Und wie geht's jetzt weiter?« fragte der Inspektor. Dem Gesichtsausdruck nach zu urteilen, dachte Ysabella, mochte er es nicht gerade, wenn ihn eine Situation überforderte.

»Okay. Erstens, ist der Ausgrabungsort sicher? Ich meine, ist er auf einem Privatgrundstück, das man absperren könnte? Auf dem Hinterhof von irgend jemandem?«

»Nein. Ganz im Gegenteil. Er liegt in den Slums.«

»O Gott. Wenn wir da nicht aufpassen, wird sich bald jeder bedienen. Haben Sie Kollegen, denen Sie vertrauen können?«

»Ein paar schon«, drückte sich der Polizist vorsichtig aus.

»Wenn Sie mich fragen, sollten Sie sofort einen Wachtrupp organisieren. Und zwar rund um die Uhr. Am liebsten würde ich gleich hinfahren und mir die Sache ansehen, um mich zu vergewissern, falls es Ihnen nichts ausmacht. Sollte es sich bestätigen, müssen wir die Unterstützung von jemandem finden, der einflußreich genug ist, dafür zu sorgen, daß wir eine ordnungsgemäße Grabung durchführen können, daß es ungehinderten Zugang gibt und die Grabungsstätte gesichert wird, und so weiter.«

»Ihr Direktor?«

»Äh, nein. Aber ich denke, das wäre die Gelegenheit, uns mal mit deinem erlauchten Familienfreund zu treffen, Yzzy. Der, den du nicht beim Namen zu nennen brauchst, dem du aber für seine Gastfreundschaft was schuldest.«

»Der?« Aber je mehr sie über Ben Vicente nachdachte, desto sicherer war sie, daß Sharon recht hatte. Da er selbst Antiquitäten sammelte, hätte er ein Interesse, die Ausgrabungsstätte vor gemeinen Aasgeiern und Trophäensammlern, den »Vampiren«, zu schützen, wie Sharon sie nannte.

Und falls nun einige der wertvolleren Fundstücke in seinen eigenen Regalen landen würden, war das eine andere Sache und nicht ihr Problem. Immer noch besser, als die Sachen von gemeinen Plünderern zertrümmern oder außer Landes schmuggeln zu lassen.

Ihre Gedanken wurden plötzlich durch ein sanftes, hohlklingendes Seufzen unterbrochen. Ein kleines Kind stand vor ihrer Steinbank und sah sie mit großen Augen an. Dabei dirigierte es geistesabwesend ein inneres Konzert mit einem limonengrün fluoreszierenden Plastiktaktstock, einer Seufzerröhre, in der ein Bleikügelchen mit dem Atemgeräusch eines Sterbenden auf- und abglitt. Erst in dem Moment, wo sie aufblickte und zu lächeln begann, wußte Sharon, daß sie diese Szene im Paco-Park in lebhafter Erinnerung behalten würde, das Sonnenlicht, das mit seinem überschwenglichen Segen auf dieses nachdenkliche Kind und sein leuchtendes Spielzeug fiel, und die friedlichen Studentenknäuel, die auf diesem ehemals seuchengeplagten Fleckchen Erde ihre Aufzeichnungen verglichen. Der Begeisterungsausbruch war verzögert und unterdrückt worden, da man ihr fachliches Urteil erwartete und daß sie einen kühlen Kopf behielt. Aber das wußte sie in dem Moment, da sie die frisch zerbrochenen Scherben im Taschentuch des Polizisten sah. Sie hatte gewußt, daß es sich hier nicht um noch so eine Betrügerei handelte, der stillschweigend Vorschub zu leisten oder auf die hereinzufallen man sie in den vergangenen sechs Jahre wiederholt eingeladen hatte. Hier hatte man etwas Echtes gefunden, und sie, Sharon Polick, würde die Echtheit der Ausgrabungsstätte prüfen. Und wer weiß, dachte sie mit einem Lächeln, das sie nicht unterdrücken konnte, vielleicht waren diese wenigen Minuten des Zögerns ja auch einfach der Beweis, daß sie nicht ehrgeizig war. Mit der Entdeckung und Bestimmung einer Grabungsstätte zu tun zu haben, von der Ausgrabung ganz zu schweigen, war eine berufliche

Aufstiegschance, die nur wenigen Archäologen zuteil wurde. Vorausgesetzt, daß es sich auch tatsächlich um eine Ausgrabungsstätte handelte und nicht um ein einzelnes Gefäß in einem Loch. Aber die Knochen ...

»Kannst du dich mit deinem Freund in Verbindung setzen?« fragte sie Ysabella. »Vielleicht sogar sofort?«

»Wenn er oben ist, könnte ich ihn aus dem Sitzungssaal rausholen, wenn nicht, werde ich ihn schon irgendwo aufstöbern.«

»Und ich werde mich mal diesem Inspektor anschließen und einen Blick auf den Fundort werfen. Wie heißt er?«

»San Clemente.«

»Nie gehört. Merk dir den Namen, Yzzy, aber sag's nicht gleich deinem Freund. Wir wollen nichts überstürzen.«

»Ist das nicht da ...? Mensch, wo hab ich das denn ...?« fing die Zeitungsleserin Ysabella an, dann: »Na klar! Vampire, nicht wahr? Oder Geister oder so was Ähnliches.«

»Exakt«, sagte der Inspektor, offensichtlich verblüfft, daß sich eine Ausländerin so gut mit populären Lokalnachrichten auskannte.

»Gibt es da irgendeinen Zusammenhang?«

»Hier ist alles möglich.«

Draußen vor der Paco-Feuerwache stand Dingcas silbrig glänzender Jeep. Sie setzten Ysabella beim Museum ab und fuhren Richtung Norden durch den stinkenden Verkehr nach Lawton, Sta. Cruz.

»Falls Sie nichts dagegen haben, Miss«, sagte der Inspektor förmlich, »würde ich gern beim Revier vorbeifahren und noch jemanden abholen. Seien Sie unbesorgt, der Mann ist okay. Zwar noch jung, aber mit dem Zeug zum erstklassigen Cop. Er heißt Benhur.«

Zwei Stunden später kletterte Sharon mit einiger Mühe auf einer improvisierten Leiter (ein langer Pfahl, an den Eddie kreuzartig Lattenstücke genagelt hatte) aus der neuen

Sickergrube der Familie Tugos heraus. Sie war schlammbeschmiert, aber in einer solchen Hochstimmung, daß sie zitterte. In der Gesäßtasche ihrer Jeans steckten der Löffel und das Messer, die sie sich von Nanang Pipa geliehen hatte und mit denen sie soeben einen Kinderschädel und ein Steingutschüsselchen ausgegraben hatte. Diese waren vor ihr, in einem Körbchen, das an einer Schnur hing, aus der Grube gezogen worden. Sie stieg hinauf, mitten in ein Gesichtermeer.

»Das ist mit ziemlicher Sicherheit eine Begräbnisstätte«, sagte sie zu Dingca. »Das bedeutet, daß es wahrscheinlich noch mehr auszugraben gibt. Ihren Goldschatz können Sie leider vergessen«, fügte sie an Pipa gewandt hinzu, als sie ihr das Besteck zurückgab. »Das hier ist ein ganz anderer Schatz. Eher nur Knochen und Keramik. Aber sehr wichtig. Es tut mir leid, Ihnen sagen zu müssen, daß aus Ihrer Toilette eine nationale Ausgrabungsstätte werden wird.«

»Das ist ja großartig«, entfuhr es Eddie, der sich bis auf seinen Brummschädel vom gingetränkten Morgen mit der Presse weitgehend erholt hatte. »Erst kriegen wir wegen diesen Vampiren kein Auge zu, und jetzt wird uns per Verfügung auch noch das Scheißen verboten.« Er hatte seine anfängliche Verblüffung über Sharons fließendes Tagalog überwunden. »Und wer kassiert jetzt die Gebühren, wenn wir mal furzen müssen?«

»Eddie!« herrschte ihn Pipa an. *»Schluß jetzt!«* Es wurde gelacht.

»Ich möchte dich bloß daran erinnern, daß all das ohne dich nicht passiert wäre«, verteidigte sich ihr Ehemann. »Noch vor einer Woche haben wir glücklich und zufrieden geschissen, so wie wir immer geschissen haben. Auf einmal war das nicht mehr gut genug. Auf einmal war das hier nicht mehr San Clemente, sondern Forbes Park. Nächste Woche müssen's dann Saunabäder und Tennisplätze sein«, er zeigte weitausholend auf die Hüttenwände ringsum, während er in dem schleimigen und stinkenden Abflußgraben stand, der über und über mit schneckenartiger, grüner Entenscheiße bedeckt war. »Meine Frau hat schon Pläne für eine Doppelgarage«, bekannte er scheinheilig. »Wer hat Lust, während ich meine Fahrkünste verbessere, freiwillig beim Bauen zu helfen? Natürlich nur gegen *bayanihan*, versteht sich, aber sie wird dafür die Verpflegung liefern. So viele Pfeilwurzkekse, wie ihr nur essen könnt.«

Er liebt sein Publikum, dachte Dingca. Dieser Mann ist der geborene Entertainer. Das Gelächter, das ihm seine Theatralik einbrachte, schien ihn zwar zu beflügeln, aber er bildete sich nichts darauf ein, und selbst seine Frau konnte angesichts dieser sprühenden Phantasie nicht ernsthaft böse auf ihn sein. »Ist ja schon gut«, sagte Dingca in bester friedfertiger Polizistenmanier. »Ich fürchte, da läßt sich nichts mehr machen. Die Entdeckung wurde gemacht, und damit hat's sich. Ich erkläre diese Grube mit sofortiger Wirkung zur Schutzzone, und Wachtmeister Daldal wird hier so lange Wache halten, bis ich zurück bin.«

Aber Eddie war immer noch nicht ganz fertig. Er sah nach dem Gin und Schlaf ausgelaugt und zerzaust aus, und seine Stimme klang betrübt. Trotzdem war sein mittlerweile beißend ironischer Tonfall viel zu publikumswirksam und beliebt, als daß er sich hätte erlauben können, seine Stimmung in echten Zorn umschlagen zu lassen. Er bellte nur: »Soll das etwa Gerechtigkeit sein?«, und reckte seine Arme, inständig flehend, gegen die Palme neben ihm, die ihre im Abendlicht wie Hahnenfedern glänzenden Wedel reglos hängen ließ. »Irgend so ein armes Schwein findet einen Schädel in diesem Loch, und was ist das Ende vom Lied: jede weitere Darmtätigkeit wird per Gesetz verboten. Der Ort da oben«, er zeigte zum chinesischen Friedhof, »steckt bis zum Arsch in Totenschädeln, und was haben die? Spülklosetts! Und natürlich auch Telefon. Führ ein R-Gespräch mit deinen Urvätern! Noch so 'n Philtel-Wunder!«

Und so weiter. So sollte Rio ihn in Erinnerung behalten, nachdem auch Eddie unter die Geister gegangen war: Ein Mann auf einem Hügel, der bei Sonnenuntergang einen Wortschwall servierte, in dem Drohung mitschwang. Das Zusammengehörigkeitsgefühl in diesem Augenblick war sehr ausgeprägt: Unter der Palmenpracht hatten sich die Dorfältesten versammelt und begutachteten eine anrüchige Grube, aus der in Form unsichtbarer Dämpfe eine allgemeine Bedrohung aufstieg. Von nah und fern rollten die gedämpften Wogen von Kinderstimmen heran, die vor Aufregung anstiegen und unter Stöhnen wieder abklangen und gelegentlich durch heftiges Klatschen unterbrochen wurden. In ganz San Clemente, in der ganzen Stadt, im ganzen Land lief die neueste Seifenoper vor barfüßigen Fernsehzuschauern, die am Feierabend dichtgedrängt vor flimmernden Bildschirmen saßen. *Mga Yagit ng Lansangan,* »Street Trash«, handelte vom Leben und den Sorgen einer Squatter-Familie, und arme Städter konnten hingerissen miterleben, wie ihre Ebenbilder dieselben Dialoge führten wie sie. *Dallas* dagegen war für sie, als würden Marsmännchen irgendwas auf marsianisch daherknurren; in *Mga Yagit* ging es um Kinder aus den Barrios, die Straßenslang sprachen.

Das Geräusch dieser hingebungsvollen Teilnahme schwoll in der einschläfernden Luft an und ab. Dingca überlegte, daß die in zwei Meter fünfzig unter dem Fleck, wo er jetzt stand, begrabenen Totenschädel sich irgendwann auch getroffen und sich bei Sonnenuntergang die neuesten Klatschgeschichten erzählt haben mußten, während auf den grasbewachsenen Hängen Kinder gespielt und zusammen gesungen haben mochten. Und vermutlich würden eines Tages andere Füße ein paar Vergessen produzierende Meter über seinem ausgeleerten Kopf herumlaufen und schwatzen und lachen (er schaute unwillkürlich nach oben). *Das* ergab allerdings überhaupt keinen Sinn. Einfach Erdschichten, die etwas bedeckten und auch wieder bedeckt wurden und immer weiter vom Tageslicht wegsinken würden. Nun ja, es war an der Zeit, Schluß zu machen, soviel war klar. Polizisten konnten sich solche Gedanken nicht leisten. Es war schon sonderbar, wie der Tod mit fortschreitendem Alter ein ganz anderes Aussehen annahm, wie zunehmende Weitsichtigkeit war das, die den Anblick von allem veränderte. Irgendwie war das Sterben auf der Straße, das Sterben im Dienst – mit dem jeder Polizist vertraut und worauf er leider auch vorbereitet war – etwas ganz anderes als diese unerbittliche Auslöschung. Das Sterben in Ausübung einer Pflicht hatte etwas Positives und wurde mit viel Prunk überdeckt. All die Riten und Zapfenstreiche und Ehrenurkunden und posthum verliehenen Medaillen ließen es weniger endgültig erscheinen. Als er noch im 5. Revier stationiert gewesen war, hatte ihn ein in Großbuchstaben in Zement eingelassener Vers, der einem als erstes ins Auge sprang, wenn man die Stufen des WPDC-Hauptquartiers an der United Nations Avenue hinunterging, immer wieder überrascht, ja verblüfft:

VERKÜNDE WAS DIES WORT ENTHÄLT
ERZÄHL ES DEN PASSANTEN
DASS IN DIESER KLEINEN WELT
MÄNNER ZU STERBEN VERSTANDEN

Rio, der im Herzen immer Pazifist geblieben war, fand diese Art Rührseligkeit eher bei Soldaten angebracht. Es las sich wie ein Eingeständnis, daß die Straßen der Stadt Schlachtfelder waren und daß sich daran auch nichts ändern würde, was ihm defätistisch und falsch vorkam. Aber dennoch war es würdig, viel würdiger als die Gedanken, zu denen der

WPDC: Western Police District Command

Anblick von Totenschädeln anregte, die aus den Tiefen San Clementes ausgebuddelt worden waren. Er hatte noch nie etwas so durch und durch Vergessenes gesehen.

Auf dem Rückweg sagte Sharon: »Ich fürchte, daß jetzt Sie an der Reihe sind, schnell ein paar Dinge auszugraben.«

»Wieso das?«

»Weil die wichtigste Frage lautet: Wem gehört dieses Land?«

»Stimmt.« Aber die Selbstgewißheit des Polizisten war von diesen Überlegungen überschattet worden, denn der Gedanke, daß irgend jemand Land besitzen könnte, selbst draußen in San Pedro, Laguna, kam ihm plötzlich völlig absurd vor. Wie konnte man Erdschichten besitzen? Wirklich höchste Zeit, Schluß zu machen.

Kapitel 21

»Minimalismus«, schrieb Ruth, »ist eine fade Angelegenheit, findest Du nicht auch?« Viele tausend Kilometer entfernt hielt ihr Vater ihren Brief schräg gegen das Licht am Fenster. Draußen lärmte der Verkehr, es hupte und qualmte. »Wir haben Steve Reichs *Six Pianos* durchgenommen, und die ersten drei Minuten denkt man, Donnerwetter, wie hübsch, wie komplex. Dann beginnt man sich zu fragen, ob Bach das in seinem Präludium c-moll aus dem 1. Band des Wohltemperierten Klaviers nicht alles schon viel knapper und bündiger gesagt hat. Nach zehn Minuten möchte man am liebsten schreien: *Wo bleibt die Aussage?* Jede Menge Sensibilität, interessante Klangfülle, kunstvolle Gegenrhythmen etc., aber insgesamt nichts als substanzlose Sprache, ich schwöre, es ist so. Ich vermisse die Entwicklung, wirkliches musikalisches Denken, das einen mitreißt & jubeln läßt: Ja! Das ist ein neuer Gedanke, und nicht: Ja! Das ist ein neuer Effekt. Übrigens, hast Du gewußt, daß Jess für ein Jahr nach New York gehen soll? Ich nehme nicht an, daß sie es Dir erzählt hat. Ich wette, sie kommt nie mehr zurück, was denkst Du? Arme Mum. Bei all dem Konferenzgehabe & ihrer ständigen Machtdemonstration sind diese Fernsehoberen rastlos und verklemmt. Ich glaube, sie haben Angst, die Leute könnten eines Tages auf den Gedanken kommen, es sei viel zu schön und sonnig draußen, und aufhören, vor der Glotze zu sitzen. Hier in Durham ist es nicht schön und sonnig. Es regnet und regnet, und alles ist klamm und rutschig, und draußen auf dem Bürgersteig vor Tesc's brechen sich die alten Leute ihre Hüften, und ich weiß, warum Du in den Tropen steckst.«

In letzter Zeit hatte sich Prideaux gefragt, ob er als Vater tatsächlich ein solcher Versager gewesen war. Standen Ruth und er nicht in regelmäßigem Kontakt und schrieben sich liebevolle, unbeschwerte, amüsierte Briefe? Andere Eltern, die er kannte, erhielten von ihren studierenden Kindern nichts außer gelegentlichen giftigen Geldforderungen per Telefon. Ob gebieterisch oder schmeichelnd, manchmal wurden sie nicht mal telefonisch durchgegeben, sondern ebenso konnten sie stumm, via Fax oder e-mail eintreffen. Das Schreien, das die schlaftrunkenen Eltern einst monatelang nachts aus dem Bett getrieben hatte, war am Ende zu geisterhaften grünen Buchstaben auf dem Bildschirm geronnen. Seine Ex-Frau liebte er nicht und wußte inzwischen, daß er sie nie wirklich geliebt hatte, auch wenn ihn das Ungehörige dieses Eingeständnisses nach wie vor wurmte. Es war eine jener Medienhochzeiten gewesen, wo Glamour, Zaster und Karriere die dunkle Schmiere an Amors Pfeilspitze sind, jenes Kurare, das Urteilsvermögen und Geschmacksempfinden lähmt.

Jessie war auf und davon, aber Ruth war scheinbar niemals ganz gegangen. An seiner Liebe zu ihr bestand für Prideaux nicht der geringste Zweifel. Fast täglich kam es vor, daß sich seine Augen mit Tränen füllten, wenn er jemanden in Ruths Alter sah, dessen Leben oder Körper oder Geist durch Grausamkeit oder Umstände zerstört worden war. »Das könnte sie sein«, dachte er dann. Oder wenn er ein Foto eines ausgemergelten anonymen Flüchtlings sah, der durch erbarmungsloses Ödland wanderte (es könnte der Bahnhof von Zagreb sein) und die Wellpappe mitschleppte, auf der sie oder er schlief: »Das ist die Ruth von jemand anderem.« Spät, spät, spät – widerlich, schändlich spät – die Entdeckung, daß kein Mensch anonym war: daß die in einem Schwenk aufgenommenen, bis auf die Knochen abgemagerten Gestalten in einer kahlen afrikanischen Landschaft Onkel und Tanten und Spielgefährten hatten, Menschen, die von ihnen sagen könnten: »Weißt du noch, als er –?« oder »Sie hat uns immer zum Lachen gebracht«. Dieser heimliche Vorgang, mit dem man den Namenlosen einen Namen gab, ließ stets ein Mitgefühl in ihm aufwallen und – ganz gleich wo er war – den Wunsch aufkommen, Ruth auf der Stelle anzurufen und ihre Stimme zu hören. Das durfte er keinem erzählen und ihr schon gar nicht. Soweit also als Vater ein Versager, ihr Mit-Sterblicher.

Eine zerrüttete Ehe hatte dahin geführt: Ein Überlebender stand, den Brief eines anderen Überlebenden in der Hand, an einem offenen Fenster in einer entfernten Stadt. Ein Überlebender mit – immerhin – einem neuen Gespür für Dringlichkeit. Er mußte seine Zelte hier abbrechen, irgendwie ein Projekt zu Ende bringen, dessen Mangel an Beweiskraft für ihn mittlerweile eng verbunden war mit allem, was er jemals getan hatte oder gewesen war. Ein vages Projekt auf vagem Kurs, angegangen aus Motiven, die am Ende nicht mehr gewesen sein mochten als ein Umweg zu der Entdeckung, daß er am innigsten seine eigene Tochter liebte. Wie hatte er je daran zweifeln können? Weil in der Nacht, wenn die Dinge untergehen, alles Gischt und herumfliegende Tauenden ist und die Verdammten laut schreien, um sich Gehör zu verschaffen. Später, wenn vor der Küste ein zertrümmerter Mast und Davits friedlich aus einem gläsernen Meer emporragen, sind Gegenstände zu finden, die ihre Unversehrtheit wie eine Überraschung mit sich tragen, eine wertvolle Truhe ohne jeden Kratzer, eingekeilt zwischen Dünengrasbüscheln.

Obwohl, »die Zelte abbrechen« war leicht gesagt. Er arbeitete nach keinem festen Zeitplan. Er war kein jugendlicher Stipendiat. Ein offenes Rückflugticket, ein verlängerbares Visum und ein Bankguthaben, bei dem es auf tausend Pfund nicht ankam: all das war für einen Bummelstudenten mittleren Alters nicht unbedingt von Vorteil. In jüngster Zeit jedoch, als Pridaux seine Notizen (und damit seine Gedanken) zu ordnen begann, schälten sich gewisse Interessensstränge heraus. Er zögerte, sie als Themen oder gar

Theorien zu bezeichnen. Einer dieser Stränge ging beispielsweise in Richtung Hysterie, ein anderer in Richtung äußere und innere Streßvarianten. Irgendwo im Schlaf schien es, als verfestigten sich diese Elemente zu einer auf den neuesten Stand gebrachten *Amok*-Theorie. Was auf dem Papier natürlich völlig anders aussah. An diesem besonderen Morgen stand Hysterie ganz oben auf seiner Liste, denn als Ruths Brief ankam, quälte er sich gerade mit der Übersetzung der verschiedenen Boulevardzeitungsmeldungen über einen Ausbruch in einer Schule ausgerechnet in dem Armee-Hauptquartier Camp Crane. Die Berichte widersprachen sich, je nachdem, welches der zwanzig Opfer interviewt worden war, stimmten aber im großen und ganzen darin überein, daß plötzlich ein riesiger roter Mann mit Hörnern und Schweif aufgetaucht war. »Er hat versucht, uns zu fangen«, sagte eine Zwölfjährige aus. »Seine Augen haben ganz rot gefunkelt.« Einer anderen Aussage zufolge rief er mit schrecklich lauter Stimme: »Ich werde euch heimzahlen, was ihr mir angetan habt. Ich werde alle Sechstkläßler dieser Schule auffressen! Ich werde euch alle der Reihe nach in meine Gewalt bringen!« Die meisten der betroffenen Schüler waren Mädchen, sie fielen in Ohnmacht oder bekamen Schreikrämpfe, sobald man ihnen ein Kruzifix unter die Nase hielt. Man rief den Priester von Camp Crane. Er las eine Messe und verbrannte Weihrauch und kam in Begleitung eines Polizisten, der sich mit einem Rosenkranz, einem Geschenk von Papst Johannes Paul II. bei dessen Besuch 1981 auf Anforderung hin und wieder in Exorzismus versuchte. Die genaue Art des Verbrechens, für das den Schülern »heimgezahlt« werden sollte, blieb so lange ein Rätsel, bis ihnen einfiel, daß sie Müll angezündet hatten, der am Stamm einer alten Tamarinde herumlag, die die »Altgedienten« von Camp Crane als »Heimstätte übernatürlicher Wesen bezeichneten, die bekanntlich seit der Herrschaft der

Spanier dort gelebt haben«. Eine andere Schülerin behauptete, sie sei von einem bösen Geist besessen und habe eine ganz in Schwarz gekleidete Frau neben der Tamarinde stehen sehen. Der Polizeipfarrer hielt ihren Kopf und sprach ein Gebet, um den Dämon zu vertreiben. So was kam täglich vor. Inzwischen forderten religiöse Gruppierungen wie El Shaddai oder die Charismatische Stiftung, daß die Tamarinde exorziert werden müsse.

Da meldete sich zu ihrer Verteidigung plötzlich eine einsame Stimme der Vernunft, eine Lehrerin der dritten Klasse. »Mit dem Baum ist absolut gar nichts«, erklärte sie forsch. »Mein Klassenzimmer ist gleich nebenan, und in all den Jahren, die ich dort unterrichte, ist mir nie etwas komisch vorgekommen. Im Gegenteil, als Spender von Medizin, Nahrung und Schutz ist er ein Gottesgeschenk.« Sie fuhr mit der Bemerkung fort, daß das erste »besessene« Mädchen kürzlich in einem der Mini-Lebensmittelshops des Camps beim Ladendiebstahl erwischt worden war. Sie sei ein »phantasiebegabtes Kind, ein unruhiger Geist. Vor ihren Klassenkameraden malt sie andauernd irgendwelche Sachen an die Tafel. Als sie dann ihren hysterischen Anfall hatte, werteten die anderen das einfach als Zeichen zum Einsatz.« Die gestrenge Dame fügte hinzu, ihrer Meinung nach sei es töricht, böse Geister für das Verhalten der Kinder verantwortlich zu machen, wo es doch weit plausiblere Faktoren wie Drogen oder seelische und familiäre Probleme gäbe. »Wenn Sie mich jetzt bitte entschuldigen wollen, meine Schüler warten auf mich«, sagte sie und marschierte zum Unterricht.

»Das wäre die richtige Frau für mich«, dachte Prideaux. »Die hätte ich heiraten sollen. Miß Jean Brodie von Quezon City.« Die Episode an sich war nicht weiter ungewöhnlich, gewann aber durch eine andere, soeben aus Ägypten gemel-

Miß Jean Brodie: Romanfigur von Muriel Spark; Inbegriff der Oberlehrerin

dete an Interesse. Dabei ging es um eine regelrechte sich rasant über die Provinzen ausbreitende Ohnmachtsepidemie unter Schülerinnen. An einer einzigen Bahnstation wurden hundertfünfzig Mädchen davon heimgesucht, was eine Krise in der medizinischen Versorgung auslöste, da das dortige Krankenhaus viel zu klein war, um alle zu behandeln. Auch Ägypten hatte seine Miß Jean Brodie, einen Psychiater, der erklärte, daß es unerläßlich sei, die Medien von weiterer Berichterstattung abzuhalten, da Hysterie Kraft aus dem eigenen Anblick beziehe. Des weiteren erklärte er, daß es sich hier um einen Zustand handle, der typischerweise in Drittweltländern auftrete. In den reicheren Ländern stünden den Heranwachsenden vielfältige Möglichkeiten zur Selbstentfaltung, Ablenkung und Streßkanalisierung zur Verfügung. In den Entwicklungsländern hingegen, und insbesondere in den Provinzen, gebe es angesichts lähmender Konventionen und behördlicher Gleichgültigkeit wenig Gelegenheit zur Persönlichkeitsentfaltung. Folglich fräßen die Jugendlichen ihre Sorgen in sich rein. Viele dieser Sorgen seien völlig berechtigt und beträfen Dinge, die in den Nachrichten behandelt würden, wie etwa endemische Arbeitslosigkeit und Umweltverschmutzung. Unter diesen Bedingungen seien hysterische Ausbrüche kaum verwunderlich.

Prideaux fand das interessant, denn zum ersten Mal wurde Massenhysterie als Begleiterscheinung sozioökonomischer Verhältnisse gedeutet. Die meisten dokumentierten Fälle (vielleicht mit Ausnahme von Orson Welles' Panikmacher »Invasion vom Mars«) ereigneten sich in mehr oder minder geschlossenen, in Abgeschiedenheit lebenden Gemeinschaften – typischerweise in Schulen, Nonnenklöstern, Gefängnissen, Erziehungsanstalten und Sekten. Wenn ihr ganze Nationen zum Opfer fallen konnten, aufgrund einer Angst, die teilweise durch einen ununterbrochenen Strom bedrohlicher Nachrichten geschürt wurde, machte das die individuelle Anfälligkeit für einen Zusammenbruch, für ausgesprochenen Amok wahrscheinlicher oder weniger wahrscheinlich? Vermutlich letzteres, da hysterische Anfälle eine Entladungsmöglichkeit für unerträgliche Spannungen boten. Vielleicht war dieser Ausweg aber eher Frauen vorbehalten, während Männer verbissen weitermachten, schließlich explodierten und mit einer Uzi im nächsten McDonald's ein Blutbad anrichteten.

Dies verband sich mit einem weiteren Interesse: nämlich an der Frage, wie ganz persönlicher Streß durch eine allgemeine Bedrohung von außen verschärft werden konnte. Die Leere, die der Auszug von Frau und Tochter bei ihm hinterlassen hatte, war von einer großen Angst ausgefüllt worden, die von allen Seiten auf ihn eingestürmt war. An dieses Gefühl erinnerte er sich ganz deutlich. Es war, als ob die Rituale häuslichen Lebens, wie opportunistisch sie auch waren, den Alp nahenden Verderbens in Schach gehalten hätten, der heutzutage an jedermanns Türschwelle drohte. Es war ein wackliger Berg, das vertikale Äquivalent zum Sankt Andreas-Graben. Alle waren sich einig, daß die Katastrophe früher oder später kommen würde, aber kein Mensch, nicht einmal die Aktuare der Versicherungsgesellschaften konnten ein genaues Datum nennen. Dem Alp wurde täglich etwas hinzugefügt, und seine Einzelheiten wurden penibel, sogar liebevoll von einem Heer von Nachrichtensprechern und Journalisten beschrieben. Unter einem krebserzeugenden Ozonloch wurden seine höchsten Erhebungen verschiedentlich als atomares Inferno oder Überbevölkerung etikettiert. Seine weiten, geröllübersäten Flanken standen für Umweltkollaps. Gewalt und Extremismus polterten um seine Schultern, während Nahaufnahmen seiner nackten und bedrohlichen Steilwände die unablässige Erosion der kläglichen Waldüberreste und die unbarmherzige Ausrottung schöner Pflanzen und Tiere zeigten. Der Alp war bei jeder

Witterung und aus jeder Perspektive so bedrohlich, daß selbst die optimistischsten Maßnahmen, die zu ersinnen Menschen in der Lage waren, lediglich wie Hinhaltetaktiken, von schaufelbewehrten Männern durchgeführte Entlastungsangriffe wirkten. Er war in der Tat so überwältigend, daß gewisse Leute zu einer Art verzweifelter Lustbarkeit getrieben wurden. Sie tollten wohlgemut auf den Hängen weiter unten herum, in einer sonderbaren Welt, in der fortschrittliche Technologie für urtümliches Verhalten eingesetzt wurde. Ihre Wildnis bestand aus futuristischem Atavismus, Neonazi-Rockgruppen und aus Partys, auf denen sich Eltern brutale Videos reinzogen und hinterher gegenseitig ihre Kinder sodomisierten, was in den Opfern ein lebenslanges Schuldgefühl zurückließ, weil sie nicht liebenswürdiger gewesen waren. Aus diesen Regionen kam ein unablässiger Flüchtlingsstrom, hohläugig, viele mit Nadeleinstichen im Arm und in den Fängen einer tödlichen Krankheit.

Dies war der sich aufdrängende Alp, nachdem Jessie mit Ruth auf und davon gegangen war. Er war immer noch da, so wie er überall war, stets bedrohlicher, grausiger und apokalyptischer, aber deshalb nicht weniger wirksam, und häufte eine Angst an, die selbst die persönlichsten Formen der Sorge verseuchte. Es gab kein Entrinnen, auch kein Ignorieren; und aus lauter Respekt davor hatte sich moderne Lebenskunst darauf reduziert, herauszufinden, wie man ihm entrinnen oder ihn ignorieren konnte. *Das* und nur das war Weisheit. Es mußten vertretbare Wege gefunden werden, dem globalen Alp zu trotzen, damit dieses einzige Leben in dem wenigen Licht, das seine massige Gestalt noch durchließ, ausgelebt werden konnte. Leicht war das nicht. Prideaux fragte sich immer häufiger, ob es nicht sinnvoller wäre, die Anständigkeit zum Teufel zu jagen und Zeitunglesen und Fernsehen einfach einzustellen. Etwas Schreckliches würde passieren; wir spürten es in den Knochen. Verzweifelte Zeiten verlangten nach verzweifelten Maßnahmen. Und allem war Mitleid beigemischt. Im großen und ganzen hatte er ein schönes Leben gehabt, angefangen bei dem unschätzbaren und gänzlich unverdienten Vorteil, in liberale und betuchte Verhältnisse hineingeboren worden zu sein. Aber wie wäre es, in einem städtischen Slum aufzuwachsen, ein zwölfjähriges Schulmädchen in Ägypten zu sein, das sich des Alps nur allzu bewußt war, der zu allem hinzukam, was sie ohnehin nicht hatte, wenn alles, was es zu Kummer und Angst zu sagen gab, nur durch epidemische Ohnmachtsanfälle zum Ausdruck gebracht werden konnte? Und wie selbstverständlich dieses Mitleid zu einer Angst um Ruths Zukunft führte, einer Angst, der eine düstere Arithmetik inhärent war. *Ich könnte es ja durchaus bis zu meinem Siebzigsten schaffen, bevor der Alp rebellisch wird, aber sie?*

Prideaux durchwühlte seine Notizen, fand Ruths Brief und roch zärtlich daran. Bereits das Nachdenken über Streß machte ihm angst. Zeit, ein bißchen forscher zu sein; Zeit, sich der Frau würdig zu erweisen, die er nicht geheiratet hatte, die der kulturellen Last rosenkranzschwingender Polizisten widerstanden hatte. Falls er dieses alberne Thema gewählt haben sollte, um einen unterbewußten John Prideaux zu beschwichtigen, der ihn warnend auf einen bevorstehenden Kollaps hinzuweisen versuchte, dann war das genau die Art vulgärer Banalität, die man vom Unbewußten erwarten durfte. In der Zwischenzeit war es möglich, eine unmittelbare Angstquelle zu bestimmen, auch wenn es nicht einfach war, ihr ins Gesicht zu blicken. Dies war der verrottende Mann, dessen Gestalt ihn in den vergangenen paar Tagen im Schlaf wie auch im Wachzustand verfolgt hatte. Zuerst dachte er, die Macht seiner Ausstrahlung läge an seinen abstoßenden körperlichen Einzelheiten, dem unförmigen Kopf und der leprösen Haut. Er sah den Kopf immer wieder wie einen abgewetzten Schwamm, der unter wirren Tarnnetzfetzen bedeutungsvoll nickte, was ihn mit einem ganz sonderbaren Schrecken erfüllte. Aber jenseits davon lag etwas anderes, eine ganze Landschaft des Unbehagens, die durch die rätselhafte Geste jener rechten Hand ins Leben gerufen worden war. Aufschließen! Mir nach! Der eigentümliche Bogen, den der Arm beschrieb, um Geistertruppen von irgendwo oder irgendwann zu mobilisieren, hatte sich für immer ins Blau des Himmels gebrannt. Im Schlaf flüchtete Prideaux vor ihm oder stand wie angewurzelt da, aber der verrottende Mann kam nicht näher. Er drehte einfach am Horizont immer wieder um, warf immer wieder seinen rechten Arm in die Luft und stellte mit derselben elektrischen Schockwirkung einen Blickkontakt her.

Melchior. Einer der drei Weisen aus dem Morgenland, dessen Name für Prideaux als Kind einen traurigen Klang gehabt hatte. Wahrscheinlich ein harmloser Irrer oder ein Mann, den die ständigen Qualen zum Exzentriker gemacht hatten, auch wenn Herrera behauptet hatte, er sei nicht verrückt. Aber der junge Priester mit seinen endlosen Predigten unter freiem Himmel hatte sich selber sonderbar aufgeführt. Was um alles in der Welt ging in dieser Hüttenstadt vor sich? Sehr wahrscheinlich war San Clemente ganz und gar nicht untypisch; jeder andere Barrio hatte ebenfalls seine Säufer und Bekloppten und zuweilen auch Vampire vorzuweisen. Trotzdem war da etwas an seiner Lage, oberflächlich an einem Hang wurzelnd, über dem der riesige chinesische Friedhof schwebte, etwas, das San Clemente und seinen Bewohnern mit einer eigenen Bestimmung versah. Es stank nach Anspannung. Auf jeden Fall wußte er, daß er zurückkehren mußte. Er mußte den verrottenden Mann wiederfinden und ihm gegenübertreten, da es zwischen ihnen etwas gab, das ihn nicht losließ. Er würde sich zu diesem Akt zwingen, da er noch mehr Angst davor hatte, sich zu drücken und ein weiteres Mal auf abartige Reflexionen über seine Schüchternheit zurückwerfen zu lassen. Die Zeit schritt voran, die Geister mußten ausgetrieben werden. Vietnam verpaßt zu haben war eine Sache, den entscheidenden Punkt zu verpassen weit schlimmer.

Er beschloß, Vic Agusan nicht anzurufen. So gern er auch jemanden bei sich gehabt hätte, er wollte in keine weiteren Zechgelage oder Diskussionen über Vampire und Gespräche über die Polizei hineingezogen werden. Von San Clemente stand dieser Tage noch mehr in den Zeitungen. Offenbar war eine Leiche gefunden worden, ebenso ein Skelett. In Pridauxs Gedanken waren beide Storys zu einer einzigen verschmolzen, nicht zuletzt, weil er die letzten Tage meist außerhalb der Stadt verbracht hatte. Spontan hatte er frühmorgendliche Busfahrten in benachbarte Provinzen unternommen und war der Stadt enflohen. Er hatte zur Abwechslung an menschenleeren Stränden gelegen und war über die Märkte kleiner Städte geschlendert, die ihn nach Indochina zurückversetzten. Auch hier gab es slumartige Ecken; aber das Verkehrsgetöse war weniger laut, von den Zuckerrohrfeldern und Ananasplantagen wehte ein frischer Wind, und er hatte gesehen, wie Fischabfälle vom schwimmenden Zementfußboden eines Marktes in eine von dichten Rankengewächsen und fedrigen Bambusbüschen überwachsene Schlucht gefegt wurden. Wie ein entlassener Häftling war er herumgewandert, hatte in die Sonne geblinzelt und in die Gesichter von Menschen gestarrt, als müßte er Versäumtes nachholen. Manila entfliehen, gewiß; aber diese Tagesausflüge waren auch Versuche, dem verrottenden Mann zu entkommen, wie er sich mittlerweile eingestehen konnte. Auf jeden Fall war er nicht zu Hause gewesen und hatte Vic nicht angerufen. Ein Teil von ihm bestand jetzt darauf, daß durch ein weiteres Aufstapeln von Leichen nicht mehr zu erfahren sei. Jeden Tag entsorgte ein Dutzend Männer wie Sergeant Cruz ihre Opfer. Das Schändliche schändlichen Tuns wiederholte sich nur ohne jede weitere Erbauung. Leichen waren stumm. Das, was die Leichen in spe über sich selbst hätten ausplaudern können, wäre interessant gewesen. Vor seinem geistigen Auge sah er ein zweigeteiltes San Clemente. Auf den tiefergelegenen Teil konzentrierte sich die ganze Aufmerksamkeit (auch wenn von den heutigen Ausgaben der Boulevardpresse jene ermattete Zurückhaltung ausging, die besagte, daß es gegenwärtig, im Gegensatz zu den dramatischen Ereignissen der letzten Tage und der zu erwartenden zukünftigen Entwicklung, eine Flaute gab). Der obere Teil des Barrio, der von der Stille der seltsamen Miniaturstraßen und noch seltsameren Mausoleen angesteckt war, zwischen denen der verrottende Mann, dieser exemplarische Leichnam in spe, herumhuschte und gestikulierte, schien ihm viel rätselhafter.

So nahm er eines schwülen Morgens die Hochbahn und marschierte an der Stelle vorbei, wo Vic und er das Sarottimobil geparkt hatten, bis hinauf zur Begrenzungsstraße des Friedhofs. Er würde einfach in den Barrio hinabsteigen und nach »Melchior« fragen. Schon bald hatte er den Fantasiebau der Familie Tan hinter sich gelassen und kam an die Stelle, wo die Spitze des San Clemente-Dreiecks auf die Friedhofsmauer traf. In der Nähe lag ein einsames Grab, das seinem Zustand nach zu urteilen zu den selten besuchten und noch seltener gepflegten gehörte. Mit seinen metallenen Fensterrahmen, den geschwungenen Stukkaturen und dem Flachdach erinnerte es ihn an ein Kino aus den dreißiger Jahren, ein Odeon unter den Grabstätten, rostig, mit bröckelndem Putz und mit Buschwerk, das über die niedrige giebelartige Verzierung wucherte. Und wie beim Odeon (oder Regal oder Roxy) gab es auf seiner mittlerweile namenlosen Vorderseite hier und da Überreste von Beleuchtungsvorrichtungen. Prideaux war neugierig, wie es von hinten aussah, und entdeckte etwas, das von der Straße aus nicht zu sehen war. Mausoleum und Mauerkrone waren durch ein Gewirr aus Elektrodrähten verbunden, das den schmalen Zwischenraum überbrückte wie jene zarten Schlammstrebebögen gewisser Termitenarten, die so konstruiert sind, daß ihre Beutezüge nicht einmal von leerem Raum aufgehalten werden können. Die Art, wie die Schwellensituation hier ihre Macht ausübte, war befriedigend. Alle Grenzen hatten ihr eigenes Wirkungsvermögen; das dichte Nebeneinander von Reichtum und Elend, wie man es überall unten in der Stadt beobachten konnte, wirkte stets ironisch, wenn auch etwas zu photogen. Hier oben allerdings kam ein leises Unbehagen hinzu, einfach deshalb, weil die Reichen alle tot waren. Sie übten ihre Willkürherrschaft über die Lebenden auf der anderen Seite der Mauer aus, während die Lebenden es ihnen heimzahlten und ihnen überschüssige Volt abzapften. Diese Form der Ökonomie machte San Clemente so einzigartig, dachte er und kehrte zur Vorderseite des Monuments zurück. Gräber und Wellblechhütten, Tote und Slumbewohner, jedes brauchte das andere zur Wahrung der eigenen Identität. Ein Stück abseits der menschenleeren Straße mit ihren stummen, unbewohnbaren Häusern glitt ein hoher Busch aus den Schatten und stieß mit einer ungestümen Fandango-Bewegung einen Arm in die Luft. Prideaux fühlte sein Blut stocken. Wie aus weiter Ferne hörte er seine eigene Stimme rufen: »Hey! Ich will mit Ihnen reden!«, und unter ihm setzten sich seine Füße in Bewegung.

Aber der verrottende Mann wiederholte nur sein fröhliches militärisches Signal und entschwand zwischen den Grabstätten, wobei Tarnnetz und wippende olivfarbene Stoffetzen wechselnd sichtbar und wieder unsichtbar waren, indem sie Licht und Schatten durchquerten und immer wieder bewegungslos verharrten, bis Prideaux aufholte und nur einen Strauch fand, der winzige scharlachrote Blüten wie Wunden trug. Als er sich ängstlich und frustriert umschaute, sah er in der Ferne erneut den Handstumpf mit seinem eigentümlichen Signal. Während sie sich fortbewegten, entdeckte er zweierlei. Erstens, wenn die Straßen, die sie überquerten, annähernd konzentrisch verliefen, drangen sie immer tiefer in den Friedhof ein; und zweitens, dies war keine Verfolgungsjagd. Er merkte, daß er die humpelnde Gestalt vor ihm leicht einholen könnte. Obwohl sie mit den Augen nur schwer auszumachen war, bewegte sie sich trotz ihrer koboldhaften Gesten in Wirklichkeit ziemlich langsam, wie mit Mühe. Er registrierte sein eigenes, beinahe respektvolles Zögern, als wollte er anerkennen, daß das, was sich seiner Aufmerksamkeit so lange entzogen hatte, stets in bequemer Reichweite gewesen war.

Durch die Bäume zu seiner Rechten wurde eine Art Kirche sichtbar, unter deren Vordach vier Männer um einen Klapptisch saßen und Karten spielten. Eine Flasche blinkte in der Sonne. Prideaux erinnerte sich, daß Vic Agusan irgendwann mal von einem Sonderkommando der Friedhofspolizei gesprochen hatte. Nun, sonderbar waren sie allemal, da sie nicht mitbekamen, wie ein Ausländer mittleren Alters durch die Büsche streifte und im Schrittempo einen heruntergekommenen Flüchtling der Streitkräfte verfolgte. Unter den Akazien neben der Kirche standen ein paar Hütten, in denen Besuchern, die zur Gräber- und Mausoleenpflege kamen, Erfrischungen verkauft wurden. Auf einer Bank lag ein Junge in einer Schattenpfütze, den Hut über den Augen und ein schlafendes Kätzchen auf seinem Bauch.

Falls dies die Mitte war, konnte der Friedhof nicht einmal annähernd kreisförmig sein. Unweit dieser Stelle verschlechterte sich der Zustand der Gräber beträchtlich, und als er zwischen Mauern auftauchte, in die Nischen für Särge eingelassen waren, stieß Prideaux auf etwas, das eindeutig eine Einfriedung war. Zwar zeigte sie Lücken wie auf der

San Clemente-Seite, aber anstelle eines Blicks über Wellblechdächer gab es hier nur Ödland mit hohem Gras und niedrigen Bäumen zu sehen. So unwahrscheinlich es mitten in Manila auch schien, sein entstellter Rattenfänger hatte ihn an den Rand einer Savanne gelotst. Er vermutete, daß sie ziemlich nahe an der Stelle waren, wo La Loma-, Nord- und Chinesenfriedhof aneinanderstießen; an dem Punkt, der von den Erschließungsstraßen und den vornehmen Gräbern der Reichen am weitesten entfernt war. Hier im dichten Gestrüpp waren die Gräber geöffnet und leer, die Inschriften vom tropischen Regen abgelaugt. Von der Belegschaft keine Spur. Die Toten waren von Räubern, Ghulen oder Hunden ausgebuddelt worden. Hier und da waren Spuren kleiner Lagerfeuer zu sehen, verkohlte Stellen, übersät mit in der Hitze geschrumpelten Stücken braunroter und limonengelber Bänder, einem mit Draht zusammengehaltenen Zweigbündel, das einst ein Blumengebinde gewesen war, und schwarzem Drahtgeflecht, in das Kränze geflochten waren. Die Sonne stach vom Himmel, ihr Licht prallte von geborstenen Zementoberflächen, brannte auf eine Stirn, die von den jüngsten Ausflügen in die Provinzen bereits rötlich war.

Als sich seine Augen auf einen Schattenfleck in der Nähe eingestellt hatten, lösten sie einen moosüberwachsenen liegenden Engel in eine ruhende Gestalt auf, deren schwammartiges Haupt auf den offenen Seiten eines marmornen Buches ruhte. »Fünf Minuten«, sagte die Gestalt. »Bist wohl nie Soldat gewesen.«

»Wie bitte?«

»Du hast fünf Minuten gebraucht, um mich zu entdekken. Seit vier Minuten neunundfünfzig Sekunden bist du ein toter Mann. Du warst Spähtruppführer. Du hast deinen ganzen Zug in den Hinterhalt laufen lassen. Gebt dem Mann eine Medaille.«

Obwohl es absurd war, merkte Prideaux, daß er rot wurde.

»Okay«, sagte die Gestalt. »Du hast mich gesucht, und ich hab dich gefunden. Tolle Leistung. Ich bin Captain Melchior. Du bist John Irgendwas.«

»Das hat Ihnen Pater Herrera erzählt.«

»Pater ist gut.«

»Ist er doch.«

»Nicht, was ich meinte«, sagte Melchior, »aber egal. Du willst was über Streß wissen in diesem Land?«

»So ausgedrückt, hört es sich reichlich blöd an.«

»Stimmt. Warum gehst du nicht aus der Sonne? Glatzköpfe wie wir müssen uns vor Sonne hüten. Du meinst, ich könnt' dir was sagen?«

»Möglich. Das hängt ganz von Ihnen ab. Vielleicht ein fehlendes Puzzleteil? Ich erwarte keine abschließende Offenbarung zur Belohnung dafür, daß ich dem extremsten Menschen an den entlegensten Ort nachgelaufen bin.«

»Entschuldige mal: Du bist Brite, oder? Der Akzent. Erschwert die Sache.«

Gewurmt von Unzulänglichkeiten, die er nicht bedacht hatte, fragte Prideaux unumwunden: »Weswegen ist man eigentlich hinter Ihnen her?«

»Mord. Diebstahl. Unerlaubte Entfernung von der Truppe. Solche Sachen. Wieso? Hast du Angst?«

»Nein«, sagte er, überrascht, daß es nicht gelogen war. »Das Schlimmste, was Sie mir antun könnten, wäre, mich umzubringen, mein Geld zu stehlen und meine Leiche liegen zu lassen.«

»Nein, wäre es nicht«, sagte Captain Melchior. »Längst nicht. Aber ich habe das Sterben satt und den Tod ebenfalls.«

»Dafür, daß Sie den Tod satt haben, haben Sie sich aber einen komischen Ort ausgesucht«, sagte Prideaux und versuchte, forsch zu klingen: »Einen Friedhof.«

»Falsch. Es ist der einzige Ort in dieser Stadt, wo man

sich noch selber denken hören kann. Man muß sich selber denken hören können, wenn man stirbt. Man könnte sonst was Brauchbares überhören.«

Jetzt, wo er vor ihm stand, gelang es Prideaux, ohne Angst und wenig angeekelt auf den verrottenden Mann hinunterzublicken. Es war hilfreich, Namen und Dienstgrad zu kennen. Jetzt war es Captain Melchior, der offensichtlich den Himmlischen Rettungshubschrauber und Großen Sanitäter erwartete. »Sie sind am Ende.«

»Stimmt.«

Prideaux schätzte, daß der schlimmste Teil seiner Schädelmißbildung unter dem Tarnnetz versteckt war, denn die Beulen und Ausbuchtungen beidseits der Augen schienen zu einer größeren Masse zu gehören, deren Wurzeln anderswo lagen. Die resultierende unnatürliche Breite seines Gesichts ließ die Augen sehr eng zusammenstehen und bündelte ihre Kraft. An seiner rechten Hand, die wie der gewellte Rand einer Pastete in einem Hautlappen endete, fehlten alle Finger. Nur der Daumen und seine linke Hand waren intakt. Beide Handgelenke waren von offenen Geschwüren bedeckt, die ihre Flecken auch auf den Ärmeln seines Armeehemds hinterließen. Der restliche Körper machte den Eindruck, als wäre er ähnlich befallen. Schlagworte wie »Neurofibromatose« und »Elefantitis« schossen Prideaux durch den Kopf, als er dieser leidenden Kreatur gegenüberstand, die einen bitteren Pollengeruch wie von Birnenblüten verströmte.

Der Captain schaute dieser mitleidigen Bestandsaufnahme zu und hoffte offenbar, jede weitere Unterhaltung zu diesem Thema mit der Bemerkung »Unheilbar« umgehen zu können.

»Insgesamt?«

»Alles.«

»Ich könnte mir trotzdem vorstellen, daß man zum Beispiel im Makati Medical Center ...«

»*Ay!*«, kam die Unterbrechung. »Der *Kano* will mir Geld hinterherschmeißen! Ich komme nicht aus den Slums, John Irgendwas. Ich bin ein Ex-Ranger auf der Flucht. Das ist was anderes. Da müßte ich einen Morgen übersät mit Elektroden in meinem Zweihundert-Dollar-Bett verbringen, und eh ich mich's versehe, wache ich im Krankentrakt des Militärgefängnisses von Camp Crane auf und merke, daß sie mir die Elektroden an meine Eier geklemmt haben.«

»Ah, in dem Sinn unheilbar, meinen Sie. Sie wagen nicht, sich heilen zu lassen, möglich wäre es schon.«

»Nein. Egal wie man's sieht: Ich bin ein toter Mann. Ich will mein Sterben lieber hier erledigen.«

»Warum findet Sie hier keiner?«

»Kannst du dir vielleicht vorstellen, wieviel AFP-Männer auf der Flucht sind, weil sie wegen Bankraub, Kidnapping und Gott weiß was steckbrieflich gesucht werden? Tausende. Die Hälfte aller Banden in diesem Land besteht aus Polizisten und Soldaten, die sich unerlaubt von der Truppe entfernt haben. Die haben nicht genug Leute, um einen Friedhof nach dem anderen nach einem einzelnen Ranger abzuklappern, der nicht mal bewaffnet ist und nichts weiter gemacht hat, als für den Tod eines Befehlshabers zu sorgen, der weit Schlimmeres verdient gehabt hätte. Wenn ich schon anfange zu erzählen«, der ins Buch Hiob gesunkene Schwellkopf hob sich vorsichtig, »brauche ich was zu trinken.« In Stein gemeißeltes Latein wurde sichtbar und umrahmte den Heiligenschein aus Tarnnetzfetzen. »Irgend 'ne Limo.«

»Ich besorge was. Was ist mit Essen?«

»Nichts zu essen. Nur Coke.«

Prideaux weckte den Jungen mit dem Kätzchen auf dem Bauch und stürzte zwei Flaschen Sprite hinunter. Dann kaufte er eine Familienflasche Coke, gab dem Jungen viel zuviel Geld, der bockig war, weil man ihn aus dem Schlaf

AFP: Armed Forces of the Philippines

gerissen hatte, und jetzt auch noch wegen Flaschenpfand und fehlendem Wechselgeld zu nörgeln anfing. Die Flasche tauchte aus einer Truhe mit matschigem Eis und Sägespänen auf, wie ein Baumstamm aus einem Sumpf.

»Gut und kalt«, sagte Captain Melchior, als er sie aus Prideauxs Händen entgegennahm. Er klemmte sie unter seinen rechten Arm, schraubte den Deckel ab und trank in großen Schlucken. »Oh, *ah*.« Er rülpste. »Du hast schon getrunken, wie? John Irgendwas tat sich was denken und sich auch tränken.«

»Es würde komisch aussehen, wenn ein aus dem Nichts auftauchender Ausländer mit mehr als einer Flasche zwischen den Büschen verschwindet, oder? Dies ist schließlich nicht gerade der Ort für ein Picknick.«

»Sicher. Kluge Voraussicht. Wobei das auch egal gewesen wäre. Alle wissen, daß ich hier bin. Wie sollte ich sonst essen? Ich kriege mein Essen von ihnen.«

»Und was ist mit der Polizei in der Kirche?«

»Die sind okay. Alles Katholiken. Und außerdem Chinesen. Und nicht vom Militär. Die denken gar nicht dran, sich für die AFP die Hände schmutzig zu machen. Ich kenne sie alle. Wir haben oft miteinander geredet, besonders nachts. Ich schlafe nicht mehr viel, also wird erzählt. Geschichten. Politik. Die Zeit vergeht. Ihre sogenannte ›Friedhofschicht‹, verstehst du?«

»Und die passen auf Sie auf?«

»Falsch. Niemand paßt auf Captain Melchior auf. Captain Melchior erzählt Geschichten und ißt Reis. Sind wir nicht alle Christen? Wer zählt? Die wollen was hören. Sind meistens Stadtgeschöpfe. Nie aus Manila rausgekommen, aus Luzon schon gar nicht. Aber ich war jahrelang im Süden, auf allen Visayas, speziell auf Mindanao. Hab gegen die Moslems gekämpft. Die sind ganz hin, wenn ihnen einer vom Kampf gegen die Moslems auf Mindanao erzählt.«

»Warum gerade davon?«

»Warum nicht? Moslems sind heutzutage häufig ein Thema. Hier haben wir diesen hübschen kleinen Krieg, dauert schon viele, viele Jahre, aber nicht etwa bei den Saudis oder sonstwo auf der Welt, nein: hier, in unserem Land. Sie haben keinen blassen Schimmer. Es sind Jungs. Jungs hören gerne Geschichten vom Krieg.«

»Und Männer erzählen sie gern.«

Captain Melchior warf einen kurzen mißbilligenden Blick auf Prideaux, der auf einem angrenzenden Grab hockte. Dann schraubte er die Coke wieder auf und nahm noch einen Schluck. Goldbrauner Schaum wirbelte hinter dem Flaschenglas. »Gehst du gern zur Beichte?« fragte er, von einem weiteren Rülpser begleitet.

»Ich gehe überhaupt nicht.«

»Dein Problem. Aber würdest du gehn, hättest du keinen Spaß dran. Man soll keinen haben. Wenn ich von meinem Leben bei den Rangers erzähle, dann ist das beichten; das muß gesagt werden, bevor es zu spät ist. Nicht, was ich getan hab, außer 'n paar Kleinigkeiten, sondern was wir gesehen haben, was wir wußten, wie die Dinge laufen. Wir sind komische Vögel, wußtest du das? Wirklich komische Vögel. Den einen Augenblick stinknormal, den nächsten völlig daneben. Und wieder zurück. Flick-flick. Immerzu.«

»Ah, Sie wollen mir die Geschichte vom guten Doktor erzählen. Vom unerschütterlichen Familienvater, der jeden Morgen um acht aus dem Haus geht, in eine Klinik hinter hohen Mauern, seinen Anzug ablegt, eine lange weiße Gummischürze umbindet und den ganzen Tag damit verbringt, mit viel Geschick den erstklassigen Schrei für die Männer mit dem Tonband zu entlocken. Im Operationssaal ist ein Lautsprecher installiert, aus dem ununterbrochen Mozart ertönt. Der gute Doktor summt mit, unterbricht manchmal seine Arbeit, um auf eine besonders schöne Passage hinzuweisen und den Patienten nach dessen Meinung zu befragen. Danach zurück an die Arbeit. Um fünf wird der OP mit dem Schlauch saubergespritzt, der gute Doktor duscht, zieht seinen Anzug wieder an und fährt in seinem unauffälligen kleinen Auto nach Hause. Er begrüßt die Familie, hilft den Kindern bei den Schularbeiten, führt den Hund aus, sieht ein bißchen fern, und ab ins Bett. Keine Sorge, Captain, ich kenne diese Story. Wir erzählen sie uns in Europa seit Beginn dieses Jahrhunderts.«

»Klar macht ihr das. Aber das habe ich eigentlich nicht gemeint. Also: dein Typ, dein Doktor, ist ziemlich genau in der Mitte gespalten. Tag und Nacht, Dienst und Feierabend, schwarz und weiß. Schubladen, hab ich recht? Ich spreche von der ganzen Zeit, flick-flick, niemals das eine oder das andere. Weißt du, wie Elektrizität funktioniert? – Wechselstrom, der ständig die Richtung wechselt. Aber das passiert so schnell, daß uns das Licht gleichmäßig vorkommt. Normal. Egal was wir tun, es glättet sich so, daß wir denken, alles hängt zusammen. Würdest du aber jemals – zack! mittendrin innehalten und noch mal hingucken, würdest du deinen Augen nicht trauen, was du da gerade am Wickel hättest. Ich? Ich sitze einfach nur an einem Feuer und esse mit meinen Kumpels. *Tsibog-tsibog*, immer runter damit. Ich bin ein *was?* Ein *Kannibale?* Komm mir bloß nicht mit so 'm Scheiß, Mann. Afrikaner sind Kannibalen, oder nicht? Gefesselte Großwildjäger in einem Eisenkessel, um den die Typen in Baströckchen tanzen und ihre Speere schwenken. Himmel, das hier ist ganz normaler Moslem-Eintopf.«

»Moslem-Eintopf.«

»Richtig gehört. Normalerweise nicht der komplette Bausatz. Einzelteile. Vor allem Ohren. Die mischt man unters Schweinefleisch oder was sonst noch drin ist. Es geht um Erniedrigung. Schweinefleisch und Islam passen nicht zusammen? Auf Mindanao schon. Tatsache ist, daß es nichts

Besonderes ist. Keiner kichert, keiner flüstert; ab in den Topf damit, zusammen mit den gehackten Zwiebeln. Weißt du, warum?«

»Kameradschaft.«

Zum ersten Mal blickte Melchior mit etwas wie Respekt zu Prideaux auf. »Ja«, stimmte er zu. »Sekundenkleber. Klebt uns zusammen, daß nichts auf der Welt uns scheiden kann. Nichts. Alle für einen, einer für alle, wie es so schön heißt.«

»Die drei Musketiere.«

»Genau. Toller Film. Hast du so was jemals erlebt? Das Kumpelsystem, wo du alles – und ich meine wirklich alles – für die Jungs tun würdest, mit denen du zusammen bist, weil du genau weißt, daß sie dasselbe für dich tun würden?«

»Ich kann es mir vorstellen«, sagte Prideaux vorsichtig. »Jedenfalls konnte ich mir das immer vorstellen.« Er konnte es körperlich spüren, wie er eine Fallgrube mit Sehnsuchtsgefühlen streifte.

»Hör schon auf, Mann; hier geht's nicht um Vorstellungskraft. Du bist draußen mit deinen Jungs, irgendwo im Busch. Ich meine, schlafen im Gelände, essen im Gelände, es ist hundert Prozent feindliches Gebiet. Mit Scheiße eingeschmierte Punji-Pfähle, Hinterhalt, das ganze Programm. Weißt nie, wann es dich erwischt. Schlimm genug, sich mit Muftis und Einheimischen rumplagen zu müssen, die einem ständig in den Rücken fallen. Aber du mußt auch die eigene Seite im Auge behalten. Es gibt Vorgesetzte, die verscherbeln einem die Ausrüstung auf dem Schwarzmarkt und sichern sich illegale Holzeinschlaggeschäfte in Gebieten, für deren Eroberung sich unsereins den Arsch aufgerissen hat. Dann wieder klappt es mit der Luftunterstützung nicht, weil die Kollegen von der fliegenden Truppe plötzlich nicht mehr vom Boden kommen. Treibstoffmangel. Stellt sich raus, daß er Gott weiß wohin verscheuert und in neutralen Fässern weggeschafft wurde. Und dann sind da noch die

Politiker. Neue Initiativen, Licht am Ende des Tunnels, bedingungslose Unterstützung. Und auf einmal merkst du, daß du überhaupt nicht mehr auf den Philippinen, sondern irgendwo in einem Gebiet gelandet bist, das sie hinter deinem Rücken abgeschrieben haben und das jetzt ARMM heißt. Autonome Region des Moslemischen Mindanao. Herrgott noch mal, was soll'n so 'n Scheiß? Alle Mann zurück, zurück! Und gebt acht auf eure Ärsche, damit euch nicht irgend so 'n Mufti 'ne Kalaschnikow reinschiebt und unser Präsident ihm sagt, nur zu, drück ab, Ranger haben in deinem Heimatland nichts verloren. Ja, so gesehen schrumpft die Welt schon mal schnell auf dich und deine Kumpels zusammen.«

»Und Moslem-Eintopf.«

»Klar.«

»Das ist wie Bullen und Entsorgung, oder? Es gibt uns, und es gibt die anderen.«

Captain Melchior hörte nicht zu. »Manchmal gibt's aber auch was zu lachen. Ist noch nicht lange her, da hatten wir Besuch von diesen Journalisten; kamen mit dem Hubschrauber, ein paar Typen aus Manila und ein paar Auslandskorrespondenten. Italien? Frankreich? Hab's vergessen. Die wollten jedenfalls das volle Programm: brennende Dörfer, Greueltaten, was immer. Was am Ende für sie rauskam, war das Lamento der Offiziere, aber kaum Action, sondern bloß stundenlanges Geholpere in ihren Jeeps über lausige Pisten. Die Enttäuschung stand ihnen ins Gesicht geschrieben. Was sollten sie ihren Leuten zu Hause erzählen? Wir versuchten sie zu beruhigen, ihnen zu erklären, der Krieg wär' noch lange nicht zu Ende; daß es sie einfach in eine Gegend verschlagen hatte, wo 's gerade mal ruhig war. Und so was ist zum Teufel keine Bühnenshow, für die man Eintritt zahlt. Auch keine Endlosvorstellung, in die man nach Lust und Laune reingeht und wieder raus, wenn's langweilig wird. Also haben wir einen Dschungelabend inszeniert. Haben alles vorbereitet und ihnen ein klasse Festessen serviert, nicht nur Ohren, sondern den ganzen Kerl. Zerhack ihn auf Chinesenart, und keiner merkt's. Wir haben am Lagerfeuer gekocht, mit singenden Eingeborenen und allem, was dazugehört. Die Journalisten waren total begeistert. Damwild und *baboy damu*, Wildschwein, das wir auf Patrouille geschossen hätten, sagten wir. Wie schmeckt's euch denn? Vorzüglich, unübertrefflich. Am nächsten Morgen stiegen sie wieder in ihren Hubschrauber. Keiner hat ihnen was verraten. Die wissen bis heute nicht, daß sie einen leibhaftigen MNLF-Rebellen gegessen haben. Ob wir gelacht haben? Wir haben uns tagelang nicht wieder eingekriegt.«

»Und das soll kein Kannibalismus gewesen sein?«

»Nein, Herrgott noch mal. Wie ich schon sagte: das ist, was die Afrikaner machen. Du bist Kannibale, wenn du's nicht anders kennst. Hier wurde ein Mann gegessen. Du ißt einen Mann, wenn du gute Gründe dafür hast. Erinnerst du dich an Manero? Erzähl mir nicht, daß er nicht wußte, was er tat, auch wenn der Typ Missionar war.«

Kurz nach Prideauxs Ankunft hatte irgend jemand im Zusammenhang mit diesem aufsehenerregenden Fall die Redensart von der berüchtigten Porosität des Mutinlupa-Gefängnisses geprägt. Norberto Manero war im April 1985 wegen Mordes an dem italienischen Priester Tullio Favali zu lebenslanger Haft verurteilt worden. Unmittelbar nach der Tat wurde von Passanten beobachtet, wie er und seine Mordkumpanen in brüllendes Gelächter ausbrachen, dem Missionar das Gehirn herausnahmen und es im Rohzustand mit bloßen Händen verzehrten. Das hatte das ganze Land beeindruckt. Es stellte sich heraus, daß er den Priester kommunistischer Sympathien bezichtigt hatte, aber in seiner Heimatregion Cotabato auf Mindanao bedeutete das, er dachte, Favali hätte sich auf die Seite der moslemischen

Moros geschlagen. Manero selbst war Christ und hatte sich seit langem an lokalen Militia-Aktivitäten gegen islamisch-fundamentalistische Freiheitskämpfer beteiligt. Er gehörte in den sechziger Jahren einer besonders gefürchteten Bürgerwehr an, der sogenannten Ilaga, deren brutale Scharmützel mit den moslemischen Schwarzhemden geradewegs den Moro-Sezessionskrieg eingeleitet hatten, der erst 1973 offiziell erklärt wurde und nach wie vor andauerte. Darüber hinaus war Manero aktives Mitglied einer christlichen Kultgemeinschaft namens Tadtad, was soviel wie ›Die Hacker‹ bedeutete, deren Spezialität es war, ihre Opfer mit Bolos zu zerhacken und vor deren Augen als Akt größter Entehrung blitzschnell ihre Eingeweide zu essen, noch bevor sie sterben konnten. So oder so war dieser Mann am besten hinter Gittern aufgehoben. Nach nur zwei Jahren Haft in Mutinlupa wurde Manero ohne Genehmigung nach Mindanao in eine kleinere Strafanstalt in Davao verlegt, die in den vergangenen fünf Jahren durchschnittlich alle achtunddreißig Stunden einen Ausbruchsversuch erlebt hatte. Auch Manero hatte erwartungsgemäß seine Chance genutzt; eine Tatsache, die von offizieller Seite erst zur Kenntnis genommen wurde, als er bei einer Willkommenskundgebung in Cotabato City nur wenige Schritte neben Präsident Ramos zu sehen war. Die folgende Empörung führte zu widerstrebend durchgeführten Ermittlungen, die eine ganze Kette aus Komplizentum und Fahrlässigkeiten ans Tageslicht förderten. Daß Polizei und Militär bei Maneros Flucht ihre Hände im Spiel hatten, war von Anfang an vermutet worden und paßte natürlich zu der Entdeckung, daß er in den folgenden Monaten, vor seiner erneuten Ergreifung, als Polizei-Spitzel in Zentral-Mindanao gearbeitet hatte und gleichzeitig vom Militär darauf angesetzt worden war, den flüchtigen Pimpernel persönlich, nämlich Commander Mubarak, den Mann mit dem Fötentalisman, zur Strecke zu bringen. Manero war erst kürzlich, breit grinsend und schwer gefesselt, nach Mutinlupa zurückverfrachtet worden und wurde jetzt rund um die Uhr von bewaffneten Wärtern bewacht; weniger, um eine erneute Flucht zu verhindern, sondern um ihn vor den oberen PNP- und Armeechargen zu schützen, falls er sich entschied, gegen sie auszusagen, sollten sie je vor Gericht gestellt werden, weil sie seinen ausgedehnten Ausflug in die Freiheit erst ermöglicht hatten. Es war dieser letzte Akt der Manero-Story, der jedem das Gefühl gab, er sei betroffen. Die Hände mit warmem und glitschigem Gehirn waren jedem in Erinnerung geblieben.

»Sie sagten, Sie hätten Ihren Vorgesetzten mit einer Splittergranate bedient«, lieferte Prideaux das nächste Stichwort.

Es gab eine Pause. Captain Melchior leerte den Rest Coke. Er schüttelte sich. »Mein Geschmackssinn spinnt total, weißt du. Eigentlich ist dies Zeug doch süß, oder? Aber seit kurzem schmeckt es bitter. Es ist nicht die Coke, es ist die Krankheit, das Nervensystem. Ich nehme entsetzliche Gerüche wahr, die gar nicht da sind. Und dann kommt Herrera hier rauf, nimmt mir die Beichte ab und sagt, es sind nicht die Nerven, sondern das Gewissen. Macht alles bitter und übelriechend. Er ist genau der Mann, der dasein sollte, wenn man stirbt. Bin gleich wieder da.«

Er schwang sich mit Zeitlupendringlichkeit vom Grabstein und bewegte sich wie eine Vogelscheuche auf die andere Seite der Mauer, hinter der sich die unwahrscheinliche Savanne verbarg. Schwache Kotzgeräusche drangen zu Prideaux herüber. Es war bald Mittag. Das Sonnenlicht außerhalb des Schattens, in dem er saß, lieferte so viel Energie, daß die durch das Hitzeflimmern und seine zuckenden Netzhäute verwischten Dinge nicht mehr so klar aussahen wie sonst. Als Melchior zurückkam, waren seine Bewegungen weniger schwerfällig. Er trug einen grünen Lappen, der sich als Armee-T-Shirt entpuppte, das er faltete und zusammenlegte, um das Buch Hiob zuzudecken. »Verdammter Marmor«, sagte er, während er sich ausstreckte und vorsichtig seinen Schwellkopf darauf bettete.

»Es macht Ihnen aber nichts aus zu reden?«

»Hab ja sonst nichts zu tun. Glaubst du, ich bin jemand, der irgendwas tut, das er nicht will? Wo war ich stehengeblieben? Ah, ja: Colonel Half. Colonel Saturnino Calajate. Ich habe nie behauptet, ich hätte ihn mit einer Splittergranate in die Luft gejagt. Ich sagte: ich habe für seinen Tod gesorgt. Wie, ist unwichtig. Warum, ist wichtiger. Er war's, der diesen Holzeinschlagsdeal am Laufen hatte. Einmal konnten wir achtundvierzig Stunden die Rebellen nicht stoppen, die in einem Gebiet Stellungen ausbauten, das wir nicht verteidigt hatten, weil wir mit unseren Fahrzeugen nicht zur Streife ausrücken konnten. Auf dem gesamten Stützpunkt gab's kein Benzin. Wie das, wo wir uns doch erinnern konnten, den Petron-Tanklaster aus Cotabato City gesehen zu haben? Der Versorgungsoffizier hatte unterschrieben und bescheinigt, daß nur 500 Liter drin waren. Das reichte gerade für die Jeeps vom Oberst. Der Tanklaster wendete, fuhr weg und verkaufte den Rest der 30 000 Liter mit Preisnachlaß an eine Privattankstelle. Nachdem der Fahrer seinen Anteil kassiert hatte, machten der Oberst und der Versorgungsoffizier halbe-halbe. Es hat ziemlich lang gedauert, bis wir dahinterkamen, aber bevor wir ihm endgültig die Flagge strichen, gab der Oberst es zu. Die Rückeroberung des Gebiets hat uns elf Mann gekostet. So was kotzt einen an.

Aber darum ging es eigentlich nicht. Er hat unsere Toten unkorrekt behandelt, und das eine sag ich dir: Niemand, absolut niemand erlaubt sich irgendeinen Scheiß mit einem meiner gefallenen Leute. Da läuft alles nach Vorschrift, von A bis Z. Die Dienstanweisung der Armee schreibt als Minimum vor, daß jeder seinen Standardsarg kriegt und fünfzehn Tage Einbalsamierungsfrist, verstehst du? Die Leiche wird anständig gewaschen und vollständig in Formalin getaucht, damit es in die Venen eindringen kann. Dann wird sie geöffnet, und die inneren Organe werden entfernt, weil die als erstes verwesen. Danach wird sie mit Lumpen und *bunot* ausgestopft. Weißt du, was *bunot* ist?«

»Nein.«

»Kokosfasern. Von der Schale, aber sehr fein und ausgekämmt, bis es flauschig ist wie braune Wolle. Gut. Diese zwei Wochen reichen, damit die Verwandten zur Beerdigung kommen können und das Ganze gebührend abläuft. Wenn jetzt die Verwandten in den Staaten oder sonstwo leben, gibt's eine Einbalsamierung von dreißig Tagen. Automatisch. Steht alles in den Vorschriften. Das ist natürlich sehr viel aufwendiger: in Formalin tränken plus die Hauptarterien und -venen rausziehen. Glaub mir, das geht ins Geld: Kühlung, Balsamier-Honorare, Einbalsamierungsflüssigkeit. Da ich ihm bei meinen Männern auf die Finger schaute, damit alles nach Vorschrift lief, hatte der Oberst keine Chance, sich irgendeine Schweinerei auszudenken; also sagte er: ›Unter die Erde mit ihm, Captain. Das ist ein Befehl. Der ist was fürn Leichensack. Dies ist eine Kampfeinheit. Wir müssen weiterkämpfen. Keine Zeit, unnötig rumzumachen. Den Verwandten werden wir sagen: Tut uns leid, aber wir mußten ihn unter die Erde bringen.‹ Scheiße.«

Melchiors veränderter Tonfall ließ Prideaux aufblicken, und er sah, wie er sich helles Blut von der Oberlippe wischte.

»Schon wieder Nasenbluten«, sagte der Captain und zog sich das T-Shirt vors Gesicht. »Passiert in letzter Zeit ständig. Keine Ahnung warum. Bricht alles zusammen.«

»Soll ich Ihnen Eis besorgen?«

»Ich könnte noch 'ne Coke vertragen.«

Diesmal aß der Junge einen Teller Reis, und die Katze auf

der Plastiktischdecke neben ihm kaute mit seitlich geneigtem Kopf an Fischgräten herum. Er mußte in der Zwischenzeit einige Kunden gehabt haben, denn jetzt hatte er Wechselgeld, und Prideaux bezahlte für die zweite Flasche wesentlich weniger. Seine Zähne waren so weiß wie die der Katze.

»Du wirst die Geschichte nicht begreifen, die ich dir da erzählt habe«, sagte der Captain, nachdem er getrunken hatte. Er betupfte vorsichtig seine verkrustete Nase. »Wenn du nie beim Militär gewesen bist, wirst du's nicht verstehen. Der Typ auf dem Tisch, dem sie gerade die Eingeweide rausgenommen haben, ist dein Kumpel. Es gibt keinen auf der Welt, und wenn's der Präsident persönlich wäre, der dir sagen kann: Was soll der ganze Scheiß, viel zuviel Aufwand, ab unter die Erde mit ihm. Gut, manchmal geht's nicht anders. Wenn du einen Gefallenen nach Tagen nicht bergen konntest, hat die Verwesung längst eingesetzt, und man ist aufgeschmissen. Einbalsamieren zwecklos. Das Blut ist geronnen, also kannst du ihm auch kein Formalin in die Venen pumpen. Das ganze System ist dicht. Du kannst es zwar reinspritzen, aber es läuft alles wieder raus, und aus dem Sarg beginnt's zu tröpfeln. Also bleibt einem nichts, als sie in einem Leichensack zu versiegeln, und das war's.« Noch einmal wurde die Flasche angesetzt. »Oberst Saturnino Calajate. Oberst Half.« Ein Lächeln huschte über sein Gesicht, das lächerlich klein zu sein schien, als drückten die Tumore sein Gesicht in der Mitte ganz langsam zusammen. »An *seinem* Sarg hat niemand gestanden, soviel ist sicher.«

Und damit war das Thema für ihn beendet. Prideaux fragte sich später immer wieder, ob wohl eine unbedarfte Zusammenkunft durch eine geniale List so ausgegangen war, daß man sich im tiefsten Dschungel von Mindanao an Oberstbraten gelabt hatte. Als eindeutig klar war, daß Melchior das Interesse am Thema verloren hatte, fragte er: »Und was ist aus ihnen geworden? Ihren Kumpels, der Einheit?«

»Ah.« Ein tiefer Seufzer. »Aufgelöst. Weg. In alle Himmelsrichtungen verstreut. Manche tot, manche in einer anderen Einheit, manche einfach nur verschwunden. Zurück zu ihren Familien, unerlaubt von der Truppe entfernt, ohne Beschäftigung. Zu einigen von ihnen habe ich versucht, Kontakt zu halten, aber das hier –« Mit dem Stumpf seiner rechten Hand, machte er eine derbe Geste, die entweder dem Stumpf selbst oder dem Körper galt, an dem er befestigt war. »Weißt du was? Ich habe kapiert, daß es wirklich egal ist. Sie sind immer noch da drin, *sa loob*, da, wo all das sitzt, was wir den anderen zu verdanken haben. Das wird für uns alle gelten. Irgendwo sind die alten Gruppen immer noch alle beisammen. Findest du, daß ich Scheiße rede? Sentimentales Zeug?« Diesmal ging die rechte Hand des Captains hinter dem Buch Hiob hoch, wo sie eine matt kreisende Bewegung in der Luft beschrieb. »Bevor ich sterbe, werden sie hier sein. Aufschließen! Sie werden kommen.«

Zum ersten Mal bei diesem Vortrag hatte die Nüchternheit versagt. Der Todgeweihte und sein Reden fielen aus der lastenden Mittagshitze in schattigere Gefilde. Prideaux waren solche Augenblicke bekannt; so was kam gelegentlich bei Dokumentarfilm-Interviews vor. Und zwar dann, wenn man sich selbst klargemacht hatte, daß das ganze Leben auf Hörensagen beruhte, auf umherschweifenden Geschichten, was wem zustieß, und man plötzlich entdeckte, daß ein kompletter Traum darin herumspazierte. Wußten sie, daß es ihn gab? fragte er sich jedesmal. Unterhalb dessen, was sie für eine sachliche Auflistung von Ereignissen hielten, schimmerte ein anderer Text in einer ganz anderen Tonlage durch. Es war, als würde man plötzlich entdecken, daß sich in Fachjargon ein Gedicht verbarg.

»Mag sein, daß sie kommen werden. Aber werden sie Sie auch erkennen?«

Diesmal verweilte sein Lächeln ein wenig. »Also, John

Irgendwas, prima! Du bist älter als ich, das war mir entfallen. Wer weiß, vielleicht auch nicht.«

»Haben Sie je daran gedacht, sich umzubringen?« Prideaux war über seine eigene Unbarmherzigkeit verblüfft. Eine Fähigkeit, die er schon verlernt zu haben glaubte.

»Sicher hab ich das. Hab's auch versucht. Hat aber nicht geklappt.« Noch einmal hob er den keulenförmigen Stumpf seiner rechten Hand. »Du könntest genausogut fragen, warum ich nicht Amok gelaufen bin. Ich habe mehrere Amokläufe erlebt. Das Militär ist ein guter Ort, so was zu erleben, bei all dem Streß und den Waffen und allem. Ich habe sehr aufmerksam beobachtet, wie sie vorher ruhig wurden. Eine besondere Art des Ruhigwerdens, nicht wie bei jemandem, der allein gelassen werden will, weil er gerade einen dieser Briefe von seiner Mieze bekommen hat. Eher brütend, schwermütig, als würde er sein ganzes Leben die Treppe herunterpoltern hören. Und plötzlich hat er diesen merkwürdigen Gesichtsausdruck, sein Haar beginnt sich zu sträuben, und er sucht nach einer Knarre, einem Messer, was gerade griffbereit ist. Aber er ist überhaupt nicht darauf aus, Menschen zu töten, das ist das Entscheidende. Nicht wie irgend so ein ausgerasteter Bastard, der kaltblütig eine Mordserie plant. Die Feinde des Amokläufers stecken alle in ihm selber. Er weiß nur, daß es seine letzte Chance ist, da hineinzusteigen und seine Seele zu retten. Sie wurde gefoltert und von allen Seiten in die Enge getrieben, und sie ist das einzige auf der Welt, was noch ihm gehört, also muß er sie einfach *frei* hacken. Er rennt nach innen, okay? Deshalb sieht er auch nicht, auf wen er einhackt, auf wen er schießt; keine Freunde, nicht mal seine eigenen Kumpel. Die sind nicht real, sondern einfach nur Teile des Traums. Nur die Seele ist real.« Er machte eine Pause. »Glaubst du das?«

»Das mit der Seele?«

»Nur die Seele ist real. Deshalb bringe ich mich auch

nicht um. Soll ich etwa gegen mich selbst Amok laufen? Dies –« seine linke Hand zeigte mit der leeren Flaschenöffnung seiner Coke von den geschwollenen Beinen bis zum Brustkasten und hinterließ auf dem schmutzigen Drillich eine dunkle Fleckenspur, »dies ist ein Traum. Wir sind religiöse Menschen, wir Filipinos, wußtest du das? Laß dir von keinem was anderes erzählen. Man sollte sich nicht das eigene Leben nehmen. Man sollte einen Weg finden, daraus auszusteigen und die Seele mitzunehmen. Es gibt nichts Schlimmeres, als zu sterben, ohne im Besitz der eigenen Seele zu sein.«

»*La vida es sueño?* Das Leben ein Traum?«

»Spanisch, stimmt's?«

»Titel eines Theaterstücks. An einer Stelle heißt es: ›Jetzt, im Schlaf, merke ich, daß ich träume, wenn ich wach bin.‹«

»Ach ja? Das ist gut. Genau das ist es. Du guckst die Leute auf der Straße an, die Leute überall, irgendwen von uns. Weißt du was? Wir alle sind auf Patrouille. Die ganze Welt ist auf Patrouille. Wir haben unseren Einsatzbefehl, oder nicht? Erstens: Beende dein Leben reicher, als du's begonnen hast. Zweitens: Laß es dir gutgehen unterwegs. Drittens: Vermehre dich, damit alles weitergehen kann. Alles, was wir tun, um unsere Befehle auszuführen, ist in Ordnung, ist vernünftig, rational, gescheit, zweckmäßig, was immer. Und dann flick-flick: Man verflucht einen Fremden, bloß weil er komisch Auto fährt, schreit seine Frau an, verprügelt die Kinder, tritt den Köter. Flick-flick wachen wir auf und sehen, wie wir um ein Lagerfeuer hocken und irgend so 'n armes Schwein aufessen. Die Leute morden in einer Tour und merken es nicht. Vor allem diese wahnsinnigen Politiker. Nur daß ihre Opfer weit, weit weg sind. Sieh dir San Clemente an. Sieh dir dieses Land an. Ist es etwa vernünftig, die Dinge so anzugehen? Aber so läuft es eben. Nichts ist befremdlich, was Menschen tun. Flick-flick.«

Weit entfernt, sich müde geredet zu haben, schien Captain Melchior jetzt viel lebhafter, wenn auch ein wenig hektisch um die Augen. In der Nähe gab eine Eidechse ihre quakenden, rasselnden Laute von sich, verstummte und hinterließ eine Ruhe, in der das feine Zischen intensiven Sonnenlichts auf Stein deutlich zu hören war. Dahinter in weiter Ferne lag die allgemeine städtische Geräuschkulisse, wie ein beharrlich an den Küsten nagender Ozean.

»Weißt du eigentlich, was ein Gook ist?« fragte der Captain unvermittelt.

»Also in Vietnam …«, begann Prideaux.

»Scheiß auf Vietnam. Vergiß Vietnam. Wir Filipinos waren die ursprünglichen Gooks. So haben die Amis unsere nationalistischen Partisanen genannt, die Ende des letzten Jahrhunderts gegen sie für die Unabhängigkeit gekämpft haben. Man sagt, es stammt wahrscheinlich aus dem Bicolano oder so was, *gugurang* oder *gugu*. Spreche diese verdammte Sprache nicht. Jedenfalls bedeutet es so was wie eine Art Geist. So wie man einen Schutzengel hat, ist dies ein Schutzdämon. Menschenskind, John Irgendwas, du bist in einem Geisterland, wußtest du das nicht? Selbst die kleinste Rotznase von uns. Du erwartest, daß sich Geister benehmen wie alle anderen? Womöglich wie die Engländer? Vergiß es. Niemals.«

Es war klar, daß der kranke Captain Prideauxs Angebot von weiteren Erfrischungen, Essen, Kleidung, Geld und Medikamenten mit der Gelassenheit eines Geistes ausschlug. Er schien zufrieden, wie er da auf seinem Grabstein lag und redete. Er erzählte davon, wie er zum ersten Mal der Friedhofspolizei begegnet war, als sie auf ihrer Streife mit schwacher Taschenlampe zu viert und »aneinandergedrängt wie die Schulmädchen« durchs Gestrüpp gestolpert waren. Er lag in einer der ungenutzten Nischen in der Mauer, einem länglichen kühlen Loch, und gab ein bühnenreifes Gestöhn von sich, gefolgt von ghulhaftem Gelächter, das sie auf ihrer panischen Flucht verfolgte. Er war ihnen nachgegangen und fand sie völlig eingeschüchtert in der Kirche, wo sie ihr Kartenspiel nicht mehr anrührten. Es gelang ihm, sie zu überzeugen, daß er kein Geist war und daß die offenbar unphilippinische Angewohnheit, auf einem Friedhof zu übernachten, damit zusammenhing, daß er Ranger auf Mindanao gewesen war. Danach gab es nichts mehr, was ihnen Angst hätte einflößen können.

»Was ist überhaupt in San Clemente los?« fragte Prideaux, als er sich zum Gehen wandte. Es war früher Nachmittag, und Melchior wollte auf einmal schlafen. Er selbst war von Worten und dem Birnenpollengestank wie benebelt. »Mit Vampiren und so?«

»Du glaubst doch wohl nicht an so 'n Kinderkram! Das ist eine chinesische Offensive.«

»Da komme ich nicht ganz mit.«

Aber der Captain wich mit einer schnoddrigen Bemerkung aus. »Heute morgen kamst du aber noch ganz gut mit. Konntest gar nicht an dich halten. Es sind halt diese Geschichten.« Er klang zufrieden und zeichnete noch einmal seine melancholische Geste in die Luft und forderte Geister, Kumpel, chinesische Polizisten, britische Anthropologen oder wen auch immer zum Zuhören auf. »Das packt einen noch jedesmal.«

Kapitel 22 Als eines Morgens um halb sechs Eddies Leiche hereingetragen wurde, erlebte Nanang Pipa, was ein nächtlicher Reisender bei einem plötzlichen Blitzschlag empfinden mußte. Der Schock war viel zu kurz für Einzelheiten, offenbarte ihr aber eine weite und bedrohliche Landschaft, die sich in alle Himmelsrichtungen erstreckte und in der sie selbst eine winzige Gestalt ohne jede Bedeutung war. Sie legten ihn auf den Tisch, sie zündete mit zitternden Fingern eine Kerze an und schickte jemanden los, Pater Bernabe zu holen. Alles kam so brutal und unerwartet, daß sie zunächst unfähig war, Trauer zu empfinden, sondern nur dastehen, Eddies Stirn streicheln und sagen konnte: »O Eddie. Mein armer Eddie. Was haben sie bloß mit dir gemacht?«, wobei »sie« nichts anderes bedeutete als das Leben an sich, verkörpert durch seine gesichtlosen Agenten, an denen es nie mangelte. Was immer sie getan hatten, sein Gesicht war um den Mund herum blutverkrustet, und sämtliche Schneidezähne waren ausgeschlagen. Man hatte ihn oben auf dem Hügel dicht bei der Friedhofsmauer in der Nähe der Blechhütten gefunden, als hätte man ihn wie ein Stück Abfall hinübergeworfen, als er bereits tot war; kein Mensch, der eines natürlichen Todes starb, hätte je eine solche Stellung einnehmen können. Während ihre älteste Tochter Gaylin und Jinky, ihr Jüngster, rasch ihre Schlafmatten auf dem Fußboden zusammenrollten, holte sie eine Schüssel mit Wasser und säuberte Eddies Gesicht mit einem Schwamm, trocknete es ab und legte ihm ein Kruzifix auf die Brust. Er sah plötzlich völlig zusammengefallen und leer aus, als ob das, was ihn zu Lebzeiten gefüllt hatte, seine überschwenglichen Gesten, seine leidenschaftlichen Gefühlsausbrüche und sein ansteckendes Lachen gewesen wären. Erst als ihr klar wurde, daß sie dieses Lachen zeit ihres Lebens nie wieder hören würde, begann Pipa ein verzweifeltes Weinen, das durch die Lattenwände der Nachbarhütten drang.

Die Familie versammelte sich. Pater Bernabe traf ein, immer noch verschlafen, und sie hielten eine etwa einstündige Totenwache, bevor die ersten Nachbarn kamen, um Eddie die letzte Ehre zu erweisen. Die meisten Mitglieder der Nähkooperative kamen und natürlich die alten Freunde: Bats, Judge, Billy und Petring. Aus ganz San Clemente kamen sie, den Leichnam zu sehen, viele weinten. Der Barangay-Chef, Monching Jandusay, kam und roch nach Alkohol und dem Urin von gestern. Mit jener abgelösten Beobachtungsgabe, die häufig Menschen befällt, die eigentlich etwas anderes zu tun haben, bemerkte Nanang Pipa, daß seine Haut im frühen Morgenlicht wie Pergament aussah, als hätte er sich zusehends in nichts als ein Gefäß verwandelt, je mehr Gin er in sich heineinschüttete, eine zerbrechliche und schwankende Art Flasche. Egal, wichtig war, daß er gekommen und sein Kommen gesehen worden war, wie Pflicht und Anstand es verlangten. Obwohl all das richtig und tröstend war, schien es, als würde Pipa immer noch auf jemanden warten, der Sicherheit und Väterlichkeit ausstrahlte und in dessen Hände sie die ganze traurige Angelegenheit legen konnte. Um Punkt neun Uhr stand Rio Dingca vor der Tür und roch nach Dial-Seife; er war sofort nach Dienstbeginn von PO1 Benhur Daldal informiert worden, der sich eigens von seinem Posten an der kostbaren Grube entfernt hatte, um das 14. Revier zu benachrichtigen. Nachdem die Leiche zur Feststellung der Todesursache abgeholt worden war, machte Pipa Dingca das tränenreiche Geständnis, daß Eddie erst gestern etwas gebeichtet hatte.

»Er hat sich das alles bloß ausgedacht«, sagte sie. »Das mit dem Vampir. So hat er's mir jedenfalls erzählt. Ich schäme mich so.«

»Aber betrunken war er trotzdem.«

»Ja, schon. Er hat auch wirklich gedacht, daß er was gesehen hätte, nur war das wahrscheinlich der Mond oder eine

Wolke. Aber er sagte, er hätte schon lange im Hinterkopf gehabt, eine Geschichte zu erfinden, um die Leute davon abzuhalten, ihre Nase zu tief in unsere Grube zu stecken. Den Totenschädel und diese Porzellanscherben hatte er schon gefunden, und wir hatten beschlossen, es für uns zu behalten. Dann erzählte uns Ming Piedragoso von diesen Geisterwächtern, die die chinesischen Piraten früher über vergrabenen Schätzen aufstellten, und Eddie sagte, das hätte ihn auf seine Idee gebracht. Aber es ging nach hinten los wie so viele seiner tollen Ideen; und jetzt ist er *tot*«, schloß sie und konnte es gar nicht fassen, daß etwas so Triviales wie eine typische Eddie-Geschichte, nicht greifbarer als eine Ginfahne, derart tödlich hatte enden können.

Rio Dingca nahm ihre Hand. »Das hat ihn nicht umgebracht«, sagte er. »Wir wissen zwar noch nicht was, aber das war es nicht.« Denn es war, als hätte die Nachricht von Eddies Tod auch ihn an Nanang Pipas Blitzschlag teilhaben lassen, was ihn als Polizisten zu der Überzeugung kommen ließ, daß es jenseits dieser wackligen Behausungen ein Hinterland gab, ein Hinterland, in dem geheimnisvolle Kräfte im Schutz der Dunkelheit mit eiskalter Berechnung ihr Unwesen trieben. »Wo ging er gestern abend hin? Wann hast du ihn zuletzt gesehen?«

»Keine Ahnung. Zum Abendbrot war er da und ist dann so gegen acht oder neun gegangen. Wohin oder mit wem, weiß ich nicht. Wie üblich mit seinen *barkadas* unterwegs, dachte ich. Aber das solltest du besser Bats und Judge und Konsorten fragen.«

»War er betrunken?«

»Nein. Jedenfalls nicht beim Abendbrot. An dem Tag, als du und die Leute von der Zeitung hier waren, hat Eddie gesagt, er würde nie wieder trinken.« Bei dem Gedanken an seinen guten Vorsatz und die unerwartete Realisierung füllten sich ihre Augen mit Tränen.

»Gab's in letzter Zeit irgendwas, das dir merkwürdig oder komisch vorgekommen ist?« Das war eine dumme und ungeschickt gestellte Polizistenfrage, und sobald sie ihm über die Lippen war, wünschte sich Dingca, er könnte sie zurücknehmen, ausstreichen und es anders versuchen.

»Merkwürdig? Komisch?« Sie sah ihn aus ihren tränenumflorten Augen unvermittelt an. »*Diosko.* Es ist eine einzige Katastrophe, Rio. Siehst du nicht, wie recht er hatte? Er sagte, ich hätte an allem schuld. Hätte ich ihn nicht dazu gebracht, dieses elende Loch zu graben, wär' all das nicht passiert. In dem Augenblick, als ich meinen dämlichen Mund aufgemacht hab, fing alles an schiefzulaufen. Oh, könnt ich doch bloß die Zeit zurückdrehen –«, und sie begann erneut zu weinen, schüttelte sich schließlich und betupfte ihre Augen. »Was Komisches?« fragte sie und seufzte tief. »Hast du schon mal ein St. Jude in die Zeitung gesetzt?«

»Eine Novene? Nein, nicht daß ich wüßte.«

»Ich hab's vor ein paar Monaten gemacht und um verschiedene Sachen gebeten. Unter anderem, daß Eddie aus dem Gefängnis kommt, was auch funktioniert hat. Du warst es, der ihn da rausgeholt hat.«

»Ich wußte nicht, daß du dafür extra eine Novene in die Zeitung gesetzt hast.«

»Außer meiner Freundin Doding Perez habe ich auch niemandem davon erzählt. Sie hat immer gesagt, St. Jude wäre am besten, und sie hatte recht. Aber es gab eine Sache, um die ich nicht gebeten hatte. Jemand, den ich kenne, hat eine unserer Nähmaschinen geklaut. Sie war nagelneu. Hat sich einfach aus dem Staub gemacht. Ich hab versucht, Mama Mary zu bitten, hat aber nicht geklappt. Und dann habe ich mir gedacht, nein, das ist zu kleinlich, St. Jude zu bitten, eine Nähmaschine zurückzubringen, deshalb habe ich meine besonderen Wünsche für Eddie und Gaylin und Boyong aufgespart. Und jetzt kommt das Komische. Vor einer Woche taucht diese Frau wieder auf, frech und dreist, sagt, es täte ihr leid, daß sie die Maschine genommen hat, aber ihre Familie hätte gerade in einer Krise gesteckt, und sie hätte dringend Geld gebraucht; das Übliche. Dabei hat sie jämmerlich geweint und immer wieder um Verzeihung gebeten. ›Ach so?‹ hab ich gesagt. ›Willst sie wohl zurückbringen?‹ Ich meine, sie hat sich monatelang nicht blicken lassen. Aber nein, sie wollte sie nicht zurückbringen, sondern, daß ich 350 Pesos nehme; mehr hätte sie im Augenblick nicht. ›Dreihundertfünfzig?‹ hab ich gesagt. ›Weißt du überhaupt, was so eine Maschine kostet?‹ ›Sollte ich eigentlich‹, hat sie gesagt, ›schließlich bin ich Mitglied der Kooperative, die sie angeschafft hat.‹ ›Bist du nicht!‹ hab ich ihr gesagt, ›jedenfalls nicht mehr. Ist einstimmig beschlossen, sei unbesorgt. Steht alles im Protokoll, ohne Gegenstimme.‹ Da fängt sie wieder an zu heulen, und ich hab ihr gesagt, sie soll mitsamt ihrem Geld verschwinden. ›*Walang hiya talaga*‹, hab ich zu ihr gesagt. Unverschämtes Miststück. Eigentlich sollte man meinen, so jemand hätte nicht den Mut, sich hier jemals wieder blicken zu lassen, wo jeder sie kennt, oder? Aber sie läuft herum, als wäre nichts. Aber das Komische, was ich dir erzählen wollte, ist, daß ausgerechnet sie letzte Woche Gerüchte verbreitet hat, von Hunden, die Kakerlaken werfen, und daß ein Fluch auf San Clemente liegt und die Toten, deren Ruhe ich gestört habe, auferstehen und sich fürchterlich an uns rächen werden. Und damit hat sie auch wirklich vielen Leuten angst gemacht. Manche reden sogar davon, daß sie von hier wegziehen wollen. Sie erzählt jedem, das wäre der Anfang vom Ende, und in diesem Augenblick«, sagte Nanang Pipa mit erstickter Stimme, »frage ich mich schon selber.«

»Du hast mir nie was von diesem Diebstahl erzählt«, sagte Dingca.

»Stimmt, habe ich nicht«, bestätigte Pipa, und aus ihrer Antwort ließ sich eine ganze Geschichte der Beziehungen zwischen Polizei und Slumbewohnern, unabhängig von der Vertrauenswürdigkeit einzelner, heraushören.

»Aber jetzt verrätst du mir doch, wer sie ist«, versuchte er sie zu überreden. »Irgendwo gibt es einen Zusammenhang, Pipa. Frag mich nicht, warum ich das weiß, aber ich weiß es.«

»Was? Meinst du etwa, sie ... *sie* hat Eddie umgebracht?«

»Nein, nein, nein; so direkt nicht. Aber sie hat was damit zu tun.«

Nanang Pipa schüttelte nur den Kopf und drückte ihr Taschentuch ein bißchen fester. »Wenn ich erst mal anfange, irgendwen an die Polizei zu verpfeifen, bin ich in San Clemente untendurch«, sagte sie nur. »Aber das bin ich vielleicht sowieso schon. Es war unser Loch. Wahrscheinlich werden sie uns vertreiben, weil wir sie ins Verderben gestürzt haben. Nicht genug, daß mein Mann tot ist, es wird außerdem beweisen, was für ein schlechter Mensch ich bin.« Tränen liefen ihr über die Wangen.

»Hör zu, Pipa. Ich bin nicht nur Polizist. Ich bin jemand, den du schon zwei Jahre kennst. Wir sind Freunde. Hoffe ich zumindest, denn du wirst bald alle Freunde brauchen, die du nur kriegen kannst. Kannst du dir vorstellen, was passiert, wenn die Zeitungen erfahren, was dem armen Eddie zugestoßen ist? Die werden wieder hier sein, noch bevor der Tag richtig begonnen hat. Plus, daß wir's jetzt auch noch mit einem leibhaftigen Senator zu tun haben, der an dem, was dein Klo werden sollte, ein persönliches Interesse hat. Hör zu«, sagte er ernst, streckte seinen Arm aus und nahm noch einmal ihre Hand, »sollte sich herausstellen, daß Eddie ermordet wurde – und es sieht ganz danach aus –, dann wirst du's mit der Polizei zu tun bekommen, ob du willst oder nicht. Ich kann zwar meine Beziehungen spielen lassen und dafür sorgen, daß ich auf den Fall angesetzt werde, aber wenn du mir nicht hilfst, kann ich wenig tun. Hier geht irgendwas vor, was eine ganz andere Dimension hat als nur dieses Loch in der Erde mit siebenhundert Jahre alten Knochen drin, und ich werde der Sache nachgehen. Vertrau mir, Pipa. Wer ist sie?«

»Ligaya Rosales«, erwiderte sie kleinlaut. Als er den Namen wiederholte, schaute sie auf und sah, daß er mit abwesendem Blick den Wandschmuck mit den kartenspielenden Hunden anstarrte. Sie hatte dieses Ding noch nie gemocht, merkte sie jetzt. Eddie hatte es eines Tages angeschleppt und behauptet, es sei von einem Stand auf dem Divisoria-Markt runtergefallen. Zugegeben, es verdeckte die Druckbuchstaben, die verrieten, daß das Sperrholz dahinter von auseinandergenommenen Teekisten stammte, aber sie hatte es trotzdem nie gemocht. Jeder sagte, wie niedlich es wäre, für sie aber waren Bulldoggen mit Augenklappen alles andere als niedlich. O Eddic, dachte sie, wozu das alles? Wozu nur? Sie versuchte sich ihn vorzustellen, wie er bis in alle Ewigkeit in himmlischer Herrlichkeit dasaß, glücklich, daß alles vorbei war, und glücklich, glücklich zu sein. Konnte er sie jetzt wohl sehen, fragte sie sich. Pater Bernabe hatte gesagt, das könne er, aber sie hatte da ihre Zweifel.

»Rosales? Diesen Namen kenne ich doch. Ja klar. Mein Gott, Pipa, ich glaube, das ist es.«

»Was?« fragte sie noch einmal, aber er antwortete nicht.

Er hatte recht gehabt mit den Reportern, denn noch vor Mittag waren dieselben alten Klatschkolumnisten wieder zur Stelle. Und als die schreckliche Nachricht über die Ursache von Eddies Tod durchsickerte, kamen sie alle – schlimmer als Leichenfledderer –, um sie darüber auszuquetschen, was für ein Gefühl es sei, die Frau eines Mannes zu sein, der im wahrsten Sinne vampirisiert worden war. Denn Rio Dingca zufolge hatten sie, als der Leichnam bei der Autopsie geöffnet worden war, absolut nichts gefunden. Rein gar nichts. Von der Zunge bis zum Rektum fehlten

Eddies innere Organe. Niemand hatte je etwas Vergleichbares gesehen.

»Wie …?« hatte sie mit versagender Stimme gefragt. »Wer …?«

»Ich weiß es nicht, aber ich werde es herausfinden«, hatte Dingca ihr versprochen und aus lauter Mitleid etwas hinzuerfunden. »Der Arzt hat gesagt, der Tod sei sofort eingetreten. Er hat nicht gelitten.«

»O mein Gott. Woher will der denn das wissen?«

»Wegen der Blutungsmuster«, improvisierte Dingca mit Bedacht. »Wenn das Herz sofort stehenbleibt, ist der Blutverlust geringer.« Eddies Herz war natürlich komplett verschwunden. Es war einfach so, daß Rio es ebenso fest selber glauben wie glaubhaft machen wollte, so wie er damals beschlossen hatte, dem Chirurgen zu glauben, der gesagt hatte, Babs wäre bereits tot gewesen, als sein Körper verstümmelt worden war. Die sterblichen Überreste von Edsel Tugos waren in der Tat erschöpfend obduziert und fotografiert worden, während sein Fall aufgenommen wurde. Anhand des Verlaufs der Risse und Frakturen in den zerfetzten Rudimenten seines Zwerchfells und der schweren Verletzungen der Mundhöhle schlossen die Experten, daß er auf eine völlig neuartige Methode ins Jenseits befördert worden war. Um ihm die Eingeweide aus dem Leib zu saugen, hatte man eine Art Hochleistungspumpe verwendet, die man normalerweise zum Freipumpen verstopfter Abflußrohre benutzt. Dabei hatte man sowohl eiskalte Technik als auch rohe Gewalt angewendet, um ihm einen übergroßen metallenen Stutzen so fest in den Mund zu rammen, daß es ihm die Kinnlade ausgerenkt hatte.

Nanang Pipa schaffte es, diese Einzelheiten tapfer aus ihren Gedanken zu verbannen, obwohl sämtliche Boulevardzeitungen schon bald in großen Lettern darüber berichteten. Im Barrio braute sich unterdessen langsam so etwas wie echte Hysterie zusammen. *Die Leute sagten …* Die Leute sagten, zu solch einer Tat sei kein menschliches Wesen fähig. Oder hatte man schon mal von einer völlig leergesaugten Leiche gehört? Die Leute sagten, das sei zweifellos ein *manananggal* gewesen. Sie sagten, der arme Eddie habe bestimmt keine Gespenster gesehen. Sie sagten, sie hätten früher von ähnlichen Fällen in Iloilo gehört, in Bohol, in Camarines, in Negros … Die Leute sagten, es sei ein Dämon, den die Chinesen zur Bewachung ihrer Toten auf dem Friedhof postiert hätten und der gekommen sei, um sich an Eddie und an allen anderen zu rächen, die Gräber verwüstet und Wasser und Strom gestohlen hätten. Die Leute sagten, Eddies Komplizen, vor allem Bats und Judge, wären die nächsten. Und tatsächlich wurden Bats und Judge dieser Tage nur selten außerhalb ihrer Behausungen angetroffen, in die sie sich, aschfahl und mit Kruzifixen hantierend, verkrochen hatten. Sagten die Leute.

Und je mehr die Leute sagten, desto besser gelang es Nanang Pipa, einen kühlen Kopf zu bewahren und zu fragen, wo sie das zuerst gehört hätten. Innerhalb weniger Tage hatte sich ihr Verdacht bestätigt, und sie setzte Rio Dingca davon in Kenntnis. Die gröbsten Gerüchte, die ungeheuerlichsten, von den Reportern der Boulevardpresse begierig aufgenommenen Warnungen stammten von Ligaya Rosales. Dingca war sehr daran gelegen, dieser Frau ein paar Fragen zu stellen, verpaßte sie aber stets und vermutete, daß sie sich irgendwo außerhalb des Barrio versteckt hielt. Eines Tages erwischten er und Benhur Daldal sie dank eines Informanten in einem *sari-sari*-Laden unten am Kapilang. Er erkannte sie sofort und verhaftete sie auf der Stelle, brachte sie, mit Handschellen an den Einstiegsgriff seines Jeeps gefesselt, zum 14. Revier, nahm ihre Personalien auf und steckte sie in eine Zelle. Später ging er wieder nach San Clemente und erzählte Nanang Pipa, daß nach Ligaya bereits gefahndet worden war, weil sie vor ein paar Monaten, bei einem Prozeß wegen versuchter Kindesentführung im Harrison Plaza, 5000 Pesos Kaution hatte sausen lassen, um sich aus dem Staub zu machen.

»Fünf*tausend*?« sagte Pipa. »Wer in aller Welt würde für Ligaya Rosales fünftausend Pesos bezahlen?«

»Wenn wir das wissen, werden wir wahrscheinlich noch viel mehr wissen«, sagte Dingca vorsichtig. Sie dachte, daß er es wahrscheinlich schon wußte, aber ihr Interesse an diesen Dingen nahm rasch ab. Ihr Leben und Denken wurde zunehmend von einem Gefühl radikaler Zerstörung und Beendigung bestimmt. Mit Pater Herreras Hilfe war es ihnen gelungen, eine Grabstätte für Eddie zu finden, ein ganzes Stück hinter dem chinesischen Friedhof in einem, wie ihr schien, trostlosen Niemandsland, und sie hatten ihn dort beerdigt. Pater Herrera hatte ihr geraten, sich keine Sorgen zu machen, da dieser Teil des Friedhofs bald neu hergerichtet und Eddies Grab dann in einer wesentlich besseren Umgebung liegen würde. Immerhin war es geweihte Erde und der angebotene Platz zu wertvoll, als daß man ihn hätte ausschlagen können. »Es ist der richtige Zeitpunkt«, sagte er. »In fünf Jahren wird Einäscherung wahrscheinlich obligatorisch sein.« Die Aussicht auf eine derart erschreckende Pietätlosigkeit fügte sich nahtlos in die ringsum anwachsende Bedrohung ein. Nachts dachte sie an Eddie, der im Schatten eines Tamarindenbaums unter seiner schlichten, in Zement geritzten Grabinschrift lag. Ihr war aufgefallen, daß ganz in der Nähe ein ziemlich pompöses Grab lag, mit einem mächtigen aufgeschlagenen Buch aus Marmor am Kopfende sowie einem Marmorkreuz, und ihr war klar, daß Eddies bescheidene letzte Ruhestätte mit so etwas kaum mithalten konnte. Andererseits gab es in unmittelbarer Nachbarschaft auch Gräber, deren Platten seitlich verschoben waren oder sogar vollständig fehlten.

Alles war unsicher; selbst der Boden, in den man die Toten bettete. »Mein armer Eddie«, flüsterte sie in die Dunkelheit hinein. »Mein armer, armer Mann.« Sie weinte sich in den Schlaf.

Mittlerweile wurde alles, was sie sah, von ihrem Unsicherheitsgefühl angesteckt: Haus, Familie, Geschäft, die Zukunft. Abgesehen von ihren Kindern, die ihr, so gut sie konnten, zur Seite standen (vor allem Boyong, der rührende Anstrengungen unternahm, sich den vom Vater geerbten Titel des Familienoberhaupts zu verdienen), gab es zwei Menschen, denen sich Nanang Pipa zu besonderem Dank verpflichtet fühlte. Der eine war Rio Dingca, der täglich mit kleinen Informationsbrocken vorbeikam, was viel dazu beitrug, den wilden, allseits sprießenden Gerüchten von übernatürlicher Rache entgegenzuwirken. Der andere – wer hätte das gedacht – war Gringo Lapad. Pipa hatte ihn nie als jemand betrachtet, den sie besonders gut kannte, zumindest lange nicht so gut wie seinen apathischen Bruder Bats. Für sie war er bloß einer von Eddies ungestümeren *barkadas*, der das Taxi fuhr, in dem so manches ihrer apokryphen Abenteuer stattgefunden hatte. Doch eines Abends hatte er dagestanden, stocknüchtern, mit vor Schmerz, Wut und Tränen blitzenden Augen und ihr einen Umschlag gereicht, in dem zweitausend Pesos steckten.

»Aber, Gringo«, begann sie.

»Nur 'n Unkostenbeitrag«, unterbrach er mit einer wegwerfenden Handbewegung. »Spenden meiner Fahrgäste. Ich hab Eddies Foto auf meinem Armaturenbrett, mit einem Rosenkranz und *sampagita*-Blumen drumherum, und alle fragen mich: ›Wer ist 'n das?‹, und ich sage: ›Das ist mein bester Freund, von dem Sie in den Zeitungen gelesen haben.‹ Und dann spenden sie. Ein paar Pesos hier, ein paar Pesos da. Das läppert sich zusammen, weißt du.«

»Ja, aber zwei*tausend*.«

»Na ja, manche geben ziemlich viel. Gestern, zum Beispiel, hatte ich 'n *Kano*, einen Touristen, der hat mir einfach seine Armbanduhr gegeben.«

Über die genauen Umstände, unter denen ein Tourist sich von seiner zweifellos wertvollen Armbanduhr trennt, wollte Nanang Pipa nichts wissen und ging nicht weiter darauf ein. Was zählte, war die gute Absicht, und die von Gringo unternommenen praktischen Schritte, ihren und seinen Kummer zu lindern, berührten sie tief. Das Geld kam gerade recht. Die Beerdigung hatte einiges gekostet, und während Rio Dingca darauf beharrte, sie solle anfangen, für Interviews von den Zeitungen Geld zu verlangen, hatten sich diese als bemerkenswert kleinlich erwiesen. Die Journalisten waren zwar groß darin, ihren männlichen Informanten Schnaps zu kaufen, da sie ihnen prompt beim Trinken helfen konnten. Einer Frau hingegen bares Geld zu geben ging ihnen gegen den Strich, zumal es jede Menge Clementeños gab, die den Reportern bereitwillig und kostenlos die tollsten Lügenmärchen auftischten, nur damit ihr Name in der Zeitung stand. Ein ganz besonders unsympathischer junger Typ namens Mozart Narciso hatte ihr zu verstehen gegeben, daß ihre Geschichte, was den Nachrichtenwert anging, Schnee von gestern sei.

»Lassen Sie mich mal vorlesen, was mir gerade jemand erzählt hat«, hatte er gesagt und in seinem Notizbuch geblättert. »Hier steht's. Hören Sie sich das mal an: ›Letzte Nacht kam ein Geisterbote zu mir, um mich zu warnen. Er stand gleich dort drüben neben der Tür, als wir beim Essen waren, keine sechs Fuß entfernt. Er hatte große weiße Flügel und ein langes Gewand, und seine Augen waren wie glühende Kohlen. Sie können jeden aus unserer Familie fragen. Wir wußten sofort, daß er ein Gottesbote war, weil er ein feuriges Kreuz auf der Brust hatte, und um den Kopf herum war so ein bläuliches Licht. Er sagte: ›Hütet euch, meine

Kinder, hütet euch. Eurem Barrio stehen schlimme Zeiten bevor. Es weilen Diebe unter euch, die die Toten bestehlen und die Ruhe jener Seelen stören, die mit mir im Paradies weilen. Durch ihre Taten haben sie die Dämonen aus der Grube der Verdammnis gerufen. Wir werden den Erzengel Michael vorbeischicken, um kurzen Prozeß mit ihnen zu machen, aber bevor das Gute triumphieren kann, muß die Generation der Missetäter hinweggefegt werden. Hier auf diesem Boden werden die Geisterheere aufgestellt. Wehe denen, deren Schatten dieses Land verdunkelt, wenn der Tag der Schlacht heraufdämmert.‹« Der Reporter klappte sein Notizbuch zu.

»Was für ein gottloser Quatsch!« hatte Nanang Pipa beherzt ausgerufen. »›Wir werden den Erzengel Michael vorbeischicken‹ – glauben Sie wirklich, ein Gottesbote würde so sprechen, Sie Dummkopf? Wie jemand vom Gesundheitsamt? ›Wir werden einen Kammerjäger vorbeischicken.‹ So ein Blödsinn! Ich kann mir schon vorstellen, von wem Sie das haben.«

»Ach ja?« erwiderte der Journalist sarkastisch, aber als leichtgläubiger Dussel abgefertigt zu werden hatte ihn offensichtlich getroffen, obwohl er dem Notierten ebenso wenig Glauben schenkte wie sie.

»Ich kann keine Einzelperson nennen, aber ich tippe auf die Familie Rosales.«

»Da tippen Sie falsch, meine Gnädigste«, sagte er, und beide wußten, daß er log.

»Manche Leute würden sonstwas erzählen, Hauptsache, der Peso rollt«, fuhr sie ärgerlich fort.

»Zum Beispiel, daß sie einen Vampir gesehen hätten?« konterte er brutal und ließ sie mit ihren Tränen der Wut und des Kummers allein.

Falls die Boulevardpresse jetzt alles dransetzte, sie zu schneiden, dann bestimmt aus kleinlicher Rache für ihre

Weigerung, sie ernstzunehmen oder überhaupt mit ihnen zu reden, und sie spürte, wie ihre Person zusehends in den Mittelpunkt des lokalen Interesses rückte und zur Zielscheibe von Verleumdungen und Getuschel wurde. Ihre einzige wirkliche Zuflucht war die Nähkooperative. Wenigstens das war eine solide Angelegenheit, die ihr ein Einkommen und einen Hoffnungsschimmer bot, den sie sich für die Zukunft bewahren wollte. Gleichwohl begannen auch hier Brüche erkennbar zu werden, die zu kitten ihre Autorität im Gegensatz zu früher nicht mehr ausreichte. Nicht, daß sie offen herausgefordert wurde, schließlich war die Gruppe demokratisch organisiert, und sie hatte einen Posten, von dem sie mit einfacher Stimmenmehrheit hätte abgewählt werden können. Aber es gab gewisse Anzeichen für neue Verbindungen, Andeutungen, daß inoffizielle Versammlungen ohne sie und woanders abgehalten wurden. Beweise hatte sie keine, aber sie hätte wetten mögen, daß beispielsweise im Haus von Dannys Mutter so allerhand ausgeheckt wurde. Danny, dieser widerliche kleine Callboy, der in Turnschuhen nach Hause getänzelt kam, die teurer waren als das Kleid, in dem Pipa geheiratet hatte, wackelte mit seinem Arsch lieber für die Touristen, als ihn für eine anständige Bildung auf die Schulbank zu drücken.

Sie haßte sich wegen ihrer Verbitterung; aber es schien, als sollten sich all ihre Befürchtungen, die sie mit niemandem teilte, unbarmherzig bestätigen. All das hatte seinen Ursprung in diesem einen verfluchten Moment vor ein paar Wochen, als sie einen neuen Stoffballen entrollte und tat, was sie immer getan hatte, nämlich prüfend dran zu riechen. Nicht nur, daß sie den Geruch von neuem Stoff mochte, sondern sie konnte anhand des Geruchs auch seine Qualität beurteilen, und vor allem, ob der Großhändler versuchte, einen übers Ohr zu hauen, indem er beim Acrylgehalt schwindelte. Acryl hatte einen schwachen, aber charakteristischen Eigengeruch. An diesem Morgen gelang es ihr wegen des ins Hausinnere dringenden Latrinengestanks nicht, richtig daran zu riechen, und eine plötzliche Gereiztheit überkam sie. Wurden geschäftliche Belange durch sanitäre Anlagen beeinträchtigt, mußten sanitäre Anlagen schleunigst verbessert werden. In diesem verdrießlichen Augenblick wurde die ganze Lawine in Bewegung gesetzt: Vampire, gräßliche Publicity, der Verlust des Ehemanns, gesellschaftliche Ächtung, alles. Sie war völlig entgeistert, weil sie für einen so kleinen Fehltritt dermaßen streng und ungerecht bestraft wurde, sofern die Buddelei für ein neues Klo überhaupt als Fehltritt bezeichnet werden konnte.

Man kann auf dieser Welt nicht gewinnen, sagte sie sich, während sie aus einem Fenster im ersten Stock blickte und lustlos an einem Arbeitshemd für Boyong nähte. Von unten drang die leise, in englischer Sprache geführte Unterhaltung zweier ausländischer Mädchen herauf, die damit beschäftigt waren, Eddies Entdeckung vollständig freizulegen. Zu gewinnen war nicht, auch wenn es mal eine kurze Zeit gab, in der es aussah, als *würde man* gewinnen – und vergessen, was man schon immer wußte, nämlich, daß sich die Dinge letztlich doch gegen einen richteten. Man beschloß einfach, sich selbst etwas vorzugaukeln und in einer Traumwelt zu leben, die normalerweise gerade mit der Sorte Idioten bevölkert war, mit der man nichts zu tun haben wollte: Hahnenkampfwettern und *jueteng*-Spielern, Lotteriesüchtigen und all den anderen, die auf der Jagd nach schmutzigem Geld das gute Geld verballerten. Ansonsten waren die Dinge, wie sie schon immer gewesen waren: eindeutig, sterblich, gnadenlos. Mit leerem Blick verfolgte sie zwei kleine Katzen, die sich in einem Autoreifen auf der Dachschräge eines Nachbarhauses balgten. Wie wenig verwurzelt die Dinge doch waren! Es war so leicht, kurz die Augen zu schließen und das, was einem haltbar und fest vorkam, platzen zu sehen wie eine

Seifenblase. Von einem Tag auf den anderen wurden Leute aus den Latschen und in ihre Gräber gekippt, und das war's. All diese Häuser hier, was bedeuteten sie? Solide waren sie nun wirklich nicht. Es gab nur den Himmel und die Erde und dazwischen eine Traumwelt, in der sich dürftige Dramen abspielten, nicht folgenschwerer als die auf- und abziehenden Wolken, die sich verschoben und neu formierten, Regen vergossen und sich auflösten. Spielte es wirklich eine Rolle, wer Eddie umgebracht hatte? Eddie war ein Opfer des Schicksals, dessen Agenten sich weder hier noch dort identifizieren ließen. Für die brutale Art, auf die er gestorben war, sollte man jemanden büßen lassen, gewiß; aber dazu würde es nicht kommen, das wußte sie. Ja, und was nun? In San Clemente konnten sie nicht bleiben, nicht mehr. Sie und ihre Familie würden wegziehen müssen. Sogar Freundschaften und Verbindungen, die bis vor kurzem noch solide erschienen, hatten sich schließlich als vorübergehend und wenig resistent gegen unchristlichen Aberglauben und böses Geschwätz erwiesen. All die Freunde von Eddie, die einander ewige Freundschaft geschworen hatten, die Bats und die Judges, die Petrings und die Billys – wo waren sie jetzt? Drückten sich aus lauter Angst vor übernatürlicher Rache zu Hause rum und erzählten bestimmt jedem, abgesehen von gelegentlichen Zechgelagen hätten sie mit Edsel Tugos nie wirklich etwas zu tun gehabt. Ein Judas, jeder einzelne von ihnen, dachte sie, auch wenn sie wußte, daß ihre Verdächtigung ohne stichhaltige Beweise war. Trotzdem – keiner von ihnen tat, was Gringo getan hatte, der sie besucht und ihr ein Geschenk gebracht hatte, das von Großzügigkeit und echter Zuneigung für Eddie zeugte. Bei diesem Gedanken füllten sich ihre Augen erneut mit Tränen.

Unten gingen die ächzend geäußerten Bemerkungen immer weiter. Obwohl englisch gesprochen wurde, verstand sie wenig. Eines der Mädchen sprach ein ausgezeichnetes Tagalog, ihre Kollegin hingegen überhaupt nicht. Es war auch ein fremder Mann dabei, der wesentlich älter war und gelegentlich vorbeikam und merkwürdige Fragen stellte. John Soundso. Er war höflich und hatte sie einmal gerührt, als er ihr Blumen mitbrachte; aber da er Ausländer war, hatte sie gar nicht gewußt, was die Blumen bedeuteten. Mit Eddie hatten sie nichts zu tun, denn für Trauer war es die falsche Sorte, für sie selber waren sie auch nicht, denn sie hatte nicht Geburtstag, für eine ihrer Töchter auch nicht, denn für Brautwerbung waren sie ebenfalls unpassend. Sie war perplex und leicht nervös, aber auf das bißchen mehr Klatsch der Nachbarn kam es jetzt auch nicht mehr an. Jedenfalls schien er keine unlauteren Absichten zu haben, und für einen Moment fragte sie sich, ob Gaylin ihm nicht gefallen könnte, jetzt, wo ihr kleines Problem gelöst worden war. Ein reicher ausländischer Ehemann … Aber nein; keine Träume mehr, kein weiterer Selbstbetrug. Höchste Zeit, sich aus der Kooperative herauszulösen, zu verkaufen und von hier zu verschwinden, auch wenn sie nicht wußte wohin. Und wer würde in San Clemente ein Haus kaufen wollen, nachdem sich herumgesprochen hatte, daß der Grundbesitzer der Fürst der Finsternis persönlich war?

Es war an einem dieser traurigen, grüblerischen Morgen, da sich Nanang Pipa an eine weitere Hilfsquelle erinnerte, die sie schon völlig vergessen hatte. Sie überlegte gründlich, bevor sie ihre zweite Novene an St. Jude in die Zeitung setzte, und beschloß, die Inbrunst ihres Flehens nicht durch materielle Wünsche zu verwässern. Statt dessen bat sie demütig um eine einzige Sache, in der Hoffnung, der Heilige Geist möge darüber informiert sein, daß ihr ursprüngliches Verbrechen nicht aus Habgier und Boshaftigkeit begangen worden war. Sie bat um Gerechtigkeit und wartete auf den achten Tag.

Kapitel 23 Die Ausgrabung war zunächst nur schleppend vorangegangen. Das Anwerben ortsansässiger Arbeitskräfte, um die wenige Fuß starke oberste Erdschicht abzutragen, hatte sich als unerwartet schwierig erwiesen, was auf die in San Clemente grassierende Angst zurückzuführen war. Die kräftigen jungen Männer hatten nur höflich gelächelt, den Kopf geschüttelt und waren einen Schritt zurückgewichen, als die Leute vom Philippine Heritage Museum ihnen Spaten in die Hand drücken wollten.

»Es gibt ein schönes Wort, das man in viktorianischer Zeit gern auf solche Leute angewendet hat«, bemerkte Ysabella, frustriert an Sharon gewandt. »Leider ist es inzwischen aus der Mode gekommen. Das Wort heißt ›schwunglos‹. Diesen Burschen hier mangelt es eindeutig an Schwung. Erzähl mir nicht, sie hätten es nicht nötig zu arbeiten.«

»Die haben Angst«, sagte Sharon. »Nachdem du gestern schon gegangen warst, kam Crispa vorbei und hat gerade mal fünf Minuten gebraucht, um dahinterzukommen. Sie kommt aus Marinduque, wie gut die Hälfte der Leute hier; einer Marinduqueña gegenüber konnten sie offener sein. Sie mögen es nicht, wenn ausgerechnet dort, wo sie wohnen, Gräber geöffnet werden. Außerdem gibt's alle möglichen anderen Dinge, die unter der Oberfläche brodeln.«

Ysabella blickte sich um, betrachtete die Hütten, den schmierigen Boden und die kleinen Kinder, die in Kleidern aus Reissäcken steckten und aus sicherer Entfernung mit ernsten Gesichtern zuschauten. Es stank nach frischem Kot. Es war schwer, sich eine Oberfläche vorzustellen, unter der überhaupt etwas brodeln konnte. Das hier schien weniger eine Gemeinde als vielmehr ein Lager zu sein. Das Museum hatte sich gezwungen gesehen, anderweitig Arbeitskräfte anzuheuern, und mit ihnen hatte man jetzt eine Fläche freigeräumt, die ungefähr ein Viertel so groß wie ein Tennisplatz war. Obwohl das wenig war, gerieten sie scharf an die umliegenden Hüttenwände.

»Die werden wir uns vom Hals schaffen«, sagte Senator Vicente mit wegwerfender Handbewegung. Bei der Publicity, die seine Anwesenheit mit sich brachte, war er zum eigentlichen Helden, Beschützer und Sprecher der Ausgrabungsstätte geworden.

»Das wäre voreilig, Senator«, entgegnete Sharon vorsichtig. »Bislang wissen wir überhaupt nicht, wie groß das hier ist. Kein Grund, die Leute unnötig umzusiedeln.«

»*Ich* bin sicher, daß es sehr groß ist«, erwiderte er. »Größer als Sta. Ana.«

Vor seinem geistigen Auge sieht er bestimmt eine Ausgrabungsstätte groß wie Pompeji, dachte Ysabella. Bislang hatten sie sechs kleine Skelette und dreiundvierzig Steingut- und Porzellangegenstände freigelegt, von denen nur fünf zerbrochen waren. Diese Ecke der Grabungsstätte war allem Anschein nach ein reiner Kinderfriedhof. Auf diesem Hügel hatte man sie unter Gras und Rotwildhufen verscharrt. Der Blick auf die Bucht und die Handelsniederlassung im Südwesten muß einst wunderschön gewesen sein. Sie konnte seine Aufregung und Ungeduld gut verstehen, freizulegen, was es nur freizulegen gab. Die Begeisterung, von der das gesamte Museumsteam ergriffen worden war, hatte auch sie angesteckt. Was hatte es zu bedeuten, daß sie bislang nur Kinder- und Kleinkindergräber gefunden hatten? Sie wußte, daß es auf diesen Inseln zwar unüblich war, Kinder gesondert zu bestatten, aber nicht unbekannt, und daß einige der Bergvölker im Inneren von Panay es immer noch so machten. Das jüngste und bekannteste Beispiel war Sta. Ana selbst, und Sta. Ana war auch der Grund, warum sie voller Tatendrang und in gespannter Erwartung tagaus, tagein von früh bis spät in San Clemente verbrachten. Denn in Sta. Ana war der Kinderfriedhof einem für Erwachsene angegliedert, und am Ende hatte sich gezeigt, daß das ganze Gebiet eine Siedlung gewesen war. Man hoffte sehr, daß sich San Clemente in den nächsten Tagen ebenfalls als Grabstätte am Ort einer Siedlung aus vorspanischer Zeit erweisen würde. Hie und da waren behelfsmäßige Planen befestigt, und zwischen den angrenzenden Hütten und einer einzelnen, zum Mast für einen Basketballring und diverse Fersehantennen umfunktionierten Palme waren Plastikplanen gespannt. In diesem vinylparfümierten Schatten arbeitete Ysabella mit ihrer Kelle still vor sich hin und hoffte mit jedem Bröckchen gelockerter Erde, diejenige zu sein, die das erste Stückchen Holzkohle, eine Austernschale, einen gekochten Hirschknochen oder sonstige Hinweise auf eine Müllkippe finden würde.

»Die schaffen wir uns vom Hals«, hatte Ben Vicente Sharon gegenüber mehrfach wiederholt. »Keine Sorge.« Er klopfte an die Sperrholzwand, auf deren Rückseite die zigarrenkauenden Hunde ihr endloses Kartenspiel spielten. Er redete mit den Museumsmitarbeitern, die leise »Yes, Sir, *opo*« erwiderten. Er kam zurück und fuhr fort: »Das ist wirklich ein Gottesgeschenk. Wenn wir hier in Manila überhaupt irgendeinen sozialen Fortschritt erreichen wollen, sind wir einfach gezwungen, Elendsquartiere wie dieses zu sanieren. Abgesehen davon, daß es ein Schandfleck und ein Gesundheitsrisiko ist, wäre es eine erstklassige Immobilie. Eine Entdeckung von dieser Bedeutung ist der triftigste Grund, es ein für allemal zu räumen und zu sanieren.« Er fing Sharons nicht gerade begeisterten Blick auf. »Sie wollen mir doch nicht erzählen, daß Sie finden, im ausgehenden zwanzigsten Jahrhundert sollten Menschen in einer Hauptstadt unter solchen Bedingungen leben?« Seine Geste schloß die nackten, im schmierigen Schlamm steckenden Kinderfüße, die zusammengeschusterten Wellblechhütten und die Abwassertümpel ein, über die Laufplanken gelegt waren. In ihrem Rücken konnte sie das lose, knarrende Gewicht des auf den Hügel gehäuften Barrios förmlich spüren, als würde es genügen, daß jemand ein paar Keile und Stützen losschlüge, um das Ganze in sich zusammenfallen und, einer stinkenden Schutthalde gleich, in den Abwasserkanal rutschen zu lassen.

»Weißt du, irgendwo hat er ja recht«, sagte Ysabella, nachdem der Senator auf die Uhr gesehen, seinem Fahrer ein Zeichen gegeben und sich entfernt hatte. »Das ist wirklich keine Art zu leben.«

»Prima«, sagte Sharon.

»Siehst du das etwa anders?«

»Ich sagte ›prima‹. Und dabei bleibe ich. Prima. Kannst du dir vorstellen, wie oft ich mir in den letzten sechs Jahren solche Argumente anhören mußte? Beinahe täglich? Wir Reichen sind doch bereits in dem Augenblick, in dem wir diese Länder betreten, kompromittiert. Die hohe Warte der Moral gibt es nicht, glaub mir, Yzzy. Nur ein endloses Für und Wider. Wenn die San Clemente dem Erdboden gleichmachen wollen, tun sie's auch. Prima.«

»Aber sie sagen den Leuten doch vorher Bescheid, daß sie gehen müssen, und bieten ihnen irgendwo anders etwas Besseres an?«

»Slumbewohnern? Klar, solange sich hier Reporter und Ausländer rumtreiben, wird man ihnen möglicherweise den gesetzlich vorgeschriebenen Monat oder so zubilligen und von einem Wohnungsbauprojekt weit draußen in Marikina reden. Wäre es nicht wegen uns, hätten sie ihre Säuberungsaktion gleich heute morgen gestartet, wenn ihnen danach gewesen wäre.«

»›Sie‹? Das sind letztlich auch wir, oder?«

»Nur indirekt. Dein Senator sagte doch selber, dies hier sei ein Gottesgeschenk. Was glaubst du, wie hinter den Kulissen um diesen Grund und Boden gefeilscht und geschachert wird? Immer dasselbe. Irgend jemand profitiert davon, daß ein archäologischer Fund die beste Rechtfertigung für eine Räumung ist. Und wenn sie dem Ganzen einen offiziellen Anstrich verpassen wollen, wird sich beim Gesundheitsamt schon eine handlungsbefugte Marionette finden lassen, die dieses Gelände zum sanitären Notstandsgebiet erklärt. Oder irgend jemand von der Polizei wird sagen, der Barrio sei eine berüchtigte Brutstätte für Kriminalität.«

»*Shabu*süchtige und so?« Ysabella war in letzter Zeit aufgefallen, daß sich ihre tägliche Dosis Zeitungslektüre in Form einer gewissen Vertrautheit mit der hiesigen Szene auszahlte. Aber ihr Gefühl erlitt Schiffbruch.

»Das ist doch wohl nicht dein Ernst«, sagte Sharon. »*Shabu?* Herrgott noch mal! Was glaubst du denn, mit was sich die ganzen Filmstars volldröhnen? Das ist die Lieblingsdroge der Reichen. Die Triaden haben es früher direkt aus Hongkong importiert, aber inzwischen haben sie ihre eigenen Labors im Land; was noch lange nicht heißt, daß sich die Leute *hier* so was leisten könnten. In San Clemente reicht es grad mal für Corex-Hustensaft und Bier zum Nachspülen. Und die Kids schnüffeln Rugby-Leim. *Shabu?* Wo denkst du hin!«

»Was zum Teufel auch immer«, entgegnete Ysabella ungehalten. »Verbrechen, sanitäre Anlagen, das kulturelle Erbe der Nation – unter welchem Namen es auch geschieht, es sind doch alles nur Worte, oder etwa nicht? Unterm Strich geht es um Räumung. Die Leute werden fortgeschafft und irgendwo außerhalb des Blickfelds der Öffentlichkeit abgeladen. Reinstes Luftverkehrsgesäusel, um Bürger im Besitz eines Flugtickets einzulullen.«

»Die Yzzy Bastiaan-Theorie des sozialen Infantilismus.«

Ysabella rückte dem Fundament von San Clemente erneut mit ihrer Kelle zu Leibe. Ich registriere die Dinge ja auch, dachte sie, aber ich will verdammt sein, wenn ich sie mir zu Herzen nehme. Mit neunundzwanzig wollte niemand als naiv entlarvt werden, schon gar nicht jemand so Versiertes wie sie. Das hatte man nun davon, wenn man sich Freunden und gesundem Menschenverstand zum Trotz an einen so beschissenen Ort wie Manila begab. Mit Gleichmut ließ sich nur so lange überleben, wie gestrandete Existenzen gesichtslos blieben. Sie gehörten einer völlig fremden Kultur an und hatten sicherlich eigene Methoden, den Ungerechtigkeiten zu trotzen, die diese Kultur ihnen bescherte. Warum sollte sie sie also mit ihrer britischen Sensibilität bedenken? Jeder hat sein Päckchen zu tragen und so weiter. Die Indienreise, die sie und Hugh vergangenes Jahr unternommen hatten, hatte ihre Ansichten vollauf bestätigt. Dort machten die Leute ihre eigenen Kinder mit rotglühenden Nadeln zu Blinden, zertrümmerten die Gliedmaßen ihrer Kleinsten und rieben Dreck in die offenen Wunden. Wenn Kinder für Bettler Werkzeuge waren wie Schraubenschlüssel für einen Mechaniker, wozu sollte man ihnen dann überhaupt einen Namen geben? Die Reise war aus verschiedenen Gründen nicht besonders erfreulich verlaufen, auch wegen Hugh und seiner Ashrams. Sie hatte Indien mit einem akuten Anfall von Fremdenfeindlichkeit verlassen. An der Spitze ihrer Kelle schimmerte zwischen den Erdklumpen etwas Blauweißes. Ganz behutsam begann sie, die Erde abzubürsten. Die Menschen werden einander immer fremder, dachte sie in momentaner Selbstvergessenheit, und als sie die Umrisse eines *ching-pai*-Bootes erkannte, steigerte sich ihre Erregung. Und wenn nicht, täten sie gut daran. Sie hatte es jetzt in ganzer Länge freigelegt, die Steuerbordseite steckte noch in der Erde, aber man erkannte die weißschimmernden Säulen einer kleinen Kabine. Mit Hilfe ihrer Kamelhaarbürste legte sie mehr und mehr Einzelheiten frei. Die kobaltblauen Tupfen glänzten wie Edelsteine. Für einen Augenblick schien sich die ganze Welt auf dieses etwa fünfzehn Zentimeter lange zerbrechliche Stück Porzellan am Boden eines Lochs in den Tropen zu konzentrieren. Sie wünschte sich nur, daß der unbekannte Chinese, der siebenhundert Jahre und tausend Meilen entfernt neben seinem Brennofen den Pinsel geschwungen hatte, hätte ahnen können, welch unendliches Vergnügen er eines Tages bereitete, als seine Farbe im Licht einer fernen Zukunft erstrahlte. Zweifellos war es das, was den großen Reiz dieser Ausgrabung ausmachte. Letzten Endes ging es ausschließlich um ästhetisches Vergnügen und neutrale Information. Die archäologische Erforschung von Gesellschaften ohne schriftliche Überlieferung erfolgte zwangsläufig wertfrei. Ohne Überlieferung gab es keine Ungerechtigkeiten, weder Ganoven noch Helden. Nur Skelette, namenlose Tote. Es ließen sich keine moralischen Urteile fällen, höchstens Schätzungen über Sterblichkeitsraten, Handelsverbindungen, Häufigkeit von Kariesbefall oder den Brauch des Fuß- und Schädelabbindens anstellen. Welch abscheuliches Unrecht diese Kinder auch bis ins Grab begleitet haben mochte, es war längst von der massenhaften Vergebung durch Vernichtung verschlungen worden.

Senator Ben Vicente kam fast täglich, um sich von den Ausgrabungsfortschritten zu überzeugen. Manchmal brachte er auch Liezel und Woopsy mit, und einmal kam er mit seinem wettergegerbten Bruder Doy, dem Gouverneur von Magubat, Hüter der Vergangenheitszeugen seiner Provinz und Motor der Entwicklung. Die beiden Männer schlenderten umher, und mal der eine, mal der andere bedachte San Clementes durchhängende Blechdächer und schiefe Türpfosten mit dieser typisch besitzergreifenden Handbewegung. Zu Ysabellas Unbehagen hatte Ben seinen Umgang mit ihr intensiviert. Er benahm sich zwar nach wie vor anständig und respektvoll, setzte aber seit neuestem ihre Zustimmung zu all seinen Ansichten und sogar zu allen möglichen Zukunftsprojekten voraus. Er betrachtete sie als ein Ehrenmitglied seiner Familie, und sie fühlte sich von seinem Übermaß an Selbstvertrauen mitgerissen. Es konnte überhaupt nichts schaden, einflußreiche Freunde zu haben, dachte sie. Bei einem Rombesuch war es durchaus hilfreich, Cäsar vorgestellt zu werden, wie Sharon es einmal angedeutet hatte. Gleichwohl hatte ihre Erinnerung an ihren Besuch auf Cäsars Privateiland etwas Beunruhigendes, als würde sie sich durch ihre Erinnerung an nichts als die Stimmung vor einer bestimmten Erkenntnis drükken. Vielleicht hatte es mit der mitleiderregenden Internierung des massigen Boyboy oder den polierten und fischschuppenbesetzten Waden seines Gefängniswärters zu tun, der im langen Schatten der unbarmherzigen Güte seines Herrn seinen Pflichten nachging. Und, wie leicht auch immer, der äußerste Rand dieses Schattens fiel auch auf sie, machte den ihres Vaters noch dunkler, von der Vergangenheit ihrer Mutter ganz zu schweigen. Als wäre sie unwissentlich kompromittiert worden, lange bevor sie überhaupt einen Fuß in sein Reich gesetzt und nachts das verzweifelte Weinen mitbekommen hatte. Allerdings mußte sie (wie sie sich einschärfte) mit ihrem eigenen Leben fertig werden und konnte sich nicht leisten, Zeit mit Nachdenken über Dinge zu verschwenden, die sie sowieso nicht ändern konnte. Ben blieb ein Verbündeter, wie man ihn an so einem Ort dringend brauchte, und vom archäologischen Standpunkt betrachtet, hatte sich seine Schirmherrschaft über die Ausgrabungsstätte schon jetzt als unschätzbar erwiesen. Die Sicherheitsvorkehrungen waren gut; niemand hatte etwas gestohlen, noch war das Ergebnis durch die Wildwestmethoden der Trophäenjäger verfälscht worden. Der Wert einer solchen Fürsprache war nicht zu unterschätzen, und das Philippine Heritage Museum konnte wirklich von Glück sagen.

Unter all den städtischen Würdenträgern, den hohen Tieren und neugierigen Gaffern, die ständig vorbeikamen, um zu sehen, was in Manilas spektakulärstem Slum passierte, war auch ein verschrobener Engländer, mit dem Ysabella instinktiv nicht warm geworden war. Hochgewachsen, mit spärlichem Haarwuchs und um die Fünfundvierzig, war er für sie die Verkörperung einer Graham Greene-Figur: bekümmert, ausgelaugt und von jetzt bis zur finalen Landung weitgehend auf Autopilot.

»Ich glaube, das ist ein Landsmann von dir«, bemerkte Sharon anzüglich, nachdem sie seine Bemühungen mitbekommen hatte, Mrs. Tugos auszufragen, die in ihrer Hintertür stand und traurig den Fortgang der Grabungsarbeiten verfolgte. Zu Sharons Entzücken hatte Ysabella erwartungsgemäß reagiert.

»Würde mich nicht wundern«, hatte sie schroff und ohne von ihrer Arbeit aufzublicken erwidert. »Hier läuft schließlich alles mögliche rum.«

Also war Sharon aus der Grube geklettert, hatte sich vorgestellt und auf Ysabellas Sonnenhut verwiesen, unter dem sich eine Landsmännin verberge. Auch er hatte sie nicht enttäuscht.

»Ah«, sagte er ohne jede Neugier, bevor er, nicht ohne einen Anflug von Verdruß, wieder ging.

Sharon war nie dahintergekommen, warum bestimmte Engländer es so haßten, einander im Ausland zu begegnen. War auch das Teil ihres verwirrenden Klassenkomplexes? Fast schien es, als fühlten sie sich von einer Demaskierung oder dem Verlust ihrer eingebildeten Exklusivität bedroht. Sie fragte sich sogar, ob sie England nicht primär deshalb verlassen hatten, um einander zu entkommen. Dieser hier kam trotzdem nach ein oder zwei Tagen wieder, stellte alle möglichen Fragen zum Barrio und zeigte ein bemerkenswert geringes Interesse an Archäologie. Zuerst hatte Sharon ihn für einen Journalisten gehalten, er hingegen behauptete, an irgendeiner Dissertation zu arbeiten. Er war bereits seit etwa neun Monaten im Land und schien eine ganze Reihe von Leuten zu kennen.

»Pah«, sagte Ysabella eines Tages. »Ich kenne diese Sorte. Zwar nicht persönlich«, fügte sie, was Sharon wiederum amüsierte, rasch hinzu, »aber diese Vertreter Marke abgehalfterte Altlinke. Ein Ex-Fernsehmann? John Prideaux? Ganz vage; nur den Namen. War früher mal 'ne große Nummer, mußt du wissen. Diese ganze Fragerei heute morgen, was die Einheimischen deiner Meinung nach unter ›Korruption‹ und ›Fatalismus‹ und dergleichen verstehen: Der Mann ist vor lauter *Verständnis* so verkommen, daß er nicht mal jemanden als korrupt bezeichnen und es dabei belassen kann. Meine Mutter kennt solche Leute. Die können sich einfach nicht verständlich ausdrücken. Alles bleibt in der Schwebe und wird durch ihre endlosen Definitionsprobleme furchtbar mühsam. Ich meine, wer hat denn Zeit für so was? Das macht ihn so ältlich. Freundlicher kann ich's nicht sagen.«

»Er arbeitet an einer Doktorarbeit, Yzzy. Er ist Anthropologe und will herausfinden, wie dieses Land funktioniert. Er hat Crispa neulich genau dieselben Fragen gestellt. Und ich habe ihn gebeten, Bescheid zu geben, falls er auf irgendwelche Antworten stößt. Glauben Sie ja nicht, ich würde mir diese Fragen nicht auch selber stellen, hab ich gesagt.«

»Wie, zu Korruption und Fatalismus?« Aber Ysabella hörte sich viel bissiger an, als sie in Wirklichkeit war, denn schließlich machte sie Prideaux mit Ben bekannt, der nichts mehr liebte, als sich über den Charakter seiner Landsleute auszulassen. Alles wäre schön und gut, wäre der Mann fünfundzwanzig gewesen. Oder vielleicht auch nicht schön und gut, aber wenigstens nachvollziehbar. Was war das für ein Mensch, der im vorgerückten Alter immer noch durch die Welt streifte und dumme Schülerfragen stellte? Ihre Arbeit (dachte Ysabella und trug die genaue Position eines Steingutschüsselchens in ihren Plan ein und kontrollierte es nochmals mit dem Zentimetermaß) war wenigstens praktisch und greifbar und förderte Dinge zu Tage, von denen niemand ahnte, daß sie überhaupt existierten. Am Ende des Arbeitstags konnte man auf ein Regal mit aufgereihten Gefäßen zeigen, auf Skelette und Steinwerkzeuge, Münzen, Scherben und Glasperlen. Es war wesentlich einfacher, Fragen an die Toten zu richten. Die redeten zwar nicht viel, aber das wenige, was sie verrieten, konnte man mit einem Mikroskop oder einem Fluoroskop untersuchen; konnte die Thermolumineszenz ermitteln, winzige Proben chromatographieren und mit Hilfe der Radiokarbonmethode datieren. Die Lebenden hingegen bestanden aus lauter Absichten und Beweggründen, ließen Konkretes vermissen und belogen und betrogen sich ständig selbst. Sie lebten in ihren Träumen und verfolgten ihre persönlichen Ziele, selbst wenn sie Geschäfte abschlossen und öffentliche Erklärungen abgaben, von denen sie hinterher nichts mehr wissen wollten. Hughs Beteuerungen beispielsweise hatte sie als leeres Geschwätz entlarvt. Wenn sie jetzt darüber nachdachte, gab es an diesem Prideaux etwas, das sie entfernt an Hugh erinnerte: eine gewisse Weggetretenheit, als stünde ein Teil von ihm immer ein wenig abseits, blickte in eine andere Richtung und wäre in Gedanken ganz woanders. Wo so was hinführte, sah man ja. Dieser Prideaux war ein abschreckendes Beispiel, das Hugh wirklich sehen sollte, bevor es zu spät war. Zugegeben, ein Teil von Hughs Problem war, daß er zuviel Geld hatte, aber das weitaus größere Problem war sein mangelnder Ehrgeiz. Seine spezielle Art elitärer Intelligenz und Sensibilität mündete leicht in masochistisches Gestöhne über die Vergänglichkeit und erzeugte eine resignative Trägheit. Ihrer Ansicht nach – und nach gebührendem Kopfzerbrechen im rauhen Exil – hatte das mit Nachdenklichkeit nicht das geringste zu tun. Es war im Grunde wenig bewundernswert, sondern zeugte eher von Unentschlossenheit und einer extremen Unfähigkeit, Entscheidungen zu treffen und zu ihnen zu stehen. Beide waren eher ängstliche Typen, stellte sie fest; und sollte sie diesen verblaßten Stern Prideaux noch öfter zu Gesicht bekommen, würde sie es ihm früher oder später auch sagen. Auch wenn es Sharon amüsierte, ihr schien es angemessen, einen Studenten mittleren Alters als infantil zu bezeichnen.

Und die Sonne brannte erbarmungslos vom Himmel und knallte auf die straffgespannten Plastikbahnen, unter denen sie täglich gewissenhaft und konzentriert in Levis-Imitat und mit chinesischer Cartier-Armbanduhr hockte. Kamen Enten an den Grabenrand gewatschelt, krähten Hähne oder zwitscherten die Spatzen in den staubigen Wedeln der einsamen Palme, fiel es ihr leicht, sich in Gedanken aufs Land zu versetzen. Nur wenn sie die Ohren spitzte, sickerte das Gedröhn der Großstadt ein wie steigendes Grundwasser, das die nächste Flut ankündigt. Aus den Hütten in der Nähe drang eine Kakophonie aus Radio- und Fernsehprogrammen: knatternde Maschinengewehrsalven und schluchzende Frauen, Waschmittel- und Fast food-Werbung in verschiedenen Sprachen. Geräusche einer betriebsam gelebten fremden Kultur. Wie fremd die war, konnte man an den Leuten ablesen, die kamen und stundenlang auf dem Grabenrand saßen, um ihr und ihren Kollegen bei der Arbeit zuzuschauen, als ob Begriffe wie Zeit und Langeweile keinerlei Bedeutung hätten. Aber das befremdlichste war eine scheußlich entstellte Gestalt in zerlumpter Armeekleidung, die eines Tages plötzlich dastand, als sie den Kopf hob. Der Mann hatte schweigend zugesehen, etwas unsicher auf den Beinen wegen seiner Krankheit, und dann in erschreckend deutlichem Amerikanisch gesagt: »Ich schätze, Sie sind auf die Zukunft gestoßen«, bevor er sich schwankend davonmachte und sie, sprachlos vor Entsetzen, Mitgefühl und Überraschung, mit einem kleinen ockerfarbenen Totenschädel in der Hand zurückließ. Das war alles sehr viel interessanter als South Kensington, wie sie es in einem Brief an ihre Mutter formulierte. Sie konnte immer noch nicht ganz glauben, daß ihr Vater tatsächlich hier gestorben war, in dieser Luft, unter dieser Sonne, von diesen Leuten umgeben.

Kapitel 24 Unmittelbar nach seinem ersten Besuch in San Clemente hatte Vic Agusan eine Art Denkzettel verfaßt, der einen leichtfertigen Redakteur erst mal zum Überlegen bewegen sollte, bevor er das nächste Mal einen Chefreporter losschickte, um irgendwelchen Hirngespinsten nachzujagen. »Geister und Pulverdampf« überschrieben, machte er deutlich, daß diese von den Revolverblättern so geliebten Vampirgeschichten immer eine Funktion hatten und stets zum passenden Zeitpunkt auftauchten. Geistererscheinungen hatten wirklich etwas von Pulverdampf nach einem Schuß, aber wenn der Schuß in einer Obdachlosensiedlung gefallen war, in der es vor geheimen Machenschaften nur so brodelte, konnten nur die Bewohner sagen, wer da am Drücker gewesen und wo die Kugel eingeschlagen war. Hin und wieder (wie im Fall des Miriam Defensor-*manananggal* vor den Präsidentschaftswahlen 1982 in Tondo) konnte man davon ausgehen, daß mehr als nur Kommunalpolitik zur Debatte stand. Es war zweifellos ein Beispiel dafür, wie man ein altes volkstümliches Genre in einer geschickt eingefädelten Rufmordkampagne einsetzt. Miriam war tot; lang lebe Dascha … Dieser gegenwärtige Vampir in San Clemente (schloß Vics Kolumne) wird eine ebenso kalkulierte Erfindung sein, aber es ist höchst unwahrscheinlich, daß wir, die allgemeine Öffentlichkeit, jemals die wahren Absichten ergründen werden. Obwohl sie nicht zu beseitigen und allgegenwärtig sind, befinden sich Elendsviertel in einer sozialen Zwischenwelt, mal sichtbar und mal nicht, je nachdem, wie man hinschaut. Stadtplaner und gastierende Päpste können sie überhaupt nicht sehen, während die Polizei häufig nichts anderes zu sehen bekommt. Wenig verwunderlich, daß die meisten Leser über eine Subkultur und ihre Strömungen in einem schwärenden, hinter Betonmauern versteckten Barrio nicht das geringste wissen.

Dieser Artikel wurde wohlwollend aufgenommen, da auf die übliche Auflistung polizeilicher Missetaten verzichtet worden war, und Vic hatte einen Tag des Lobes genossen, hatte es sogar zu einer redaktionellen Notiz im *Philippine Daily Inquirer* gebracht, der die Kolumne als »eine willkommene Brise Agusanierung« pries. Wenn er es zugelassen hatte, daß sich eine gewisse Überheblichkeit in seinen Stil einschlich, dann zweifellos nur als ein Mittel, um seinen Chefredakteur Bong öffentlich zu tadeln. Da die Geschichte offenbar sehr kurzlebig war, wollte er sagen, und nichts als ein weiterer *ningas kugon* einer normalen Jahresbilanz, sollten wir uns beeilen, zum seriösen Enthüllungsjournalismus zurückzukehren.

Die Reue folgte auf dem Fuß. Als sei sie Teil eines raffinierten Plans, seinen Ruf zu zerstören, hatte sich die Nachricht von dem archäologischen Fund in San Clemente wie ein Lauffeuer verbreitet, dicht gefolgt von der von Eddie Tugos' entsetzlichem und aufsehenerregendem Ende. Vic haßte die Demütigung durch Ereignisse und unternahm alles, den Schaden zu beheben. Bong wiederum nutzte jede Gelegenheit, die *Chronicle*-Mitarbeiter darauf hinzuweisen, wie wichtig es für einen Redakteur sei, eine Nase für die richtige Story zu haben. War er nicht stets überzeugt gewesen, der Vampir von San Clemente hätte etwas Vic Agusan-Würdiges, auch nachdem sich beides scheinbar als falsch erwiesen hatte? Aber er wußte ganz genau, daß Vic noch ein As im Ärmel hatte. Aus dem Fall war inzwischen eine Ermittlung wegen Mordes geworden, und er war soeben ein Arbeitsbündnis mit dem zuständigen Polizeiinspektor eingegangen.

»Wenn es mich bislang persönlich nichts anging, dann tut es das verdammt noch mal jetzt«, sagte Dingca. »Ich kannte den armen Eddie, und so ein Ende hat er bestimmt nicht verdient.«

Sie standen an der Stelle, wo man den Leichnam gefunden hatte. Am Fuß der Mauer hatte jemand ein kleines weißes Holzkreuz aufgestellt und mit Bleistift »Edsel Tugos« und das Datum draufgeschrieben.

»Gehen wir«, drängte Vic. »Ich möchte nicht so oft mit dir gesehen werden. Die anderen Reporter könnten sonst denken, wir hätten einen Exklusivvertrag.«

Also schlüpften sie durch das Loch in der Mauer und stiegen hinauf bis zum Zaun hinter dem Tan-Mausoleum.

»Stimmt. Und ich habe da einen Übereifrigen von der NBI-Mordkommission, der jeden Moment mit weiteren Autopsie-Einzelheiten aufwarten muß. Ich bin dagegen, diesen Typen auch nur die geringste Chance zur Einmischung zu geben. Dies ist mein Fall und mein Revier. Wenn die mitbekommen, daß ich mich mit Leuten von der Presse herumtreibe, statt San Clemente mit Lupe und Spurensicherungsset zu durchforsten, knöpfen sie sich meinen Chef vor.«

»Was für Einzelheiten?«

»Am Telefon hat er nicht viel gesagt. Irgendwas von wegen Phosphor-Bronzespuren in Eddies Mund. Ich nehme an vom Stutzen dieser verdammten Maschine. Von mir aus soll sich der NBI die Zähne daran ausbeißen, wenn es ihm Spaß macht: Die haben das Labor. Aber ich bin hinter der Person her, die angeordnet hat, Eddie die Eingeweide auszusaugen«, er warf einen kurzen Blick auf den Totenbunker, »und mir ist völlig egal, ob sie zuhört oder nicht.«

»Du bist also immer noch überzeugt?«

»Darauf kannst du Gift nehmen.«

»Sagt dir das deine Bullennase? Ich habe mir meine Journalistennase wegen dieses Slums bereits ausgerenkt.«

»Keine Sorge, die renkt sich wieder ein, bevor diese Sache abgeschlossen ist. Bist du an der Immobilienfront irgendwie weitergekommen?«

»Habe meine üblichen Quellen angezapft – das Rathaus, Stadtverwaltung. Das ganze Gebiet ist ein einziger Misthaufen. Soweit ich übersehen kann, ist es eine Ansammlung kleinster Parzellen von Eigentümergesellschaften, bis hinauf nach Kalookan. Wollte man das näher untersuchen und sämtliche Unterlagen durchsehen, würde das Monate dauern. Im Sommer 1989 gab es einen Laden namens Trax Tracts, der als treuhänderischer Eigentümer dieses Bodens im Grundbuch eingetragen war. Jedenfalls ist das das Datum des Eintrags. Die Direktoren klingen allesamt wie Pinoys und geben Geschäftsadressen in Oceanside, Kalifornien, an. Ich weiß nicht, ob sie immer noch die nominalen Inhaber sind, denn die betreffenden Unterlagen werden gerade, ich zitiere, *auf den neusten Stand gebracht.*«

»Ich bin nicht scharf auf diesen juristischen Kram, Eigentumsübertragung oder was immer das sein soll«, antwortete Dingca.

»Das sind Geschäfte mit Drittbeteiligung, stimmt's? Eine dritte Partei sitzt so lange auf der Landbesitzurkunde, bis bestimmte Bedingungen erfüllt sind und die ganze Sache auf den Konzessionär übertragen wird.«

»Und auf welchen Namen sind diese Urkunden ausgestellt?«

»Irgendwas wie Varvispo.«

»Hört sich an, als würden Bischöfe mitmischen«, bemerkte Dingca scharfsinnig. »Wird wahrscheinlich vom Vatikan aus gesteuert.«

»Paß bloß auf, daß deine Verschwörungstheorien nicht mit dir durchgehen. Die gefürchtete Hand des Vatikans ist eine der Lieblingserklärungen meiner Kollegen für so ungefähr alles, von undichten Kondomen bis hin zu Wahlergebnissen. Varvispo ist zur Zeit ungefähr Nummer vierhundertachtzehn auf der Liste der Firmen, die als wahrscheinliche Nutznießer von Darlehen, die auf Marcos' Geheiß gewährt wurden, zu prüfen sind. Varvispo wird beschuldigt, 207 Millionen Pesos Steuergelder ohne irgendwelche Sicherheiten kassiert zu haben. Da das Komitee nach fünfwöchiger Untersuchung bei Firma Nummer sechsundvierzig angekommen ist und die Amnestie in drei Wochen in Kraft tritt, würde ich sagen, daß Varvispo fein raus ist. Unser Problem ist, daß der Ausschuß alle Unterlagen beschlagnahmt hat. Ich finde gerade heraus, wie ich ein paar Leute unter Druck setzen kann, nur kann das dauern. Aber es gibt noch einen anderen Weg. Ich habe einen *pipit* bei der Steuerbehörde, der schon mal singt, wenn ich ihm ordentlich die Eier kraule. Der könnte es schaffen, uns die Namensliste des Varvispo-Direktoriums zu besorgen, aber ich bezweifle, daß er uns irgendwelche finanziellen Details liefern kann.«

Dingca bedachte Vic, der als Mitverschwörer Zugriff auf eine völlig neue Informantengruppe hatte, mit einem anerkennenden Blick. »Die Finanzverwaltung ist eine gute Quelle«, sagte er. »Einem Cop wie mir würden die in ihrer Kantine nicht mal 'ne Coca verkaufen. Diese Verbindung ist wichtig für uns.«

»Keine Sorge. Das kriegen wir schon hin.«

Das stellte sich als zutreffend, aber als so einfach zu bewerkstelligen heraus, daß es schon fast enttäuschend war. Etwa zehn Tage nach Eddies Beerdigung, als die ersten San Clementeños völlig erledigt ihre Hütten demontierten und freiwillig woanders hinzogen, tauchte wie aus dem Nichts ein weltgewandter Anwalt namens Melvin Go-Bustamante auf und gab eine Erklärung ab. Das tat er seinen Worten zufolge, um jegliche Zweifel am Recht des Philippine Heritage Museum auszuräumen, seine Grabungsstätte zur Nationalen Fundstätte zu erheben. Als Sprecher des zukünftigen Landbesitzers, der Tango Multiplex Corporation, erklärte er, daß es absolut keinen Interessenskonflikt gebe und das Recht des Museums auf Grabungen außer Frage stehe.

»Ich darf betonen, daß die TMC diese wunderbare Entdeckung lebhaft begrüßt«, sagte Melvin Go-Bustamante, während seine randlose Brille nur so blitzte. Die Lampen durchleuchteten sein hauchdünnes *barong Tagalog* und enthüllten einen durchtrainierten athletischen Körper, der an die Gestähltheit eines 79er-Harvard-Law-School-Absolventen erinnerte. »In der Vergangenheit waren derlei Funde bei Landbesitzern unbeliebt, weil dadurch ihr Recht auf umfassende Nutzung ihres Eigentums beschnitten wurde. Die TMC distanziert sich von einer derart starren Haltung, weil sie glaubt, daß eine archäologische Grabungsstätte von dieser Bedeutung und Seltenheit schon eine Errungenschaft an sich ist und auch für die Landesgeschichte eine unschätzbare Rolle spielt. Ab sofort beantragt die TMC die Baugenehmigung, um aus dem historischen San Clemente ein überdachtes Einkaufszentrum mit einem Laden- und Bürokomplex rund um die Grabungsstätte zu machen, die dauerhaft durch ein klimatisiertes Atrium geschützt wird. Wir sind überzeugt, die Menschen in diesem Teil der Stadt werden eine solche Entwicklung willkommen heißen. Natürlich hat es auch positive Auswirkungen auf den Tourismus, die hiesige Wirtschaft und die Beschäftigungsrate und verhilft somit einem sanierungsbedürftigen Gebiet zu mehr Wohlstand. Und ist ein solches Projekt erst abgeschlossen, wirkt es sich zwangsläufig günstig auf die hygienischen Verhältnisse aus. Und schließlich wird es dazu beitragen, auf den angrenzenden Friedhöfen, die gegenwärtig ständigem Vandalismus, Diebstahl und anderen Ungeheuerlichkeiten ausgesetzt sind, wieder Ruhe und Frieden einkehren zu lassen.«

»Unfaßbar«, sagte Dingca an diesem Abend zu Vic. Sie hatten sich an einem neutralen Ort verabredet, in einer schummrigen Bar in einer Seitenstraße der Pedro Gil, die keiner von beiden kannte.

»Oder doch?«

»Ich meinte, unfaßbar, wieviel Ärger er uns erspart hat. Tango, was? Tan-Go. Go-Bustamante.«

»Ach so«, bemerkte Vic wegwerfend. »Sicher. Trotzdem gibt's der alten Lettie noch einen Mord anzuhängen, und ich bezweifle, daß wir da viel weitergekommen sind. Solltest du zufällig die Mordwaffe finden, gehst du wahrscheinlich nicht davon aus, auch noch ihre Fingerabdrücke auf dem Drücker zu finden? Glaubst du etwa, sie hätten Eddie festgehalten, ihm den Saugrohrstutzen in den Mund gerammt und die Shabu-Queen hätte den Schalter betätigt und zugeguckt, wie seine Lungen und Eingeweide als roter Schaum die Röhre hochschossen? Rio, ich mache mir Sorgen um dich. Rio gegen den Rest der Welt. Irgendwann wird es aufhören, einfach nur irgendein Job zu sein, und sich in Dingcas letzten Fall verwandeln ... Oder nicht?«

Der Polizist trank schweigend sein Bier, steckte dann einen kräftigen Zeigefinger in das Schüsselchen mit gesalzenen Erdnüssen und stocherte geistesabwesend darin herum. »Könnte schon sein«, sagte er schließlich. »Es ist doch sinnlos, weiterzumachen bis zum Herzinfarkt. Ich hätte schon verdient, mich ein paar Jahre lang nicht täglich so durchkämpfen zu müssen. Vielleicht ein paar kleine Geschäfte zu machen, meine Bowlingkünste zu verbessern, mit meiner Familie zu sprechen.«

»Jetzt sprichst du nicht mit ihnen?«

»Nur aus dem Mundwinkel, wie meine Frau immer sagt. Das ist doch kein Leben, vor allem wenn man bedenkt, wie viele Jahre einem noch bleiben.«

»Was dich betrifft, nicht mehr viele, wenn du nicht aufhörst, dich unbedingt mit den Tans anlegen zu wollen. Wieso läßt du nicht einfach die Finger davon, Rio? Sie ist doch nur eine von vielen. Vergiß nicht, wieviel es von dieser Sorte gibt.«

»Ich will sie trotzdem«, murmelte er nur. »Ich will sie wegen Babs und wegen Eddie. Und ich will sie, weil sie die Queen of Shabu ist, und schon bald werde ich sie für das wollen, was sie acht- oder neunhundert Menschen hier in diesem Barrio antun will. Anständigen Menschen, wie Eddies Frau und seinen Kindern.«

»Wer ist Babs?« fragte Vic plötzlich.

»Irgendwer. Und du mit deinen guten Ratschlägen, was hast *du* vor? Für dich ist das ja doch nur eine neue Vic Agusan-Story, stimmt's?«

»Mehr oder weniger schon. Ganz banal ausgedrückt, habe ich nicht irgendwelche Leute auf meiner Abschußliste, weil ich nämlich keine Waffe habe und diesen Beruf nicht ausübe, um alte Fehden auszutragen. Mein Job ist, Beweismaterial zu beschaffen, zu präsentieren und zu sagen: ›Jetzt seid ihr dran, meine Herren. Schnappt sie euch.‹ Ich werde nicht dafür bezahlt, meine Mitbürger in den Knast zu befördern. In diesem Spiel darf man das Gespür für Proportionen nicht verlieren. Einige deiner Kollegen haben wirklich verdammt schlechte Manieren, Rio, aber wie wir wissen, wird die Richtung von oben diktiert, nicht wahr? Es sind die Einflußreichen und Politiker, die dieses System zu verantworten haben, und nicht eine lächerlich unterbezahlte und chaotisch organisierte Polizei. Es treibt mir die Tränen in die Augen, wenn du genau hinsiehst. Was diesen speziellen Fall betrifft, kann ich dir sagen, wie ich weiter verfahren will. Ich werde die Geschichte der zwangsvertriebenen Slumbewohner weidlich ausschlachten, da sie grundlegende Menschenrechtsfragen aufwirft. So was hat einen durchschlagenden Effekt, vor allem auf die Tränendrüsen. Bilder von todunglücklichen Menschen, mit weinenden Kindern und ihren Siebensachen von einer Müllhalde der Stadt zur anderen geschubst, erzeugen bei jedem Unbehagen. Sollte es uns außerdem gelingen, einen Beweis zu liefern, der Lettie Tan eindeutig mit dem TMC-Unternehmen in Verbindung bringt, wäre das das Beste, was uns passieren kann. Dann könnte ich andere Töne anschlagen und polemische Kolumnen verfassen, in denen es heißt, ›Wer zum Teufel läßt es zu, daß die sogenannte Queen of Shabu San Clemente im Namen des nationalen Erbes und moralischer Besserung saniert? Was ist das für ein abgekartetes Spiel? Wie kann es angehen, daß eine Frau von derart zweifelhaftem Ruf achthundertsoundsoviele unserer wehrlosesten Mitbürger auf die Straße setzen kann, ohne daß von oben auch nur die leisesten Töne einer Verteidigung laut werden?‹ Blah, blah. Anschließend können wir ganz beiläufig darauf hinweisen, daß bereits ein Mord geschehen ist, bei dem alles auf den Vorsatz hindeutet, die Bewohner einzuschüchtern und zur Flucht zu veranlassen, noch bevor es zu Räumungsklagen und anderen gerichtlichen Schritten kommt. Ein gekonnter Schachzug, oder? Wäre man selbst Slumbewohner, würde man so was entweder als grobe weltliche Bedrohung oder bösen Fingerzeig finsterer Mächte auslegen. Wie setzt man sich gegen so was zur Wehr, wenn man bettelarm ist, ohne rechtlichen Anspruch auf den Boden, auf dem man wohnt? Ich denke, unabhängig vom weiteren Verlauf können wir aus der Sache durchaus eine große Geschichte machen. Der San-Clem-Skandal. Das bedeutet jede Menge persönlicher Geschichten, Interviews mit Leuten wie deiner Freundin Frau Tugos, nachdem sie erst mal auf die Straße gesetzt worden sind, lauter tolle Sachen. Nicht zu vergessen, daß außerdem ein gefügiger Senator mitmischt, der die Verkommenheit seiner Kaste verkörpert. Der wartet einfach ab und hängt sein Fähnchen entsprechend in den Wind. Ich habe seine Telefonnummer. Ich denke, ich fange gleich morgen an, ihn mit Menschenrechtsfragen zu konfrontieren. Wir könnten Vicente ganz schön zum Schwitzen bringen, wenn wir ihn als Trophäensammler und Geschäftemacher enttarnen, während er gerade in einem Heer obdachlos gemachter Familien steht. Ja! So was gefällt mir«, sagte Vic wie zu sich selbst und machte ein paar Notizen auf einer Papierserviette. »Plus – hast du mitbekommen, daß er anscheinend irgendwas mit einer dieser amerikanischen Miezen hat? Englisch, amerikanisch, was immer. Eine heiße Braut, wenn du mich fragst.« Er machte eine weitere Notiz. »Das könnte sein wunder Punkt sein … Das wären unsere Möglichkeiten, Rio. Aber um auf Nummer sicher zu gehen und einen Volltreffer zu landen, müssen wir immer noch beweisen, daß im Hintergrund unsere Lettie höchstpersönlich mit gnadenloser Hand die Geschicke lenkt.«

Diese Hand würde zwei Wochen später enthüllt, allerdings auf unvorstellbar bizarre Weise. Gewiß hatte es nichts mit Dingcas und Agusans Spürnasen zu tun, obwohl Vic wieder einmal ganze Tage damit zugebracht hatte, Firmenunterlagen zu durchforsten, Informanten zu bearbeiten und mit Darlehensempfängern zu telefonieren. Am Ende war für ihn zweifelsfrei erwiesen, daß das San Clemente-Projekt ein weiterer Baustein in Lettie Tans wachsendem Machtgefüge war – was er allerdings nicht schriftlich beweisen konnte. Auch Dingca kam mit seinem Mord nicht weiter. Was ihn nicht überraschte. Dies war genau so ein Fall, der zu den Akten gelegt würde, wenn überhaupt. Mit Eddies Killern würde wie mit Bauernopfern geschachert werden, sollte je ein bekannter Name in Verlegenheit geraten. Im Barrio gab man sich natürlich schweigsam. San Clemente war finster, die Leute verschlossen und empört. Dort, wo Familien fortgezogen waren, und von ihren Hütten mitgenommen hatten, was zu retten sich lohnte, taten sich zwischen den Behausungen die ersten Lükken auf. Die Häufchen rostigen Blechs und Reste zerbröselnder Zementbausteine hatte kaum jemand angerührt. Restholz wurde zum Verfeuern genutzt, aber sonst kaum etwas. Niemandem in San Clemente war nach Bauen zumute.

Auf Rios Drängen gehörte auch Nanang Pipa zu den Fliehenden. Sie und ihre Familie hatten vorübergehend Unterschlupf bei entfernten Verwandten in Baclaran gefunden. Er war betrübt und erleichtert zugleich, als er sie ziehen sah, und hatte dafür gesorgt, daß Benhur Daldal das Haus bewachte, während sie mehrere Gänge unternahmen, um ihren Besitz wegzuschaffen, darunter zwei Nähmaschinen und mehrere Stoffballen, die nicht der Kooperative gehörten. Boyong und ein paar Freunde hatten bereits mit der Demontage des Hauses begonnen, als Pipa zum letzten Mal aus ihrer Tür trat, um einen Augenblick draußen stehenzubleiben und sich traurig umzublicken.

Warum haben wir uns nie klargemacht, wie schnell alles vorbei sein kann? fragte sie sich zum soundsovielten Mal. Gerade Slumbewohner wußten besser als alle anderen, daß nichts für die Ewigkeit war; obwohl es in ruhigeren Perioden immer wieder diese hirnrissigen Illusionen von Stabilität und einem geordneten Familienleben gab, bei dem mehr herauskäme als diese Rattenexistenz. Vor knapp einem Monat liefen die Geschäfte noch gut, war Eddie noch Eddie, und sie hatten inmitten von Freunden und Nachbarn gelebt. Und jetzt ... Sie blickte auf die Plastikplanen, die sich in der leichten Brise blähten, und auf die Fremden, die dort konzentriert weitergruben, wo kürzlich noch das Gemeinschaftsklo gewesen war. Tja, St. Jude, dachte sie.

Dingca kam herüber und zog eine Visitenkarte hervor, die er ihr verlegen reichte. Auf einer Seite war die Revieradresse und auf der anderen seine private.

»Das ist nicht gerade viel, Pipa«, sagte er, »aber für alle Fälle; na ja, du weißt schon.«

»Du bist wenigstens ein Mann, Rio«, sagte sie zu ihm. »Was man von so einigen hier im Barrio nicht gerade behaupten kann.« Ihr fiel eine Träne auf den Daumen. Sie steckte die Karte ein. Beide wußten, daß sie niemals davon

Gebrauch machen würde, aber auch, daß das Angebot in diesem Augenblick absolut aufrichtig war. Auch Bündnisse waren nicht von Dauer.

»Geh nicht einfach so weg«, insistierte er. »Wir können dich zwar nicht festhalten, aber es gibt da noch einen ungelösten Mordfall. Als könntest du das vergessen.« In seinen Augen sah sie ziemlich erledigt aus. Kaum zu glauben, daß dies die Frau sein sollte, die neulich noch eine florierende Nähkooperative zusammengehalten und bei so mancher Gelegenheit ihren Mann und seine nichtsnutzige Bande zum Arbeiten abkommandiert hatte. »Irgend jemand wird dafür büßen«, sagte er und nickte kurz.

»Riskier nicht dein Leben, Rio. Das ist es nicht wert.« Sie ging in Begleitung von Jinky, die ein rosa Köfferchen auf dem Kopf balancierte. Hinter ihnen quietschten Nägel, die ihr Sohn herauszog.

Am späten Nachmittag kroch eine Planierraupe die Zufahrtsstraße zum Friedhof hinauf und hinterließ im Teerbelag zwei Streifen parallel verlaufender weißlicher Narben. Das dumpfe Motorengedröhn verhallte irgendwo oben auf dem Friedhof, und gleich darauf kam der Fahrer pfeifend wieder herunterspaziert. Bats Lapad, der seine Angst vor dem Übernatürlichen weitgehend überwunden und sich mit seinen Leibwächtern Judge und Billy aus dem Haus getraut hatte, um Gin zu kaufen, hielt ihn an. Der Fahrer, ein unbekümmerter Bursche, kam aus Maypajo, Navotas.

»Das ist mir egal, wo du herkommst«, sagte Bats mit ernster Stimme. »Was hast du mit der Raupe vor?«

»Ich hab sie da nur geparkt«, sagte der Fahrer. »Wir fangen erst nach dem Wochenende an zu arbeiten. Die Redace-Baugesellschaft. Die haben den Auftrag, das hintere Friedhofsgelände zu sanieren. Eine finstere Gegend da oben, was? Dies ist also das berühmte San Clemente? Hab vorsichtshalber mein Kruzifix mitgebracht«, spottete er und zog aus seinem T-Shirt-Ausschnitt eine ganze Amulett-Sammlung und ein Kreuz hervor und ließ sie vor Bats' Nase baumeln. »Wie geht's denn den Vampiren so? Flattern die immer noch rum?«

»Glaubst du etwa an solchen Scheiß?« fragte Bats ihn verächtlich. »Hör mal, bist du sicher, daß du auf dem Friedhof arbeiten wirst?«

»Na klar. Da oben müssen vier Hektar planiert werden. Montag geht's los. Wieso? Was soll ich 'n da sonst machen?«

»Schon gut«, sagte Bats, und er und die anderen wandten sich zum Gehen. »War bloß 'ne Frage.« Mit dem Gin sollte der Überraschungsbesuch von Bruder Gringo gefeiert werden, der mit seinem Melody Cab eine inoffizielle Pause eingelegt hatte, um Nanang Pipa zu besuchen, und sich aufregte, weil sie schon weg und ihr Haus teilweise auseinandergenommen war.

Die Friedhofspolizei bestätigte die Aussage des Planierraupenfahrers. Gleichwohl ging von der unschuldig auf dem Friedhofshügel geparkten gelben Planierraupe eine Bedrohung aus, die unmittelbar den gesamten Barrio erfaßte. Es schien, als witterten die San Clementeños in der auffrischenden Brise den Geruch von Diesel und Hydraulikflüssigkeit, so wie ein alter Büffel als erstes den Schlachthof hinter dem Marktplatz wittert, wenn er per Lkw von den Reisfeldern in die Stadt befördert wird. Seit Tagen schon hatten Vic Agusan und Rio Dingca eine steigende Spannung registriert. Gelegentlich wurden kurze, bösartige Streitigkeiten ausgetragen, die man hören, aber nicht sehen konnte. Aus dem Hüttenlabyrinth drangen zornige Stimmen, und in den getrockneten, von vielen Füßen modellierten Schlamm sickerte frisches Blut. Vic und Rio hatten Verstärkung angefordert. Beide waren überzeugt, daß es unprofessionell wäre, San Clemente sich selbst zu überlassen, hatten aber keine Lust, ihre Tage in solch öder Umgebung zu verbringen, geschweige denn, dort Überstunden zu machen. Als an diesem Abend die Planierraupe nahte, waren sie eher zufällig da, hatten unabhängig voneinander noch einmal vorbeigeschaut, bevor sie Feierabend machen und zu ihren Familien fahren wollten. Sie waren gerade dabei zu gehen, als im oberen Teil des Barrios Feuer ausbrach. Es war schon fast dunkel, und man konnte sehen, wie der vom Friedhof herunterblasende Ostwind die über den Dächern emporzüngelnden Flammen anfachte. Schreie und lautes Rufen trieb die Bewohner, Topfdeckel schlagend, aus ihren Behausungen. Dingca eilte über den Kapilang, um von einem der Läden mit Telefon die Feuerwehr zu verständigen. Vic schnappte sich aus dem Sarottimobil rasch eine Kamera und lief zum Friedhof hinauf und zu dem Punkt am Tan-Mausoleum, wo er der Feuersbrunst am nächsten war.

Unter den dichtgedrängten, meist aus Holz bestehenden Gebäuden breitete sich das Feuer in Windeseile aus. Bei seinem Eintreffen strahlte die Lücke in der Mauer bereits als unregelmäßiges, leuchtend orangefarbenes V, während die Flammen in unmittelbarer Nähe hoch genug schlugen, um die überhängenden Bäume anzusengen. Als Vic einen Augenblick heftig schnaufend innehielt, ging über ihm, knatternd wie chinesische Knallkörper, ein ganzes Büschel Laub in Flammen auf, und um ihn herum begann es winzige blaue, flammenspuckende Harztropfen zu regnen. Er wich zurück, doch der übrige Baum wollte scheinbar nicht brennen, und als die Blätter auf einer Seite verbrannt waren, erloschen die Flammen. San Clemente hingegen schien für eine rasche Verbrennung geradezu prädestiniert. Von seinem Aussichtspunkt konnte er oben im Barrio dunkle Stellen sehen, die das Feuer noch nicht erreicht hatte, aber noch während er hinsah, züngelten auch dort vereinzelte Flammen empor, als liefen sie Zickzacklinien aus Schwarzpulver ab.

Das hochschlagende Feuer beleuchtete mittlerweile die Unterseite einer sich verdichtenden Rauchwolke, die über dem Barrio aufquoll und sprühende Funkenwirbel mit sich zog. Das Röhren lodernder Gase und die scharfen Explosionsgeräusche der Bleche, die sich in der Hitze dehnten und von ihren Nägeln sprangen, erzeugten einen Höllenlärm. Hin und wieder erklang ein dumpfer Knall, als würden Kerosinflaschen explodieren, und für einen Augenblick öffnete eine pralle dunkelrote Knospe ihre individuelle Blüte über dem ringsum prasselnden und hell leuchtenden Flammenmeer. Das gewaltige Getöse übertönte die Ankunft von einem halben Dutzend Männer, die plötzlich in Vics Nähe auftauchten und in beschwerlichem Trab ein paar Eimer schleppten, aus denen Wasser schwappte. Sie hatten nackte Oberkörper, und als sie sich dem Loch in der Mauer näherten, ihre Tragjoche abwarfen und ihre paar Liter Wasser in das Inferno schleuderten, schimmerte ihnen der Schweiß auf Brust und Bäuchen, als wären sie für einen ausweglosen Nahkampf eingefettet. Schließlich ließen sie, verzweifelt und erschöpft vom langen Lauf bergauf, ihre Eimer fallen und zogen sich dorthin zurück, wo Vic stand.

»Nichts mehr zu retten«, sagte einer von ihnen, dessen Augen orangerot glitzerten.

»Sind alle draußen?«

»Wer weiß. Man muß zusehn, daß die eigene Familie draußen ist, und kann nur hoffen, daß die andern es genauso machen.«

»Es gab mal 'ne Zeit«, sagte ein anderer, »da gab es genau hier Wasser aus unserm eigenen Steigrohr. Bis dieser *intsik*-Vampir es entfernt hat. Zur Hölle mit ihm.«

Im allgemeinen Geräusch ging das entfernte Jaulen einer Feuerwehrsirene fast unter. Die am nächsten stehenden Wellblechhütten brachen unterdessen zusammen, schiefe

Silhouetten, die mit einem plötzlichen Ruck umfielen und hier und da ein oder zwei Pfosten stehenließen, von denen die Flammen loderten.

»Weiß jemand, wie das losgegangen ist?«

»Feindeinwirkung«, meldete sich eine Stimme. Sie drehten sich um und sahen eine phantastische Gestalt, die sich wie ein verrückter Heiliger auf einen langen Stab stützte. Das vom Feuer beschienene Gesicht war abscheulich, eine platzende Melone, die unter einer Mähne aus Strippen und Blättern glänzte. »Es ist immer Feindeinwirkung. Vor allem, wenn's auf der eigenen Seite passiert.« Vic hätte diese Theorie mit journalistischem Eifer weiterverfolgt, aber in diesem Augenblick war von weit hinter ihnen ein unerwartetes Geräusch zu hören. Irgendwo in den finsteren Tiefen des Friedhofs wurde ein schwerer Motor gestartet. »*Oy, pare!*« sagte die Gestalt hoch befriedigt wie zu sich selbst. »Gerade hab ich dem jungen Gringo dort oben etwas auf die Sprünge geholfen: Wie man eine Planierraupe kurzschließt. Es gibt nichts Nützliches, das ein Ranger nicht weiß.«

Aus der Richtung des Geräuschs tauchten in der Dunkelkeit immer wieder Lichter auf, die Scheinwerfer eines Gefährts, das sich schwerfällig durch Bäume und hinter Gräbern vorwärtsbewegte; sie erschienen und verschwanden wieder und wurden stetig heller. Das Geräusch des Motors war zu einem kreischenden Brüllen angewachsen, als würde bis zum Anschlag Gas gegeben. Es kam immer näher, und bald war klar, daß es sich nicht strikt an den Fahrweg hielt, sondern willkürlich abbog, zwischen den zierlichen Grabstätten Abkürzungen nahm, durch Unterholz pflügte und wahllos Sockelplatten rasierte.

»Mit etwas Übung kriegt er das schon hin«, bemerkte der Melonenkopf, als ein kleinerer Baum zu Boden ging und die Mauerkrone eines Grabmals herunterriß. In der Ferne war ein Backsteinregen zu hören. »Wär' nicht schlecht, wenn er den Planierschild mal runterlassen würde. Dann könnte er sehen, wohin er fährt.«

Als hätte der Mann auf der Planierraupe das gehört und endlich den richtigen Hebel erwischt, polterte die riesige Schaufel mit lautem Knall auf den Boden, und der Motor schnaubte, als sie anfing, einen Brecher aus Erde und Gestrüpp aufzuhäufen, der sich auf dem Stahlblatt emporschob, während der Kamm bröckelte und sich erneut aufschichtete. Dann hob sich die Schaufel ein Stück, die Erde rutschte herunter, und das schwere Fahrzeug rumpelte über die selbsterzeugte Welle und drehte sich mit einem Ruck den Betrachtern zu. Nicht einmal jetzt konnte sich Vic einen Vers auf seine Ankunft machen. Die Raupe war keine zwanzig Meter mehr entfernt, als er endlich den Fahrer erkennen konnte. Die hoch über den heranrumpelnden Tonnen Metall hockende Gestalt wirkte drahtig und winzig, und ihr Verhalten stand in krassem Widerspruch zum ungerührten Vorrücken des Fahrzeugs. Als wäre sie das Opfer einer dämonischen Besessenheit, sprang sie immer wieder auf, nahm beide Hände vom Steuerhebel und ballte sie über dem Kopf zu Fäusten. Selbst über das Röhren der zwölf Zylinder hinweg drangen Geräusche wilden Gelächters und laut geschriener Worte an Vics Ohr – triumphierend, eigensinnig, ja sogar fröhlich. Und so kreuzten sich Gringos und Vic Agusans Wege für denkwürdige dreißig Sekunden, frontal beleuchtet von den San Clemente zerstörenden Flammen, die der gebogene Spiegel der Raupenschaufel herausfordernd zurückwarf. Seinem journalistischen Instinkt gehorchend schoß Vic *flack-flack-flack* eine ganze Gringo-Fotoserie, die die beiden unsterblich machen würde. Erst als sich die gigantische Maschine fast auf seiner Höhe befand, realisierte er die eiskalte Absicht dieser Vergnügungsfahrt. Er sah, wie der aufrecht stehende Gringo ein lautes Geheul ausstieß und zwecks letzter Kurskorrektur beide Fäuste auf den rechten Bremshebel fallen ließ. Der Rumpf der Planierraupe zuckte, und sie schwenkte gehorsam herum. Vic glaubte, die gebrüllten Worte »Okay, Eddie-Boy! Tod den Chinesen!« gehört zu haben, als das Gerät die letzten Meter hügelabwärts rumpelte und mit Karacho in die prunkvolle Fassade des Tan-Mausoleums donnerte.

Unter der Zuckerbäckerstukkatur war offenbar Stahl und Beton, denn der Fahrer, der mit beiden Händen die Kabinenstreben umklammerte, wurde vom Aufprall nach vorn geschleudert. Der protestierende Motor lief jetzt langsamer, wurde fast abgewürgt, und aus dem Auspuff schossen trotzige schwarze Gase, bis irgend etwas im Inneren des Gebäudes nachgab. Im grellen Feuerschein sah Vic, wie das Grabmahl bebte und plötzlich von Rissen durchzogen war, bevor es zerbrach und sich als Kaskade aus blaßweißem Mauerwerk über den Kabinenkorb der Planierraupe ergoß und sie für einen Moment unsichtbar machte. Eine riesige Staubwolke quoll hervor und wirbelte zwischen den immer noch glimmenden Zweigen des Baums über ihm empor. Tief aus den Trümmern der Ruine waren gedämpfter Motorenlärm und das Geräusch von Ketten zu vernehmen, und gleich darauf wälzte sich die in gefährliche Schräglage gekippte Raupe auf der anderen Seite heraus. Mit einem Ruck richtete sie sich auf, und von ihren Flanken rieselten Mörtelbrocken. Irgendwie stand Gringo immer noch an seinen Hebeln, sagte aber nichts mehr. Er war von Kopf bis Fuß mit dickem Staub bedeckt und völlig weiß geworden. Wie ein Gipsgespenst, ohne die geringste Anstrengung zu unternehmen, sich in Sicherheit zu bringen, steuerte er die Maschine die Böschung hinunter durch die Mauer aus Betonelementen und mitten hinein in San Clementes loderndes Herz. Die Zuschauer sahen seine Umrisse vor dem Feuer, eine unversehens schwarze Gestalt auf einer schwarzen Maschine, heroisch und verklärt im Augenblick seiner Opferung. Dann wandte er sich kurz um und sank in sich zusammen. Als die hydraulischen Leitungen durchschmorten, fiel der Planierschild, die Raupe ruckte ein wenig zur Seite, bis es den Motor endgültig abwürgte. Kurz darauf platzten die Treibstofftanks, und zig Liter brennenden Dieselbenzins blähten sich zu einem prunkvollen Baldachin aus Gold, Purpur und Silber, einer wallenden, kunstvoll verzierten Pferdedecke von großer Pracht, die sich schließlich als schimmernde Tapisserie zu Füßen einer nicht identifizierbaren Ikone niederließ.

»Hast einen weiten Weg vor dir, Gringo«, flüsterte die Gestalt auf englisch aus den Schatten heraus. »Einen weiten Weg, mein Junge.«

Als er sich wieder umdrehte, sah Vic, wie der Mann mit dem Stumpf seiner rechten Hand einen militärischen Gruß in die Luft malte. »Wer zum Teufel sind Sie?« fragte er. »Und wer zum Teufel war *das?«*

»Ich?« sagte die Gestalt, immer noch auf englisch. »Gott wird's wissen. Was ich bin, Mann, ist kurz.«

»Kurz?«

»Verdammt kurz. Sind Sie 'n Journalist? Also, wenn Sie einen Knüller wollen, befolgen Sie den Rat eines alten Lauschers und sehen sich das Chaos dort drüben mal aus der Nähe an. Ich wette, der selige Gringo hat Ihnen ein Geschenk dagelassen.« Sein Handstumpf zeigte auf den Schutthaufen, zu dem der Tansche Familienstolz geworden war. »Vielleicht finden Sie sogar die Kronjuwelen der Königin.«

Vic ging neugierig, um sich die Sache anzusehen. Mauerstücke umstanden in bedrohlicher Schieflage ein Loch von nicht abzuschätzender Tiefe; offensichtlich eine Art Keller, in den eine der Raupenketten eingebrochen war. Es war eine Treppe zu sehen, deren oberste Stufen zermalmt und gerillt waren. Ohne sie, sah er, wäre das schwere Gefährt direkt abgestürzt. Er starrte hinab, konnte aber nichts erkennen; die abklingenden Feuer von San Clemente und der lodernde Scheiterhaufen dieses Gringo warfen zuviel irritierende Lichter. Er suchte die Umgebung nach dem verrückten, auf seinen Stab gestützten Melonenkopf ab, der aber war nicht mehr da, sondern schien von den dunklen Bäumen jenseits des Feuerscheins wie verschluckt. Etwas erschrocken ging Vic die Straße zurück. Nachdem er solange ins Feuer gestarrt hatte, fühlte sich sein Gesicht gebacken wie ein Ziegelstein an; die Nachtluft auf seinen Wangen war fast kalt. Als er sein Auto erreichte, kramte er unter dem Fahrersitz eine Taschenlampe hervor. Unten an der Straße stand eine Gruppe Polizisten bei einem Feuerwehrauto. Zu ihren Füßen schlängelte sich ein Leinenschlauch von einem Hydranten auf der anderen Seite des Kapilang in den brennenden Barrio. Selbst auf diese Entfernung erkannte er Dingcas hochgewachsene Gestalt und lief hinunter. Rio war schmutzig, Gesicht und Arme rußverschmiert. Um eine Hand war ein Taschentuch gewickelt.

»Weiß man schon was über Todesopfer?« fragte ihn Vic.

»Bislang noch nicht. Wahrscheinlich aber nicht so viele. Zum Schlafen war es viel zu früh. Allerdings kann man Herrera definitiv zu den *dedbols* zählen.«

»Wer ist Herrera?«

»Art Gemeindepfarrer. Was für ein tapferer Mensch. Er hat versucht, ein paar Kinder aus einem Haus zu retten, und das Haus ist über ihm zusammengestürzt. Hinterher hat sich herausgestellt, daß die Kinder bereits in Sicherheit waren. Aber wer um alles in der Welt war der Mann auf der Raupe? Konnte der sich retten?«

»Hat's gar nicht erst versucht. Ich hab's beobachtet. Der wollte es wissen.«

»Und wer war das?«

»Einer von denen da oben nannte ihn Gringo.«

»*Susmaryosep*. Der Bruder von Bats Lapad«, erklärte Dingca seinem Kollegen. »Diese Nummer sah wirklich nach Gringo aus. Was wollte er damit bezwecken?«

»Am besten sehen wir's uns mal an«, sagte Vic. »Er hat Letties Grab zu Klump gefahren. Ich hab eine Taschenlampe, und meine Journalistennase juckt wie verrückt.«

Dingca und ein paar andere Beamte machten sich mit ihm auf den Weg hügelan, woraus zu schließen war, daß sie hier unten wenig ausrichten konnten inmitten der bedauernswerten Menschen, die stumm zusahen, wie ihre ehemaligen Behausungen abbrannten. Als Vic sich nochmals umsah, fiel sein Blick kurz auf die Palme, was nur möglich war, weil die dazwischenliegenden Hütten bereits zusammengestürzt waren. Die Palme stand noch und reckte ihre unversehrte Krone hoch über die Flammen. Er kam gerade rechtzeitig, um mitzubekommen, wie es die ersten Löcher in die an ihrem Stamm befestigten Plastikbahnen schmolz. Wie Teigbahnen rissen sie langsam auf und fielen in das Ausgrabungsloch.

Als sie beim Mausoleum ankamen, schüttelte Dingca den Kopf. »Was denn, das hat der alte Gringo gemacht?« In seiner Stimme schwangen echte Zuneigung und Bewunderung.

»Und wie. Und hat dabei gelacht wie ein Verrückter.« Vic leuchtete mit seiner Taschenlampe in die Tiefe. Die Wasserleitung war geplatzt, und aus einem Rohr strömte das Wasser. Zentimeterhoch tanzte es bereits schwarz auf dem Kellerboden, aber das war es nicht, was die Aufmerksamkeit der Männer erregte. Unter den Gegenständen, die ihr neugieriger Blick vom allgemeinen Schutt zu trennen begann, befand sich eine Vakuumpumpe auf Rädern, wie man sie zum Freipumpen von Abwasserrohren benutzt, sowie stapelweise Kartons, aus deren aufgerissenen Seiten unzählige Plastikpäckchen mit etwas, das Zucker hätte sein können, langsam ins Wasser glitten. Langes Schweigen setzte ein, und dann drehte sich Dingca um und streckte eine mächtige Pranke aus, die der Journalist ergriff. Rios Augen glitzerten im Schein der Flammen. Er sah aus wie ein Mann, der endlich seinen Beruf an den Nagel hängen kann.

»Volltreffer, kann man da nur sagen«, sagte Vic. *Flack-flack-flack.*

Kapitel 25

Wenn Feldforschung später schriftlich ausgewertet, lesbar und kohärent gemacht wird, nimmt sie häufig die Züge einer Erzählung an. Einer seltsamen Art von Erzählung allerdings, in der die Handlung aus wenig mehr als dem Schauplatz besteht und das gesamte Interesse auf die akribisch untersuchten Einzelheiten gerichtet ist. Damit ähnelt sie in gewisser Weise Pornographie. Ihre Protagonisten haben keine Persönlichkeit, sondern repräsentieren ihre Spezies, ihr Geschlecht und ihre Altersgruppe. Es ist eine Sicht der Dinge, die naturgemäß zum Standbild tendiert. In der resultierenden Arbeit wirkt das massive Aufzählen sozialer Bräuche, Gewohnheiten und Überzeugungen recht merkwürdig. Niemand könnte behaupten, das sei falsch, aber auch nicht das Gegenteil. Es schließt jede Belanglosigkeit aus, die lauen, lustlosen Tage, die unfixierbar und ohne jede Entdeckung verstreichen. An solchen Tagen bewegen sich die Menschen einfach unter knallblauem Himmel und verrichten, was der Mensch so verrichtet, und zwar mit einem bemerkenswerten Mangel an Ethnizität. Sie transportieren Dinge, treiben Schweine mit Stecken an, lachen, machen ein Nickerchen im Schatten, sammeln Feuerholz. Im tropischen Licht ist nicht ersichtlich, inwieweit solch archaischen Verrichtungen ein Brauchtum zugrunde liegt. Es könnte wie eine willkürliche westliche Erfindung anmuten, Listen darüber anzulegen, wer was tragen darf; zu vermerken, daß manche Völker an chronischem Schweinemangel leiden, über Humor zu theoretisieren, Siestagewohnheiten mit Breitengraden zu korrelieren und über die Auswirkungen der Abholzung von Regenwäldern nachzudenken. Derlei Verfahren skeptisch gegenüberzustehen ist natürlich für akademische Zwecke nicht angezeigt. Heimat ist da, wo Tätigkeiten nichts aussagen; Ausland, wo sie signifikant und voll versteckter Bedeutung sind. Tage der Feldforschung, an denen nicht viel zu laufen scheint und man ebensogut hätte zu Hause bleiben können, haben in der schriftlichen Fassung nichts zu suchen. Sie verdampfen einfach, während das Informationssüppchen vor sich hin kocht und immer konzentrierter wird. Für den gewissenhaften Anthropologen mag es angezeigt sein, nach diesem Rezept die Brühwürfelversion einer Gesellschaft herzustellen.

Schon lange vor der Zerstörung San Clementes wußte Prideaux, daß er kein gewissenhafter Anthropologe war. Er war allmählich zu der Überzeugung gelangt, daß es unmöglich sei, irgend etwas Sinnvolles über eine andere Gesellschaft oder auch nur eine andere Person zu sagen. Er erinnerte sich an die fürchterlichen Auseinandersetzungen mit Jessie, die sich häufig angeblich um irgendeine semantische Spitzfindigkeit drehten. Ebenso erinnerte er sich an die trostlose Einsicht, daß er sich selbst bei gewissenhafter Suche nach der passenden Nuance im Prinzip große Mühe gab, seine eigentliche Aussage zu verschleiern, auch wenn er gar nicht genau wußte, wie die lautete. Wir waren Träumer und uns selbst ein Rätsel. Und wie sollten wir uns einen Einblick in andere Menschen verschaffen, wenn wir uns selbst ein Rätsel waren? Wenn man nicht mal seine eigene Frau verstand, wie sollte es dann möglich sein, eine Kultur zu verstehen, deren Muttersprache man nicht beherrschte. Es war mehr als absurd. In einem Augenblick fast schon überschwenglicher Niedergeschlagenheit spielte Prideaux ein weiteres Mal mit dem Gedanken, das Thema zu wechseln. Ein neuer Titel drängte sich auf: *Bewußte Fehlinterpretation. Der Mythos von der interkulturellen Verständigung und das Märchen von der zwischenmenschlichen Kommunikation.* In dieser Stimmung erwärmte er sich für die Idee eines radikalen Kommunikationsboykotts. Die täglichen Tonnen Zeitungspapier, die durch Äther und Telefonleitungen gejagte Wörterflut, dieses ganze Gequatsche und Getue; letzten Endes verlor es jegliche Bedeutung und wurde zu reinem Geräusch. Was taugten endlose Dokumentarfilme, wenn das, was am dringendsten benötigt wurde, Stille war? Internationale Stille wäre das Ideal. Und er glaubte einen kurzen Blick auf die eigene Zukunft erhascht zu haben, rastlos umhergetrieben auf der Suche nach dem letzten Ort auf Erden ohne Fernsehempfang.

In einer etwas positiveren Verfassung dachte er, es könnte sich lohnen, die Leute nach ihren Assoziationen zu Begriffen wie »Korruption« und »Vetternwirtschaft« zu befragen, die von den Filipinos selbst auf ihre Gesellschaft angewandt wurden, jedoch mit wechselnder Bedeutung. Die junge englische Archäologin, Ysabella, hatte das ganz eindeutig nicht ernst genommen, aber das hatte Prideaux bei ihrer flüchtigen Bekanntschaft nicht sonderlich überrascht. Sie war ihm wie eine etwas einfältige Angehörige der Oberschicht vorgekommen, eine Dilettantin, die gerade so lange in Schädel- und Porzellanfragmenten herumstocherte, wie es Abwechslung versprach. (»›Korruption?‹« sagte sie, »hier? Es definieren? Das hab ich aufgegeben.«) Ihm wäre lieber gewesen, sie wäre keine Engländerin. Auf jeden Fall verspürte sie keinen Hang zum Theoretisieren und fand es offenbar unnütz, sich über ein Wort wie »Korruption« Gedanken zu machen. Damit war das Thema jedoch noch nicht beendet. Er sah, daß all das Teil des Problems war, das die Anthropologie mit Sprache hatte: der Verwendung von Wörtern der eigenen Kultur, um eine andere zu beschreiben. Die Resonanzen stimmten einfach nicht. Nur ein Beispiel: Er verstand nicht, wie man sich Erscheinungen gesellschaftlicher Dynamik bei den Filipinos widmen konnte, ob nun im großen Maßstab oder in kleinen Dingen, ohne das *padrino*-System zu verstehen, die *amos*, die, weit über persönliche Führungsqualitäten und Patronagemöglichkeiten hinaus, über Loyalität und Respekt geboten. Manchmal genügte es

amo: Boß

schon, den richtigen Familiennamen und die richtigen historischen Verbindungen zu den einflußreichen Instanzen zu haben. So hallte entfernte Macht in ansonsten hohlen Köpfen wider.

Solche Dinge konnten das Gesetz ohne weiteres überschreiten oder es zumindest verwischen, besonders bei komplizierten Transaktionen, die ein Abendländer ganz grob als »Bestechung« bezeichnen würde. Senator Vicente hatte sich an die Palme neben dem Ausgrabungsloch gelehnt und als Beispiel die Geschichte eines Motorradfahrers angeführt, der ein Kind überfahren hatte. Gesetzt den Fall, der Fahrer verhielt sich korrekt, würde er sich in aller Form entschuldigen und mit der Familie, die einsehen würde, daß weder er noch sonst jemand ihnen ihr Kind wiedergeben könnte, eine finanzielle Vereinbarung treffen. Mit dem Geld sollte unterstrichen werden, daß die Worte keine leeren Beschwichtigungen waren. Verlief alles in gebührender Form, wurde der Gedanke an weitere Strafverfolgung schon beinahe unpassend, da der Streit zwischen den Parteien bereits so gut wie geschlichtet war. Somit war die Zahlung ein Beweis der Reue und nicht Schmiergeld, mit dem einer Strafverfolgung vorgebeugt werden sollte, wie man es im Westen auslegen würde.

Prideaux erinnerte sich an etwas, das ihm Pater Herrera vor wenigen Monaten während des Mittagessens im »New Era«-Restaurant erzählt hatte, wobei es ebenfalls um Fragen der Terminologie gegangen war.

»Wir Filipinos hören respektvoll zu, wenn Leute aus dem Westen sprechen«, hatte er gesagt und geräuschvoll an seinen Krebsbeinflöten gesogen. »Das hat man uns so beigebracht. Aber die Gebildeten unter uns sollten eigentlich ziemlich ungehalten reagieren, wenn sie das Klischee vom ›östlichen Fatalismus‹ hören, mit dem unsere Passivität und scheinbar grenzenlose Toleranz gegenüber Unrecht und

Leid beschrieben werden. Das hängt ebensosehr mit mangelndem Wortschatz als auch mit einer mangelhaften Wahrnehmung zusammen. Sie verwenden das Wort ›Fatalismus‹, um gleichzeitig das fromme arabische *inshallah*-Prinzip und unsere damit nicht zu vergleichende Haltung zu definieren. Wenn Ihnen die Menschen hier passiv vorkommen, dann nicht, weil sie glauben, die Zwangsläufigkeit göttlicher Fügung erkannt zu haben, sondern weil sie merken, daß sie in ein soziales System verstrickt sind, gegen das sie nicht aufbegehren dürfen. Sie glauben nicht, daß es gottgewollt ist, wenn ihre Ziege stirbt, sondern weil das benötigte Medikament weit weg in der Stadt zu haben ist, weil es Geld kostet, das sie nicht haben, und einem Beipackzettel hat, den sie nicht lesen können. Sie scheuen sich, Geld für die Fahrt auszugeben, bei Freunden zu leihen und das Risiko einzugehen, von skrupellosen Händlern zum Kauf des falschen teuren Medikaments verleitet und obendrein auch noch gedemütigt zu werden. Besser, man verschließt die Augen und probiert's mit einem Hausmittel. Wenn das nichts hilft, schreibt man das Tier ab und hofft, daß so was nie wieder passiert. Das ist kein Fatalismus, sondern gesunder Menschenverstand. Erst recht, wenn ein Problem mit Unrecht zu tun hat: Streit mit einem *padrino*, Streit mit einem Vermieter, wenn man entdeckt, daß die Tochter durchs Examen gefallen ist, weil sie dem Lehrer nicht genug Geld zugeschoben hat. Wenn man versucht, irgendwo einzugreifen, geht der Ärger erst richtig los. Was das mit Fatalismus zu tun hat? Mit dem Schicksal werden alle fertig, aber Menschenhand schlägt einen zu Brei.«

Dieser Satz, dachte Prideaux, wäre Anlaß für ein interessantes Mittagessensgespräch gewesen, hätte sich Pater Herrera mit Thomas Hardy an den Tisch gesetzt. Jetzt war der arme Herrera tot, und wer könnte sagen, inwieweit er sein eigenes Ende als Quittung für seine Prinzipientreue oder als Menschenwerk ansah. Die genaue Brandursache würde zwar nie geklärt werden, aber Brandstiftung bezweifelte niemand. Der Brand kam Lettie Tans Interessen so sehr entgegen, daß der Verdacht zwangsläufig auf sie fiel. Jedes weitere Hin und Her, jeder Aufschub waren vermieden worden. Die Wellblechhütten von San Clemente waren zerstört und würden nicht wieder aufgebaut werden; das ganze Problem hatte sich innerhalb einer Stunde von selbst erledigt. Außer den Leichen von Herrera und Gringo war eine dritte gefunden worden, deren verkohlte Handgelenke und Knöchel lose mit Draht umwickelt waren. Es war eine weibliche Leiche, die anhand eines »Stahlzahns« als die von Ligaya Rosales identifiziert werden konnte. Rache? Strafende Gerechtigkeit? Oder Lettie Tan, die sich einer Handlangerin entledigte, für die es keine Verwendung mehr gab? Es war undurchsichtig und würde es bleiben. Herreras Tod hingegen war eindeutig heldenhaft, ironisch und enthüllend. Der Heldenmut dieses Mannes war beispielhaft, und darin lag für Prideaux die Ironie. Er konnte sich lebhaft erinnern, wie Herrera ihm Vorträge gehalten und gesagt hatte, daß gut zu leben die beste Revanche sei. Gut zu sterben war zweifellos noch besser, und ein Priester hätte kaum ein besseres Ende finden können als beim Rettungsversuch seiner Schafe, auch wenn sich herausstellte, daß die Schafe bereits in Sicherheit waren. Und die Enthüllung bestand aus der Information, daß diese Schafe gar nicht seine gewesen waren; es war nicht seine Herde und Herrera nicht einmal geweiht und überhaupt kein Priester, sondern Pater Bernabes langjähriger Lebensgefährte und Geliebter. Noch merkwürdiger, daß alle außer Prideaux es gewußt hatten.

Wieder einmal hatte diese Gesellschaft eine Definition bis zum Zusammenbruch untergraben. In einem Land mit Möchtegern-Polizisten, falschen Beamten und Hochstaplern aller Art hatte sich ein falscher Priester in einem Aufopferungsakt als wahrer Christ offenbart. Die sozialen Verwicklungen waren grenzenlos; Anthropologie glich dem Versuch, Nebel mit dem Spaten wegzuschaufeln. Die Subtexte menschlichen Verhaltens waren unergründlich und würden es immer bleiben: zuweilen von Katastrophen ans Licht gezerrte, ansonsten aber auf ewig verborgene, in Rissen verschwundene sonderbare Liebesbeziehungen und Mitleidenschaften. Die Asche von San Clemente gab nichts wieder her. Am Fuß des Hügels zu stehen und zu den angesengten Bäumen hochzublicken, die die Einfassung des chinesischen Friedhofs markierten, hieß ein verkohltes Schlachtfeld, etwas Ausradiertes zu betrachten, für dessen Ausradierung widerstreitende Gründe angeführt werden konnten (inklusive Rassenkampf), aber Mittel und Werkzeug blieben nun einmal die *Flammen*. Prideaux war in den knusprigen Ruinen umhergewandert. Die Souks und Gassen gab es nicht mehr. Verbogene und vom Feuer pink gefärbte Wellblechteile lagen zwischen Kohlegebilden, die wie eine weich-schwarze Allotropie von Eis klirrten. Eine Gemeinde war zerstört, ihre Wurzeln ausgerissen, ihre Bande gekappt, ihre Mitglieder in alle Winde verstreut.

»Es wird aber doch nicht in Vergessenheit geraten?« wollte er von Crispa wissen, die Sharon und ihren Kollegen half, lange Strähnen halbverbrannter Plastikbahnen aus dem Loch zu ziehen, in das sie gesunken waren wie geschmolzener Käse. »Es soll möglichst schnell Gras über die Sache wachsen? Bloß weil sie Slumbewohner waren, soll es ihnen nichts ausgemacht haben? Das werden sie doch nie vergessen?«

So dumme Fragen konnte man kaum stellen. Eine viel bessere, an ihn selbst gerichtete Frage, während er durch die Ruinen dieser zerstörten Ortschaft schlenderte, lautete, wieso er es mal wieder geschafft hatte, den Krieg zu verpassen, und mal wieder gezwungen war, den Krieg und die ihn begleitende Nostalgie im nachhinein anhand von Augenzeugenberichten zu rekonstruieren? John Prideaux, der Mann mit dem Talent zur Abwesenheit, der Mann, dessen Grabinschrift einst »In Absentia« lauten könnte. Sein unschlagbares Naturtalent – oder seine unbewußte Entschlossenheit –, stets zur rechten Zeit am falschen Ort zu sein, war die eine Eigenschaft, die alle Versuche vereitelten, ein erfolgreicher Journalist, Anthropologe oder – soweit er beurteilen konnte – Ehemann zu sein. War es das Schicksal, das ihn unerbittlich dazu verleitete, sich in allen drei Disziplinen zu versuchen? Oder schlicht Passivität? Er wußte es nicht.

Er blieb einen weiteren Monat in Manila, um die Geschichte in den Griff zu bekommen, die bereits ihn im Griff hatte. Er unterhielt sich mit Dingca in dessen Haus in San Pedro, Laguna, verbrachte mit ihm und seinen *barkadas* einen bierseligen Abend im Bowl-o-Rama und begegnete sogar kurz dem großen Mädchen persönlich, Patti Gonzalez. Patti, die ihm beschränkt und spröde vorkam, hatte es sich mit der Polizistenlaufbahn offensichtlich anders überlegt und arbeitete jetzt als Kassiererin im Mercury Drugstore. Dingca fuhr ihn am nächsten Morgen gemächlich und wortkarg zurück in die Stadt und blieb die ganze Strecke auf der mittleren Spur. Als sie ankamen, gestand er, wegen der Schnellstraßenräuber nervös gewesen zu sein, da er sich für seinen ausländischen Gast in besonderer Weise verantwortlich fühlte. Er erklärte, daß sie die Taktik anwandten, am Straßenrand zu lauern und sich auf passende Opfer auf der Kriechspur zu stürzen. Prideaux glaubte, daß er sich außerdem ärgerte, am Vorabend so offen und zwanglos gewesen zu sein.

Von ihm bekam Prideaux die Adresse von Frau Tugos. Er machte sich auf die Suche und fand sie, zu ihrer offensichtlichen Verwunderung, Verlegenheit, ja Verzweiflung. Sie bewohnte in Baclaran eine Kammer von der Größe eines geräumigen Kleiderschranks, wo die ganze Familie auf Kartons mit den Habseligkeiten schlief. Er besuchte sie zwei Mal und bekam Antwort auf zumindest eine seiner Fragen. Sie würde San Clemente auf keinen Fall vergessen. Schon der Tod ihres Ehemannes war Grund genug; doch sprach sie von der Zerstörung des Barrios, als bezeichnete sie den Beginn ihrer eigenen und das Ende ihres Durchhaltevermögens. Schon sah sie älter aus. Den penetranten Abwassergestank, der von irgendwo in der Nähe aufstieg, schien sie gar nicht wahrzunehmen. Der unter die Decke genagelte Ventilator verstärkte den Mief nur noch, denn es gab kein einziges Fenster in der Sperrholzschachtel, die Nanang Pipas neuen Horizont begrenzte.

Vic Agusan sah er kaum noch, denn der Journalist hatte um eine vierwöchige Entsendung nach Davao gebeten, zwecks Recherche in irgendeinem haarsträubenden Polizeiskandal. Die Aufbereitung seiner Lettie Tan-Story mitsamt dramatischen Fotos war meisterhaft. Ihr drohte natürlich nach wie vor keine Verhaftung, trotz Entdeckung von fast achtzig Kilo *shabu* im Familien-Mausoleum und der Mordwaffe in Gestalt einer Pumpe. Ihr Anwalt tat das Beweismaterial als »dürftig und konstruiert« ab. Seine Verteidigung fußte auf der Behauptung, die Tans seien Opfer von Vandalen. Mißgünstige San Clementeños hätten sich Zugang zur Grabstätte verschafft und die Beweisstücke placiert, wie sie bereits früher einmal eingebrochen und Wasser gestohlen hätten. Das war dreist genug, um die bereits Zufriedengestellten vollends zu beruhigen. Vics sachdienliche Frage – wie Slumbewohner, zu arm, um sich genug Reis zu kaufen, an achtzig Kilo einer illegalen Edeldroge gekommen sein sollten – konnte und wurde nicht beantwortet. Eines Tages würde zweifellos nach gründlicher Verzögerung alles bei Gericht landen und aus Mangel an Beweisen abgewiesen werden. Bei wem lag der Fall denn überhaupt, was war mit dem Fall, jetzt wo die Einwohner von San Clemente verschwunden waren? Andererseits hatte sich Vic mächtig ins Zeug gelegt und eine Woche lang sarkastische Kolumnen verfaßt und Lettie einen derart dicken Strich durch die Rechnung gemacht, daß niemand in der Regierung das Risiko öffentlicher Kreuzigung auf sich zu nehmen bereit war, wenn er Tango Muniplex Corp. für die Umsetzung ihres Projekts grünes Licht gab. Die Angelegenheit wurde vertagt, bis sich eine andere, weniger befleckte Weste finden würde, das Nationalerbe korrekt zu behandeln. Den letzten Nachrichten zufolge war Senator Benito Vicente mit der Gründung eines Konsortiums beschäftigt.

Das hatte Prideaux von Ysabella Bastiaan erfahren, mit der sich in seinem letzten Monat eine gewisse Vertrautheit, wenn nicht gar Freundschaft entwickelt hatte. Sie stellte sich als weit weniger zugeknöpft heraus als er selbst, um nicht zu sagen als unbekümmert indiskret.

»Ist mir egal«, sagte sie zu ihm. »Schreiben Sie ruhig alles auf, würde ich auch tun. Auch die Sache mit meinem Vater. Worauf warten Sie noch?«

Endlich an Bord, blättert Prideaux, dem Abflug entgegenfiebernd, in einem vollgekritzelten Notizbuch. Dabei findet er etwas, das er nach einem Abend mit den Agusans notiert haben muß; er kann sich kaum noch erinnern. Als Imelda Marcos im November 1991 erstmals aus dem US-amerikanischen Exil nach Manila zurückkehrte (liest er), stieg sie in einem ihrer »Bauwerke«, dem Philippine Plaza, ab und bewohnte eine Suite für $ 2000 pro Tag. Es steht auf demselben neugewonnenen Stück Land wie das berüchtigte Manila Film Center, ein anderes ihrer Projekte. Genau wie dieses Gebäude und ebenfalls aufgrund übereilter Fertigstellung, um einen ihrer verrückten Termine einzuhalten, entstand auch das Plaza aus einem Trümmerhaufen eingestürzter Baugerüste und einer halbtrockenen Ballsaaldecke, die auf schlafende Arbeiter niedergegangen war. Genau wie beim Film Center wurde eine strikte Nachrichtensperre verhängt, so daß man bis heute nichts über die Zahl der Todesopfer weiß. Es geht das Gerücht, Elektriker und hoteleigenes Wartungspersonal fänden bei ihrer täglichen Arbeit in Kehlungen und Kabelgängen, hinter Paneelen und über Zwischendecken immer wieder kleine Bleistiftkreuze, Namen und Daten, die die Arbeiter zur Erinnerung an tödlich verunglückte Freunde dort hingeschrieben haben.

Die Maschine schüttelt sich, als sie über das betonierte Vorfeld rumpelt.

Vor seinem Tod hatte der falsche Priester Herrera die Abschaffung des Jüngsten Gerichts beklagt, bei dem (in John Prideauxs Fassung) jedem Menschen der endgültige, von Gott gedrehte Dokumentarstreifen über sein Leben zwangsvorgeführt werden würde. »Hier«, würde die göttliche Fünfeinigkeit (Rechercheur, Drehbuchautor, Produzent, Regisseur und Kameramann) sagen, »dies sind meine Anschuldigungen, hier der Beweis. Deine Beichte? Danke schön.« Und wieder fällt eine Zellentür ins Schloß. Aber weil alles so unfehlbar, so berechenbar war und sich ständig wiederholte, roch diese Art Rechtsprechung nach Schauprozeß. Was? Die gesamte Menschheit? Jeder einzelne von uns? Bis Schuld jede moralische Bedeutung verliert und einfach zu einem Attribut wie warmblütig, zu den Säugetieren gehörend, luftatmend, paarhufig wird?

Am Ende der Piste wendet die Maschine schwerfällig. Sie trägt Prideaux und Prideauxs Feldforschungsnotizen zu seiner Tochter in ein graues, den halben Erdumfang entferntes Klima. Ein Tornado aus verbranntem Kerosin röhrt über das angesengte Rollfeld, über Hütten und winzige Äcker und Grundstücke hinweg, wo Menschen Enten züchten, Batterien und Leichen auseinandernehmen. Bald schon kann er hinunterschauen und den dahinflitzenden

Geist des Flugzeugs sehen, der von Sekunde zu Sekunde kleiner wird, seine Startklappen einzieht und zur Seite kippt.

Irgendwo auf der langen Reise nach Westen, auf der sie dem Morgengrauen entfliehen, ignoriert er die gebieterische Stewardeß, die darauf besteht, die Jalousie möge im Interesse der Passagiere, die den angekündigten Film sehen möchten, unten bleiben. Er schiebt sie heimlich wieder hoch. Der kalte silberne Flügel wird vom Mond poliert, und er findet sich in die majestätische Leere des unsichtbaren Planeten, in wenig überzeugende Gedanken über die Sterne hineingezogen und registriert einen ruhigen Höhenrausch. Die Zeit ist ausgelöscht, bis er plötzlich merkt, daß Stunden vergangen sind, der Mond ist verschwunden, und ein Flügel so dunkel wie Ulysses' Segel schwimmt auf einem Milchbad. Aus dem Fenster sieht er ganz hinten den ersten blassen Streifen Tag über die Schwelle der Erde fallen, als öffnete sich in Asien langsam eine riesige Tür. Der Planet ist rund, es gibt weder Nacht noch Tag; wir können nicht sagen, wo wir wann gewesen sind.

Er sollte aufbrechen, dachte er. An dem Tag, an dem die Sonne endgültig angehalten wird und die Wolken in ihrer Position erstarren, die Winde ihren Atem anhalten und die gewaltige Stimme oder Trompete oder was immer um die Troposphäre hallt, sollte alles aufbrechen. Bis hinab zum allerletzten, im Herzen eines Schweizer Berges vergrabenen Banktresor aus Stahlbeton sollte alles aufbrechen, und was akribisch aufgezeichnet würde, wären vor allem die Abermillionen allerorten ans Licht geförderter geheimer Inschriften, die in Risse gerutscht und hinter die Täfelungen der Welt gekritzelt worden sind: hastige Gedenkzeichen für die, denen anonyme Freunde Namen gegeben haben. Und dann sollte die Sonne befreit, den Wolken ein Stoß versetzt und den Winden befohlen werden, wieder ordentlich zwischen den stillen Ruinen zu blasen. Die Inschriften würden sich zu den übrigen, bereits in Bronze und Marmor und Zement eingegrabenen gesellen. Unter diesem Wetter würden sie eine Weile so stehenbleiben: die verstreuten Fragmente einer gewaltigen kollektiven Liebe, die einst funkelte und leuchtete und sich niemals richtig bündelte.